"十三五"职业教育
国家规划教材

汽车类 | 职业技能培养
"十三五"规划教材

汽车

发动机
机械系统检修

AR版 | 附 微课视频

杨智勇 程洪涛 / 主编
金星 庄新颖 张凤云 / 副主编

人民邮电出版社
北京

图书在版编目（CIP）数据

汽车发动机机械系统检修 : AR版 : 附微课视频 / 杨智勇，程洪涛主编. -- 北京 : 人民邮电出版社，2018.12（2021.8重印）
汽车类职业技能培养“十三五”规划教材
ISBN 978-7-115-49156-5

Ⅰ. ①汽… Ⅱ. ①杨… ②程… Ⅲ. ①汽车－发动机－机械系统－车辆检修－职业教育－教材 Ⅳ. ①U472.43

中国版本图书馆CIP数据核字(2018)第189800号

内容提要

本书从实际应用出发，根据项目教学的要求，将具体内容按照学习目标、任务引入、相关知识、任务实施的形式进行编排。本书共分 7 个项目，内容包括发动机总论、曲柄连杆机构、配气机构、润滑系统、冷却系统、汽油机燃料供给系统、柴油机燃料供给系统等。本书以国内外中高档轿车为例，系统地讲述了汽车发动机机械系统的基本结构、工作原理及检修方法。

本书可作为高职高专院校相关课程的教材，也可作为汽车技术人员的培训教材和参考用书。

◆ 主　　编　杨智勇　程洪涛
副 主 编　金　星　庄新颖　张凤云
责任编辑　王丽美
责任印制　马振武

◆ 人民邮电出版社出版发行　　北京市丰台区成寿寺路 11 号
邮编　100164　　电子邮件　315@ptpress.com.cn
网址　http://www.ptpress.com.cn
北京天宇星印刷厂印刷

◆ 开本：787×1092　1/16
印张：16　　2018 年 12 月第 1 版
字数：395 千字　　2021 年 8 月北京第 3 次印刷

定价：49.80 元

读者服务热线：(010)81055256　印装质量热线：(010)81055316
反盗版热线：(010)81055315
广告经营许可证：京东市监广登字 20170147 号

前　言

编写背景

“汽车发动机机械系统检修”是高职院校汽车检测与维修技术、汽车电子技术等专业的一门专业核心课程。为了适应新的高职教育模式的要求，使学生能够系统地学习汽车发动机机械系统的知识与技能，并体现“做中学”和“基于工作过程”的教学理念，我们组织高职院校教师及企业专家编写了本书。

本书特色

1. 项目引领，任务驱动

本书从实际应用出发，根据项目教学的要求，采用“项目引领，任务驱动”的模式编写。全书共 7 个项目，有些项目又分若干个任务，任务中将具体内容按照学习目标、任务引入、相关知识、任务实施的形式进行编排。为了满足高等职业教育教学的要求，顺应高等职业院校学生的认知习惯，本书在编写过程中，紧紧围绕汽车专业教育教学改革的要求，注重职业教育的特点，按技能型、应用型人才培养的模式进行设计构思。

2. 注重技能培养，实用性强

本书在编写时，从高等职业教育的实际应用出发，结合教学和行业的需要，在内容上注重实训教学环节的开展和动手能力的培养，一些任务中列举了典型的维修实例，具有针对性和实用性，强化了实践教学。

3. 配套丰富的立体化教学资源

本书是一本体现“互联网＋教育”理念的教材。书中对重点知识配备了视频和动画，以二维码的形式插入书中，读者可通过手机等移动终端扫描观看。本书还提供了基于 AR 技术的多媒体图片（带“AR 汽车发动机”字样的图标），打开“易用 AR 立体书”App 扫描多媒体图片，识别后可随意操作模型，实现从抽象思维到形象思维的转变，有效提高学生的学习兴趣。

AR 资源使用方法

- 安装 App。安装方法有两种：①扫描下面二维码，根据提示安装“易用 AR 立体书”App；②在手机应用商店中搜索“AR 立体书”，下载安装“易用 AR 立体书”App。

- 打开“易用 AR 立体书”App，手机摄像头对准多媒体图片扫描。识别后，点击“解锁”

按钮。解锁后，点击下面右图中右侧的按钮，实现交互操作。

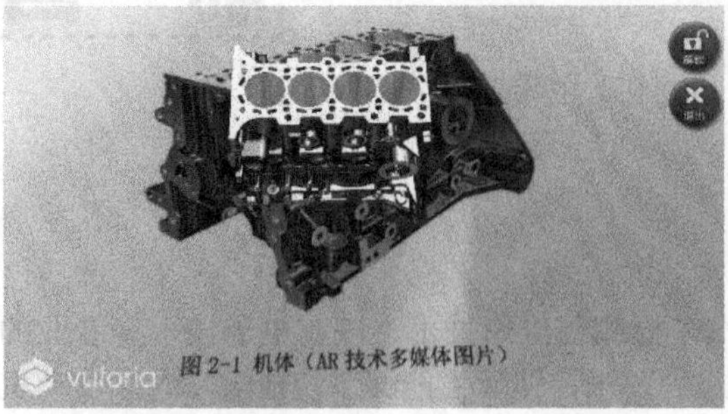

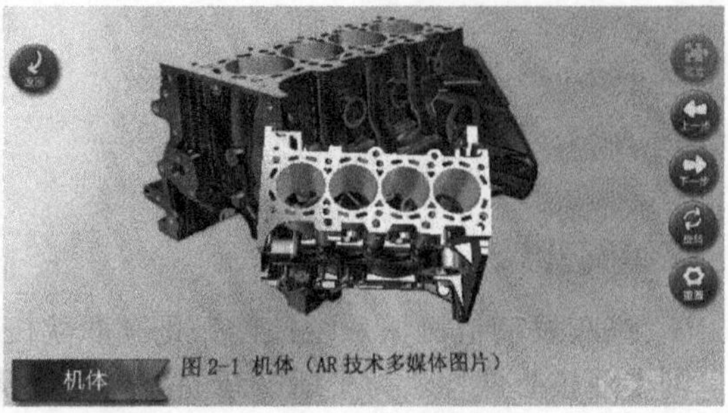

教学建议

本书的参考学时为 52 学时，其中实训环节为 22 学时，各项目的参考学时参见下面的学时分配表。

学时分配表

项目	课程内容	学时分配	
		讲授	实训
项目一	发动机总论	4	2
项目二	曲柄连杆机构	6	4
项目三	配气机构	6	4
项目四	润滑系统	2	2
项目五	冷却系统	2	2
项目六	汽油机燃料供给系统	6	6
项目七	柴油机燃料供给系统	4	2
学时总计		30	22

编者情况

本书由辽宁省交通高等专科学校杨智勇、襄阳职业技术学院程洪涛任主编，日照职业技术学院金星、青岛恒星科技学院庄新颖、辽宁省交通高等专科学校张凤云任副主编，全书由杨智勇统稿。参加本书编写工作的还有辽宁省交通高等专科学校金艳秋、金雷、修玲玲、翟静、耿炎、郭明华、朱尚功等。

由于编者水平所限，书中难免有不妥之处，恳请使用本书的读者批评指正。

编　者

2018 年 5 月

目录

项目一
发动机总论

任务一 汽车的总体构造

学习目标

（1）熟悉汽车的类型。
（2）能够正确描述汽车的总体构造和总体布置形式。
（3）能够正确描述车辆识别代码。

任务引入

汽车产业是世界上规模最大、最重要的产业之一，从某种意义上说，汽车产业的发展水平和实力反映了一个国家的综合国力和竞争力。汽车产业已经成为世界各主要工业国家国民经济的支柱产业之一。那么，汽车工业发展的概况和汽车的类型是怎样的呢？

相关知识

一、汽车工业发展概况

视频
汽车的发展史

汽车已经历了100多年的发展，成为人们社会生活中不可缺少的工具。

国家标准（GB/T 3730.1—2001）对汽车的定义：汽车是由自身的动力装置驱动，具有4个或4个以上车轮的非轨道承载的车辆，主要用于载运人员、货物，牵引载运人员、货物的车辆及作为某些特殊用途。

1. 世界汽车工业的发展简介

世界汽车工业的发展如表1-1所示。

表1-1　世界汽车工业的发展

时间	发展史	图示
1885—1886年	德国工程师卡尔·本茨设计制造了一辆装有单缸汽油机的三轮汽车，并在1886年1月29日申请了专利。后来人们公认为这一天是世界上第一辆汽车的诞生日	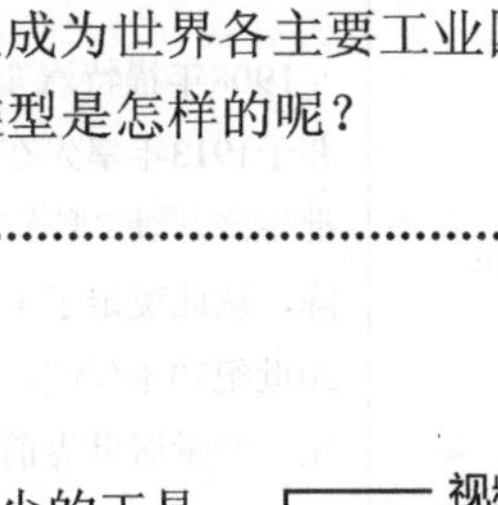 卡尔·本茨设计制造的三轮汽车

续表

时间	发展史	图示
1885—1886年	几乎与卡尔·本茨设计制造三轮汽车同时，德国人戈特利布·戴姆勒设计制造出第一辆装有汽油机的四轮汽车 卡尔·本茨和戈特利布·戴姆勒二人被誉为“汽车之父” 早在第一辆汽车发明之前，与它相关的许多发明就已经出现了。汽车是由几百甚至几千项创造发明构成的，是人类智慧的结晶	 戈特利布·戴姆勒设计制造的四轮汽车
1892年	德国工程师鲁道夫·狄赛尔获得了柴油发动机发明专利，并于1897年制成了实用的四冲程柴油机。后人为纪念这位发明家，把柴油机命名为“狄赛尔发动机”，鲁道夫·狄赛尔被誉为“柴油机之父”	 鲁道夫·狄赛尔的空气压缩柴油机
1908年	1908年福特汽车公司推出了著名的T型车，并于1913年率先在汽车行业采用流水生产线大批生产，使T型车产量迅速上升，成本大幅下降，从此奠定了美国汽车生产大国的地位。从20世纪70年代起，美国的汽车工业一直遥遥领先，产量居世界前列	 福特汽车公司的T型车
1938年	德国的波尔舍设计了甲壳虫大众轿车，经过40年的发展，共生产1900万辆，成为当时世界最畅销的汽车	 甲壳虫大众轿车
1980年	日本的汽车工业在第二次世界大战以后才开始起步，但却以飞快的速度发展，1980年超过美国年产量，达到1104万辆而位居世界第一位	 日本20世纪80年代的轿车

2. 我国汽车工业的发展简介

我国汽车工业的发展先后经历了创建、成长（1953—1981 年），全面发展（1982—1993 年）和快速发展（1993 年以后）3 个历史阶段。我国汽车工业正式创建于 20 世纪 50 年代。经过几代人的努力，我国汽车工业从无到有，实现了汽车产量的跨越式发展，目前我国汽车年产量位居世界前茅。我国汽车工业的发展如表 1-2 所示。

表 1-2　我国汽车工业的发展

时期	时间	发展史	
创建、成长阶段	1953年7月15日	第一汽车制造厂	开始在长春兴建
	1956年10月15日		生产出我国第一辆解放CA10型载质量为4t的载货汽车，开创了我国汽车工业的发展局面
	1958年		生产出我国第一辆东风牌轿车
	1965年		开始小批量生产红旗CA770型高级轿车
	1965—1968年	南京、上海、济南、北京等地相继建立汽车制造厂，主要产品有南京汽车制造厂生产的载质量为2.5t的跃进NJ130轻型货车、上海汽车制造厂生产的上海SH760中级轿车、济南汽车制造厂生产的载质量为8t的黄河JN150中型货车、北京第二汽车制造厂生产的载质量为2t的北京BJ130轻型货车等	
	1968年	第二汽车制造厂	在湖北省十堰市开始兴建
	1975年		开始生产东风EQ240越野汽车
	1978年		开始大批量生产其主导产品——载质量为5t的东风EQ140中型货车
	1980年	从1958年到1980年完成了我国汽车工业的初创阶段，形成了以中、重型货车和越野汽车为主的生产格局。1980年，我国汽车年产量达到22万辆，汽车保有量达168万辆	
全面发展阶段	1982—1993年	先后建立了1个微型车生产基地（天津汽车厂）、2个装配点（柳州拖拉机厂和国营伟建机械厂）和4个轻型车生产基地。同时，我国汽车工业第一个合资企业——北京吉普汽车有限公司于1984年成立（与美国克莱斯勒公司合资）。其后，长安机器厂与日本铃木公司、南京汽车厂与意大利依维柯公司、上海汽车厂与德国大众汽车公司、广州汽车厂与法国标致汽车公司、天津汽车厂与日本大发汽车公司、一汽与德国大众汽车公司、二汽与法国雪铁龙汽车公司等进行合作和合资，先后引进技术100多项，其中整车项目10多项，取得了显著成效。到1993年年底，我国汽车年产量达129.7万辆，跃居世界第12位	
快速发展阶段	1993年以后	1994年2月，国家颁布了《汽车工业产业政策》，作为指导我国汽车工业发展的纲领。在这个阶段，我国各主要汽车集团公司纷纷联合一些国外汽车公司，同时国内一些主要汽车企业进一步改组兼并，初步形成了“3+6”格局，即一汽、东风、上海三大汽车集团及广州本田、重庆长安、安徽奇瑞、沈阳华晨、南京菲亚特和浙江吉利6个独立骨干轿车企业。其中三大汽车集团的汽车产量占全国总产量的52%，初步完成了汽车产业的组织结构调整与优化。从此，汽车产量快速增长，2011年达到1841万辆，2013年达到2211万辆，2015年达到2450万辆，2017年达到2901.5万辆，实现了汽车产量的跨越式发展，汽车年产量连续几年位居世界第一。截至2017年年底，全国机动车保有量达到3.10亿辆，其中汽车为2.17亿辆	

视频

汽车的分类

二、汽车的类型

根据新标准 GB/T 3730.1—2001 的规定，汽车按用途不同可分为乘用车和商用车。

1. 乘用车

乘用车是指主要用于载运乘客及其随身行李或临时物品的汽车，包括驾驶员座位在内最多不超过 9 个座位。它也可牵引一辆挂车。乘用车又分为普通乘用车、活顶乘用车、高级乘用车、小型乘用车、敞篷车、舱背乘用车、旅行车、多用途乘用车、短头乘用车、越野乘用车和专用乘用车。

2. 商用车

商用车是指除乘用车以外，主要用于载运人员、货物及牵引挂车的汽车。商用车又分为客车、货车和半挂牵引车等三大类。

客车是指用于载运乘客及其随身行李的商用车，包括驾驶员座位在内座位数超过 9 个。客车又分为小型客车、城市客车、长途客车、旅游客车、铰接客车、无轨客车、越野客车和专用客车。

货车是指用于载运货物的商用车。货车又分为普通货车、多用途货车、全挂牵引车、越野货车、专用作业车和专用货车。

半挂牵引车是指用于牵引半挂车的商用车。

三、汽车的总体构造

汽车通常由发动机、底盘、电气设备和车身 4 部分组成。汽车的总体构造如图 1-1 所示。

1. 发动机

发动机是汽车的动力装置，其功用是使燃料燃烧而发出动力。现代汽车发动机主要采用往复活塞式内燃机。它一般由曲柄连杆机构、配气机构、燃料供给系统、冷却系统、润滑系统、点火系统（汽油发动机采用）和起动系统组成。

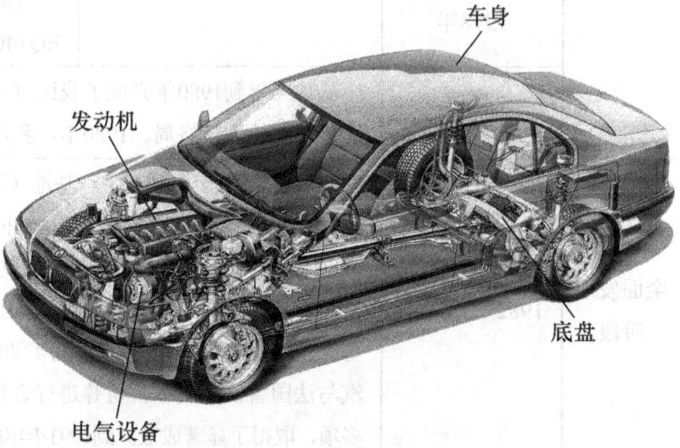

图 1-1　汽车的总体构造

2. 底盘

底盘是接受发动机的动力，使汽车运动并按驾驶员的操纵而正常行驶的部件。它是汽车的基体，发动机、车身等其他总成或部件都直接或间接地安装在底盘上。底盘主要由传动系统、行驶系统、转向系统和制动系统组成。

视频

汽车的组成

① 传动系统：将发动机的动力传给各驱动轮。传动系统包括离合器、变速器、万向传动装置和驱动桥等部分。

② 行驶系统：支撑整车质量，传递和承受路面作用于车轮的各种力和力矩，并缓和冲击、吸收振动，保证汽车在各种条件下正常行驶。行驶系统包括车轮与轮胎、车桥、车架和悬架等部分。

③ 转向系统：使汽车按照驾驶员选定的方向行驶。转向系统包括转向操纵机构、转向器和转向传动机构等部分。目前，轿车多采用动力转向系统。

④ 制动系统：使行驶中的汽车迅速减速乃至停车，并保证汽车可靠地驻停。制动系统包括供能装置、控制装置、传动装置和制动器等部分。

3. 电气设备

汽车电气设备由电源、用电设备和配电装置 3 部分组成。电源部分包括蓄电池和发电机。用电设备部分由起动系统、点火系统、照明设备、信号装置、仪表及报警装置、汽车电子控制系统和辅助电器等组成。配电装置包括电源管理器、中央接线盒、电路开关、保险装置、插接件和导线等。

4. 车身

车身是驾驶员工作的场所，也是装载乘客和货物的场所。按车身承受载荷的方式不同，车身可分为非承载式、承载式和半承载式 3 种。

① 非承载式车身：又称车架式车身，悬置于车架之上。车身与车架通过弹簧或橡胶垫做柔性连接，汽车行驶时路面作用于车轮上的各种力和力矩不由车身承受。大客车、货车多采用非承载式车身。

② 承载式车身：又称无车架式车身，以车身代替车架，即发动机和底盘各总成固定在车身上。它既起到承受载荷的作用，又能传递和承受路面和车轮之间的各种力和力矩。

③ 半承载式车身：又称底架式承载车身，车身与车架采用铆接、焊接或螺栓等方式刚性连接，使车身与车架成为一体而共同承受载荷。

四、汽车的总体布置形式

为满足不同的使用要求，汽车的总体布置可有不同的形式。表 1-3 所示为汽车的总体布置形式。

表 1-3　汽车的总体布置形式

布置形式	特点
发动机前置后轮驱动（FR）	前排车轮负责转向，由后排车轮来承担整个车辆的驱动工作。在这种驱动形式中，发动机输出的动力全部输送到后驱动桥上，驱动后轮使汽车前进。也就是说，实际的行进中是后轮“推动”前轮，带动车辆前进。这是一种比较传统的布置形式，应用比较广泛，适用于除越野汽车以外的各类汽车，如大多数货车、部分乘用车和部分客车
发动机前置前轮驱动（FF）	前置前驱不需要像后轮驱动那样，通过一根长长的传动轴把动力传递到后轮上，所以它的能量传递效率比后驱车高得多。前置前驱发动机的动力性能得到充分发挥，燃油经济性也有较大的提升。多数乘用车采用这种布置形式，具有结构简单紧凑、整车整备质量小、高速行驶时操纵稳定性好等优点
发动机后置后轮驱动（RR）	大中型客车和少数乘用车采用这种布置形式，具有室内噪声小、空间利用率高等优点
发动机中置后轮驱动（MR）	方程式赛车和多数跑车采用这种布置形式。将功率和尺寸较大的发动机布置在驾驶员座椅与后轴之间，有利于实现前、后轴较为理想的轴荷分配，从而提高汽车的性能
发动机前置全轮驱动（XWD）	通常发动机前置，动力经变速器、分动器、万向传动装置等分别输送给全部驱动轮。它是越野汽车特有的布置形式，部分乘用车也采用全轮驱动形式

注：汽车驱动情况常用4×2、4×4等表示，前一位数表示汽车车轮总数，后一位数表示汽车驱动轮数。

五、车辆识别代码

车辆识别代码（Vehicle Identification Number，VIN）是国际上通用的标识机动车辆的代码，代码中含有车辆的制造厂家、生产年代、车型、车身类型、发动机以及其他装备的信息。它由 3 部分共 17 位字母和阿拉伯数字组成，简称 17 位编码，也称为车架号。车辆识别代码是制造厂给每一辆车指定的一组字码，一车一码，故俗称为“汽车身份证”，具有法律效力，（这些字码经过排列组合，30 年内不会重号）。

我国于 2004 年 6 月 21 日颁布了国家标准 GB 16735—2004《道路车辆　车辆识别代号（VIN）》，它是我国汽车生产的强制性标准，其中规定每一辆出厂的汽车上必须标有 VIN 码。

1. VIN 码所在位置

VIN 码应位于容易看到并且能防止磨损或方便替换的部位，通常打印在一处或几处，常见的部位有风窗玻璃左下方、发动机舱防火墙（横梁）上、发动机上、驾驶员车门门柱上、车辆铭牌上（图中未标出）、驾驶员座椅右下方车身地板上（图中未标出）等，其中最常见的位置是在风窗玻璃左下方，如图 1-2 所示。

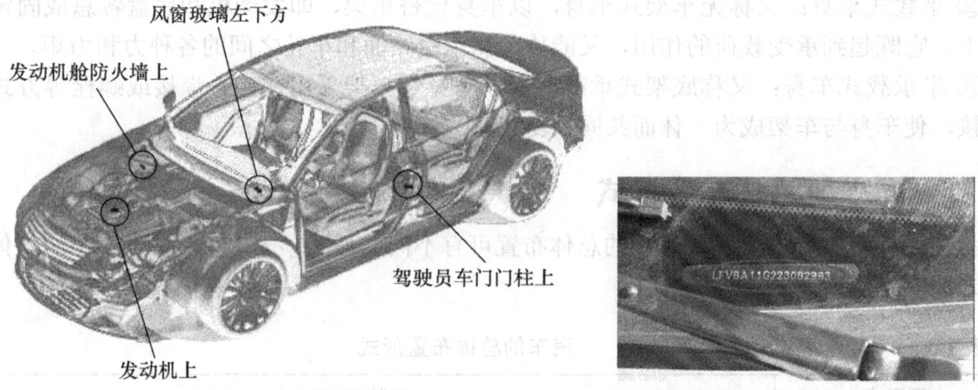

（a）常见的部位　　（b）最常见的位置在风窗玻璃左下方

图 1-2　VIN 码的常见位置

2. VIN 码的组成

如图 1-3 所示，VIN 码由世界制造厂识别代号（WMI）、车辆说明部分（VDS）和车辆指示部分（VIS）3 部分组成。

① 第一部分——世界制造厂识别代号（WMI）：由 3 位字符组成，是由制造厂以外的组织预先制定的，用来表示生产地理区域、国家、制造厂等。第一个字符表示地理区域，1～5 为北美洲，6 和 7 为大洋洲，J～R 为亚洲，S～Z 为欧洲，A～H

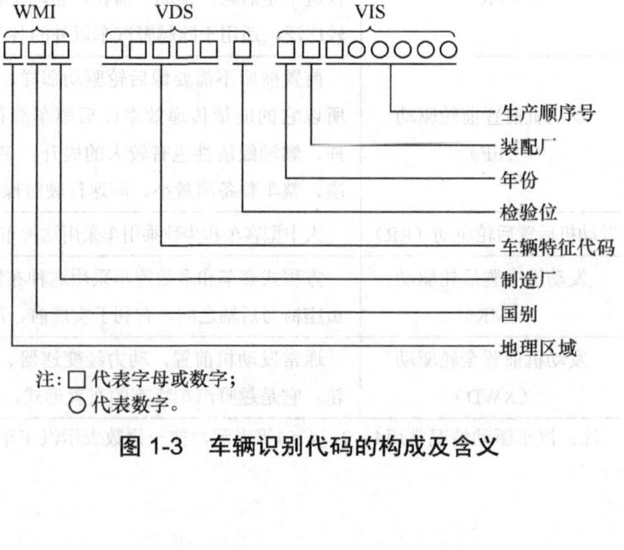

图 1-3　车辆识别代码的构成及含义

为非洲，8、9和0为南美洲等。第2位字符表示生产国家。第一位和第二位字符的组合如10～19和1A～1Z为美国，L0～L9和LA～LZ为中国等。第三位字符表示制造厂。

② 第二部分——车辆说明部分（VDS）：由6位字符组成，用来表示车身类型、发动机类型及变速器类型等车辆特征代码和检验位，其代码及顺序由制造厂确定。

③ 第三部分——车辆指示部分（VIS）：由8位字符组成，用来表示年份、装配厂家及车辆生产顺序号。一般情况下，第1位字符代表年份，第2位字符代表装配厂家，第3～6位字符代表车辆制造顺序号。

3. **示例**

（1）上海通用汽车VIN码如下：

L	S	G	S	J	6	2	U	8	2	S	3	1	0	7	3	1
(1)	(2)	(3)	(4)	(5)	(6)	(7)	(8)	(9)	(10)	(11)	(12)	(13)	(14)	(15)	(16)	(17)

第（1）～（3）位为世界制造厂识别代号。LSG表示上海通用汽车有限公司。

第（4）、（5）位为车型代码。WG表示SGM7200（别克君威2.0）；DC表示SGM6510 GL8（别克GL8）；SJ表示SGM7160SL（赛欧）。

第（6）位为车身类型代码。5表示3厢四门汽车；6表示2厢四门舱背式汽车；8表示2厢四门旅行车。

第（7）位为约束系统代码。2表示手动安全带及驾驶员、前排乘客安全气囊。

第（8）位为发动机类型代码。C表示LW9、2.98 L、V6、OHC、SFI；D表示LB8、2.49L、V6、OHC、SFI；U表示L91、1.6L、DOHC、MPFI。

第（9）位为检验位代码。

第（10）位为年份代码。2表示生产年份为2002年。

第（11）位为装配厂代码。S表示上海通用汽车有限公司上海厂区；Y表示上海通用汽车有限公司烟台厂区。

第（12）～（17）位为车辆生产顺序号。

（2）一汽大众轿车的VIN码为LFVBA14B2H3082993。

第1～3位为世界制造厂识别代号。LFV代表一汽大众汽车有限公司。

第4位为安全保护装置代码。B代表安全带和安全气囊。

第5位为车身类型代码。A代表四门折背式。

第6位为发动机和变速器类型代码。1代表汽油发动机、手动变速器。

第7～8位为车型代码。4B代表奥迪A6。

第9位为工厂校验位代码，即校验位代码为2。

第10位为年份代码。H代表2017年。

第11位为装配厂代码。3代表长春一汽大众有限公司。

第12～17位为车辆生产顺序号。

4. **VIN码的使用原则**

VIN码允许采用阿拉伯数字和大写英文字母，包括1、2、3、4、5、6、7、8、9、0、A、B、C、D、E、F、G、H、J、K、L、M、N、P、R、S、T、U、V、W、X、Y、Z（不能使用I、O、Q）。

任务二 发动机的总体构造与基本工作原理

学习目标

（1）熟悉发动机的分类。
（2）熟悉发动机的基本结构。
（3）能够正确描述发动机的基本术语。
（4）能够正确描述发动机的基本工作原理。
（5）能够正确描述内燃机的产品名称和型号编制规则。
（6）熟悉常用工具与量具的使用方法。

任务引入

汽车发动机是为汽车提供动力的装置，是汽车的心脏，决定着汽车的动力性、经济性、稳定性和环保性。那么，发动机的总体构造与基本工作原理是怎样的呢？

相关知识

一、发动机的分类

汽车发动机是将燃料燃烧的热能转变为机械能的热力发动机。热力发动机可分为外燃机和内燃机。燃料在外部燃烧，燃烧的热能通过其他介质转变为机械能的热力发动机称为外燃机，如蒸汽机。燃料在内部燃烧，燃烧的热能直接转变为机械能的热力发动机称为内燃机，如汽油机和柴油机。内燃机具有热效率高、结构紧凑、体积小、便于装车、起动性能好等优点，因而应用广泛，现代汽车发动机基本都属于内燃机。

视频

发动机的分类

汽车用内燃机种类繁多，可以按不同特征加以分类，内燃机常用种类如表 1-4 所示。

表 1-4 内燃机的种类

分类方法	种类	特征与说明
按工作循环分类	四冲程发动机和二冲程发动机	活塞往复4个行程完成一个工作循环的发动机称为四冲程发动机，活塞往复2个行程完成一个工作循环的发动机称为二冲程发动机。现代汽车多采用四冲程发动机
按使用燃料分类	汽油机、柴油机、单燃料燃气发动机、两用燃料发动机、混合燃料发动机等	以汽油为燃料的发动机称为汽油机；以柴油为燃料的发动机称为柴油机；以单一燃气（如液化石油气或天然气）为燃料的发动机称为单燃料燃气发动机；具有两套相互独立的燃料供给系统、可分别使用两种不同燃料的发动机称为两用燃料发动机；工作时，同时使用两种燃料的发动机称为混合燃料发动机

续表

分类方法	种类	特征与说明
按点火方式分类	点燃式发动机和压燃式发动机	点燃式发动机是利用高压电火花点燃气缸内的混合气来完成做功的，如汽油机（它所使用的一般是点燃温度低、自燃温度高的燃料）；压燃式发动机是利用高温、高压使气缸内的混合气自行着火燃烧来完成做功的，如柴油机（它所使用的一般是点燃温度较高但自燃温度较低的燃料）
按活塞运动方式分类	往复活塞式发动机和旋转活塞式（转子式）发动机	往复活塞式发动机的活塞沿直线往复运动；旋转活塞式（转子式）发动机的转子进行的是旋转运动。现代汽车发动机多采用往复活塞式发动机
按冷却方式分类	水冷式发动机和风冷式发动机	现代汽车发动机绝大多数采用水冷方式，并且用冷却液代替水作冷却介质，以防止冷却水冬季结冰，损坏发动机
按气缸数目分类	单缸发动机和多缸发动机	多缸发动机有双缸发动机、三缸发动机、四缸发动机、五缸发动机、六缸发动机、八缸发动机、十二缸发动机。现代汽车多采用四缸发动机、六缸发动机和八缸发动机
按气缸布置方式分类	对置式发动机、直列式发动机、斜置式发动机和V形发动机	现代汽车发动机大多数为直列式发动机和V形发动机
按进气方式分类	自然吸气（非增压）式发动机和强制进气（增压）式发动机	自然吸气式发动机和涡轮增压式发动机均广泛采用

二、发动机的基本结构

1. 汽油机的基本结构

汽油机的剖视图如图1-4所示，零件分解图如图1-5所示。汽油机主要由“两大机构、五大系统”组成。“两大机构”指曲柄连杆机构和配气机构，“五大系统”指燃料供给系统、点火系统、冷却系统、润滑系统和起动系统。

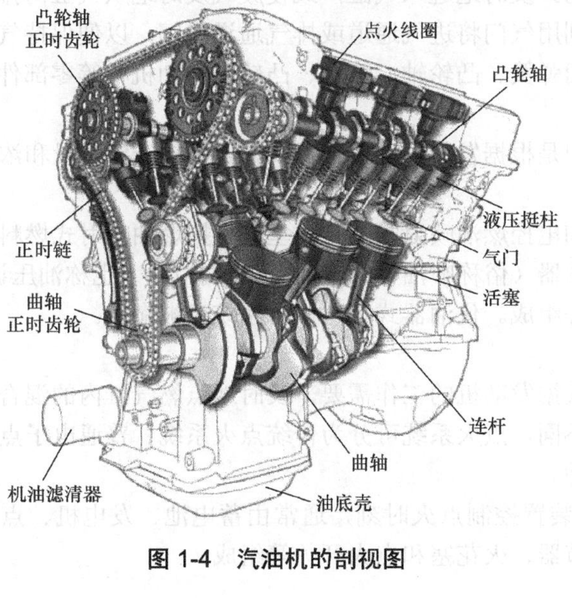

图1-4　汽油机的剖视图

视频

发动机的组成

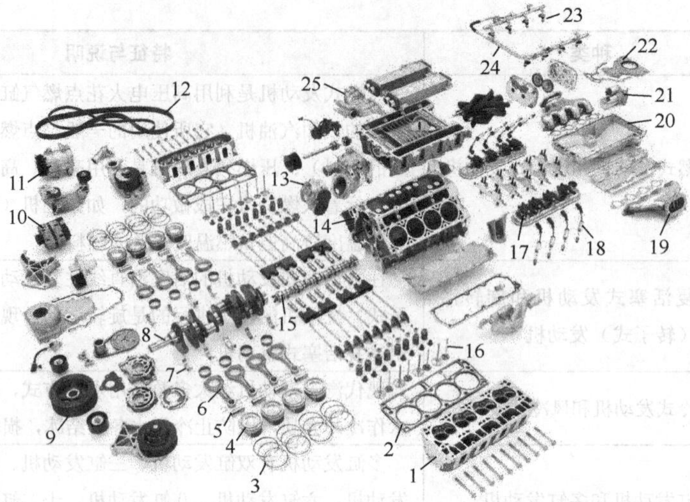

图 1-5　汽油机零件分解图

1—气缸盖；2—气缸垫；3—活塞环；4—活塞；5—活塞销；6—连杆；7—曲轴主轴承；8—曲轴；9—曲轴V带轮；10—发电机；11—空调压缩机；12—V带；13—节气门体；14—气缸体；15—凸轮轴；16—气门；17—点火线圈；18—高压线；19—排气歧管；20—油底壳；21—起动机；22—曲轴后油封；23—喷油器；24—进油管；25—进气歧管

（1）曲柄连杆机构

曲柄连杆机构的功用是将燃料燃烧所放出的热能通过活塞、连杆、曲轴等转变成能够驱动汽车行驶的机械能。

曲柄连杆机构主要由气缸体、气缸盖、活塞、连杆、曲轴和飞轮等机件组成。

（2）配气机构

配气机构的功用是根据发动机的工作需要，适时地打开进气通道或排气通道，以便使可燃混合气（燃料与空气的混合物）及时地进入气缸，或使废气及时地从气缸内排出；而在发动机不需要进气或排气时，则利用气门将进气通道或排气通道关闭，以便保持气缸密封。

配气机构主要由气门、气门弹簧、凸轮轴、挺杆、凸轮轴传动机构等零部件组成。

（3）燃料供给系统

汽油机燃料供给系统的功用是根据发动机的工作需要，配制出一定数量和浓度的可燃混合气并送入气缸。

燃料供给系统有化油器式和电控燃油喷射式两种类型。电控燃油喷射式燃料供给系统由电动燃油泵、燃油滤清器、喷油器（俗称喷油嘴）、燃油压力调节器（也称油压调节器）、燃油分配管（也称油轨）及油管等组成。化油器式燃料供给系统已被淘汰。

（4）点火系统

汽油机点火系统的功用是根据发动机的工作需要，及时地点燃气缸内的混合气。

按对点火时刻的控制方式不同，点火系统可分为传统点火系统、普通电子点火系统和微型计算机控制电子点火系统 3 种。

① 传统点火系统利用机械装置控制点火时刻，通常由蓄电池、发电机、点火线圈、断电器、分电器、点火提前角调节器、火花塞和点火开关等组成。

② 普通电子点火系统利用电子点火器控制点火时刻，其组成与传统点火系统类似，只是用电子元件取代了断电器，但仍保留部分机械装置，如真空式点火提前角调节器和离心式点火提前角调节器。

③ 微型计算机控制电子点火系统是一种全电子点火系统，完全取消了机械装置，由电控系统来控制点火时刻，通常包括蓄电池、发电机、点火线圈、火花塞、曲轴位置传感器、凸轮轴位置传感器和电控单元（ECU）等元件。

（5）冷却系统

冷却系统的功用是帮助发动机散热，以保证发动机在最适宜的温度下工作。

汽油机的冷却系统可分为水冷式和风冷式两种。水冷式冷却系统通常由水套、水泵、散热器、风扇、节温器等组成。风冷式冷却系统主要由风扇、散热片组成。

（6）润滑系统

润滑系统的功用是向做相对运动的零件表面输送清洁的润滑油，以减小摩擦和磨损，并对摩擦表面进行清洗和冷却。

润滑系统一般由机油泵、集滤器、限压阀、油道、机油滤清器等组成。

（7）起动系统

起动系统的功用是使发动机由静止状态进入到正常工作状态。起动系统包括起动机及其附属装置。

2. 柴油机的基本结构

四冲程水冷式柴油机由“两大机构、四大系统”组成，“两大机构”指曲柄连杆机构和配气机构，“四大系统”指燃料供给系统、冷却系统、润滑系统、起动系统。常见的传统的柴油机实物如图 1-6 所示，大众 TDI（直接喷射式涡轮增压柴油发动机）转子式（VE）柴油机实物如图 1-7 所示。

图 1-6　传统柴油机实物

1—输油泵；2—喷油泵；3—柴油滤清器；4—喷油器

图 1-7　大众 TDI 转子式（VE）柴油机实物

柴油机的曲柄连杆机构、配气机构、冷却系统、润滑系统、起动系统与汽油机基本相同。由于柴油机采用压缩自燃的着火方式，所以不需要点火系统。此外，由于柴油机与汽油机使用的燃料不同，其燃料供给系统存在较大的差异，柴油机的燃料供给系统通常利用高压油泵将柴油压力提高后，再利用喷油器将高压柴油直接喷入气缸。

视频

认识发动机的常用术语

按对供（喷）油量等的控制方式不同，柴油机的燃料供给系统也可分为传统燃料供给系统和电子控制燃料供给系统。传统柴油机燃料供给系统通常由油箱、柴油滤清器、输油泵、高压油泵、喷油器等组成。早期的柴油机电子控制燃料供给系统只是在传统燃料供给系统的基础上增加了一些电控元件；目前的柴油机电子控制燃料供给系统取消了高压油泵（但有些装有高压输油泵），并用共轨取代了各缸喷油器的高压油管，电子控制燃料供给系统的功能更强大、精度更高。

三、发动机的基本术语

发动机专业术语示意图如图 1-8 所示，下面介绍其具体含义。

1. 上止点

上止点是指活塞顶离曲轴旋转中心最远的位置，即图 1-8（a）中活塞顶达到的最高位置。

2. 下止点

下止点是指活塞顶离曲轴旋转中心最近的位置，即图 1-8（b）中活塞顶达到的最低位置。

3. 活塞行程

活塞行程是指活塞在上止点与下止点之间所移过的距离，用 S 表示，单位为 mm。

4. 冲程

冲程是指活塞由一个止点运动到另一个止点一次的过程，称为一个冲程。

5. 曲柄半径

曲柄半径是指与连杆大头相连接的曲柄销的中心线到曲轴回转中心线的距离，用 R 表示，单位为 mm。显然，曲轴每转一周，活塞移动两个曲柄半径，即

$$S=2R$$

6. 气缸工作容积

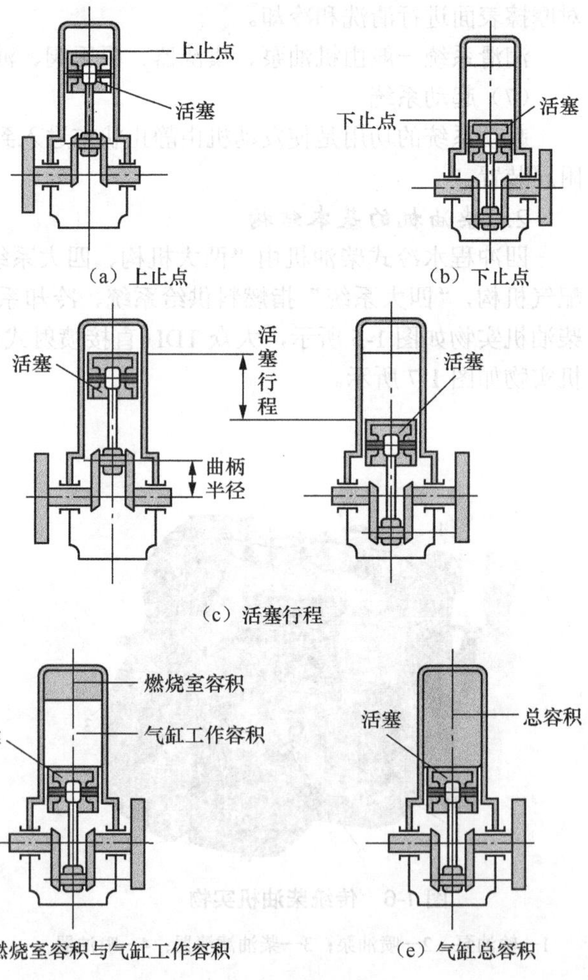

图 1-8　发动机专业术语

气缸工作容积是指活塞从一个止点移动到另一个止点所扫过的容积，又称为气缸排量，一般用 V_h 表示，单位为 L，显然有

$$V_h=\frac{\pi}{4}D^2S\times10^{-6}$$

式中　D——气缸直径，mm

S——活塞行程，mm。

7. **燃烧室容积**

燃烧室容积是指活塞位于上止点时，活塞顶部与气缸盖之间的容积，单位为 L，一般用 V_c 表示。

8. **气缸总容积**

气缸总容积是指活塞在下止点时，活塞顶部与气缸盖之间的容积，单位为 L，一般用 V_a 表示。它等于气缸工作容积与燃烧室容积之和，即

$$V_a=V_h+V_c$$

9. **发动机排量**

发动机排量是指多缸发动机各气缸工作容积的总和，单位为 L，一般用 V_L 表示，即

$$V_L=V_hi$$

式中　i——发动机气缸数目。

发动机排量是发动机最重要的结构参数之一。

10. **压缩比**

气缸总容积与燃烧室容积的比值称为压缩比，用 ε 表示，即

$$\varepsilon=\frac{V_a}{V_c}=\frac{V_h+V_c}{V_c}=\frac{V_h}{V_c}+1$$

压缩比用来表示活塞由下止点运动到上止点时，气缸内的气体被压缩的程度。压缩比越大，压缩终了时气缸内的气体压力和温度就越高，输出功率越大，燃烧速度也越快，越易发生爆燃，所以应选择辛烷值高的汽油。

一般汽油机的压缩比为 7 ～ 10，柴油机的压缩比为 15 ～ 22。

11. **工作循环**

发动机完成进气、压缩、做功和排气 4 个工作过程，称为一个工作循环。

12. **工况**

发动机在某一时刻的运行状况简称工况，以该时刻发动机输出的有效功率和曲轴转速表示。曲轴转速即为发动机转速。

13. **负荷**

内燃机在某一转速下发出的有效功率与相同转速下所能发出的最大有效功率的比值称为负荷率，简称负荷。

四、发动机的工作原理

1. 四冲程汽油机的工作原理

视频

四冲程汽油机的工作原理

四冲程发动机是指曲轴转两周（720°），进、排气门各开启一次，活塞往复运动 4 次完成一个工作循环的发动机。活塞完成 4 个冲程时，进气冲程、压缩冲程和排气冲程消耗动力，只有做功冲程产生动力。

常见的汽车发动机大部分为四冲程汽油机，四冲程汽油机由进气、压缩、做功和排气 4 个冲程周而复始地循环工作。四冲程汽油机的工作原理如表 1-5 所示。

表 1-5　　四冲程汽油机的工作原理

冲程	工作原理	图示
进气冲程	进气冲程是指发动机将空气或混合气吸入气缸的过程，其作用是为热能与机械能的相互转换做必要的准备。活塞在曲轴带动下由上止点向下止点移动。此时排气门关闭，进气门开启。进气过程开始后，随着活塞向下运动，首先上一循环残余废气膨胀，然后气缸内气体压力逐渐下降，直到低于大气压力。在压力差的作用下，新鲜气体经发动机进气系统被吸入气缸，并在气缸中进一步混合形成可燃混合气。 由于受进气系统阻力的影响，进气终了时气缸内气体压力低于大气压力，为75～90kPa。因为进气门、气缸壁、活塞等高温机件以及前一循环留下的高温残余废气对混合气的加热，所以进气终了时混合气温度升高到100～130℃	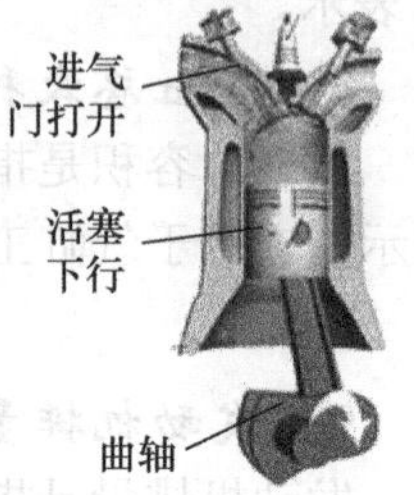
压缩冲程	压缩冲程是活塞在气缸内压缩工质的过程。其作用是提高气缸内气体的压力和温度，为着火燃烧创造有利条件。同时，通过该冲程使活塞回到上止点位置，以便为气体推动活塞做功做好准备。在压缩冲程中，活塞在曲轴的带动下由下止点向上止点运动，进、排气门均关闭。随着活塞向上运动，活塞上方气缸的工作容积不断减小，进入气缸的混合气受到压缩，其压力和温度不断升高，直到活塞到达上止点时压缩冲程结束。此时气缸内的压力为800～1500kPa，温度升高到450～550℃。 在实际工作中，经常需要测量压缩终了时的压力，用于评定发动机的性能或诊断发动机故障。压缩终了时的压力过低，会导致发动机动力性、经济性下降，使用中出现动力不足、起动困难、燃料消耗增加等故障现象	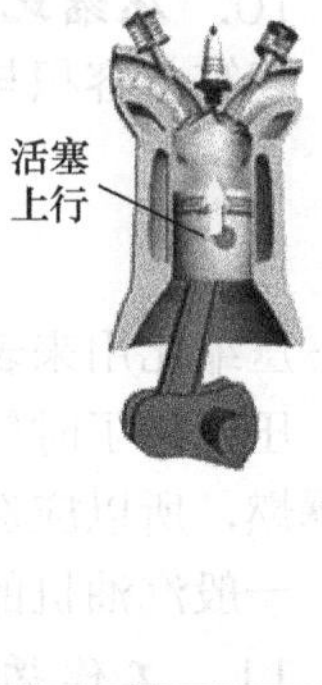
做功冲程	做功冲程是指燃烧后的高温高压气体膨胀推动活塞运动做功的过程。当活塞运动到接近压缩冲程上止点时，进、排气门均关闭，气缸中的可燃混合气被压缩，而达到的压力和温度仍不能发生自燃。装在气缸盖上的火花塞发出电火花，气缸内的混合气被点燃而剧烈燃烧，气缸内气体的温度和压力急剧上升，最高压力可达3000～5000kPa，温度可达1900～2500℃。高温高压气体膨胀，推动活塞从上止点向下止点运动，并通过连杆推动曲轴旋转输出机械能。随着活塞向下止点运动，气缸内容积增加，缸内压力和温度逐渐降低，当活塞运动到下止点时做功结束。 在实际做功过程中，开始时由于存在继续燃烧现象，气缸内的气体继续被加热，但同时高温气体也向与之接触的机件放热。气体在膨胀过程中的吸热量越少越好，因为在膨胀做功过程中进行的燃烧远离活塞上止点，燃烧放出的热量转换成机械能的机会减少；而且由于燃烧放热时气缸容积较大，因此传热损失也会增加	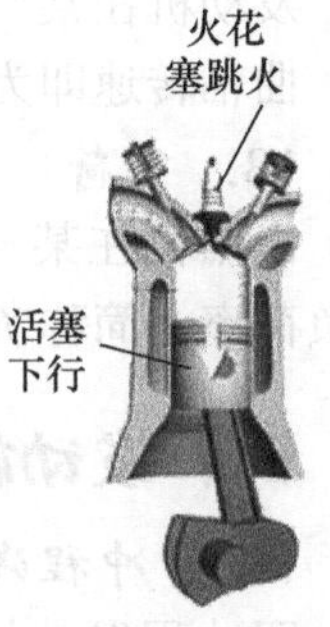

续表

冲程	工作原理	图示
排气冲程	排气冲程是指将已燃烧且完成做功的废气排出气缸的过程，其作用是为下一循环吸入空气或混合气做准备。排气冲程开始，排气门开启，进气门仍关闭，曲轴借助做功冲程储存的惯性力矩继续旋转，带动活塞由下止点移至上止点。气缸内燃烧膨胀后的废气在活塞推力作用下经排气门排出气缸。实际上在做功冲程接近终了时，排气门已经提前开启，废气靠其自身剩余压力先自行排气，然后再靠活塞强制排气。活塞越过上止点后，排气门才关闭，以便排出更多的废气。 排气冲程结束时，因排气系统有阻力，燃烧室内残留少量废气，此时残余废气的压力略高于大气压力，为105～120kPa，温度为900～1200℃	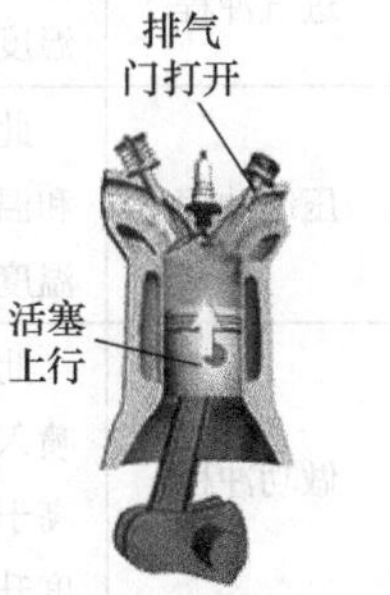

在实际工作过程中，发动机的进气门在活塞到达上止点之前打开，并且延迟到下止点之后关闭，以便吸入更多的可燃混合气。进气量的多少可用充气效率 η_v 表示。充气效率是进气冲程中实际进入气缸的新鲜工质的质量 Δm 与进气状态下充满气缸工作容积的工质的质量 Δm_0 之比，即

$$\eta_v=\frac{\Delta m}{\Delta m_0}$$

充气效率越高，实际进气量越多，发动机的动力性越好。合理选择进气门开闭时刻、减小进气阻力、提高进气终了压力、降低进气终了温度是提高充气效率的有效措施。

2. ***四冲程柴油机的工作原理***

四冲程柴油机与四冲程汽油机一样，每个工作循环同样包括进气、压缩、做功和排气4个冲程。但由于柴油机使用的是柴油，其黏度比汽油大，不易蒸发，自燃温度比汽油低，因此柴油机在混合气形成和着火方式上不同于汽油机。图1-9所示为四冲程柴油机的工作过程。

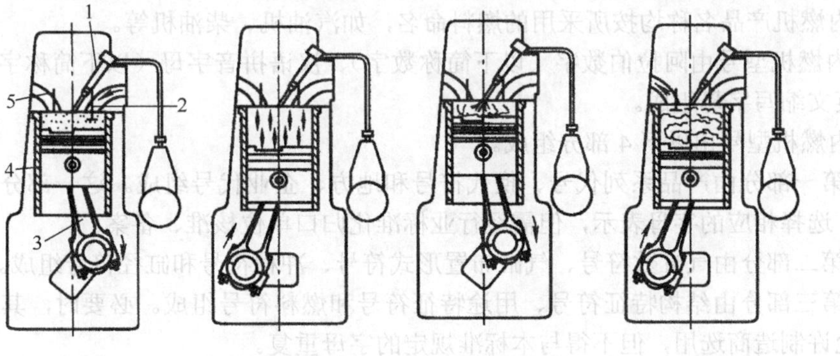

(a) 进气冲程　(b) 压缩冲程　(c) 做功冲程　(d) 排气冲程

图1-9　四冲程柴油机的工作过程

1—喷油器；2—进气门；3—连杆；4—气缸；5—排气门

四冲程柴油机的工作原理如表1-6所示。

表 1-6　　四冲程柴油机的工作原理

冲程	工作原理
进气冲程	柴油机进入气缸的不是可燃混合气，而是纯空气。与汽油机比较，进气阻力小，残留的废气温度低，进气冲程终了的压力为75～95kPa，温度为50～80℃
压缩冲程	此冲程中柴油机压缩的是纯空气，且由于柴油机压缩比大（为15～22），压缩终了时的压力和温度都比汽油机高，压力可达3～5MPa，最高温度可达525～725℃，大大超过了柴油的自燃温度（330℃），因此柴油机的可燃混合气压缩后是自燃着火的，不需要点火
做功冲程	此冲程与汽油机差别很大，柴油机压缩冲程接近终了时，喷油泵将高压柴油经喷油器呈雾状喷入燃烧室中，高压柴油在气缸内迅速蒸发并与空气混合形成混合气。由于此时缸内的温度远高于柴油的自燃温度，所以混合气会立即自行着火燃烧，气缸内压力急剧上升到6～9MPa，温度升到1700～2200℃。在高压气体推动下活塞向下运动并带动曲轴旋转而做功
排气冲程	此冲程与汽油机基本相同。排气终了时的气缸压力为105～125kPa，温度为525～725℃

由于柴油机的燃烧过程与混合气形成同时进行，所以比汽油机更复杂。燃烧过程一般是在压缩冲程上止点附近的几十度曲轴转角内完成的。

柴油机燃烧过程的有害排放物主要是炭烟，此外还产生噪声。其炭烟的排量是汽油机的 20 ～ 60 倍，而排气中的 CO、HC 和 NO_x 的含量比汽油机低。

总之，与汽油机比较，柴油机的压缩比高，热效率高，燃油消耗率低，同时柴油价格较低。因此，柴油机的燃料经济性好，而且柴油机的排气污染少，排放性能好。其主要缺点：转速低，质量大，噪声大，振动大，制造和维修费用高。

五、内燃机的产品名称和型号

1. 内燃机的产品名称和型号编制规则

为了便于内燃机的生产管理、使用与维修，我国对内燃机产品名称和型号编制进行了重新审定并颁布了国家标准 GB/T 725—2008，主要内容如下。

① 内燃机产品名称均按所采用的燃料命名，如汽油机、柴油机等。

② 内燃机型号由阿拉伯数字（以下简称数字）、汉语拼音字母（以下简称字母）和国际通用的英文缩写字母组成。

③ 内燃机型号由以下 4 部分组成。

a．第一部分由产品系列代号、换代符号和地方、企业代号组成。这一部分由制造商根据需要，选择相应的字母表示，但需经行业标准化归口单位核准、备案。

b．第二部分由气缸数符号、气缸布置形式符号、冲程符号和缸径符号组成。

c．第三部分由结构特征符号、用途特征符号和燃料符号组成。必要时，其他结构及用途符号允许制造商选用，但不得与本标准规定的字母重复。

d．第四部分为区分符号。同系列产品由于改进等需要区分时，允许制造商选用适当符号表示。第三部分与第四部分之间可用“-”分隔。

内燃机的型号较简明，第二部分、第三部分规定的符号必须标出，但第一部分和第四部分要视情况而定。由国外引进的内燃机产品，若保持原结构性能不变，允许保留原产品型号。

我国内燃机型号表示方法及其含义如图 1-10 所示。

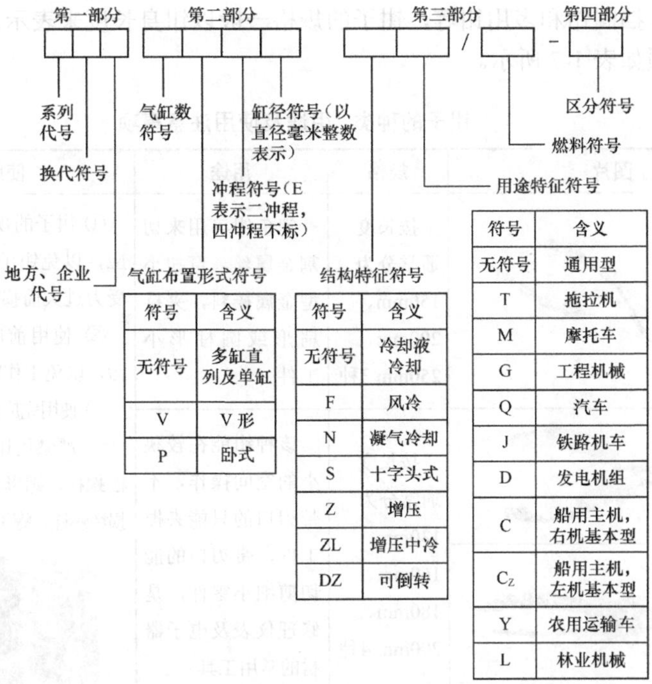

气缸布置形式符号

符号	含义
无符号	多缸直列及单缸
V	V形
P	卧式

结构特征符号

符号	含义
无符号	冷却液冷却
F	风冷
N	凝气冷却
S	十字头式
Z	增压
ZL	增压中冷
DZ	可倒转

用途特征符号

符号	含义
无符号	通用型
T	拖拉机
M	摩托车
G	工程机械
Q	汽车
J	铁路机车
D	发电机组
C	船用主机，右机基本型
C_Z	船用主机，左机基本型
Y	农用运输车
L	林业机械

图 1-10　内燃机型号表示方法及其含义

2. 内燃机型号示例

（1）汽油机型号示例

① LE65F/P：单缸、二冲程、缸径 65mm、风冷、通用型。

② 462Q：四缸、直列、四冲程、缸径 62mm、冷却液冷却、汽车用。

③ CA6102：六缸、直列、四冲程、缸径 102mm、冷却液冷却、通用型，CA 表示系列符号。

④ EQ6100-1：六缸、直列、四冲程、缸径 100mm、冷却液冷却、通用型，1 表示第一种改进产品，EQ 表示系列符号。

（2）柴油机型号示例

① 195：单缸、四冲程、缸径 95mm、冷却液冷却、通用型。

② 495Q：四缸、直列、四冲程、缸径 95mm、冷却液冷却、汽车用。

③ YZ6102Q：六缸、直列、四冲程、缸径 102mm、冷却液冷却、汽车用（YZ 表示系列符号）。

④ 12VE230ZCZ：12 缸、V 形、二冲程、缸径 230mm、冷却液冷却、增压、船用主机、左机基本型。

视频

认识常用工具和油液

六、维修常用工具与量具

（一）常用工具

1. 钳子

汽车维修作业中常用的钳子有鲤鱼钳、尖嘴钳和弯嘴钳、钢丝钳、卡环钳、断线钳、挡圈钳和多用钳等，钳子的规格一般以钳身长度来表示。钳子的种类、用途及使用注意事项如表 1-7 所示。

表 1-7　钳子的种类、用途及使用注意事项

名称	图片	规格	用途	使用注意事项
鲤鱼钳	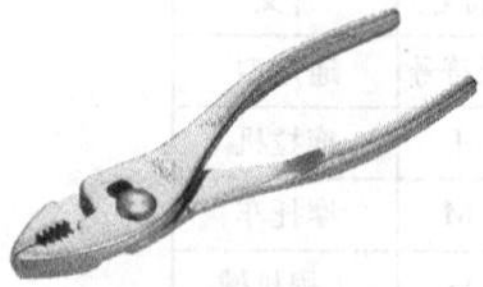	按长度通常分为150mm、200mm、250mm 3种	鲤鱼钳可用来切割金属丝，弯扭小型金属棒料，夹持扁形或圆柱形小工件	① 钳子的规格应与工件规格相适应，以免钳子小、工件大造成钳子受力过大而损坏。 ② 使用前应先擦净钳柄上的油污，以免工作时滑脱而导致事故。 ③ 使用完应保持清洁，及时擦净。 ④ 严禁用钳子代替扳手拧紧或拧松螺栓、螺母等带棱角的工件，以免损坏螺栓、螺母等工件的棱角。 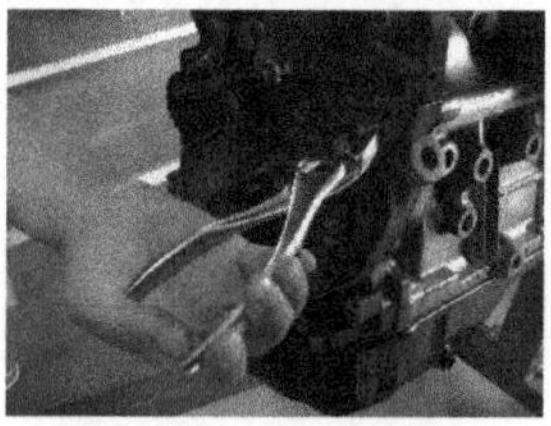 ⑤ 使用时，不允许用钳子切割过硬的金属丝，以免造成刃口损坏或钳体损坏。 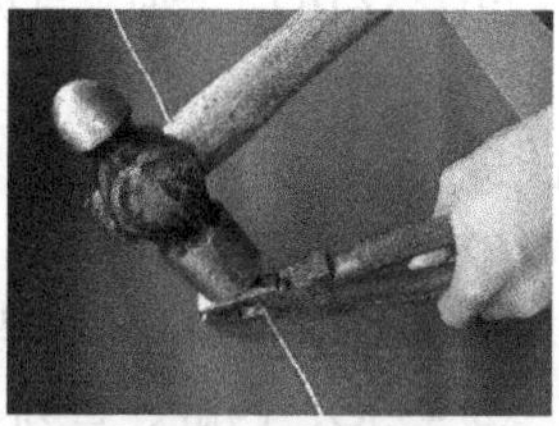 ⑥ 使用时，不允许用钳柄代替撬棒撬物体，以免造成钳柄弯曲、折断或损坏，也不可以用钳子代替锤子敲击零件
尖嘴钳	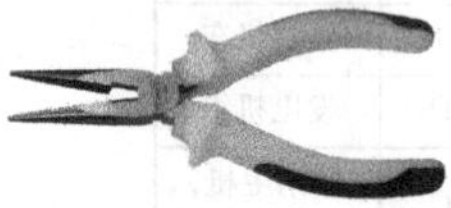	按长度通常分为130mm、160mm、180mm、200mm 4种	该种钳能在较狭小的空间操作，不带刃口的只能夹捏工件，带刃口的能切剪细小零件，是修理仪表及电子器材的常用工具	
弯嘴钳				
钢丝钳		按长度通常分为150mm、175mm、200mm 3种	钢丝钳上带有旁刃口，除能夹持工件外，还能折断金属薄板以及切断直径较小的金属线。钳柄上套有橡胶绝缘套的钢丝钳多在带电的场合使用	
卡环钳	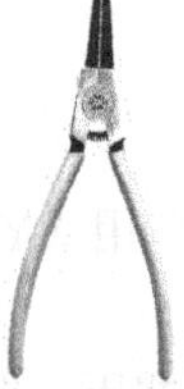 外环卡钳 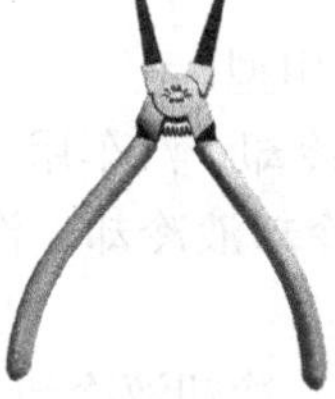 内环卡钳	—	卡环钳专门用于拆装带有拆装孔的弹性挡圈	

2. 螺钉旋具

螺钉旋具的种类、用途及使用注意事项如表 1-8 所示。

表 1-8　　螺钉旋具的种类、用途及使用注意事项

<table>
<tr><th>名称</th><th>图片</th><th>规格</th><th>用途</th><th>使用注意事项</th></tr>
<tr><td>一字槽螺钉旋具</td><td></td><td>常以钢杆部分的长度来区分，其常用的规格有50mm、75mm、125mm、150mm等几种</td><td>主要用于拆装一字槽的螺钉（包括木螺钉）等</td><td rowspan="2">① 使用前应先擦净旋具柄和口端的油污，以免工作时滑脱而发生意外。
② 选用的旋具口端应与螺栓（钉）上的槽口相吻合。
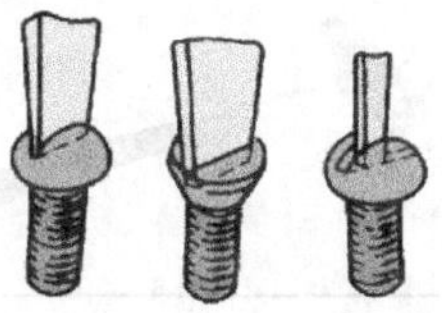
③ 若旋具口端太薄则易折断，太厚则不能完全嵌入槽口内，而易使旋具口和螺栓（钉）槽口损坏。
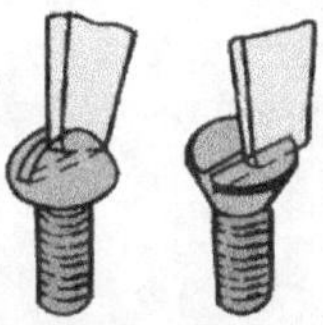
④ 使用时，不允许将工件拿在手上用旋具拆装螺栓（钉），以免旋具从槽口中滑出伤手。
⑤ 使用时，不可用旋具当撬棒或錾子使用；除夹柄螺钉旋具外，不允许用锤子敲击旋具柄。
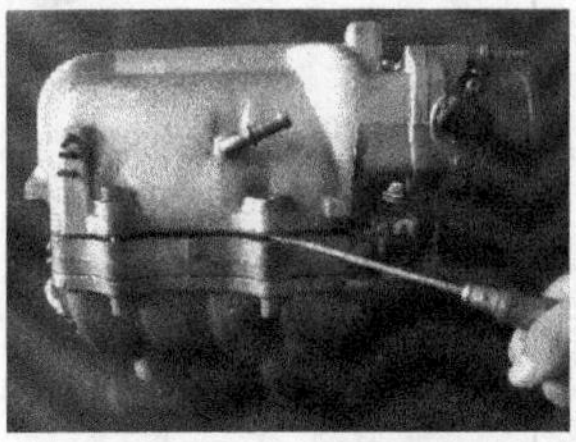
⑥ 不允许用扳手或钳子扳转旋具口端的方法来增大扭力，以免使旋具发生弯曲或扭曲变形。
⑦ 正确的操作方法是以右手握持旋具，手心抵住旋具柄端，让旋具口端与螺栓（钉）槽口处于垂直吻合状态</td></tr>
<tr><td>十字槽螺钉旋具</td><td></td><td>按十字槽的直径可分为2～2.5mm、3～5mm、5.5～8mm、10～12mm 4种规格</td><td>专用于拆装十字槽口的螺钉</td></tr>
</table>

3. 锤子

锤子的种类、用途及使用注意事项如表 1-9 所示。

表 1-9　　　　锤子的种类、用途及使用注意事项

名称	图片	规格	用途	使用注意事项
钢制圆头锤		钢制圆头锤和横头锤的规格是以锤头的质量规定的。常用的有0.25kg、0.5kg、0.75kg、1kg、1.25kg和1.5kg 6种	拆装较硬组合时使用	① 使用前，必须检查锤柄是否安装牢固，如松动应重新安装，以防在使用时由于锤头脱出而发生伤人或损物事故。 ② 使用时，应将手上和锤柄上的汗水和油污擦干净，以免锤子从手中滑脱而发生伤人或损物事故。 ③ 使用时，手要握住锤柄后端，握柄时手的握持力要大小适度，这样才能保证锤击时灵活自如。 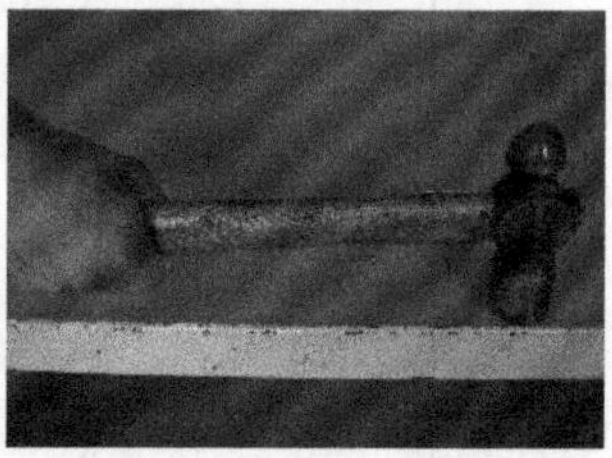 锤击时要靠手腕的运动，眼睛应注视工件，锤头工作面和工件锤击面应平行，才能使锤面平整地打在工件上，不能用下图所示的操作方法。  ④ 使用前，应清洁锤头工作面上的油污，以免锤击时发生滑脱而敲偏，损坏工件或发生意外。 ⑤ 在锤击铸铁等脆性工件和截面较薄的工件或悬空未垫实的工件时，不能用力太猛，以免损坏工件。 ⑥ 使用完毕，应将锤子擦拭干净
横头锤	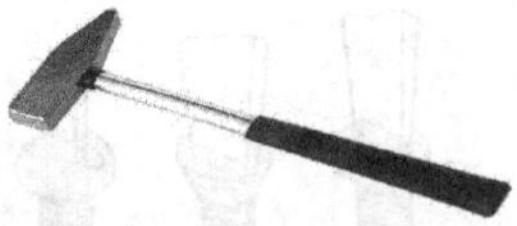		维修钣金件等用力不大的零件	
软面锤		常用的有塑料软面锤、皮革软面锤、木质软面锤和黄铜软面锤	软面锤一般用于过盈配合的组合件的拆装。当敲开或压紧组合件时，使用软面锤不会使零件产生损坏	

4. **扳手**

扳手的种类、用途及使用注意事项如表 1-10 所示。

表 1-10　　扳手的种类、用途及使用注意事项

名称	图片	规格	用途	使用注意事项
开口扳手（双头）	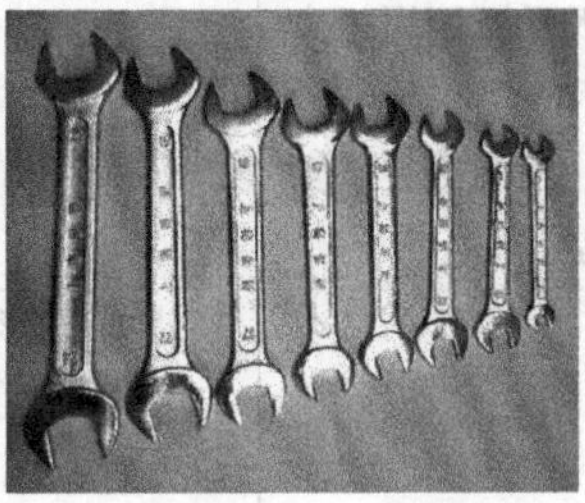	常用的有6件套、8件套两种，适用范围在6～24mm之间。按结构形式，扳手可分为双头扳手和单头扳手两种；按开口角度，扳手又可分为15°扳手、45°扳手、90°扳手3种	这种扳手主要用于拆装一般标准规格的螺栓或螺母。使用时可以上、下套入或直接插入，具有使用方便的特点	① 使用时应当注意：一定要选择与所拆装螺栓（螺母）相同规格的扳手。  不要使用尺寸过大的扳手，以免因扳手尺寸过大而损坏螺栓（螺母）的棱角。  ② 当使用推力拆装时，应用手掌力来推动。  不能采用握推的方式，以免碰伤手指。  不能采用两个扳手对接或用套筒等套接的方式来加长扳手，以免损坏扳手或发生事故 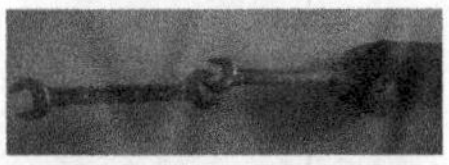 

续表

名称	图片	规格	用途	使用注意事项
梅花扳手	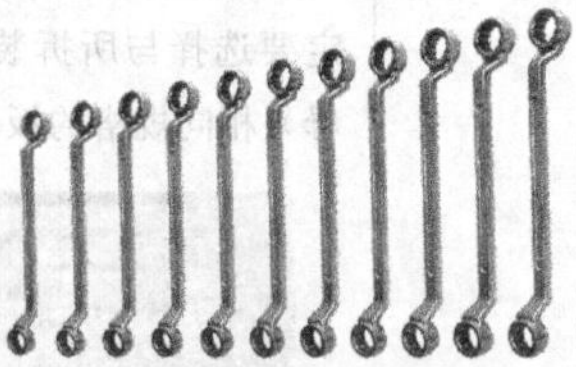	常用的有6件套、8件套两种，适用范围在5.5～27mm之间	梅花扳手两端是套筒式圆环状的，圆环内一般有12个棱角，能将螺母或螺柱的六角部分或全部围住，从而保证工作的安全可靠性。其用途与开口扳手相似，具有更安全可靠的特点	使用注意事项与开口扳手相同
套筒扳手	套筒头  套筒头手柄 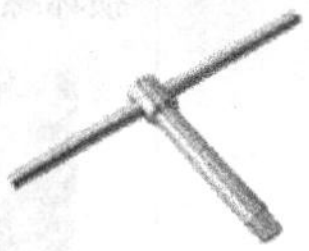 长接杆  棘轮扳手 	套筒扳手是一种组合型工具，使用时由几个部件共同组合成一扳手。常用的套筒扳手有13件套、17件套和24件套等多种规格	套筒扳手适合拆装部位狭小、特别隐蔽的螺栓或螺母。其套筒部分与梅花扳手的端头相似，并制成单件。根据需要，选用不同规格的套筒和各种手柄进行组合。如活动手柄可以调整所需力臂；棘轮扳手用于快速拆装螺栓、螺母。有的扳手还配用扭力扳手（显示扭紧力矩），具有功能多、使用方便、安全可靠的特点	使用时一定要选择与所拆装螺栓（螺母）相同规格的扳手
活扳手		活扳手的开口端根据需要可以在一定范围内进行调节	活扳手要用于拆装不规则、带有棱角的螺栓或螺母	使用时必须将活动钳口的开口尺寸调整合适，用力要均匀，以免损坏扳手或使螺栓、螺母的棱角变形，造成打滑而发生事故。应使扳手的活动钳口承受推力，固定钳口承受拉力，正确的使用方法如下图所示 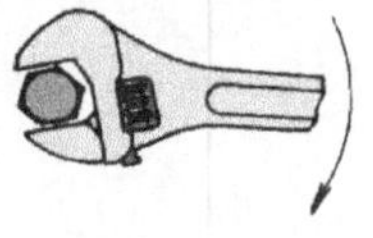 错误的使用方法如下图所示 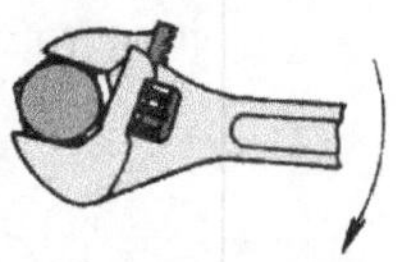

续表

名称	图片	规格	用途	使用注意事项
扭力扳手	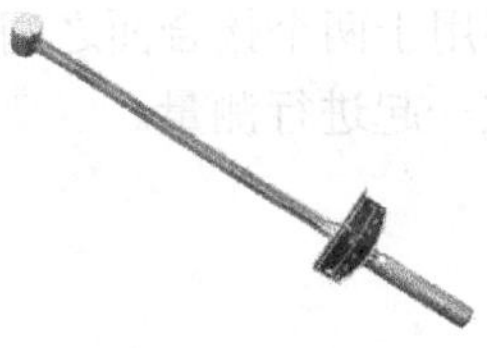	扭力扳手是一种与套筒扳手中的套筒配合使用且能显示扭转力矩的专用工具。用扭力扳手拧紧螺栓或螺母时，其扭矩的大小能及时指示出来，扭矩的单位是N·m。汽车维护中常用扭力扳手的规格为0～300N·m	在维修作业中，凡是有扭紧力矩要求的螺栓或螺母，均需用扭力扳手将螺栓或螺母拧到规定力矩	使用扭力扳手，必须符合规定，切忌在过载情况下使用而造成扭力扳手的失准或损坏。用完应将扭力扳手平稳放置，避免因重物撞、压，造成扳手杆或扳手指针变形而影响扳手的精度，甚至损坏扳手
专用扳手	内六角扳手 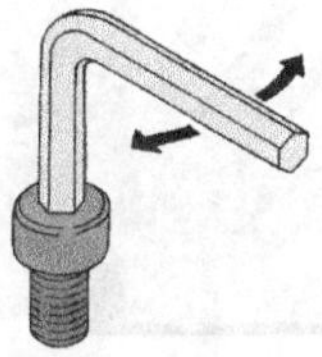	不同规格的成套工具	用于扭转内六角头部的螺栓	—

5．**专用工具**

（1）活塞环拆装钳和活塞环压缩器

活塞环拆装钳是拆装活塞环的专用工具，如图1-11所示。使用时应将活塞环拆装钳上的环卡卡在活塞环的开口上，轻握手柄慢慢收缩使活塞环张开，以便拆装。

另外，安装活塞环时，也可以用图1-12所示的活塞环压缩器。

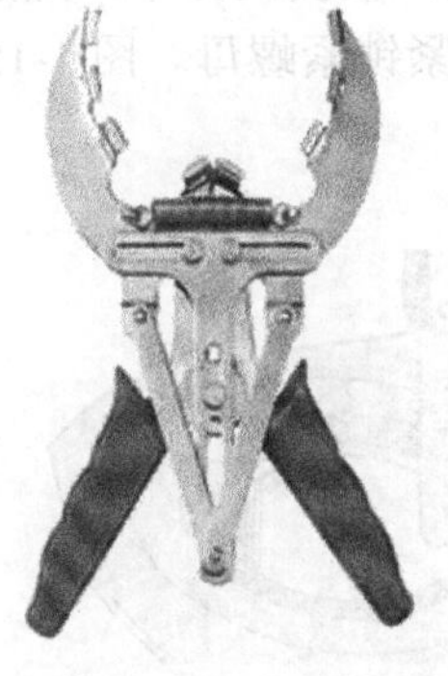

图1-11　活塞环拆装钳

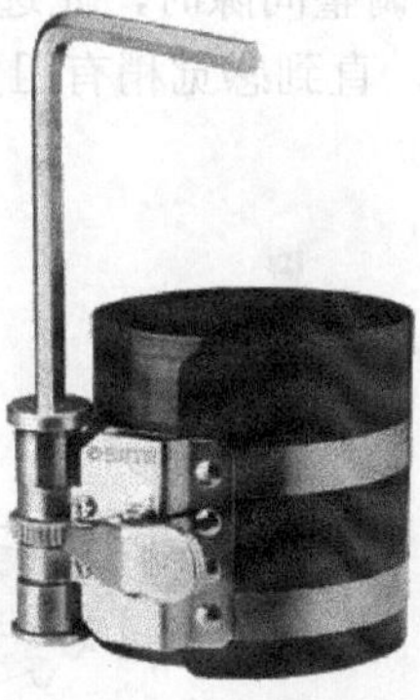

图1-12　活塞环压缩器

（2）气门拆装钳

气门拆装钳是拆装气门的专用工具，如图1-13所示。在拆装气门时，将气门拆装钳托架抵住气门，压环对正气门弹簧座，压下手柄即可使气门弹簧压缩，然后取出气门弹簧锁止零件，再慢慢放松手柄，便能很容易地取下气门弹簧和气门等。

（二）常用量具

1. 塞尺

（1）塞尺的用途

如图 1-14 所示，塞尺是一种由多片不同厚度的标准钢片组成的测量工具。每片钢片有平行的两个测量平面，并在钢片上标出其厚度值。塞尺主要用于两个接合面之间的间隙值的测量。使用时，可以用一片进行测量，也可以由多片组合在一起进行测量。

图 1-13　气门拆装钳

图 1-14　塞尺

（2）塞尺的使用方法

① 用干净布将塞尺片两测量表面擦拭干净，不能在沾有油污或金属屑末的情况下进行测量，否则将直接影响测量结果的准确性。

② 将塞尺片插入被测间隙中，来回拉动塞尺片，若感到稍有阻力，则该间隙值接近塞尺片上所标出的数值。如果拉动时阻力过大或过小，则该间隙值小于或大于塞尺片上所标出数值。

③ 测量和调整间隙时，先选择符合间隙规定的塞尺插入被测间隙中，然后一边调整一边拉动塞尺片，直到感觉稍有阻力时为合适，这时即可拧紧锁紧螺母。图 1-15 所示为塞尺使用实例。

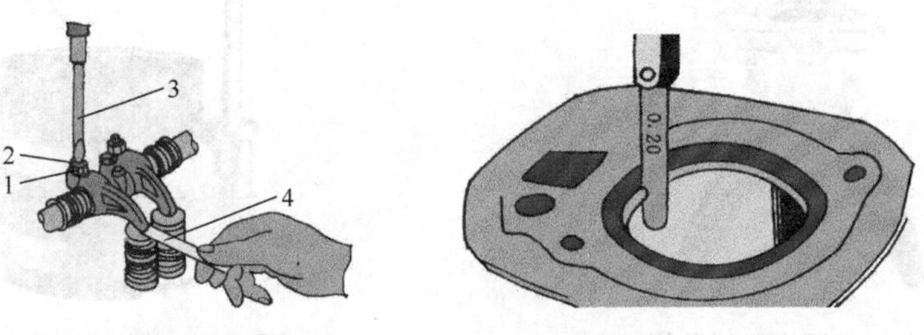

（a）测量气门间隙　　（b）测量活塞环开口间隙

图 1-15　塞尺的使用

1—锁紧螺母；2—调整螺栓；3—螺钉旋具；4—塞尺

（3）塞尺的使用注意事项

① 不允许在测量过程中剧烈折塞尺片，或用较大的力硬将塞尺片插入被检测间隙中，

否则将损坏（伤）塞尺片的测量表面或零件表面。

② 用毕应将塞尺片擦干净，并涂上一薄层润滑油或工业凡士林；然后将塞尺片折回夹框内，以防锈蚀、弯曲、变形而损坏。

③ 存放时，不能放在重物以下以免损坏塞尺。

动画

游标卡尺读数方法

2. **游标卡尺**

（1）游标卡尺的用途

游标卡尺是一种能直接测量工件内外直径、宽度、长度或深度的量具。

（2）游标卡尺的种类

游标卡尺按照测量功能可以分为普通游标卡尺、深度游标卡尺、带表卡尺等，按照读数值可以分为 0.01mm、0.02mm 等几种。其结构如图 1-16 所示。

（3）游标卡尺的使用方法

① 使用前，先将工件被测表面和量爪接触表面擦干净。

② 测量工件外径时，将活动量爪向外移动，使两量爪间距大于工件外径，然后慢慢地向内移动游标，使两量爪与工件接触。切忌硬卡硬拉，以免影响游标卡尺的精度和读数的准确性。

③ 测量工件内径时，将活动量爪向内移动，使两量爪间距小于工件内径，然后缓慢地向外移动游标，使两量爪与工件接触，如图 1-17 所示。

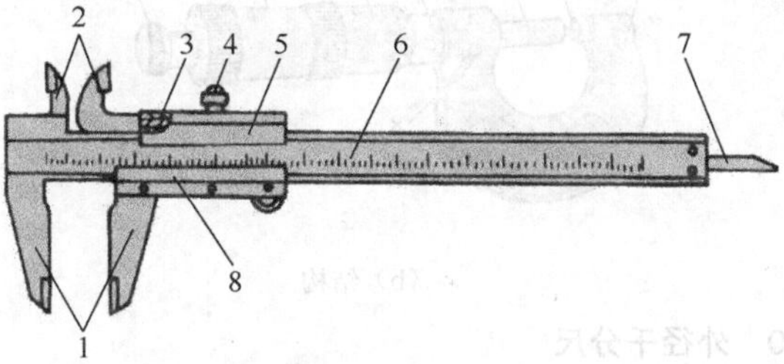

图 1-16　游标卡尺结构

1—外量爪；2—内量爪；3—弹簧片；4—紧固螺钉；
5—尺框；6—尺身（主尺）；7—深度尺；8—游标

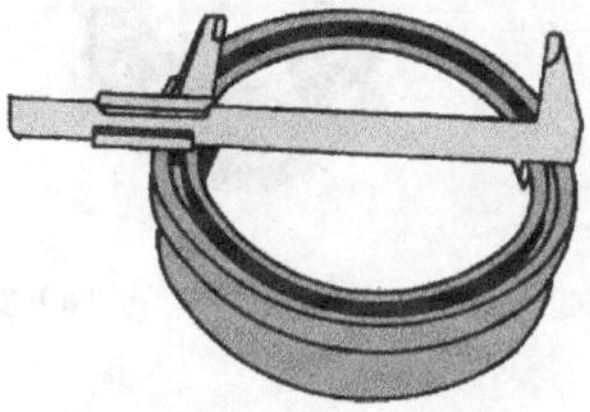

图 1-17　测量工件内径

④ 测量时，应使游标卡尺与工件垂直，固定紧固螺钉。测外径时，记下最小尺寸；测内径时，记下最大尺寸。

⑤ 用深度游标卡尺测量工件深度时，将固定量爪与工件被测表面平整接触，然后缓慢地移动游标，整个过程始终保持固定量爪与工件接触。移动力不宜过大，以免硬压游标而影响测量精度和读数的准确性，如图 1-18 所示。

⑥ 用毕应将游标卡尺擦拭干净，并涂一薄层工业凡士林，放入盒内保存，切忌折、重压。

（4）游标卡尺的读数方法

游标卡尺读数方法如图 1-19 所示。

① 读出游标零刻线所指示尺身上左边刻线的毫米数。

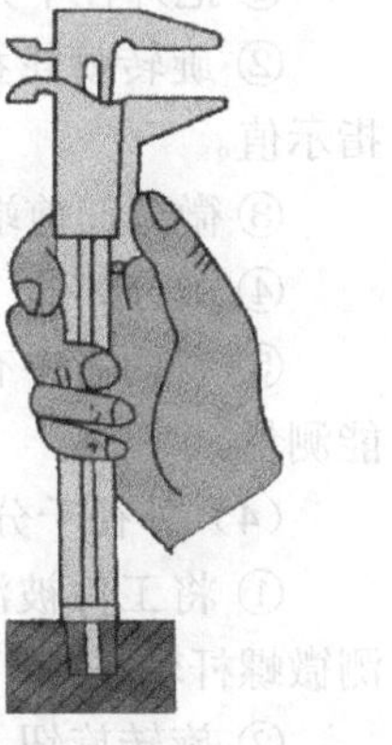

图 1-18　测量工件深度

② 观察游标上零刻线右边第几条刻线与尺身某一刻线对准，将读数乘以游标卡尺的精确度，即为毫米小数值。

③ 将尺身整数值和游标毫米小数值相加即得到被测零件的尺寸。

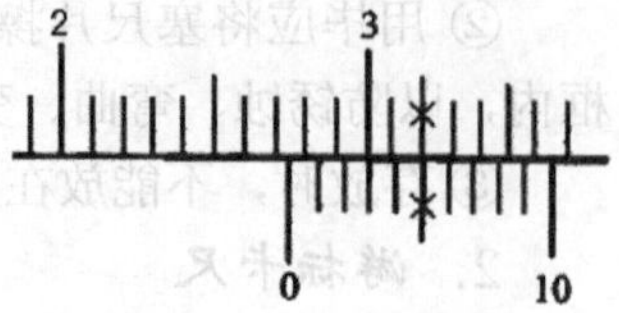

图 1-19　读数方法

计算公式如下：

零件尺寸 = 尺身整数值 + 游标毫米小数值 = 尺身整数值 + 游标读数值 × 精确度

图 1-19 中的（精确度为 0.01mm）读数值为 27mm+5×0.01mm=27.05mm。

动画

外径千分尺读数方法

3. 外径千分尺

（1）外径千分尺的用途

外径千分尺（也称螺旋测微器）是一种用于测量加工精度要求较高的零件的精密量具，其测量精度可达到 0.01mm。

（2）外径千分尺的种类

按照测量范围，外径千分尺可以分为 0 ～ 25mm、25 ～ 50mm、50 ～ 75mm、75 ～ 100mm、100 ～ 125mm 等多种不同规格，但每一种外径千分尺的测量范围均为 25mm，其结构如图 1-20 所示。

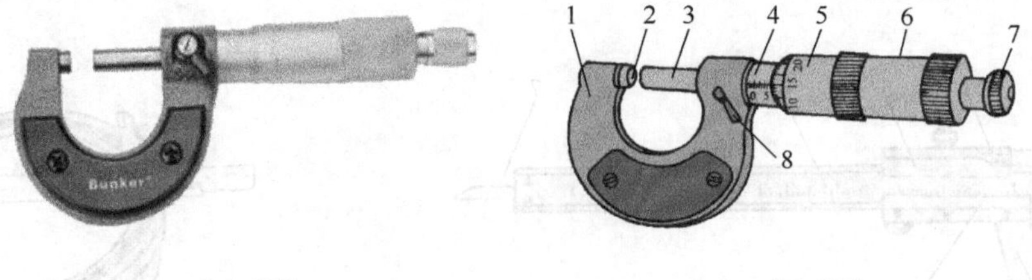

（a）实物　　（b）结构

图 1-20　外径千分尺

1—尺架；2—测砧；3—测微螺杆；4—固定套筒；5—微分筒；6—测力装置；7—旋钮；8—锁紧装置

（3）外径千分尺误差检查

① 把外径千分尺砧端表面擦拭干净。

② 旋转棘轮盘，使两个砧端先靠拢，直到棘轮发出 2 ～ 3 声“咔咔”声响，这时检视指示值。

③ 微分筒前端应与固定套筒的“0”线对齐。

④ 微分筒的“0”线应与固定套筒的基线对齐。

⑤ 若两者中有一个“0”线不能对齐，则该外径千分尺有误差，应予以检查、调整后才能测量。

（4）外径千分尺的使用方法

① 将工件被测表面擦拭干净，并置于外径千分尺测砧和测微螺杆之间，使外径千分尺测微螺杆轴线与工件中心线垂直或平行，若歪斜着测量，则直接影响测量的准确性。

② 旋转旋钮，使测砧和测微螺杆与工件测量表面接近，这时改旋转测力装置，直到发出“咔咔”声响时为止，这时的指示数值就是所测量到的工件尺寸。

③ 测量完毕，必须倒转微分筒后才能取下外径千分尺。

用毕应将外径千分尺擦拭干净，保持清洁，并涂抹一薄层工业凡士林，然后放入盒内保存。禁止重压、弯曲外径千分尺，且两砧端不得接触，以免影响外径千分尺精度。

（5）外径千分尺的读数方法

① 从固定套筒上露出的刻线读出工件的毫米整数和半毫米整数。

② 从微分筒上与固定套筒纵向线所对准的刻线读出工件的小数部分（百分之几毫米），不足一格数（千分之几毫米），可用估算读法确定。

③ 将两次读数相加就是工件的测量尺寸。

图 1-21 为外径千分尺的 2 个读数实例。

4. 百分表

（1）百分表的用途

百分表是一种比较性测量仪器，如图 1-22 所示，主要用于测定工件的偏差值，如平面度、直线度、跳动量，圆度、圆柱度误差以及配合间隙等。

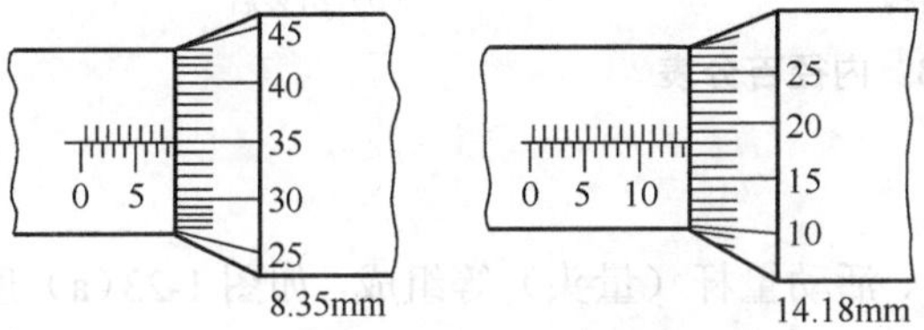

图 1-21 外径千分尺读数实例

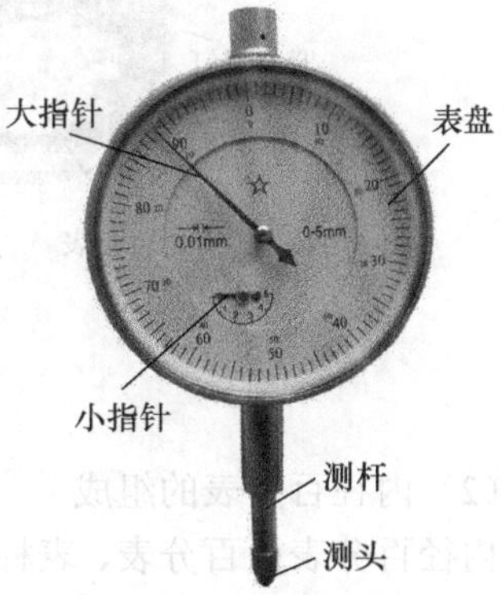

图 1-22 百分表

（2）百分表的读数方法

百分表的表盘刻度一般分为 100 格，当测头每移动 0.01mm 时，大指针就偏转 1 格（表示 0.01mm）；当大指针超过 1 圈时，小指针偏转 1 格（表示 1mm）；指针的偏转量就是被测零件的实际偏差或间隙值。

（3）百分表的使用方法

① 先将百分表固定在表架（支架）上，以测杆端测头抵住被测工件表面，并使测头产生一定位移（即指针存在一个预偏转值）。

② 移动被测工件，同时观察百分表表盘上指针的偏转量，该偏转量即被测工件的偏差尺寸或间隙值。

（4）百分表的使用注意事项

① 测杆轴线应与被测工件表面垂直。

② 百分表用毕应解除所有的负荷，用干净布将表面擦拭干净，并在容易生锈的金属表面涂抹一薄层工业凡士林；另外，将百分表水平地放置盒内，严禁重压。

5. **内径百分表**

（1）内径百分表的用途

内径百分表又称量缸表（见图1-23），是一种用于测量孔径的比较性量具。在汽车维修中，内径百分表主要用于测量发动机气缸和轴承座孔的圆度、圆柱度误差或零件磨损情况。

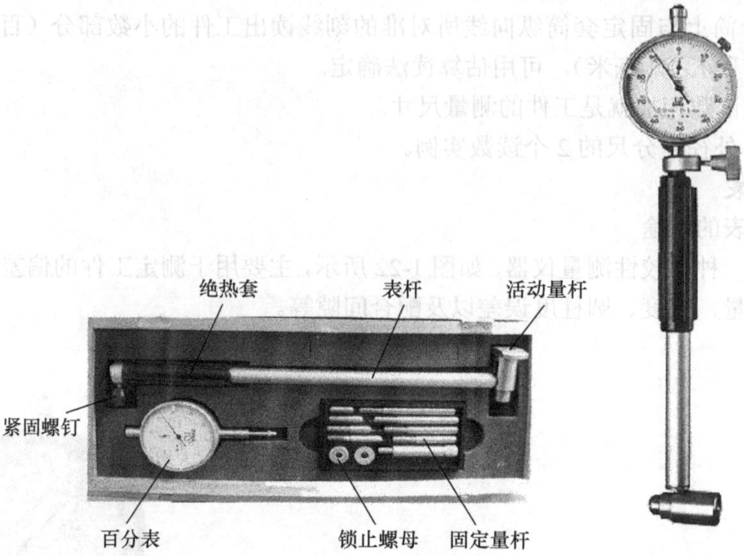

（a）结构　　（b）组装后

图1-23　内径百分表

（2）内径百分表的组成

内径百分表由百分表、表杆、固定量杆、活动量杆（量头）等组成，如图1-23（a）所示。

（3）内径百分表的使用方法

① 用手拿住绝热套（见图1-24），另一只手尽量托住表杆下部，轻轻摆动表杆，使内径百分表量杆与气缸轴线垂直，可通过观察百分表指针摆动情况来判断。当指针指示到最小数值时，即表示量杆已垂直于气缸轴线。

② 内径百分表读数方法与百分表相同。

③ 确定工件尺寸。

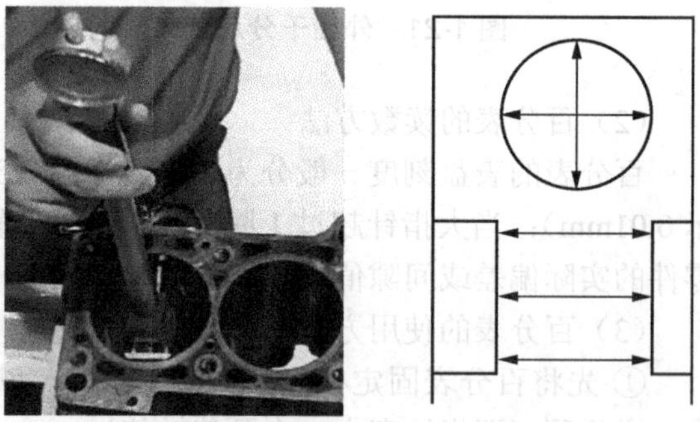

（a）内径百分表的放置　　（b）内径百分表的测量位置

图1-24　内径百分表使用方法

a. 如果内径百分表头的大指针正好指在“0”处，说明被测工件的孔径（缸径）与其校表尺寸相等，若以标准尺寸进行校表，则表示工件尺寸与标准尺寸相同。

b. 如果内径百分表头大指针顺时针方向转离“0”位，则表示被测工件尺寸小于标准尺寸，反之则表示大于标准尺寸。

c. 通过对不同测量点的测量，即可得到圆度、圆柱度的误差量或被测工件的磨损情况。

任务实施

视频

发动机的拆卸

下面以一汽大众迈腾轿车为例，介绍发动机总成的拆卸与安装方法。

操作一　发动机的拆卸

发动机的拆卸如表 1-11 所示。

表 1-11　　发动机的拆卸

步骤	拆卸方法	图示
1	关闭点火开关及所有用电器，断开蓄电池搭铁接线。拆卸发动机盖罩，拆卸空气导管软管3（先拆开软管卡箍1和2）及空气滤清器4。拆卸蓄电池及蓄电池支架	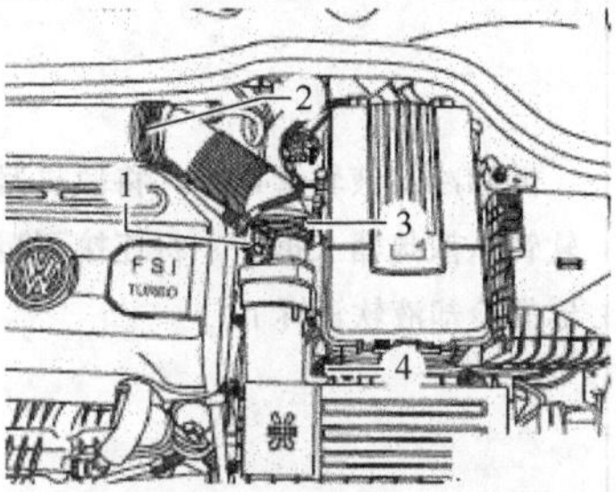
2	拆下两个前轮。拆卸发动机底部隔音板，脱开散热器上的下部冷却液管，排放冷却液 拆卸左右轮罩外板的前部件，将空气导管向下取出。脱开连接插头2。将螺钉1、3旋出，并将风扇护罩从下方取出	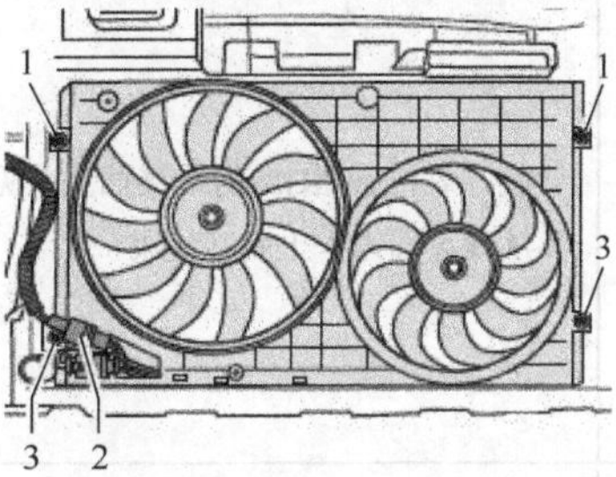
3	脱开机油油位和机油温度传感器G266的连接插头1。从副车架上脱开机油油位和机油温度传感器G266的导线支架2并放置一旁	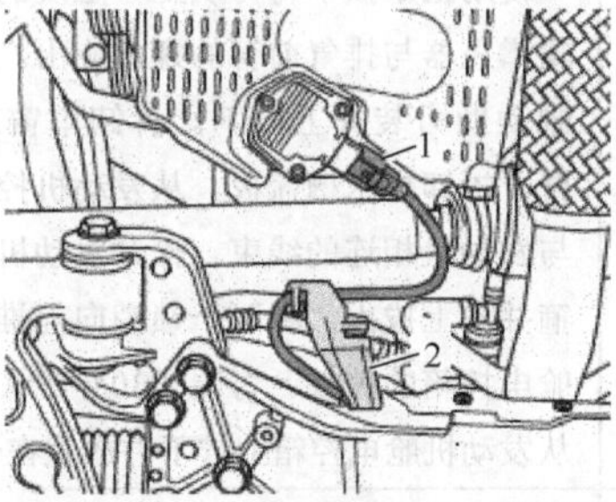
4	按压解锁按钮3，脱开真空管1和燃油供油软管2。在打开燃油系统之前将干净的抹布放置在连接点周围并将连接点小心地松开，将燃油压力消除	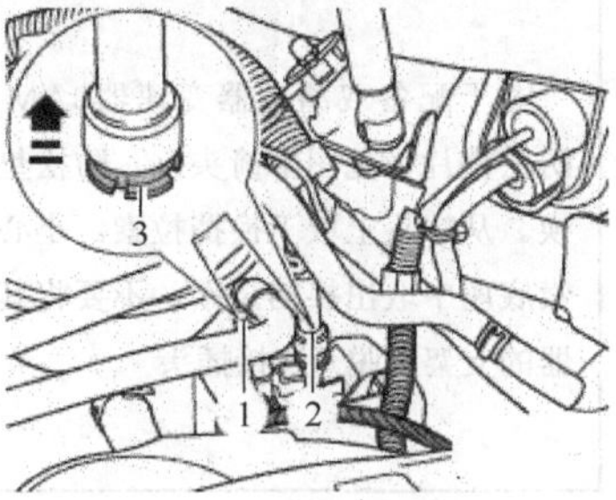

续表

步骤	拆卸方法	图示
5	松开多楔皮带时应沿箭头方向转动张紧装置。同时，将张紧装置用定位芯棒T10060A锁紧。拆下多楔皮带。对于已经运转的多楔皮带，运转方向相反可能会导致损毁。为了重新安装，在拆卸多楔皮带之前用粉笔或记号笔标记转动方向	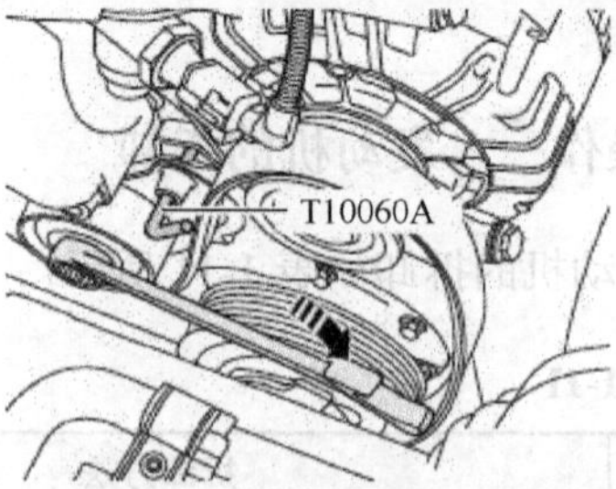
6	拆卸冷却液软管1和2。将散热器上部的冷却液软管从散热器上拆下。将连接至暖风装置热交换器的冷却液软管拆下	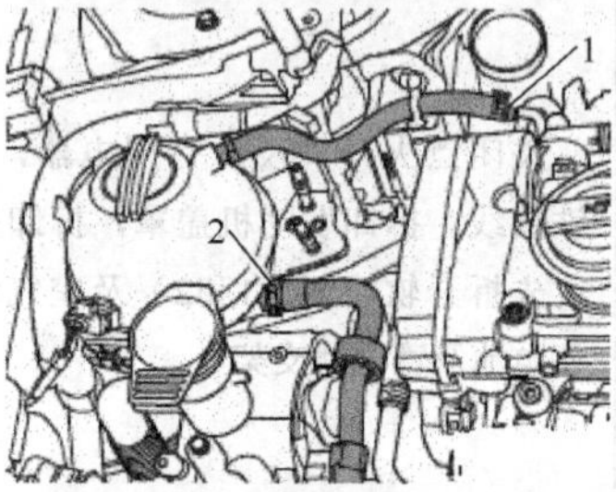
7	脱开氧传感器G39的连接插头（见图中箭头），并从线束固定卡上脱开线束	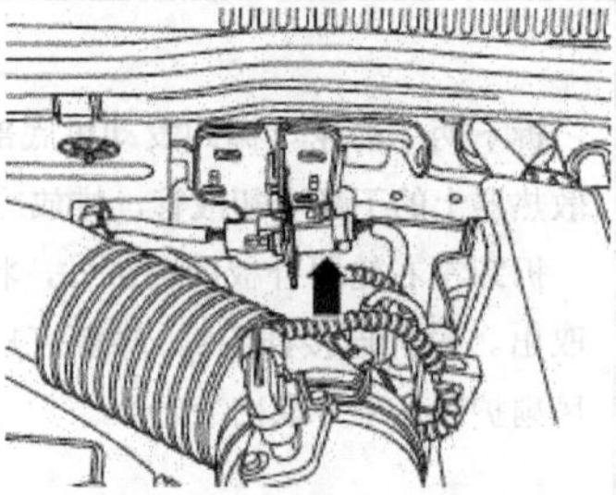
8	使用扭矩扳手将可从上方触及的、连接废气涡轮增压器与排气前管的螺母旋出。将真空软管从制动助力装置上拔下。拆卸车窗玻璃刮水器摆臂。拆卸排水槽盖板。从发动机控制单元上脱开与发动机相连的线束。松开发动机线束套管的卡箍并向上拔出。将两个锁销向前推，拆卸发动机舱电控箱的盖板。将端子30导线（见图中箭头）从发动机舱电控箱上拧下并放置在一旁	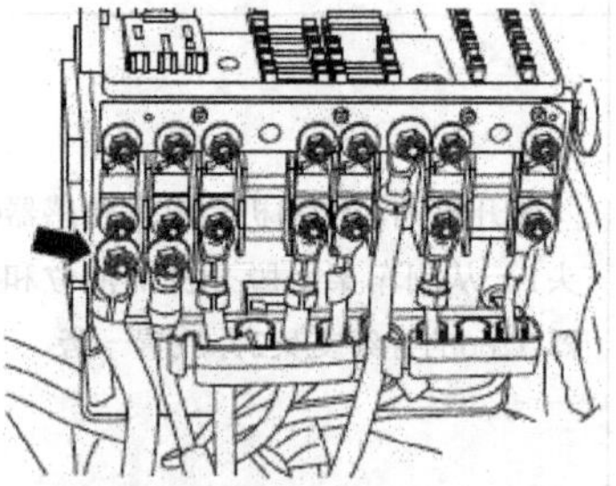
9	对于配备双离合器变速器0AM的汽车，拆下防松垫片（见图中箭头）。防松垫片每次都要更换。从球头上取下换挡拉索。小心地从变速器拉索底座中取出换挡拉索，不要将其弯折。从变速器的支架上脱开连接插头	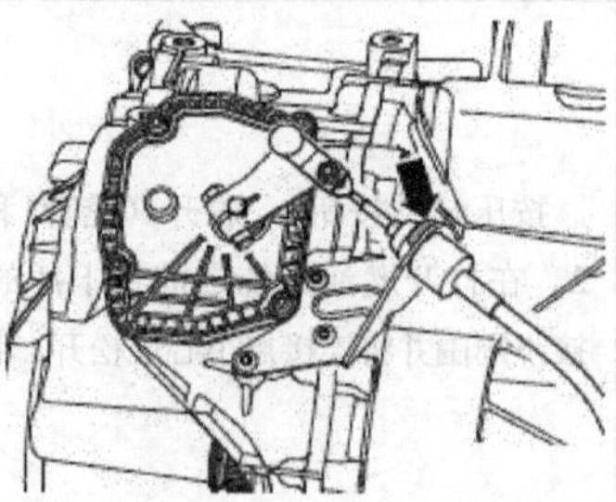

续表

步骤	拆卸方法	图示
10	脱开空调压缩机上电磁离合器的连接插头。旋出空调压缩机的螺栓（见图中箭头）。将与空调压缩机相连的制冷剂软管绑到纵梁上。由于制冷剂易造成人员受伤，空调器制冷剂循环回路不允许打开，不得过度拉伸、弯折或弯曲制冷剂管路和软管，以免制冷剂泄漏	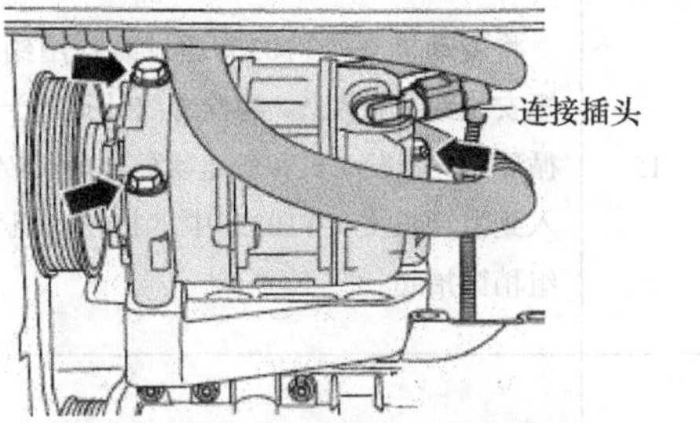
11	旋出螺母（见图中箭头），并将车辆底板的右盖板内侧稍微向下拉	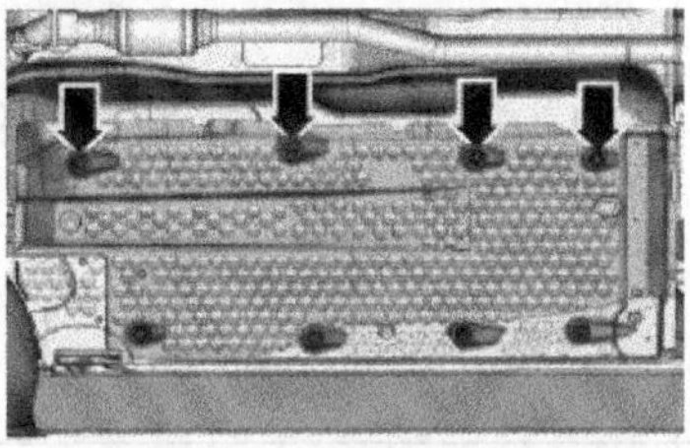
12	脱开车辆底板的右侧连接插头（见图中箭头）。从支架上取下连接插头，与连接至尾气催化净化器后的氧传感器G130的电线放置在一起	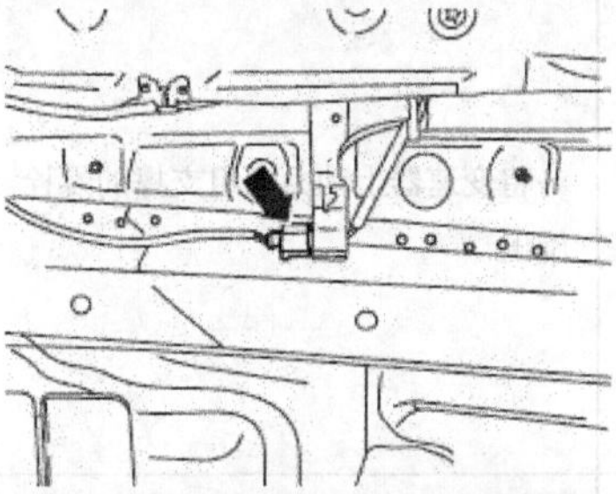
13	将剩下的、从下面可以触及的、连接废气涡轮增压器和排气前管的螺母旋出。旋出废气排放装置支架的固定螺栓（见图中箭头）	
14	拆下车辆底板的前横梁（见图中箭头）。松开夹紧套并将其向后推。将排气前管与尾气催化净化器拆下 将右传动半轴的隔热板拆下。拆卸传动半轴和摆动支撑	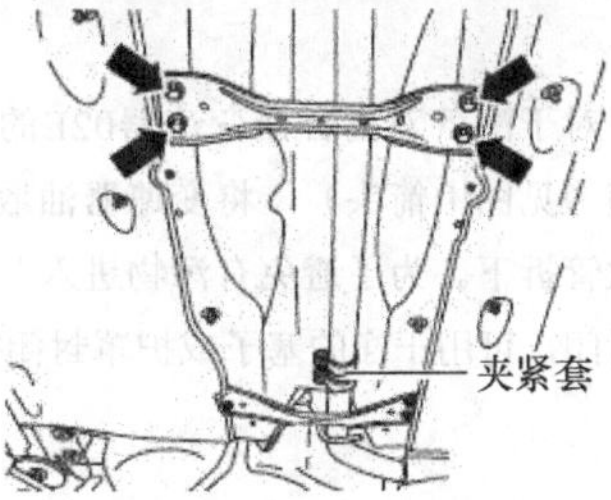

续表

步骤	拆卸方法	图示
15	将发动机支架T10359通过螺栓用约20N·m的力矩安装到气缸体上。螺栓螺纹钻孔用于安装冷却液循环泵。将发动机和变速器举升装置VAG1383 A插入到发动机支架T10359中。将发动机和变速器机组稍微抬起	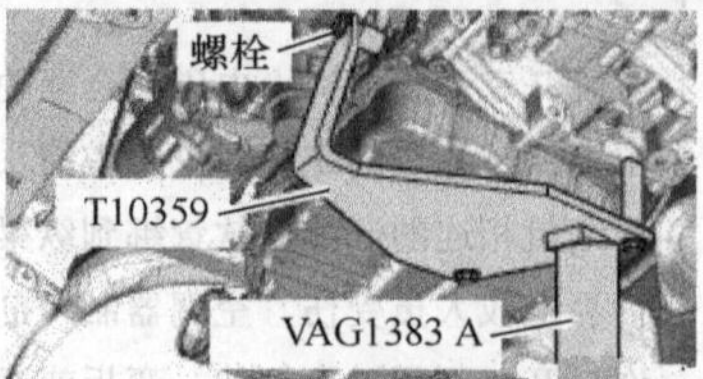
16	将发动机上动力机组支撑的螺栓（见图中箭头）旋出	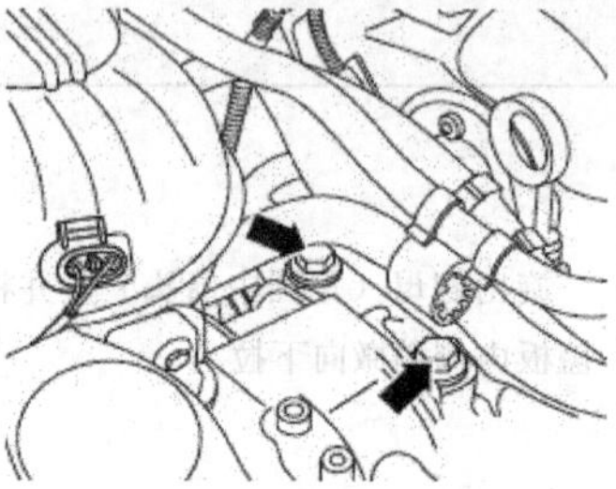
17	将变速器上动力机组支撑的螺栓（见图中箭头）旋出	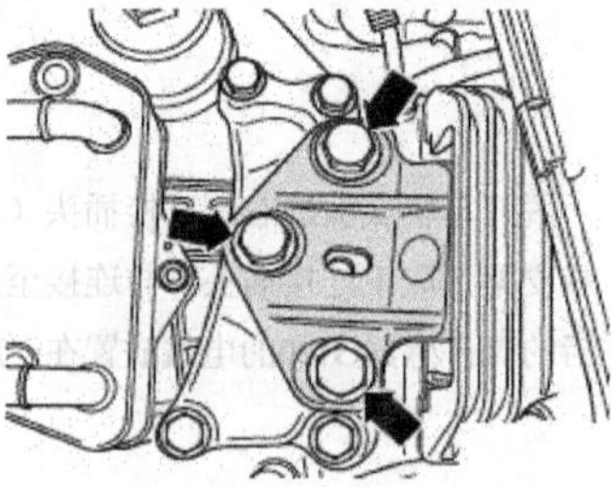
18	检查所有到发动机、变速器和车身软管的线路连接是否已断开。降下时小心地引导发动机和变速器机组，以防止损坏。将发动机和变速器机组尽可能向左前方拉并慢慢地向下降。将发动机和变速器放置于工作台上或发动机支架T10359上。在放置发动机时，勿损坏机油油位和机油温度传感器G266。旋出线束支架的固定螺母（见图中箭头），脱开线束支架	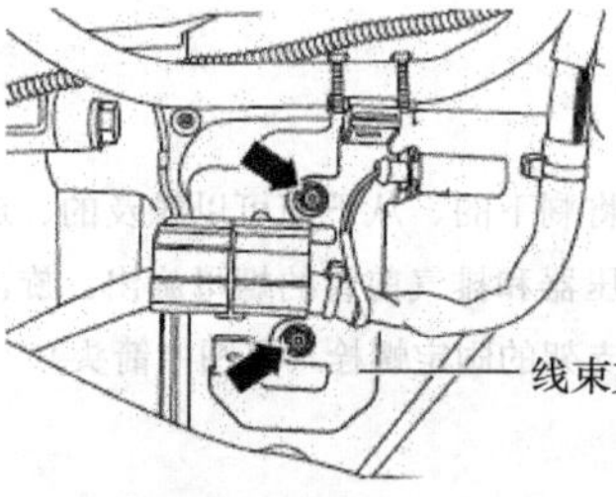
19	对于配备双离合器变速器02E的车型，脱开卡箍（见图中箭头），将变速器油散热器的冷却液软管拆下。为了避免有污物进入，将断开的管路封闭，可用干净的塞子或护罩封闭接头	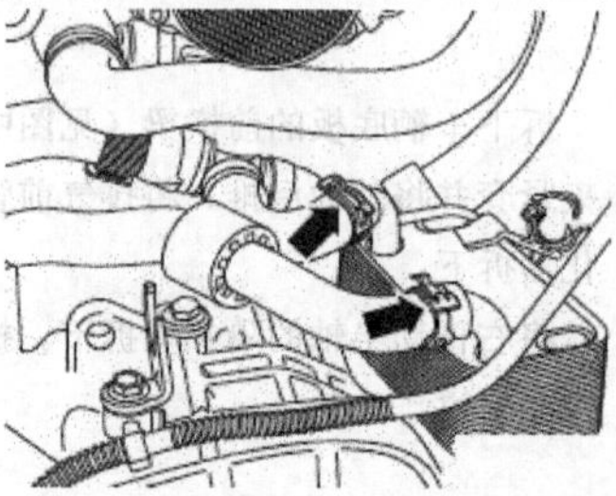

续表

步骤	拆卸方法	图示
20	用悬架2024A和辅助挂钩10-222A/20（见右图）挂入变速器上的吊装孔中。将变速器稍微抬起。旋下变速器与发动机的连接螺栓。将变速器从发动机上拆下。将悬架2024A挂在发动机和车间用起重机VAS6100上	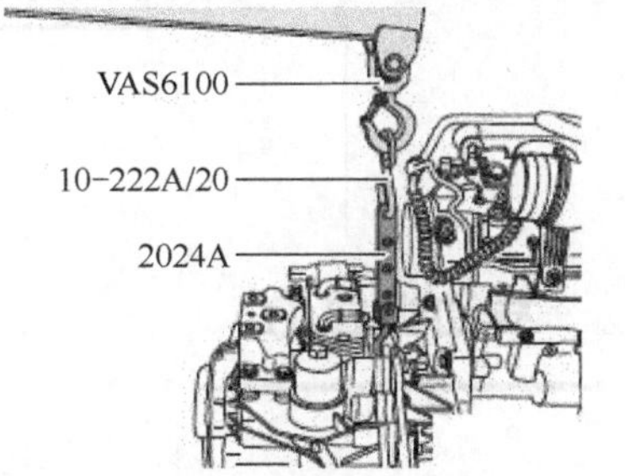
21	为了与机组的重心位置协调，支撑钩的孔轨必须按图所示插上。将支撑钩和定位销用插接固定件（见图中箭头）固定在悬架上。用车间用起重机VAS6100将发动机从发动机和变速器举升装置VAG1383A上抬下来。可将发动机固定在发动机和变速器支架VAS6095上，以便于装配工作	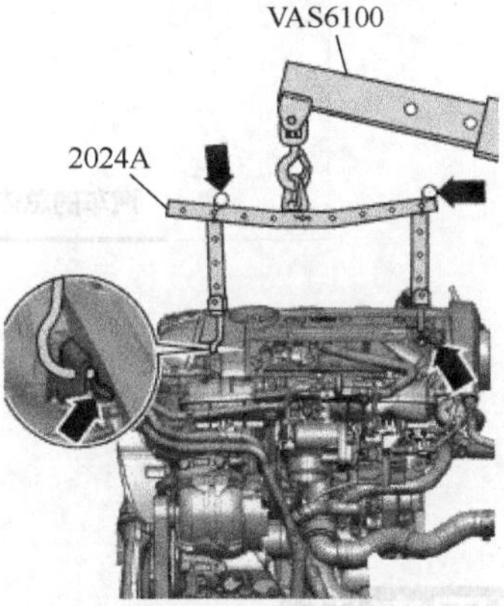

操作二　发动机的安装

发动机的安装按与拆卸相反的顺序进行，同时注意以下几点。

① 按规定力矩拧紧螺栓或螺母。

② 更换自锁式螺母和螺栓。

③ 更换螺栓（按照转向角拧紧）、密封环及密封件。

④ 在安装时将导线扎带重新置于原始的位置。

⑤ 当冷却液被污染时，不得再继续使用。

小　结

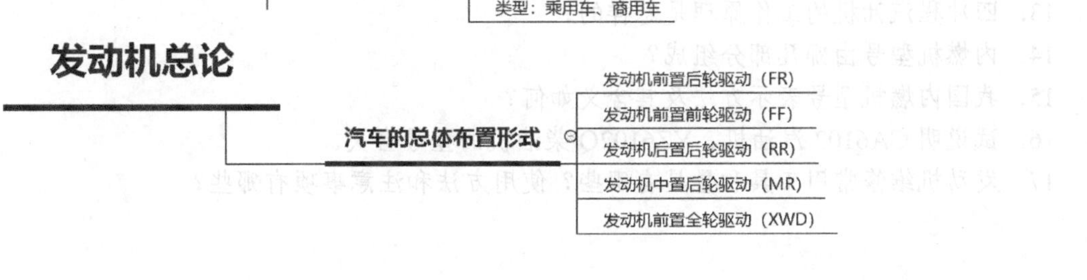

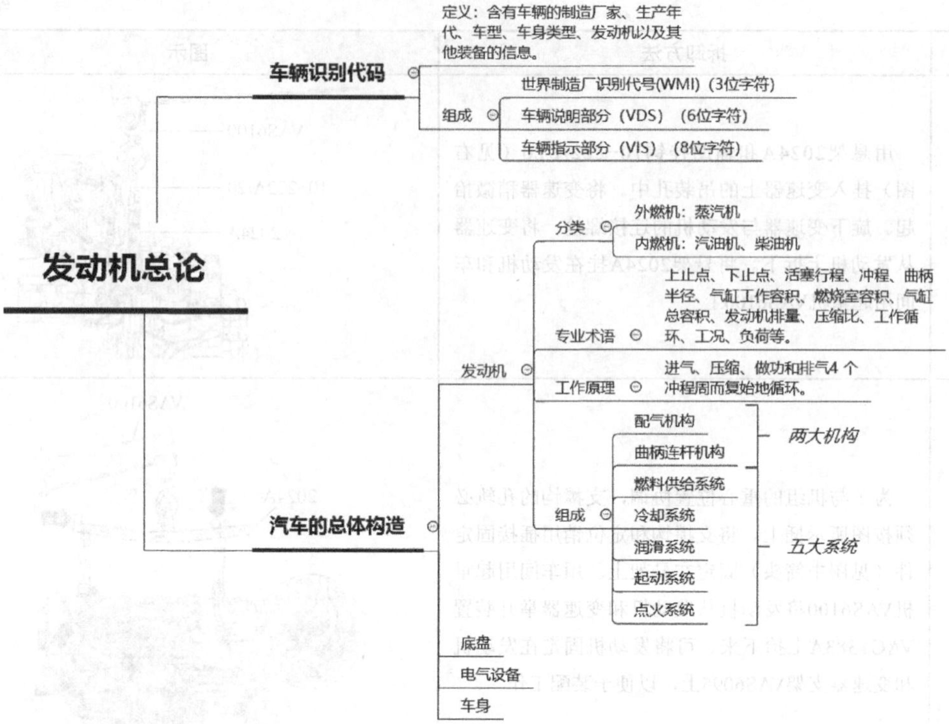

练习思考题

1. 汽车是如何定义的？
2. 简述世界汽车工业的发展历程。
3. 我国汽车工业的发展经历了哪几个历史阶段？
4. 汽车按用途不同可分为哪两种？
5. 什么是乘用车？什么是商用车？
6. 汽车通常由哪 4 部分组成？
7. 汽车的总体布置形式有哪几种？
8. 什么是车辆识别代码（VIN）？ VIN 码所在位置在哪里？由哪几部分组成？
9. 简述汽车用内燃机的分类方法。
10. 汽油机主要由哪几部分组成？
11. 柴油机与汽油机的主要区别有哪些？
12. 发动机专业术语有哪些？
13. 四冲程汽油机的工作原理是怎样的？
14. 内燃机型号由哪几部分组成？
15. 我国内燃机型号表示方法及其含义如何？
16. 试说明 CA6102 汽油机、YZ6102Q 柴油机的型号含义。
17. 发动机维修常用工具和量具有哪些？使用方法和注意事项有哪些？

项目二
曲柄连杆机构

任务一 机体组的检修

学习目标

（1）能够正确描述机体组的组成、功用和工作原理。

（2）能够正确描述机体组主要零件的结构特点、装配要求和调整方法。

（3）熟悉机体组主要零件的拆装方法。

（4）熟悉机体组主要零件的检测及维修方法。

任务引入

一辆大众速腾轿车，行驶里程为14.6万千米。该车发动机大修后，刚刚使用一年多，行驶3万千米，近日发现发动机有异响，好像活塞敲缸响，感觉异响越来越严重。

分析该车的故障现象，造成活塞敲缸的主要原因有活塞与气缸壁之间间隙过大，气缸壁润滑不良，连杆弯曲及扭曲致使活塞位置不正，连杆轴承或活塞销配合过紧，活塞顶碰击气缸盖或气缸垫等。

根据以上分析，应将发动机从车上抬下来拆检。

相关知识

一、曲柄连杆机构

1．曲柄连杆机构的功用

曲柄连杆机构是往复活塞式发动机将热能转化为机械能的主要机构。其功用：提供燃料燃烧的场所，并将燃气作用在活塞顶上的压力转变为曲轴旋转运动的扭矩，对外输出动力。发动机工作时燃料燃烧产生的气体压力直接作用在活塞顶上，推动活塞做往复直线运动，经活塞销、连杆、曲轴将活塞的往复直线运动转换为曲轴的旋转运动。发动机产生的动力大部分由曲轴后端的飞轮传给传动系统，还有一小部分通过曲轴前端的齿轮和带轮驱动本机其他机构和系统。

2．曲柄连杆机构的组成

如图2-1所示，曲柄连杆机构由机体组、活塞连杆组和曲轴飞轮组3部分组成。有些发动机为了平衡曲柄连杆机构的振动，还装有平衡轴装置。

曲柄连杆机构主要零件有活塞、连杆、曲轴、飞轮、曲轴主轴承、气环、油环、气缸体

（图中未画出）、气缸盖（图中未画出）和气缸垫（图中未画出）等，如图 2-2 所示。V 形六缸发动机曲柄连杆机构的主要零件如图 2-3 所示。

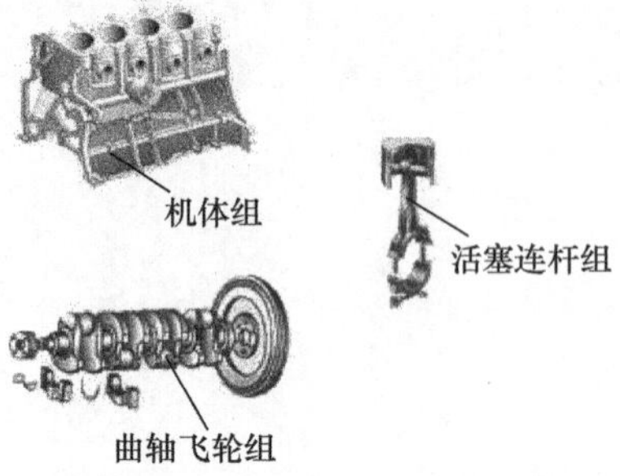

图 2-1　曲柄连杆机构的组成

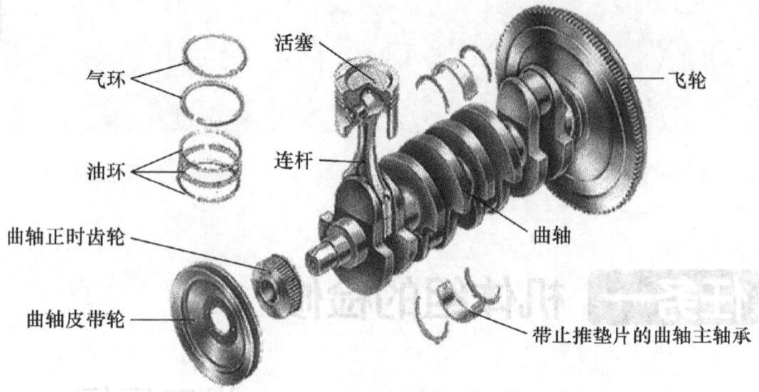

图 2-2　曲柄连杆机构的主要零件

3. 曲柄连杆机构的受力情况

发动机工作时，曲柄连杆机构是在高温、高压、高速运动和有化学腐蚀的条件下运转的，机构中各部件受力情况十分复杂，其中主要有活塞顶部受到的气体作用力、往复运动件的惯性力、旋转运动件的离心力以及相对运动件接触表面所产生的摩擦力等。曲柄连杆机构的受力情况如表 2-1 所示。

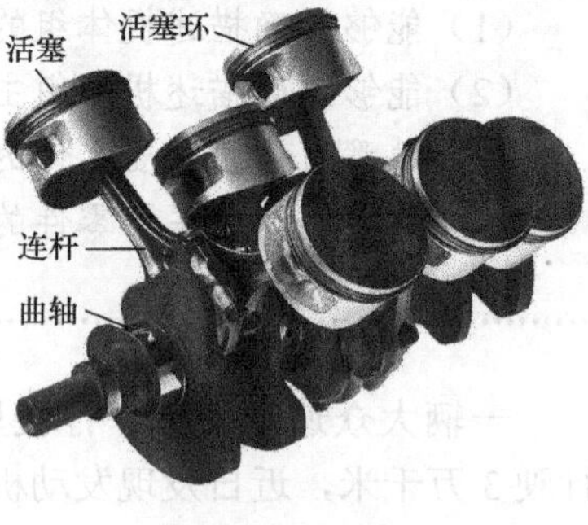

图 2-3　V 形六缸发动机曲柄连杆机构的主要零件

表 2-1　　　曲柄连杆机构的受力情况

作用力	受力情况
气体作用力	在发动机工作循环的每个冲程中，气体作用力始终存在且不断变化，做功冲程最高，压缩冲程次之，进气和排气冲程较小。 气体作用力的存在，使得活塞销和曲轴轴颈的表面以及二者的支撑表面上的压力和作用点不断变化，造成各处磨损不均匀
往复惯性力	往复运动的物体，当运动速度变化时，将产生往复惯性力。曲柄连杆机构中的活塞组件和连杆小头在气缸中做往复直线运动，其速度很高且数值变化较大，活塞在上、下止点时的速度为零，在行程中间位置时速度最大。 惯性力使曲柄连杆机构的各零件和所有轴颈承受周期性的附加载荷，加快轴承磨损；未被平衡的变化的惯性力传到气缸体后，还会引起发动机振动
离心力	在曲柄连杆机构中，偏离曲轴轴线的曲柄、连杆轴颈、连杆大头在绕曲轴轴线旋转时，将产生离心力F_c，离心力使连杆大头的轴承和轴颈受到又一附加载荷，增加了它们的变形和磨损，同时加剧了发动机的振动
摩擦力	任何一对互相压紧并做相对运动的零件表面之间都存在摩擦力。在曲柄连杆机构中，活塞、活塞环、气缸壁之间以及曲轴、连杆轴承与轴颈之间都存在摩擦力，摩擦力是造成零件配合表面磨损的根源

上述各种力作用在曲柄连杆机构和机体的各有关零件上，使它们受到压缩、拉伸、弯曲、扭转等不同形式的载荷。为保证发动机工作可靠，减少磨损，在结构上应采取相应措施。

二、机体组的组成

机体组是构成发动机的骨架，是发动机各机构和各系统的安装基础，其内外安装着发动机的主要零件和附件（承受各种载荷）。因此，机体组必须要有足够的强度和刚度。机体组主要由气缸体、气缸套（图中未画出）、气缸盖、气缸垫和油底壳组成，如图 2-4 所示。

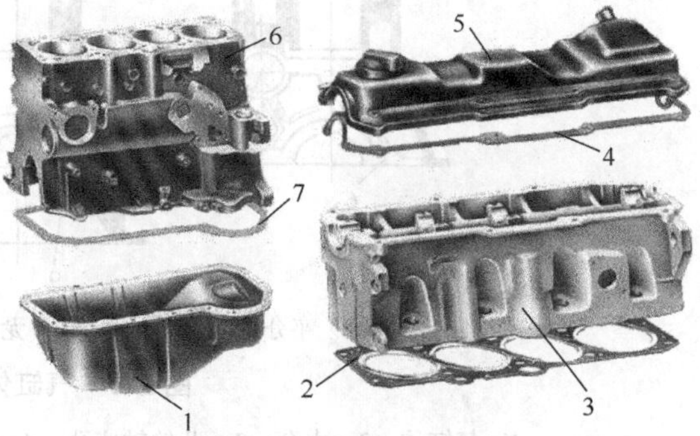

图 2-4　机体组的组成

1—油底壳；2—气缸垫；3—气缸盖；4—气缸盖罩密封垫；5—气缸盖罩；6—气缸体；7—油底壳密封垫

三、气缸体

1. 气缸体的结构

气缸体是发动机的装配基体，其结构复杂。气缸体一般采用铸铁或铝合金材料铸造而成，轿车发动机多采用铝合金材料。气缸为活塞在其内部做往复直线运动的圆柱形空腔，多个气缸组合成一体即为气缸体，如图 2-5 所示。

AR 汽车发动机

视频

气缸的结构

图 2-5　气缸体

气缸体的上、下两个平面用于安装气缸盖和下曲轴箱，是气缸修理的加工基准。

水冷发动机的气缸体和上曲轴箱常铸成一体，一般统称为气缸体。气缸体下部包围着曲轴的部分称为上曲轴箱。为安装曲轴，在上曲轴箱内加工有若干个同心的主轴承座孔。为润滑这些轴承，在气缸体上钻有主油道、分油道。气缸体按曲轴箱的剖分面位置不同可分为平分式、龙门式和隧道式 3 种结构形式，如图 2-6 所示。

① 平分式是指气缸体下平面与曲轴中心线在同一平面上。此结构形式便于加工，刚度小，与油底壳接合面的密封较困难，多用于中小型发动机。

② 龙门式是指气缸体下平面位于曲轴中心线以下。此结构形式强度和刚度均比平分式大，密封简单可靠，维修方便，但工艺性较差，多用于大中型发动机。

③ 隧道式是指曲轴箱的主轴承座孔为整体式的，其强度和刚度最高，但工艺性差，只用于少数机械负荷较大、采用组合式曲轴的发动机。

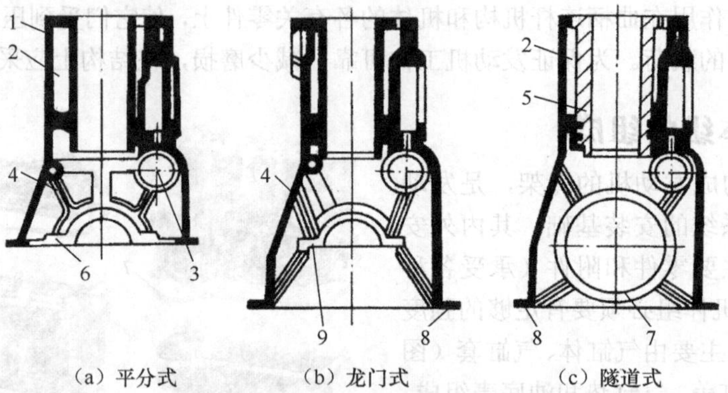

图 2-6　气缸体的结构形式

1—气缸体；2—水套；3—凸轮轴座孔；4—加强肋；5—湿式气缸套；6—主轴承座；7—主轴承座孔；8—气缸体安装平面；9—主轴承盖安装平面

2. 气缸的排列形式

根据气缸的排列形式，气缸体有直列式、V形、对置式（也称卧式）和W形等几种结构形式，如表2-2所示。

表 2-2　　气缸的排列形式

排列形式	特点	图示
直列式	气缸体的各个气缸排成一列，一般是垂直布置。其结构简单，加工容易，维修和保养方便，但长度和高度较大。一般六缸以下发动机多采用直列式，如捷达、富康轿车发动机。为降低高度，有的发动机采用斜置式气缸体，如上海桑塔纳、天津夏利轿车发动机等	
V形	气缸体的气缸排成两列，但两列气缸之间的夹角小于180°（一般为60°或90°）。V形气缸体与缸数相同的直列式气缸体相比，高度降低，长度缩短，刚度增加，质量减小，但宽度增大，形状复杂，加工困难，一般多用于缸数≥6的发动机。在轿车上直列式六缸发动机正逐渐被V6发动机取代	
对置式	气缸体的气缸通常排成两列，两列气缸之间的夹角为180°，发动机高度比其他形式低得多，但宽度太大，维护保养不方便。对置式气缸体多用于发动机后置的轿车和大型客车上，这时发动机装在车厢底板下面，可增大有效装载空间，使总布置更为方便	

续表

排列形式	特点	图示
W形	W形发动机是德国大众专属发动机技术。将V形发动机的每侧气缸再进行小角度的错开，就成了W形发动机。或者说W形发动机的气缸排列形式由两个小V形组成一个大V形，两组V形发动机共用一根曲轴。严格来说W形发动机还应属于V形发动机的衍生物 与V形发动机相比，W形发动机可做得更短一些，曲轴也可短些，这样就能节省发动机所占的空间，同时质量也可小些，但它的宽度更大，使得发动机舱更满	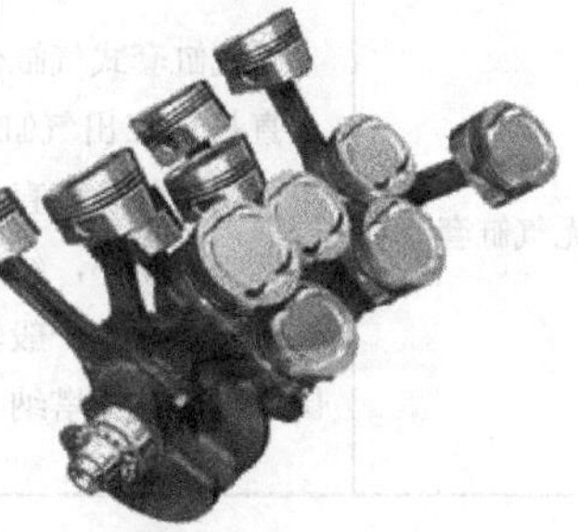

四、气缸套

气缸内表面由于受高温高压燃气的作用并与高速运动的活塞接触而极易磨损。为提高耐磨性和延长使用寿命，气缸有不同的结构形式和表面处理方法。

气缸体内镶入气缸套，形成气缸工作表面，这样气缸套可用耐磨性较好的合金铸铁或合金钢制造，以延长气缸的使用寿命；而气缸体则可以用价格较低的普通铸铁或铝合金等材料制造。气缸体的结构形式一般分为干气缸套式、湿气缸套式和无气缸套式等3种类型。

（a）干式气缸套　　（b）湿式气缸套

图 2-7　气缸套实物

气缸套实物如图 2-7 所示。

气缸套的类型和特点如表 2-3 所示。

表 2-3　　气缸套的类型和特点

类型	特点	图示
干式气缸套	干式气缸套不与冷却液直接接触，壁厚一般为2～3mm，外表面和气缸套座孔内表面均须精加工，以保证必要的形位精度且便于拆装。优点是机体刚度大，气缸中心距小，质量小，加工工艺简单；缺点是传热较差，温度分布不均匀，容易发生局部形变	
湿式气缸套	湿式气缸套外壁与冷却液直接接触，壁厚一般为5～8mm，利用上、下定位环带实现径向定位，轴向定位靠气缸套上部凸缘与机体顶部相应的支撑面配合实现。湿式气缸套的优点是机体上没有密封水套，容易铸造，传热好，温度分布比较均匀，修理方便，不必将发动机从汽车上拆下就可更换气缸套；缺点是机体刚度差，容易漏水	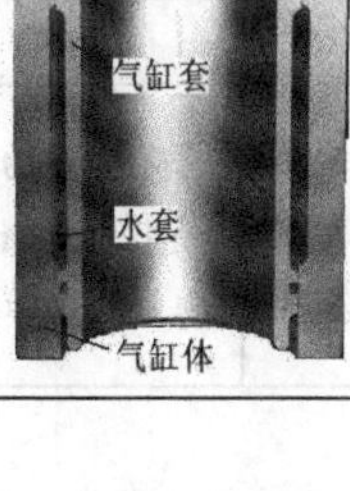

续表

类型	特点	图示
无气缸套式	无气缸套式气缸体即不镶嵌任何气缸套的气缸体，在气缸体上直接加工出气缸体水套，气缸的内壁直接对活塞起导向作用，气缸的外壁直接由冷却液冷却。其特点是强度、刚度好，气缸中心距小，结构简单、紧凑，但气缸磨损后需用镗缸的方法进行修理。一般轿车发动机常采用无气缸套气缸体结构，如国产捷达、桑塔纳、宝来等轿车即采用这种结构	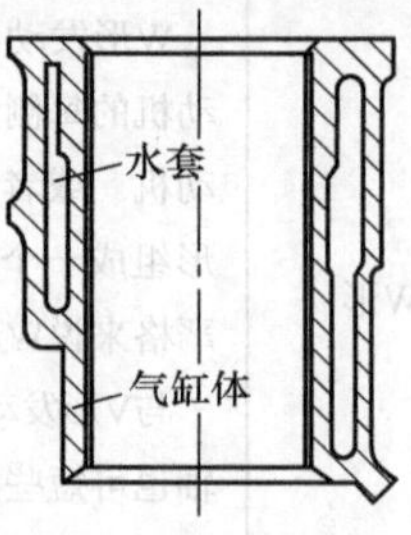

水冷式气缸周围和气缸盖中均有用于充水的空腔，称为水套。气缸体和气缸盖上的水套是相互连通的，水套中的冷却液流过高温零件的周围从而将热量带走。

五、气缸盖

1. 气缸盖的结构

气缸盖的功用是封闭气缸上部，并与活塞顶部和气缸壁共同构成燃烧室。气缸盖结构复杂，一般采用铸铁或铝合金材料铸造而成。铝合金气缸盖导热性好，有利于提高压缩比，但刚度低、易变形。

气缸盖的结构随发动机类型、气门和凸轮轴布置、冷却方式、进 / 排气道及燃烧室形状而异。气缸盖实物如图 2-8 所示。

气缸盖是发动机上最复杂的零件之一。在气缸盖上加工有气门座、气门导管孔、气道、摇臂轴安装座或凸轮轴安装座孔、喷油器安装座孔等。为了润滑安装在气缸盖上的运动零件，在气缸盖内加工有油道。

图 2-8 气缸盖实物

在水冷式发动机的气缸盖内设有水套，气缸盖端面上的冷却液孔与气缸体上的冷却液孔相通，以便用循环冷却液对燃烧室等高温机件进行冷却。汽油发动机的气缸盖上还加工有火花塞安装座孔。

2. 气缸盖的结构形式

气缸盖的结构形式一般分为整体式、分体式（块状）和单体式 3 种，其结构特点如表 2-4 所示。

表 2-4 气缸盖的结构特点

结构形式	结构特点	图示
整体式	多缸发动机所有气缸共用一个气缸盖，一般用于气缸直径小于105mm、不超过六缸的发动机。这种形式结构紧凑，气缸中心距较小，但刚度小，制造维修不便	

续表

结构形式	结构特点	图示
分体式（块状）	分体式气缸盖是指2个或3个气缸共用一个缸盖。这种结构刚度较大，变形小，易于实现对高温、高压燃气的有效密封，同时易于实现发动机产品的系列化，但气缸盖零件数增多会使气缸中心距增大，一般用在气缸直径介于105～140mm的发动机上	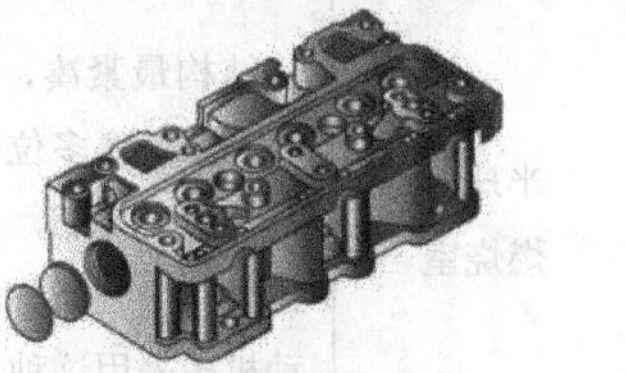
单体式	单体式气缸盖是指多缸发动机每缸一盖，一般用于气缸直径大于140mm的发动机。这种形式的气缸盖刚度较大，制造维修方便，但气缸中心距较大，结构复杂	

3. 汽油机燃烧室

当活塞位于上止点时，由活塞顶部至气缸盖底面所形成的凹部空间称为汽油机燃烧室。

提示

◆ 燃烧室的形状对汽油机的性能影响很大，所以对燃烧室有3点基本要求：一是结构要紧凑，冷却面积要小，以减少热量损失，缩短火焰行程；二是压缩终了时气缸内能够产生一定的空气涡流运动，以提高混合气燃烧速度，保证混合气及时充分燃烧；三是表面要光滑，不易积炭。

汽油机燃烧室常见的结构形式如表2-5所示。

表2-5　汽油机燃烧室常见的结构形式

结构形式	特点	图示
楔形燃烧室	结构紧凑、简单，进气道比较平直，进气阻力小，压缩终了时能产生挤气涡流。解放CA6102发动机采用这种燃烧室	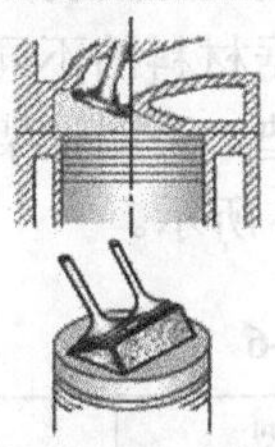
盆形燃烧室	结构简单，但不够紧凑。压缩终了时能产生一定的挤气涡流，但盆的形状狭窄，气门尺寸受到限制，气道弯度较大，影响换气质量，充气性较楔形燃烧室差，因此高速时动力性稍差。捷达、奥迪轿车等发动机采用这种燃烧室	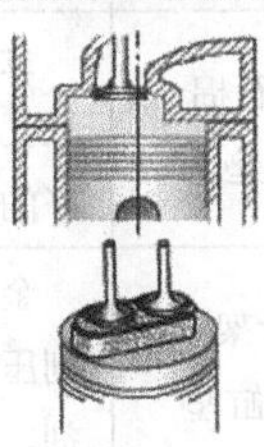

续表

结构形式	特点	图示
半球形燃烧室	结构最紧凑，允许气门直径较大，充气性好，冷却面积小，火花塞多位于燃烧室中部，火焰行程短，燃烧速度快，不易产生爆燃，使发动机动力性、经济性最好。但由于进、排气门分置于气缸盖两侧，因此配气机构复杂。富康轿车发动机多采用这种燃烧室	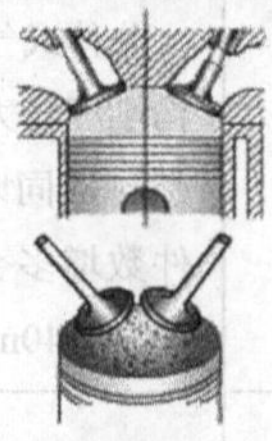
多球形燃烧室	由2个以上半球形凹坑组成，结构紧凑，冷却面积小，火焰传播距离短，气门直径较大，气道比较平直，易形成挤气涡流。但多球形燃烧室的表面积较半球形燃烧室大，热效率比半球形燃烧室差	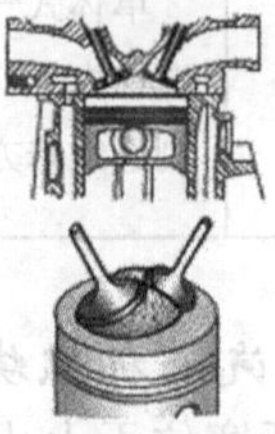
浅篷形燃烧室	结构紧凑，挤气效果强，火花塞位于燃烧室中部，火焰行程短，燃烧速度快，热效率高。欧宝V6、奔驰320E等轿车发动机采用这种燃烧室	

六、气缸垫

气缸垫又称气缸衬垫，位于气缸盖与气缸体之间，其功用是填补气缸体和气缸盖之间的微观孔隙，保证接合面处有良好的密封性，进而保证燃烧室的密封，防止气缸漏气、漏水和漏油。气缸垫实物如图 2-9 所示。

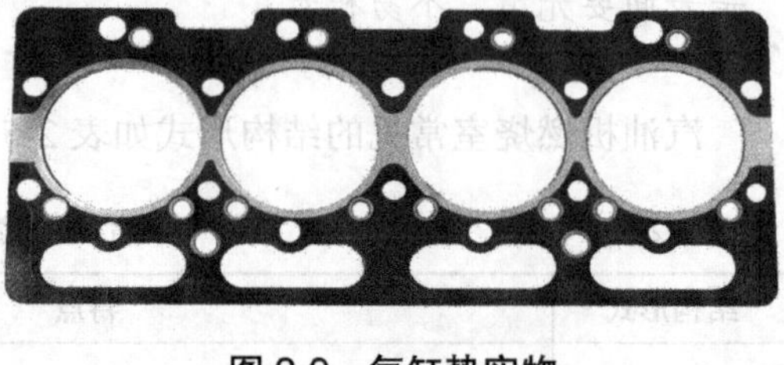

图 2-9　气缸垫实物

根据材料的不同，气缸垫可分为金属－石棉气缸垫、金属骨架－石棉气缸垫和全金属气缸垫等多种。几种不同类型气缸垫的结构特点如表 2-6 所示。

表 2-6　几种不同类型气缸垫的结构特点

类型	结构特点
金属-石棉气缸垫	金属-石棉气缸垫是在石棉中间夹有金属丝或金属屑，外覆铁皮或铜皮，且在气缸垫的气缸孔、冷却液孔、润滑油孔周围有镶边，以防被高温的冷却液或气体烧坏。此种衬垫具有很好的弹性和耐热性，能重复使用，但厚度和质量分布的均匀性差
金属骨架-石棉气缸垫	金属骨架-石棉气缸垫是以薄钢片、纺织钢丝网或冲孔钢片为骨架，外覆石棉及橡胶黏结剂压制而成，只在气缸孔、冷却液孔、润滑油孔外用金属包边，石棉表面涂以石墨粉等润滑剂，以防止气缸体与气缸盖互相粘连。此种气缸垫弹性好，但易黏结，只能使用一次

续表

类型	结构特点
全金属气缸垫	全金属气缸垫由单层或多层金属片制成。为了加强密封，在气缸孔、冷却液孔、润滑油孔周围冲有弹性凸筋，利用凸筋的弹性变形实现可靠的密封。全金属气缸垫的强度高，抗腐蚀能力强，多用于强化程度较高的发动机，如桑塔纳、捷达轿车发动机

七、油底壳

油底壳实物如图 2-10 所示。

油底壳的主要功用是储存机油并封闭曲轴箱。油底壳受力很小，一般采用薄钢板冲压而成，其形状取决于发动机的总体布置和机油的容量。为保证在发动机纵向倾斜时机油泵能吸到机油，油底壳后部一般做得较深。油底壳底部装有放油螺塞。有的放油螺塞是磁性的，能吸集机油中的金属屑，以减少发动机运动零件的磨损。油底壳内部还设有防止机油过分激荡的稳油挡板，以利于机油泵的正常工作和机油内杂质的沉淀。

图 2-10　油底壳实物

气缸体与油底壳之间一般垫有密封衬垫以防止漏油，也有的铸造油底壳用密封胶密封。

任务实施

操作一　气缸体裂损的检查

气缸体裂损一般发生在水套或其他壁厚较薄的部位。

提示

◆明显的气缸体裂损可用目视或 5 倍放大镜检查出来，细小的气缸体裂损可通过水压试验或气压试验检查。

水压试验或气压试验的压力为 0.3 ～ 0.4MPa。水压试验的示意图如图 2-11 所示。

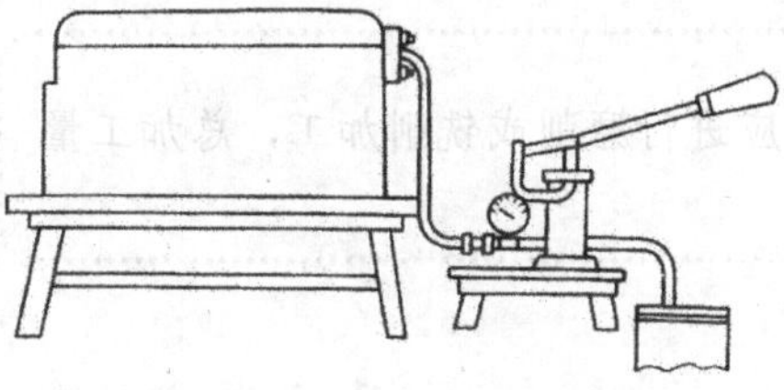
图 2-11　气缸体水压试验

步骤一　水压试验时，首先将气缸体、气缸垫和气缸盖装配好。

步骤二　密封水套的出水口，然后从水套进水口将水压入发动机。

步骤三　查看发动机是否有漏水部位，如果有漏水部位，则该部位即为气缸体裂损部位。

步骤四　检查出气缸体裂损部位后，应做好标记，以便修理或更换。

气压试验与水压试验方法类似，将压缩空气压入气缸体水套后，将气缸体放入水池或在气缸体表面涂遍肥皂水，冒气泡的部位即为气缸体裂损部位。

提示

◆对气缸体裂损可视情况采用焊补、黏结、螺钉填补等方法修复，必要时进行更换。

视频

气缸体上平面变形的检查

操作二　气缸体上平面变形的检查

气缸体上平面变形多是发动机长期过热等原因引起的，气缸体上平面变形会影响上平面与气缸盖接合的密封性。

步骤一　如图 2-12 所示，检查气缸体上平面的变形时，在气缸体上平面上放置直尺，并用塞尺测量直尺与气缸体上平面之间的间隙，测得的最大值即为气缸体上平面的平面度误差。其使用极限：铝合金气缸体一般为 0.25mm，铸铁气缸体一般为 0.10mm。

步骤二　检查气缸体上平面的变形时，应分别检查图 2-13 所示 6 个方向的平面度。

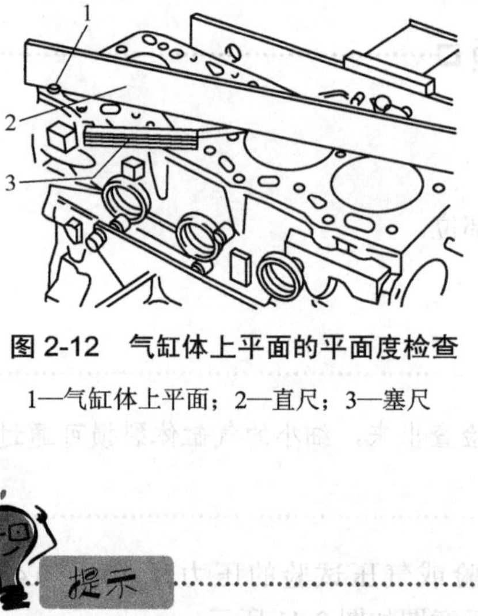

图 2-12　气缸体上平面的平面度检查

1—气缸体上平面；2—直尺；3—塞尺

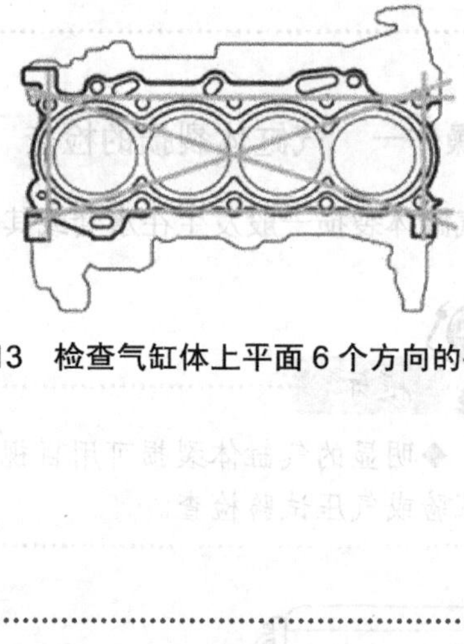

图 2-13　检查气缸体上平面 6 个方向的平面度

提示

◆气缸体上平面的平面度误差若超过使用极限，应进行磨削或铣削加工，总加工量一般不允许超过 0.30mm。必要时应更换新件。

操作三　气缸体磨损的检查

活塞在气缸中做高速运动，长时间工作后气缸会产生磨损，当气缸磨损达到一定程度后，将引起发动机动力性、经济性明显下降。气缸的磨损程度是衡量发动机是否需要大修的主要依据。

1. 气缸磨损规律

气缸磨损是有规律的（见表 2-7），气缸正常磨损的特征是不均匀磨损。

表 2-7　　气缸磨损规律

气缸磨损规律	特点
气缸沿高度方向的磨损呈上大下小的倒锥形	由于气缸上部润滑较差，所以气缸正常磨损时，在气缸轴线方向上呈上大下小的不规则倒锥形，最大磨损部位是活塞处于上止点时第一道活塞环对应的气缸壁位置，而上止点以上的气缸壁几乎没有磨损
气缸沿圆周方向的磨损呈不规则的椭圆形	由于活塞在上、下止点间运动时，其侧压力使活塞贴紧气缸的左右两侧，所以气缸最大磨损部位在左右两侧方向上（发动机横向），而沿曲轴轴线方向（发动机纵向）的磨损较轻

2. 气缸磨损程度的衡量指标

气缸磨损程度的衡量，根据车型不同，选用的指标也不同。有的用圆度和圆柱度来衡量，有的以标准尺寸和气缸磨损后的最大尺寸之差来衡量，如桑塔纳、捷达等轿车；还有的直接用气缸最大磨损尺寸来衡量，如丰田车系。

提示

◆圆度误差是指同一截面上磨损的不均匀性。用同一横截面上不同方向测得的最大直径与最小直径差值的一半作为该截面的圆度误差。把在上、中、下 3 个截面上测得的最大圆度误差作为气缸的圆度误差。

◆圆柱度误差是指沿气缸轴线的轴向截面上磨损的不均匀性。用被测气缸表面任意方向所测得的最大直径与最小直径差值的一半作为圆柱度误差。

3. 气缸磨损的测量

如图 2-14 所示，清洁气缸壁上的油污和积炭后，在气缸的上（在气缸上部距气缸上平面 10mm 处）、中、下（气缸下部距缸套下平面 10mm 处）3 个不同的高度及气缸的纵向和横向 2 个方向的 6 个部位，用内径百分表测量气缸直径，然后根据测量结果计算出气缸的最大磨损量、圆度和圆柱度，从而确定发动机是否需要进行大修或确定修理尺寸。

视频　机体组的检修

视频　气缸的检查和测量

气缸磨损若未超过其使用极限，可更换活塞环继续使用。若气缸磨损超过使用极限，应进行镗磨修理或镶套修理，必要时进行更换。

测量气缸磨损通常使用内径百分表。测量方法如下。

步骤一　根据气缸直径选择合适的接杆，连带固定螺母旋入内径百分表的下端。

步骤二　将外径千分尺校准到被测气缸的标准尺寸，再将内径百分表校准到外径千分尺的尺寸，并使伸缩杆有 1 ～ 2mm 的压缩行程，旋转表盘使指针对准零位。记住小指针指示的毫米数，扭紧接杆上的固定螺母。

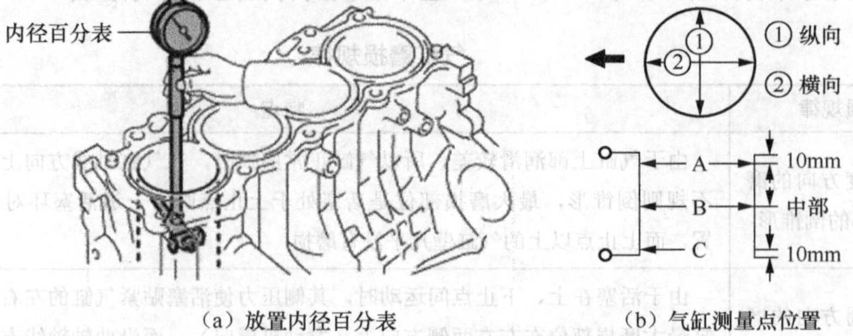

（a）放置内径百分表　　（b）气缸测量点位置

图 2-14　气缸磨损的测量

步骤三　将内径百分表的测杆伸入气缸的上部（第一道活塞环在上止点位置时所对应的气缸壁），找到磨损最大处，记住指针所指刻度值。此数值与气缸标准尺寸之差即为气缸的最大磨损量。

提示

◆测量时，应注意使测杆与气缸轴线保持垂直位置（当摆动内径百分表，其指针指示到最小读数时，即表示测杆已垂直于气缸轴线），这时才能记录读数，以保证测量的准确性。

◆如果指针正好指在零位，说明被测缸径与标准尺寸的缸径相等；若指针顺时针方向离开零位，表示缸径小于标准尺寸；若逆时针方向离开零位，表示缸径大于标准尺寸。

步骤四　将内径百分表下移，测量气缸中部（上、下止点中间的位置）和下部（距离气缸下边缘 10 ～ 20mm 处）的磨损。

操作四　气缸盖的检修

步骤一　气缸盖裂损的检查与修理。气缸盖裂损一般发生在水套薄壁处或气门座等处，会导致漏水或漏气。裂损的原因一般是铸造引起残余应力或使用不当。气缸盖裂损可参照气缸体裂损进行检查与修理。

步骤二　气缸盖平面变形的检查与修理。气缸盖平面变形多发生在与气缸体的接合平面上，会影响密封性，其原因一般是热处理不当、缸盖螺栓拧紧力矩不均或放置不当。检查方法与气缸体上平面变形检查基本相同：如图 2-15 所示，检查时在气缸盖的平面上放置直尺，并用塞尺测量直尺与气缸盖上平面之间的间隙，在 6 个方向上测得的最大值即为气缸盖上平面的平面度误差。气缸盖的平面度在 30 ～ 50mm 范围内标准值为 0.05mm，否则应进行修理或更换。

视频

气缸盖的检修

步骤三　清除燃烧室积炭。气缸盖上燃烧室的积炭如图 2-16 所示。

提示

◆气缸盖上燃烧室内的积炭过多，会使燃烧室有效容积变小，改变发动机的压缩比。拆下气缸盖后，若发现燃烧室积炭过多，应采用机械方法或化学方法进行清理。

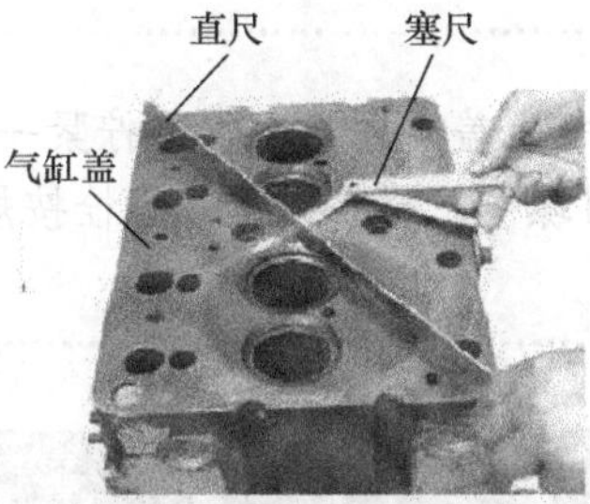

图 2-15　气缸盖平面变形的检查

图 2-16　气缸盖上燃烧室内的积炭

① 机械方法。用刮刀、铲刀或金属刷清除积炭。先用煤油浸润气缸盖、活塞顶和气门等处的积炭，然后用铜、铝等软金属制成的刀片刮除积炭，注意勿刮伤机件表面。刮除后，再用洗油清洗。

② 化学方法。将化学溶液加热到 80 ～ 90℃，再把零件放在溶液中浸泡，使积炭软化后予以清除。铝合金零件清除积炭后，还应用热水清洗干净。

燃烧室积炭的清除前后对比如图 2-17 所示。

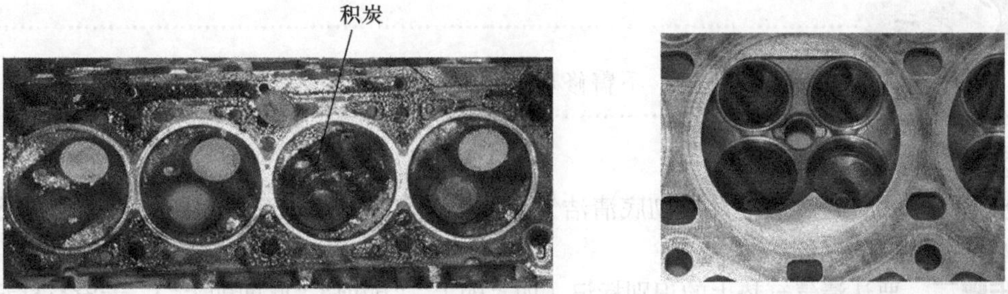

（a）清除积炭前　　（b）清除积炭后

图 2-17　燃烧室积炭的清除前后对比

步骤四　气缸盖的拆装。

为避免气缸盖变形，拆卸气缸盖一般要在发动机冷态时进行，气缸盖螺栓应按由四周向中央、以对角线的顺序，分 2 ～ 4 次逐渐拧松。

安装气缸盖时，按与拆卸相反的顺序分 2 ～ 4 次逐渐拧紧气缸盖螺栓，拧紧力矩必须符合原厂规定。

气缸盖螺栓拆装顺序如图 2-18 所示。

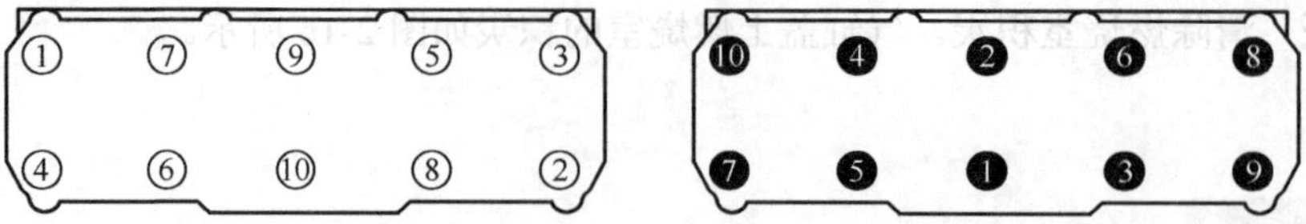

（a）气缸盖螺栓拆卸顺序　　（b）气缸盖螺栓拧紧顺序

图 2-18　气缸盖螺栓的拆卸和拧紧顺序

提示

◆铝合金气缸盖在冷态下按规定力矩拧紧即可，铸铁气缸盖应在热态下再拧紧一遍。有些气缸盖采用具有良好轴向张力稳定性的塑性区域紧固螺栓，这种气缸盖螺栓按规定力矩拧紧后应再旋转 90°。

操作五　气缸垫的检修与安装

1. 气缸垫的检修

气缸垫的常见故障是烧蚀击穿，其原因主要是气缸盖和气缸体平面不平、气缸盖螺栓拧紧力矩不足、气缸垫质量不好。如图 2-19 所示，气缸垫烧蚀击穿部位一般在冷却液孔或燃烧室孔周围，会导致发动机漏气或冷却液进入润滑油中。

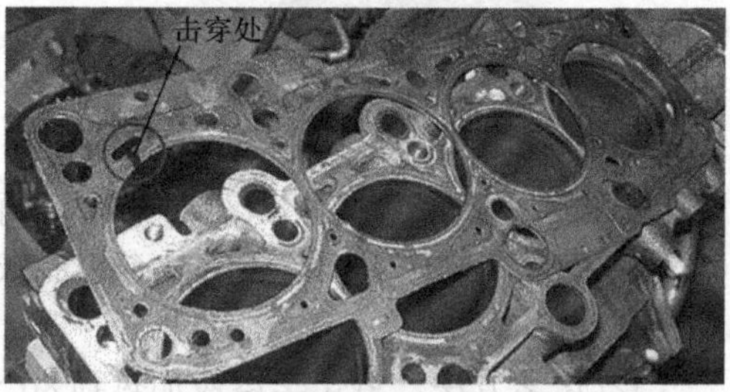

图 2-19　气缸垫烧蚀击穿部位

提示

◆损坏的气缸垫只能更换，不需修理。

2. 气缸垫的安装

步骤一　安装气缸垫前，应彻底清洁气缸盖和气缸体的接合平面及气缸垫，清理冷却液道和螺栓孔、螺纹上的污物。

步骤二　要认清气缸垫上的识别标记（如“朝上”“朝前”“此面朝上”），若没有标记，则将冲压出的号码标记朝向气缸盖。应注意将卷边朝向易修整的接触面或硬平面。当气缸盖和气缸体同为铸铁时，卷边应朝向气缸盖；而气缸盖为铝合金、气缸体为铸铁时，卷边应朝向气缸体。

维修实例

实例一　一汽大众速腾轿车发动机大修后使用一年多即出现异响

（1）故障现象

一汽大众速腾轿车驾驶员说，该车发动机大修后使用刚刚一年多，行驶里程大约不到 3

万千米，近些日子发动机有异响，好像活塞敲缸响，感觉异响越来越严重。

（2）故障原因

气缸磨损，活塞与气缸壁之间间隙过大；连杆弯扭。

（3）故障诊断与排除

起动发动机，发动机确实有活塞敲缸现象。活塞敲缸声是一种与发动机做功次数相一致、清脆有节奏的金属碰击声，随着发动机温度的升高而响声逐渐减弱或消失。当发动机多缸发响时，加大节气门开度便出现嘈杂声，此声响即为活塞敲击缸壁的声音。进一步听诊，确定该车发动机出现活塞敲缸的主要现象如下。

① 在发动机怠速运转时，能听到“哒、哒、哒”连续不断的金属敲击声。

② 冷车时响声明显，热车时响声减弱但不消失。

③ 将该缸“断火”后，响声减弱较明显。

造成活塞敲缸的主要原因有以下几种。

① 活塞与气缸壁之间间隙过大。

② 气缸壁润滑不良。

③ 连杆弯曲、扭曲致使活塞位置不正。

④ 连杆轴承或活塞销配合过紧。

⑤ 活塞顶碰击气缸盖或气缸垫。

⑥“三滤”（即机油滤清器、燃油滤清器和空气滤清器）效果差等。

根据以上分析，将发动机从车上抬下来拆检。对发动机进行分解，用内径百分表检测气缸，发现气缸的圆度和圆柱度都已超过标准值，气缸磨损严重，而且还偏磨严重。

对连杆进行检测，发现 4 个连杆有 3 个弯扭十分严重，检测数值都已超过标准值。

对发动机进行镗缸修理，重新校正连杆，更换加大的活塞和活塞环之后装复发动机试车，发动机运转正常，故障排除。

造成该车上述故障的主要原因有以下几种。

① 在前一次大修时没有校正连杆，致使活塞偏缸运行。

② 可能是润滑油质量太差。

③“三滤”效果差或更换不及时。

④ 发动机长时间在低温下运转。

维修该车后应吸取的教训是，大修发动机时要把应该走的程序一项不落地走一遍，哪怕没有故障也应进行逐项检查（不能漏项），这是保证发动机大修质量的必要条件。

实例二 捷达轿车发动机气缸垫几次冲坏

（1）故障现象

捷达轿车行驶里程为 11 万千米。该车发动机连续 3 次冲坏气缸垫，每次冲坏的间隔只有半个月左右。

（2）故障原因

气缸盖平面度超差。

（3）故障诊断与排除

冲坏气缸垫的主要原因有以下几个。

① 发动机经常处于大负荷工况，冷却液温度过高。

② 气缸盖螺栓未按规定顺序和拧紧力矩拧紧。

③ 气缸盖变形，平面度超差。

向驾驶员了解车辆的使用情况，驾驶员说，发动机在使用过程中未发现冷却液温度过高现象。检查气缸盖螺栓的拧紧力矩，符合标准。

拆下气缸盖对其平面进行测量，发现气缸盖的平面度已超过 0.15mm（修理标准规定，气缸盖的平面度在 30 ～ 50mm 范围内标准值为 0.05mm），而且在冷却液流经的水道口有腐蚀现象，影响气缸垫的密封性能。

对该车发动机的气缸盖进行修磨，用 ϕ300mm、粒度为 320 目的碳化硅细砂轮蘸上机油推磨气缸盖变形处，操作时边推磨边转动，使气缸盖推磨均匀、平整。

安装气缸垫时，应选用加厚的气缸垫。先按气缸盖螺栓的拧紧顺序均匀地拧紧到 20N·m，然后按顺序依次再旋转 120° ，最后按顺序依次再旋转 120° 。

经上述操作后试车，故障排除。

任务二 活塞连杆组的检修

学习目标

（1）能够正确描述活塞连杆组的组成、功用和工作原理。

（2）能够正确描述活塞连杆组主要零件的结构特点、装配要求和调整方法。

（3）熟悉活塞连杆组主要零件的拆装方法。

（4）熟悉活塞连杆组主要零件的检测及维修方法。

任务引入

一辆大众宝来轿车行驶里程为 10.1 万千米。该车冷却液温度过高，尾气中有白烟排出，停车后发动机起动困难，有时不能起动，发动机动力不足，气门罩盖口有乳黄色带气泡的机油液体。

分析该车的故障现象，发动机可能有密封不严的部位造成三漏（漏水、漏油、漏气），使可燃混合气含有水分并随着尾气排出，又因漏气造成发动机起动困难或无法起动。故障原因可能是气缸体、气缸盖有裂纹，气缸体、气缸盖水道腐蚀，气缸体、气缸盖变形，气缸垫损坏等。

相关知识

活塞连杆组是发动机的传动件，它把燃烧气体的压力传给曲轴，使曲轴旋转并输出动力。活塞连杆组主要由活塞、活塞环、连杆、活塞销和连杆轴承等组成，如图 2-20 所示。

一、活塞

1．活塞的功用

活塞的功用主要是承受气缸中气体的压力，并将此压力传给连杆，以推动曲轴旋转；此外，活塞的顶部还与气缸盖和气缸壁共同组成燃烧室。

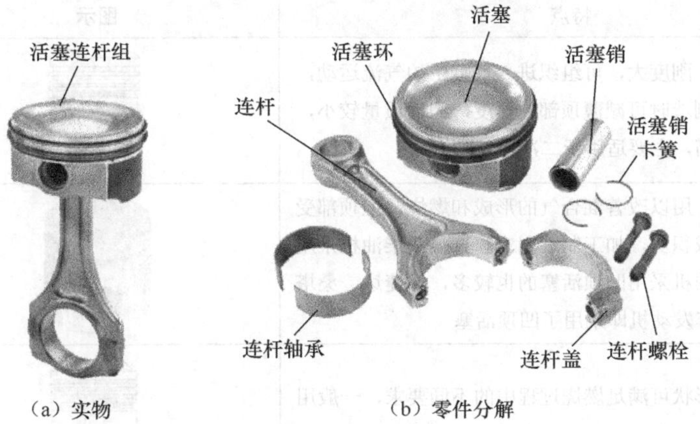

视频

活塞连杆组中活塞的作用

图 2-20　活塞连杆组

2. ***活塞的组成***

活塞一般都用铝合金材料铸造或锻造而成，个别柴油发动机的活塞采用高级铸铁或耐热钢。活塞的结构如图 2-21 所示，它主要由活塞顶部、活塞头部和活塞裙部 3 部分组成，在活塞裙部的上部有活塞销座。

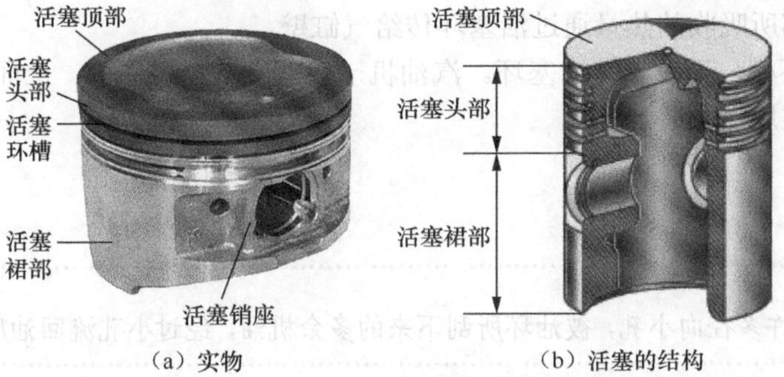

动画

活塞的运动情况

图 2-21　活塞

（1）活塞顶部

活塞顶部是燃烧室的组成部分，承受高温气体的压力。

为适应各种发动机的不同要求，活塞顶部的基本形状有平顶、凸顶、凹顶和成形顶 4 种。活塞顶部各类型的特点如表 2-8 所示。

表 2-8　　活塞顶部各类型的特点

类型	特点	图示
平顶活塞	顶部为一平面，其结构简单，加工方便，受热面积小，因此广泛应用于汽油机	

续表

类型	特点	图示
凸顶活塞	顶部有凸起，刚度大，可组织进入气缸中的气流运动，以利于换气。制造时可减薄顶部的厚度，因而质量较小，但顶部温度较高，主要适用于二冲程发动机	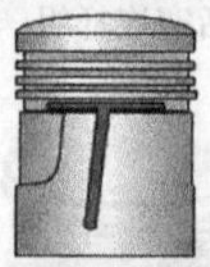
凹顶活塞	顶部有凹坑，用以改善混合气的形成和燃烧，但顶部受热量大，易形成积炭，加工制造困难。直喷式柴油机采用凹顶活塞。汽油机采用凹顶活塞的也较多，如捷达、桑塔纳、夏利等轿车发动机即采用了凹顶活塞	
成形顶活塞	特殊的顶部形状可满足燃烧过程中的不同要求，一般用于柴油机	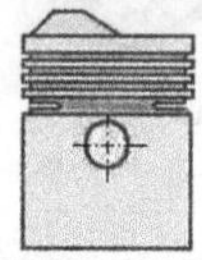

有些活塞顶部在与气门对应的位置上有凹坑，以防止活塞在上止点与气门相碰。活塞缸位序号、加大尺寸、安装向前标记等一般也刻在活塞顶部。

（2）活塞头部

活塞头部是活塞环槽以上部分。其作用：承受气体压力，并将其传给连杆；与活塞一起实现气缸密封；将活塞顶部所吸收的热量通过活塞环传给气缸壁。

活塞头部切有若干道环槽，用以安装活塞环。汽油机一般有 2 ～ 3 道环槽，上面 1 ～ 2 道用于安装气环，下面一道用于安装油环。

提示

◆油环槽底面上钻有许多径向小孔，被油环所刮下来的多余机油，经过小孔流回油底壳。

（3）活塞裙部

活塞裙部是指自油环槽下端面起至活塞底面的部分，其作用是为活塞在气缸内做往复运动导向并承受侧压力。

活塞工作时，燃烧气体压力作用在活塞的顶部，而活塞销反力作用在头部的销座孔处，活塞由此产生的变形使裙部直径沿活塞销座轴线方向增大（受力变形）；侧压力使活塞裙部变形（挤压变形）；活塞销座孔附近的金属堆积，致使裙部在受热变形时，活塞销座孔方向的膨胀量大（受热变形），因此裙部是椭圆形的。活塞裙部变形示例如图 2-22 所示。

提示

◆由于活塞沿轴线受热且质量分布不均匀，所以活塞裙部制成轴线方向上小下大的近似圆锥形。

有的活塞在裙部有开槽，如隔热槽、膨胀槽，如图 2-23 所示。

（a）受力变形 （b）挤压变形 （c）受热变形

图 2-22 活塞裙部变形示例

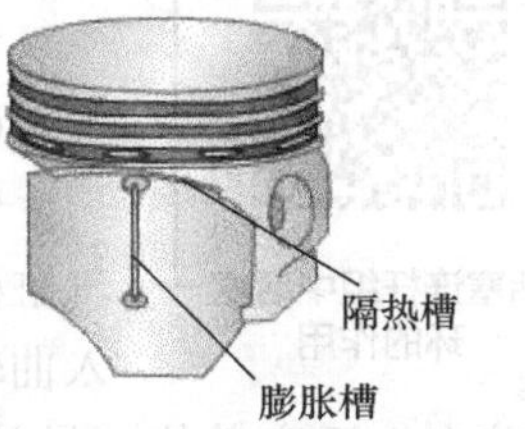

图 2-23 活塞的裙部开槽

（4）活塞销座孔

① 活塞销座孔的作用。活塞销座孔的作用是将活塞顶部气体作用力经活塞销传给连杆。

② 活塞销座孔的结构。活塞销座位于活塞裙部的上部，加工有用于安装活塞销的销座孔，有些活塞销座孔内加工有用于安装弹性卡环的卡环槽，卡环用来防止活塞销在工作中发生轴向窜动。

动画

活塞销偏置时的工作情况

活塞销座孔通常用肋片与活塞相连，以提高其刚度。

③ 活塞销偏置。销座孔的中心线一般位于活塞中心线的平面内，当活塞越过上止点改变运动方向时，由于侧压力瞬时换向，使活塞与缸壁的接触面突然由一侧平移至另一侧［见图 2-24（a）]，活塞对缸壁产生敲击（俗称活塞敲缸）。因此，有些发动机将活塞销座轴线向做功冲程中受侧压力较大的一面偏移 1 ～ 2mm［见图 2-24（b）]，称为活塞销偏置。

活塞销偏置的目的是在活塞接近压缩冲程上止点时，作用在活塞销座轴线右侧的气体压力大于左侧，使活塞倾斜，裙部下端左侧先与气缸壁接触；随着活塞向做功冲程下止点移动，活塞承受的向左的侧向力增大，活塞左侧上端逐渐靠向气缸壁，从而减轻了活塞换向时对气缸壁的撞击，减小了噪声，改善了发动机工作的平顺性。

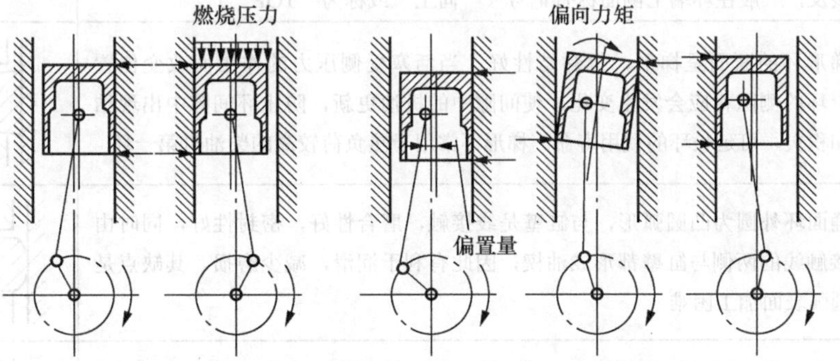

（a）活塞销对称布置 （b）活塞销偏置

图 2-24 活塞销位置与活塞的换向过程

二、活塞环

活塞环安装在活塞环槽内，按其功用可分为气环和油环两种（见图 2-25），两者配合使

视频

活塞连杆组中活塞环的作用

用。一般发动机上装有两道气环和一道油环。

1．气环

（1）气环的功用

气环也称压缩环，用来密封活塞与气缸壁间的间隙，防止气缸内的气体窜入曲轴箱，并将活塞头部的热量传给气缸壁来为活塞散热；另外，气环还可起到刮油、布油的辅助作用。一般发动机每个活塞装有 2 ～ 3 道气环。气环上有一切口，且在自由状态下不是圆环形，其尺寸比气缸的内径大，所以它随活塞一起装入气缸后，便产生弹力而紧贴气缸壁，使混合气不能通过气环与气缸壁接触面的间隙。切口尺寸一般是 0.25 ～ 0.8mm。

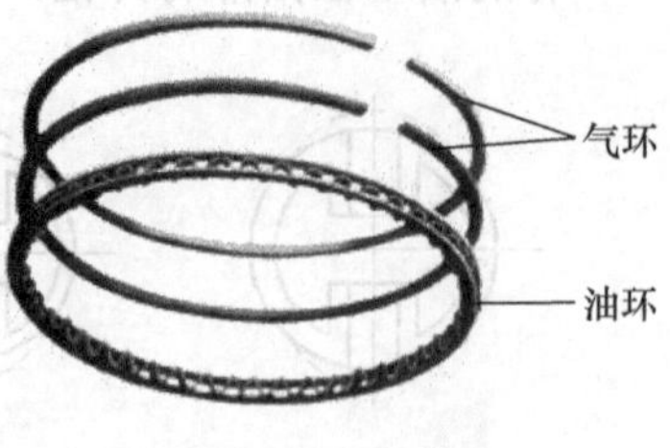

图 2-25　活塞环

（2）气环的类型与特点

发动机上装用的气环按断面形状可分为矩形环、锥形环、梯形环、桶面环、扭曲环、反扭曲锥形环。其中，扭曲环又分为内切口扭曲环和外切口扭曲环两种，内切口扭曲环的切口在其内圆上边，而外切口则在其外圆下边。气环的类型与特点如表 2-9 所示。

表 2-9　　气环的类型与特点

类型	特点	图示
矩形环	矩形环断面为矩形，其结构简单，便于制造，与缸壁接触面积大，有利于传热。由于接触面较大，则其磨合性、密封性、抗擦伤性、刮油性较差，并且其“泵油作用”较大，使机油消耗增加，活塞顶及燃烧室易形成积炭。矩形环在轿车发动机上已采用不多	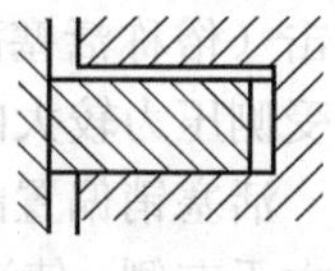
锥形环	锥形环断面呈锥形，其外圆工作面上加工了一个很小的锥面，与气缸壁是线接触，有利于磨合和密封，高速发动机中经常采用锥形环。锥形环在活塞下行时有刮油作用，上行时有布油作用。锥形环只能按图示方向安装。为避免装反，一般在环端上侧面标有记号（“向上”或标为“TOP”）	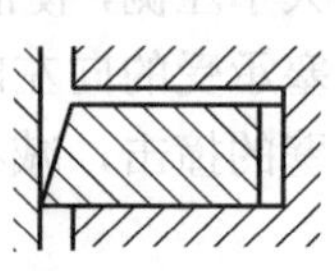
梯形环	梯形环的断面呈梯形，抗黏结性好。当活塞受侧压力的作用而改变位置时，环的侧隙相应会发生变化，使间隙中的机油更新，防止环间隙中出现结胶和积炭，可延长环的使用寿命。梯形环常用于热负荷较高的柴油机第一环	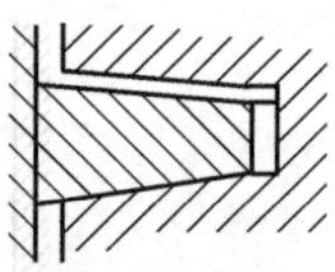
桶面环	桶面环外圆为凸圆弧形，与缸壁是线接触，磨合性好，密封性好，同时由于接触线的两侧与缸壁都形成油楔，因此有利于润滑，减少磨损。其缺点是凸圆弧表面加工困难	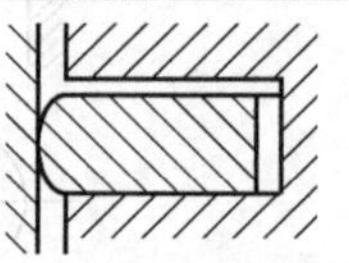
扭曲环	扭曲环是在矩形环的上端内圆或下端外圆切槽或倒角，使其断面呈不对称形状。这种环装入气缸后，由于弹性内力的作用使环的断面发生扭转，从而使环的边缘与环槽的上、下端面接触，减少了环的上下窜动，则减轻了环的泵油作用和环槽的冲击，环的磨合性、密封性、向下刮油作用较好。扭曲环被广泛地应用在第二道活塞环槽上，安装时必须注意断面形状和方向（内圆切槽或倒角向上，外圆切槽或倒角向下，不能装反）	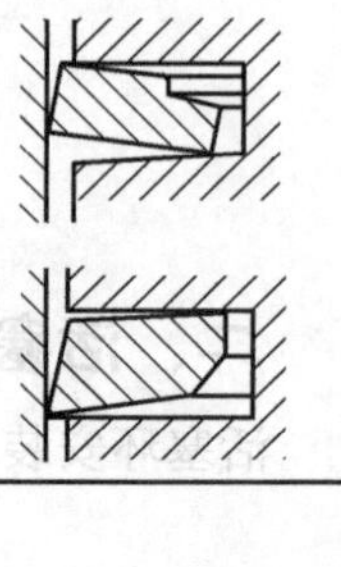

提示

◆气环的泵油作用与危害：当气环随活塞往复运动时，会把气缸壁上的机油泵入燃烧室。当活塞下行时，由于气环与气缸壁的摩擦阻力及气环的惯性，气环被压靠在环槽的上侧面上，气缸壁上的油被压入下面侧隙和背隙；活塞上行时，气环又被压靠在环槽的下侧面上，结果第一道环背隙里的机油就进入了燃烧室。进入燃烧室的机油会在燃烧室内与混合气一起燃烧并形成积炭，使气环在环槽内卡死而失去密封作用，甚至拉伤气缸壁或使气环折断。

2. 油环

（1）油环的功用

油环用来将气缸壁上多余的润滑油刮回油底壳，防止进入燃烧室，并在气缸壁上均匀地布油；另外，油环也兼起密封作用。

（2）油环的类型

油环分为整体式油环和组合式油环。油环的类型与特点如表2-10所示。

动画

矩形断面环泵油原理

表2-10　油环的类型与特点

类型	特点	图示
整体式油环	整体式油环一般是由铸铁制作而成的，其外圆中间切有一道环槽，槽底开有若干回油孔或窄槽。发动机工作时，利用上、下两个板状环形刃口将气缸壁上的多余润滑油刮下，并通过回油孔流回曲轴箱。整体式油环一般用在负荷较大的发动机上	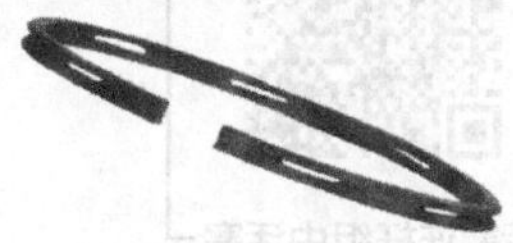
组合式油环	组合式油环是由上、下两个刮片和一个弹性衬环（衬簧）组合而成的，衬环夹装在上刮片和下刮片之间。这种油环的刮油钢片很薄，刮油作用强；刮油钢片各自独立，故对气缸的适应性好，多数轿车发动机都采用组合式油环	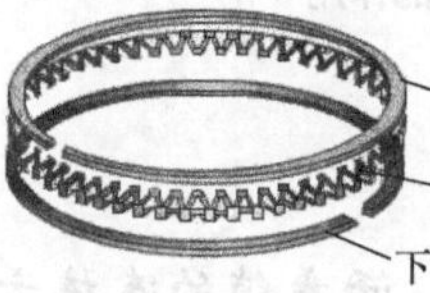

3. 活塞环的间隙

活塞环上切有一个开口，称为活塞环开口。

发动机工作时，活塞、活塞环等都会发生热膨胀。为了防止活塞环卡死在气缸内或胀死在环槽中，活塞环在气缸内应留有端隙，与活塞环槽间应留有侧隙与背隙。活塞环的间隙示意如图2-26所示。

（1）端隙Δ_1

端隙又称开口间隙，是活塞环随活塞在冷态下装入气缸后其开口处的间隙。

（2）侧隙Δ_2

侧隙又称边隙，是活塞环高度方向上与环槽之间的间隙。第一道气环因工作温度较高，一般间隙比其他环大些，整体式油环侧隙较气环小，组合式油环没有侧隙。

（3）背隙Δ_3

背隙是活塞环随活塞装入气缸后，活塞环背面与环槽底部间的间隙。为测量方便，维修中以环的厚度与环槽的深度差来表示背隙，此数值比实际背隙要小。

活塞环的端隙、侧隙、背隙过大，漏气严重；端隙、侧隙、背隙过小，环膨胀后易卡死而折断，也会因背压过小影响气缸的密封性。

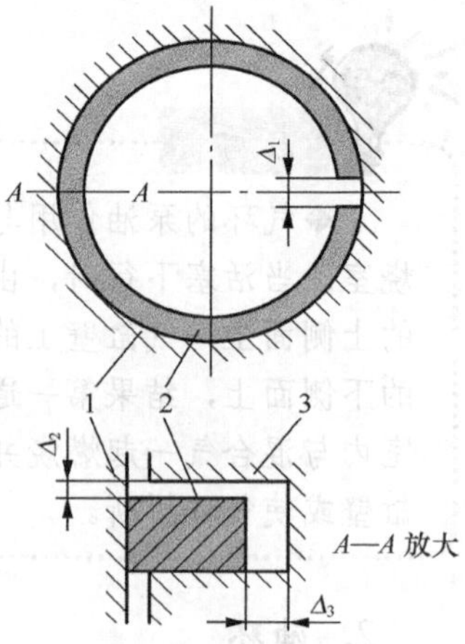

图 2-26　活塞环的间隙

1—气缸；2—活塞环；3—活塞；Δ_1—端隙；Δ_2—侧隙；Δ_3—背隙

三、活塞销

1. 活塞销的功用

活塞销的功用是连接连杆与活塞，并将活塞承受的气体压力与惯性力传给连杆。

2. 活塞销的结构

如图 2-27 所示，活塞销为空心管状结构，外表面为圆柱形，内孔形状有圆柱形、截锥形和组合形。

视频

活塞连杆组中活塞销的作用

（a）实物　　（b）内孔形状

图 2-27　活塞销

3. 活塞销的连接方式

活塞销的连接方式有两种，即全浮式和半浮式，各类型的特点如表 2-11 所示。

表 2-11　活塞销连接方式各类型的特点

类型	特点	图示
全浮式	全浮式是指活塞销既不固定于活塞销座，又不固定于连杆小头，热态时两处均为间隙配合，冷态时为过盈配合。只在活塞销两端的活塞销座孔的卡环槽中装两只卡环，防止活塞销滑出。全浮式活塞销磨损均匀，磨损量小，弯曲变形量小，采用比较广泛	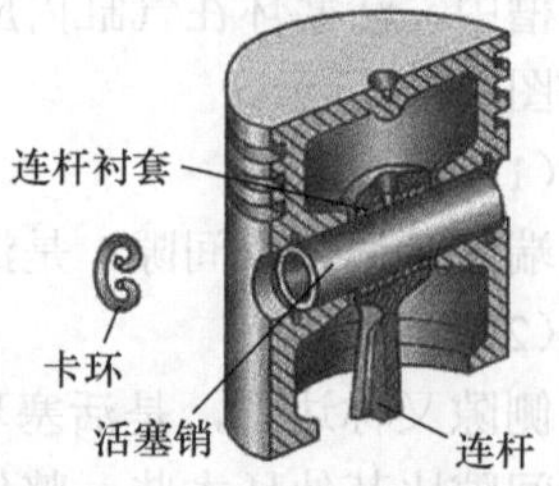

续表

类型	特点	图示
半浮式	半浮式是指活塞销或者固定于活塞销座，或者固定于连杆小头，一处为间隙配合，另一处为过盈配合。采用半浮式连接，活塞座孔内无卡环，连杆小头孔内无连杆衬套，从而减少了连杆衬套的维修作业，但活塞销各部分的磨损不均匀。半浮式连接的活塞销多用于轻型高速发动机	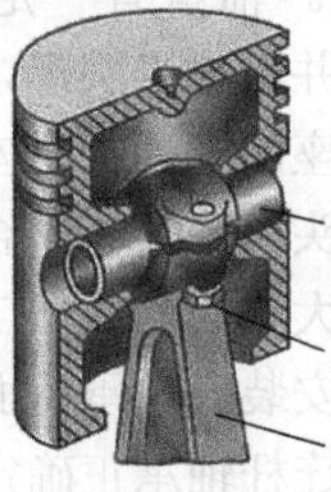

四、连杆

视频

活塞连杆组中连杆的作用

1. 连杆的功用

连杆的功用是连接活塞和曲轴，并将活塞的往复直线运动转变为曲轴的旋转运动。

2. 连杆的结构

连杆一般由连杆小头、连杆杆身和连杆大头（包括连杆盖）3 部分组成。它是曲柄连杆机构中传递动力的重要组件。连杆一般用中碳钢或合金钢经模锻而成。

连杆组包括连杆盖、连杆螺栓、连杆轴瓦（图中未画出）、连杆小头、连杆杆身、衬套等零件，如图 2-28 所示。

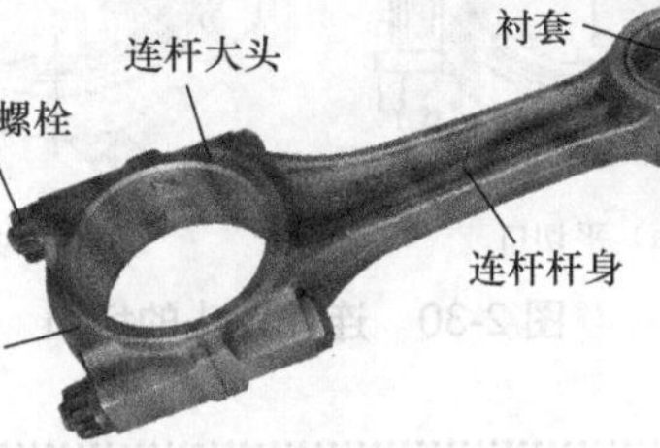

图 2-28　连杆的结构

（1）连杆小头

连杆小头用来安装活塞销，以连接活塞。

采用全浮式连接的活塞销与连杆，连杆小头孔内压有青铜衬套。由于衬套和活塞销之间在工作时有相对运动，故需要润滑连杆小头和活塞销。润滑方式有两种：一种是在连杆小头和衬套上开集油孔或集油槽，依靠收集曲轴旋转时飞溅的润滑油实现飞溅润滑；另一种是在连杆杆身内钻有纵向的润滑油道，以此实现压力润滑。

（2）连杆杆身

连杆杆身通常制作成“工”字形断面，以求在保证连杆强度和刚度的前提下，尽可能减小连杆的质量。连杆杆身上一般还有用来识别安装方向的标记，如凸点等。

（3）连杆大头

连杆大头与曲轴的曲柄销相连，连杆大头一般做成剖分式，被分开的部分称为连杆盖，用特制的连杆螺栓紧固在连杆大头上。

提示

◆连杆盖与连杆大头组合镗孔，为了防止装配错误，在同一侧有配对记号。

连杆大头连接曲轴上的连杆轴颈，连杆大头内孔装有上下两片连杆轴承（见图 2-29）。轴承有一定的弹性，在自由状态下并不是半圆形，且其半周长度大于轴承座的半周长，安装后轴承背面与连杆大头内孔紧密贴合，形成过盈配合。连杆大头的内孔加工有连杆轴承定位凹槽，安装时轴承背面的凸键卡在凹槽中，使连杆轴承正确定位。连杆轴承的内表面加工有油槽，用于储油，从而保证可靠润滑。有些连杆轴承及连杆大头还加工有径向小油孔，从油孔中喷出的油可使气缸壁承受侧压力较大的一侧得到更好的润滑和冷却。

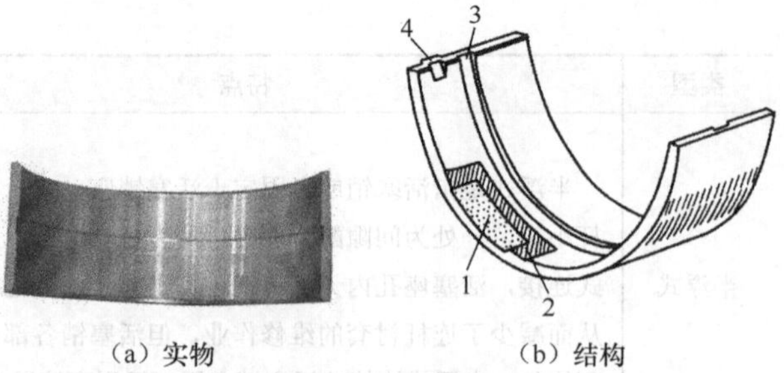

（a）实物　（b）结构

图 2-29　连杆轴承

1—钢背；2—减摩合金；3—油槽；4—定位凸键

连杆大头按剖分面可分为平切口和斜切口两种，如图 2-30 所示。一般汽油机连杆大头的直径小于气缸的直径，采用平切口；柴油机受力大，其大头直径较大，超过气缸的直径，采用斜切口，斜切面一般与连杆轴线成 30° ～ 60° 夹角。

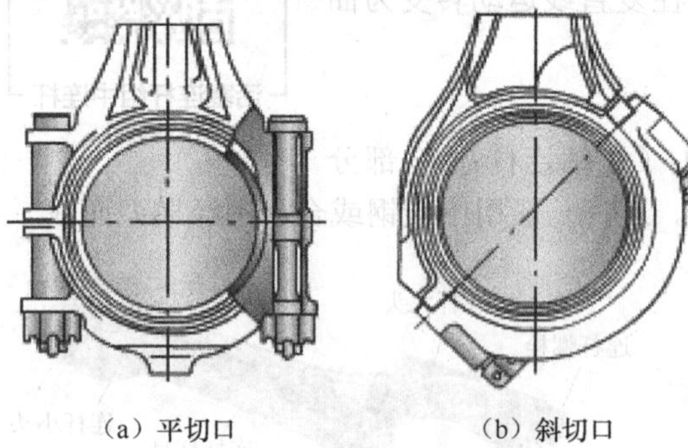
（a）平切口　（b）斜切口

图 2-30　连杆大头的切口

连杆螺栓用于连接连杆和连杆盖，在工作中承受很大的交变负荷。连杆螺栓是极为重要的紧固件，其发生损坏会给发动机带来极其严重的后果。连杆螺栓安装时，必须牢固可靠，要符合工厂规定的拧紧力矩，分 2 ～ 3 次拧紧。

任务实施

视频

活塞连杆组的检修

操作一　活塞的检修

活塞的常见故障是破损、烧蚀、磨损。活塞是易损零件，价格比较便宜，在汽车维修中一般不对活塞进行修理，而是直接更换。在更换新件前，应查明故障原因，并予以排除。

1. 活塞的清洁

活塞上的积炭主要沉积在活塞顶部，如图 2-31 所示。

步骤一　活塞顶部积炭可用刮刀清除，也可用电动钢丝刷进行清除，清除过程如图 2-32 所示。

步骤二　活塞环槽内如有积炭，可用折断的旧活塞环磨制成合适的形状进行清除（见图 2-33），但应注意不要刮伤活塞环槽底部。

2. 活塞破损和烧蚀的检查与修理

步骤一　活塞拆出后应检查其顶部有无异常，若有撞击造成的明显凹陷甚至是裂损，应及时查明故障原因，予以排除。发动机工作中活塞受撞击损坏，一般是由于气门间隙过小、配气相位失准、气门弹簧折断等导致活塞与气门相撞，或维修时气缸内掉入异物造成的。对受损的活塞，若其顶部虽有凹陷但无裂损，可继续使用；若发现有裂纹或孔洞，则必须更换新件。破损的活塞如图 2-34 所示。

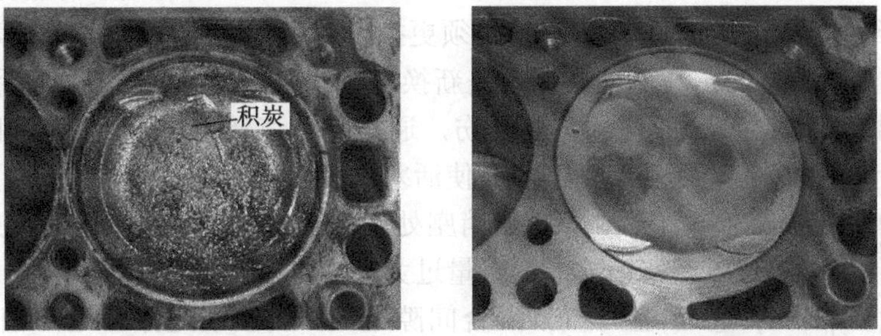

（a）有积炭的活塞　　（b）无积炭的活塞

图 2-31　活塞的积炭

（a）清除前　　（b）清除中

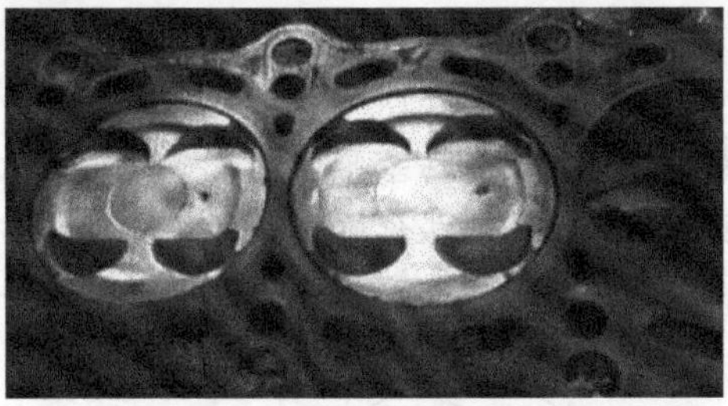

（c）清除后

图 2-32　活塞顶部积炭的清除过程

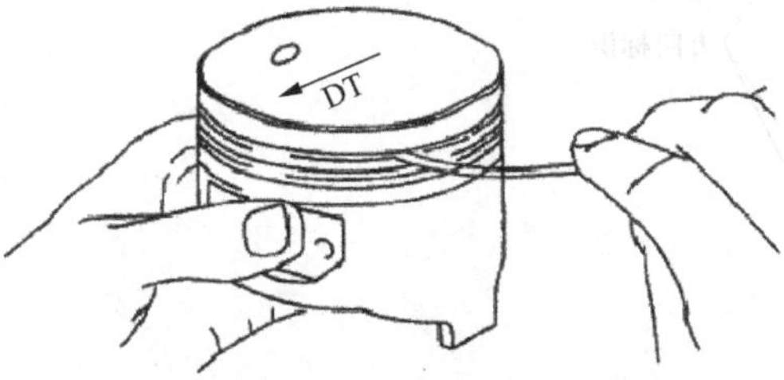

图 2-33　活塞环槽积炭的清除

图 2-34　破损的活塞

步骤二 活塞烧蚀出现在活塞顶部，轻者有疏松状麻坑，重者有局部烧熔现象。活塞烧蚀主要是气缸内温度过高引起的。烧蚀较轻的活塞允许继续使用，烧蚀严重时必须更换。

3. 活塞刮伤的检查与修理

活塞刮伤一般都有明显的痕迹，轻度刮伤的活塞如果不影响与气缸的配合间隙，允许用细砂布研磨后继续使用；刮伤严重的活塞必须更换，并根据下述情况查明故障原因。

① 活塞裙部两侧同时出现刮伤，通常是新换活塞与气缸配合间隙过小所致。

② 活塞裙部垂直活塞销方向的一侧刮伤，通常是怠速转速过低使缸壁润滑不良或发动机长期大负荷工作，而使活塞一侧受侧压力过大所致。

视频

活塞直径的测量

③ 活塞裙部两侧销座处刮伤，通常是活塞销与座孔配合过紧，受热后沿活塞销方向膨胀量过大造成的。

④ 活塞与气缸配合间隙过大，将会引起第一道环槽的上部磨损或刮伤。

⑤ 刮伤部位出现在一侧活塞销座的上方，通常是连杆变形造成的。

4. 活塞直径（活塞裙部直径）的测量

步骤一 在与活塞销垂直的方向，用外径千分尺测量活塞裙部的直径，如图 2-35 所示。活塞裙部的直径即为活塞直径。

步骤二 若测量值超过极限值，应更换全部活塞。

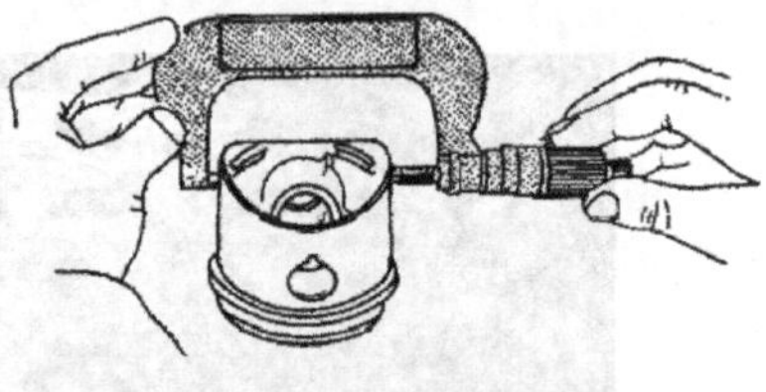

图 2-35 活塞裙部的测量

更换活塞时，只能用重量等级和尺寸相同的产品更换，一台发动机上同组活塞的重量差不得大于标准规定，在拆装时不允许各缸活塞互换。

提示

◆从气缸内拆出活塞时，必须注意活塞顶部有无缸位标识，如果没有应做缸位标识。

◆活塞的方向不要装错，在活塞顶部有箭头或缺口等方向标识（见图 2-36）的，其箭头或缺口通常应朝向发动机前方；裙部有膨胀槽的，槽口应朝向承受侧压力较小的一侧。

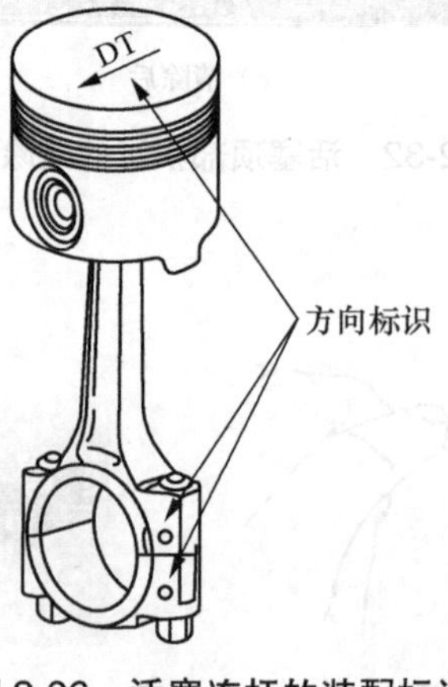

图 2-36 活塞连杆的装配标识

5. **检测配缸（配合）间隙**

活塞与气缸壁之间的间隙称为配缸间隙，此间隙应符合标准值，一般汽油发动机的配缸间隙为 0.045mm。

步骤一　用内径百分表测量气缸的直径。

步骤二　用外径千分尺测量活塞的直径。

步骤三　气缸直径减去活塞直径（活塞裙部直径）即为活塞与气缸的配缸间隙，配缸间隙应符合标准。

操作二　活塞环的检修

1. **活塞环的拆装**

步骤一　从活塞上拆装活塞环时应使用专用卡钳，如图 2-37 所示；若手工拆装活塞环，应先用布包住活塞环开口端部，然后用两手拇指使活塞环开口张大。

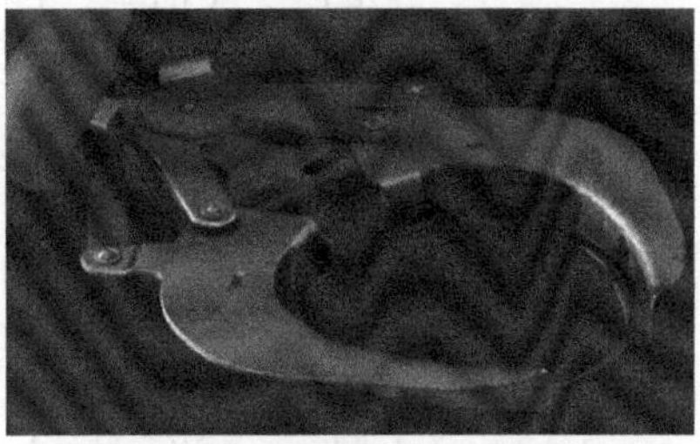

图 2-37　活塞环的拆装

提示

◆不要使活塞环开口两端上下错开，以免活塞环变形或折断。

步骤二　安装非矩形断面的气环时，应注意活塞环端面上是否有装配标识（如“TOP”等）。若有，有标识的一面应向上。

提示

◆内切口扭曲环的切口应向上，外切口扭曲环的切口应向下。活塞环若装反，会导致漏气和窜油。

步骤三　组合式油环的安装顺序是衬簧、上刮油钢片、下刮油钢片，衬簧接头处不能重叠过多，安装后两刮油钢片开口应相对并与衬簧接头错开 90°。

步骤四　活塞环开口方向的布置直接影响气缸的磨损和密封性，开口方向的布置形式很多，但最好按原车要求进行。常见的活塞环开口方向如图 2-38 所示。

提示

◆除全裙式活塞环外，一般活塞环开口不应与活塞销对正，同时开口应尽量避开做功时活塞与气缸壁接触的一侧。

步骤五 在将活塞连杆组装配到气缸内时，应使用专用工具——活塞环压缩器将活塞环压紧，再按图 2-39 所示的方法，用锤子的木柄将活塞连杆组安装到气缸筒里。

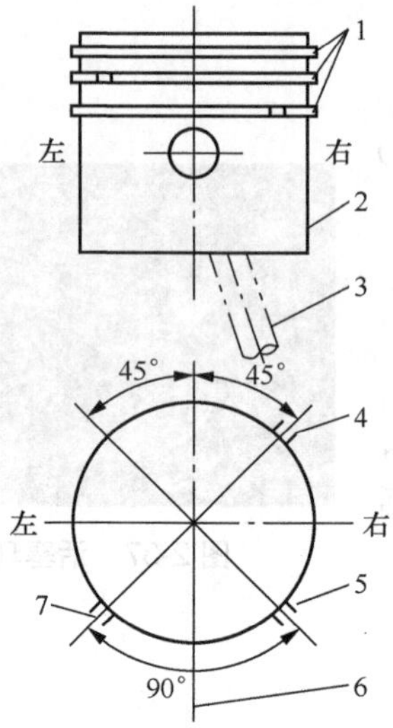

图 2-38 活塞环的开口方向

1—活塞环；2—活塞；3—连杆；4—第一道气环的开口位置；5—油环的开口位置；6—活塞销轴线；7—第二道气环的开口位置

图 2-39 向气缸内安装活塞连杆组

视频

活塞环间隙的测量

2. 活塞环间隙的检测

步骤一 活塞环侧隙的检查。活塞环侧隙是指活塞环与活塞环槽在高度方向上的配合间隙。如图 2-40 所示，测量时，将一新活塞环放入环槽，用塞尺测量环的侧隙。

提示

◆若更换新活塞环后侧隙过小，可将活塞环平放在细砂布上研磨；若侧隙过大，说明环槽磨损，应将活塞环与活塞一起更换。

活塞环的侧隙一般为 0.02 ～ 0.05mm，若侧隙达到极限间隙 0.15mm，应更换活塞环。

步骤二 活塞环端隙的检查。将活塞环放入气缸内，使活塞倒置将活塞环推到气缸内，使其水平放在距气缸上平面 15mm 的位置，用塞尺进行测量，如图 2-41 所示。活塞环的端隙一般为 0.25 ～ 0.50mm，活塞环开口间隙过小，可进行锉修；活塞环开口间隙达到极限值

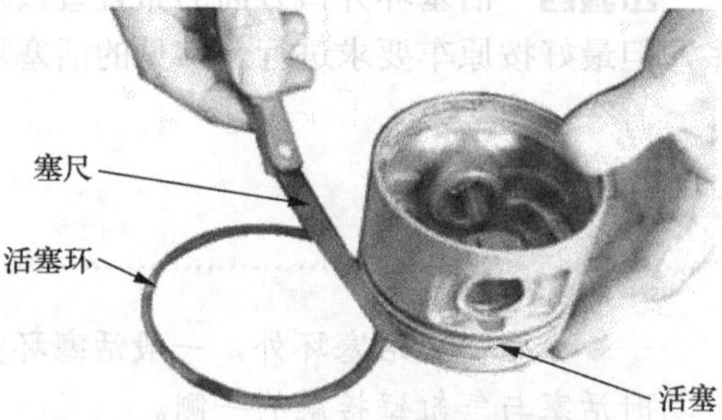

图 2-40 活塞环侧隙的测量

（1.00mm）或有其他损坏，则必须更换。

操作三 活塞销的检修

步骤一 对采用半浮式连接的活塞销，必须在压床上拆卸或安装。在维修中若不更换活塞，就不必拆下活塞销。采用铝合金活塞时，活塞销在常温下与座孔为过渡配合，安装时先将活塞在温度为 70 ～ 80℃的水中或油中加热，然后再将活塞销装入，如图 2-42 所示。

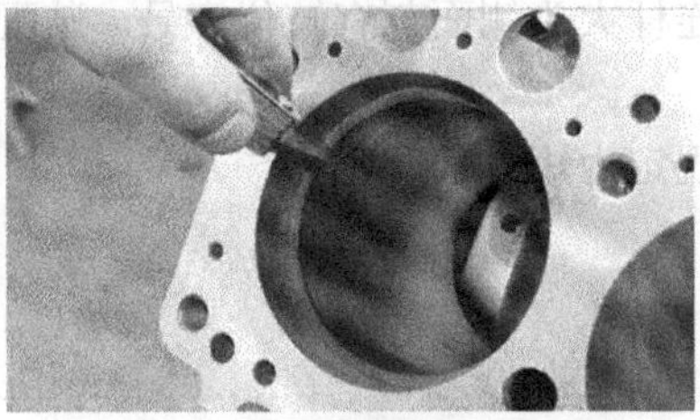

图 2-41 活塞环端隙的测量

图 2-42 安装活塞销

提示

◆拆卸活塞销时，应将活塞和连杆按缸位摆放好，以免装错。

步骤二 活塞销与活塞销座孔的选配。发动机工作时，活塞销座孔一般比活塞销更容易磨损。活塞销座孔磨损后，因修理成本较高，一般都更换活塞，并同时更换活塞销和活塞环。

提示

◆更换活塞销时，活塞销应与活塞销座孔进行选配。

步骤三 对于采用半浮式连接的活塞销，将活塞放置在销座孔处于垂直方向的位置上，在常温下活塞销应能靠自重缓缓通过活塞销座孔。对于采用全浮式连接的活塞销，在活塞加热到 70 ～ 80℃时，应能用手掌心将涂有润滑油的活塞销推入座孔。若不符合上述要求，过松或过紧均应重新选配活塞销。对于采用全浮式连接的活塞销，允许通过铰削或镗削活塞销座孔的方法达到配合要求。

操作四 连杆的检修

1. 连杆的拆装

步骤一 连杆大头内孔是与连杆盖配对装合后加工的，而且连杆装配后的质量在出厂时都有较严格的控制。

提示

◆连杆和连杆盖的组合不能装错，一般都刻有配对标记（常用数字），拆装时必须注意。

步骤二 连杆上的喷油孔和偏位连杆都有方向性，同时为保证连杆大头和连杆小头与配合件的配合位置，连杆杆身上刻有朝前标记，并在连杆大头侧面刻有缸位序号，装配时不可装反，也不可装错缸位。

步骤三 根据不同发动机的要求，连杆螺栓按规定力矩拧紧。

提示

◆带开口销的，不可漏装开口销。

2. 连杆变形的检查和校正

连杆变形主要是弯曲和扭曲，其主要危害是导致气缸、活塞和连杆轴承异常磨损。对于采用全浮式连接的活塞销，连杆弯曲可能会引起活塞销卡环脱出。连杆变形量的检查应使用专用的连杆检验校正仪。

如图 2-43 所示，用连杆检验校正仪检测弯曲度和扭曲度的方法如下。

步骤一 将连杆盖装在连杆上（不带轴承），并按规定力矩拧紧。

步骤二 将活塞销装入连杆小头，再将连杆大头固定在检测器的定心轴上。

步骤三 将连杆固定在连杆检验校正仪上。

步骤四 将连杆检验校正仪的三点规的 V 形面靠合在活塞销顶面上，用塞尺测量检测器平面与量规指销之间的间隙。

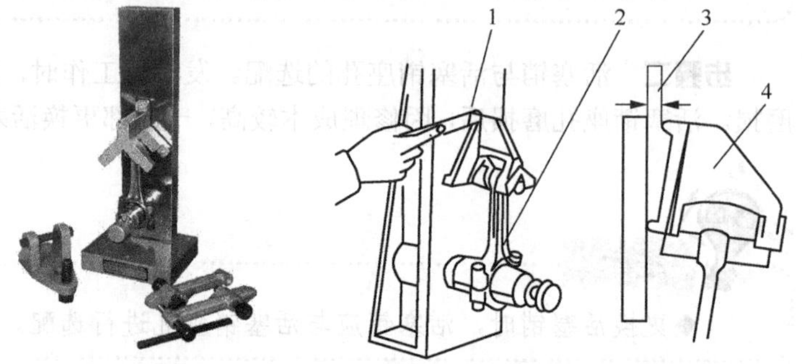

（a）连杆检验校正仪实物　　（b）弯曲度和扭曲度的检查

图 2-43 连杆弯曲度和扭曲度的检验

1—连杆检验校正仪；2—连杆；3—间隙；4—三点规

步骤五 通过测量，可以得出连杆是否弯曲或扭曲。3 个指销均与连杆检验校正仪平面接触，说明连杆无变形；若仅上面一个指销（或下面两个指销）与连杆检验校正仪平面有间隙，说明连杆有弯曲变形，间隙大小反映了连杆的弯曲程度；若下面的两个指销与连杆检验校正仪平面的间隙不同，说明连杆有扭曲变形，两指销的间隙差反映了连杆的扭曲程度。

提示

◆若上述两种情况并存，说明连杆既有弯曲变形，又有扭曲变形。

◆连杆弯曲或扭曲超过其允许极限时，应进行校正或更换连杆。

步骤六　连杆弯曲的校正。对弯曲的连杆，可用压床或校正器上的校弯工具压直，如图 2-44 所示。

步骤七　连杆扭曲的校正。对扭曲的连杆，可夹在台虎钳上用校正器的校正工具校正，如图 2-45 所示。没有校正工具时，用长柄扳钳、管钳也可以校正。在常温下校正连杆，会发生弹性变形，卸去负荷后连杆有恢复原状的趋势。因此在校正弯曲变形较大的连杆时，校正后最好进行稳定处理，将校正后的连杆用喷灯稍许加热；校正变形较小的连杆时，应使校正负荷保持一定时间，即可防止去负荷后变形。

3. 连杆衬套的检修

步骤一　在检修连杆时，有的故障往往是出在连杆衬套（见图 2-46）上，因此要特别注意观察连杆小头衬套与活塞销是否有磨损和松动，测量两者间隙是否超过规定间隙（一般为 0.07mm），若磨损较严重，有明显松动而又超过规定间隙，则应更换新衬套。

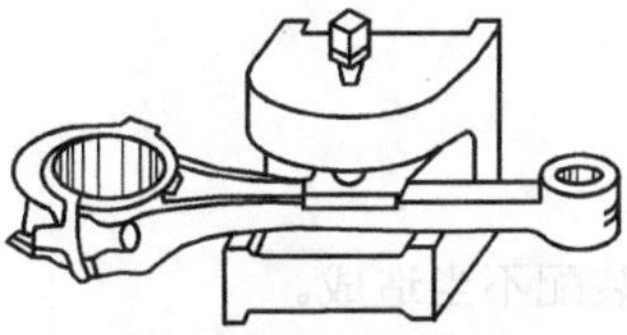

图 2-44　连杆弯曲的校正

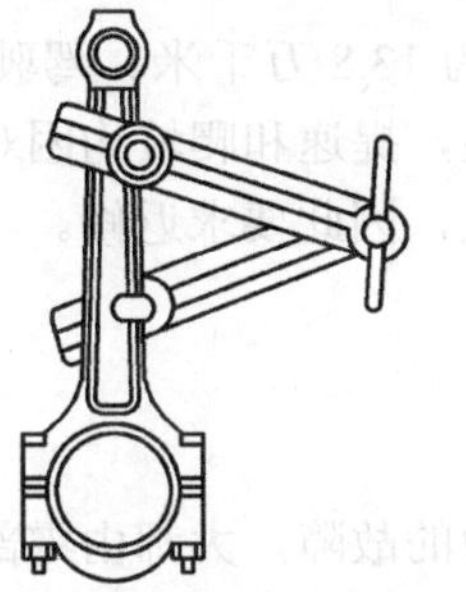

图 2-45　连杆扭曲的校正

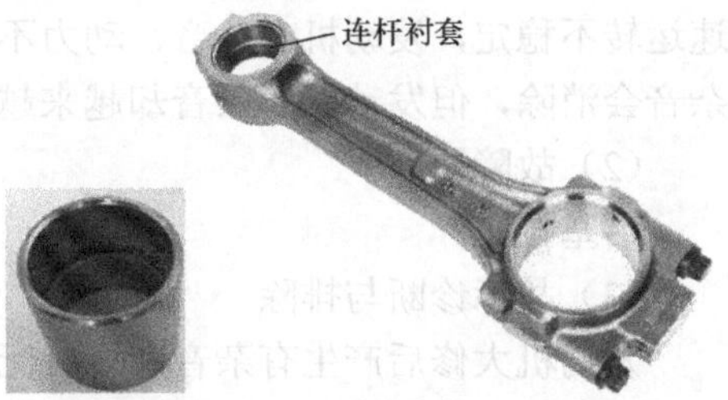

图 2-46　连杆衬套

步骤二　更换新衬套时，先取下松动的旧衬套（因已松动，故易于取下），然后选配与连杆小头孔配合紧度为 0.042 ～ 0.095mm 的同规格铜衬套，将其压装在连杆小头孔内即可。

维修实例

实例一　丰田卡罗拉轿车大修后，发动机运转时气缸内有异响

（1）故障现象

一辆丰田卡罗拉轿车，行驶里程为 17 万千米。车辆大修后，起动发动机并运转时发出异响，怠速时发出“嗒嗒”的声响，发动机温度升高时响声更明显，且常伴有发动机抖动现象；在发动机熄火之际，响声更加严重，驾驶员要求返修。

（2）故障原因

大修时选用的活塞质量不合格，造成发动机拉缸。

（3）故障诊断与排除

如果发动机在大修后，发动机运转时气缸内有异响，大多为装配、换件中出现问题。

在发动机运转时，用分缸断火法确定故障部位，检查结果为第 1 缸有异响。从气缸盖加油口处听诊，异响明显，应该立即分解发动机进行检查。

分解发动机，抽出第 1 缸活塞连杆组，发现第 1 缸活塞裙部已有纵向拉痕，气缸壁内也有拉痕，显然该发动机发生了拉缸故障。为何新装配的活塞会产生该故障呢？

测量活塞，圆柱度符合要求；圆度为 +0.15mm（标准值为 +0.10mm），不符合要求。因此，判断发动机拉缸故障是由活塞质量不合格造成的。

选配合格的活塞，拉伤的缸壁用细砂纸研磨或用手电钻附上蘸油的细砂布研磨，之后装复发动机试车，发动机异响消失，故障得以排除。

造成此故障的原因是驾驶员在市场购买并更换不合格的活塞，此类活塞冷态时各尺寸可能符合要求（查阅修理记录，该活塞装配时尺寸经检查符合标准），但因制造工艺不良，热稳定性差，热态时便会不符合要求。

驾驶员应接受的教训是不应自购不合格配件，尤其是在发动机大修过程中，配件应由修理厂家负责，这样即使发生修理质量事故，也便于索赔和返修。

实例二　上汽通用凯越轿车发动机大修后车辆行驶无力，运转时有杂音

（1）故障现象

一辆上汽通用凯越轿车，行驶里程为 13.8 万千米。驾驶员说，发动机进行大修后，怠速运转不稳定，发动机有杂音，动力不足，提速和爬坡均困难，原修理厂说磨合一段时间后杂音会消除，但发动机的杂音却越来越大，因此要求返修。

（2）故障原因

活塞拉缸。

（3）故障诊断与排除

发动机大修后产生有杂音和行驶无力的故障，大都由零部件装配不当造成。

通过采用分缸断火方法诊断，4 个缸都在做功，且高压火都正常，基本可排除电路方面故障。对发动机进行听诊，发现发动机怠速时极不稳定，似要熄火，杂音发生在发动机中低速阶段，呈杂乱无章状态，不像活塞销、连杆或曲轴轴瓦响声那样有节奏感，响声特征极似拉缸声响，于是决定用内窥镜观察缸壁状况。

拆除火花塞，将内窥镜头伸入火花塞孔内观察，果然观察到缸壁拉痕。分解发动机，抽出 1 缸活塞后发现，相对于活塞销 90° 方向的裙部有纵向拉伤痕迹，缸壁相对应方向也有纵向拉痕，继而对其他缸壁进行检查发现都有拉缸现象。

如果缸壁和活塞拉痕不严重，用零号砂布（蘸油）打磨活塞裙部和缸壁拉痕处即可；也可重新研磨缸壁消除拉痕（活塞用砂布打磨），然后重新装配。如果拉痕呈沟槽状（有手感），则要对气缸进行加大一级镗磨，并换用相应加大级活塞及活塞环，从而彻底消除拉缸故障，否则发动机一直带病运行，使用寿命将变短。

按上述方法对车辆进行相应处理并试车，故障排除。

这是一起驾驶员和修理人员均负有责任的机件修理事故。驾驶员在原车修理时，要求不镗磨气缸，只换活塞环。修理人员检查发动机气缸体后，发现圆柱度已近 0.05mm（气缸圆

柱度大于 0.05mm，则要进行加大一级的镗磨修理），圆度已近 0.03mm（按规定应进行加大一级的镗磨修理），但按照驾驶员要求只换装了一组加大一级的活塞环，仅凭经验对活塞环的开口进行锉口处理，便装配试车了。修理人员忽视了以下情况，圆度和圆柱度指的是最大磨损部位，配装加大环后虽进行锉口处理，但不标准，势必在缸壁磨损较小部位发生卡滞，严重时甚至造成活塞环折断。轿车发动机均是高压缩比、高速运转的发动机，此类在老旧货车上的修理经验千万不要在轿车上尝试。

现在修理厂家大都根据驾驶员要求进行修理作业，而驾驶员不一定精通车辆修理技术，所以厂方要从维护驾驶员最大利益出发做好说服工作，否则事后不仅矛盾不断，而且会失去客户。

实例三　凯越轿车行驶过程中突然熄火，发动机捣坏

（1）故障现象

一辆凯越轿车，行驶里程为 18.2 万千米。驾驶员说，发动机第 2 缸活塞处缸体破损，第 2 缸连杆扭弯。

（2）故障原因

连杆螺母松动直至脱落，造成严重捣缸故障。

（3）故障诊断与排除

这是一例严重修理事故。破损的发动机缸体经剖解诊断，发现以下部件损坏：第 2 缸壁破裂，第 2 缸连杆严重扭弯，连杆轴瓦盖脱落，第 2 缸连杆轴颈拉伤，产生沟槽。

更换缸体、曲轴、连杆、轴瓦，故障排除。

这是一例修理人员未按规定操作造成的严重故障。原车发动机经过多次修理（换活塞环、活塞等），并且经过镗缸修理后，未进行认真检查，仍装用原来旧的连杆螺栓和螺母。由于连杆螺栓、螺母经多次拆装，又未进行认真检查，自锁紧固力矩不足，发动机高速运转时在交变载荷作用下螺母松动直至脱落，造成严重捣缸事故。

连杆螺栓、螺母采取自锁紧固，即在拧紧作用下，对螺母螺纹产生弯矩变形，实现自锁。但多次拆装后，螺母及螺栓螺纹不可避免地发生磨损，致使自锁紧固力下降，造成事故。应吸取的教训是凡自锁螺栓、螺母使用日久或经两次拆装后，均应认真检查，最好更换新件。

任务三　曲轴飞轮组的检修

学习目标

（1）能够正确描述曲轴飞轮组的组成、功用和工作原理。

（2）能够正确描述曲轴飞轮组主要零件的结构特点、装配要求和调整方法。

（3）熟悉曲轴飞轮组主要零件的拆装方法。

（4）熟悉曲轴飞轮组主要零件的检测及维修方法。

任务引入

一辆上海大众桑塔纳轿车，行驶里程为 5.7 万千米。驾驶员说，该车发动机维修后运转

时产生异响，而且伴随有发动机抖动现象，机油压力报警灯随之闪亮。

相关知识

曲轴飞轮组主要由曲轴、飞轮、曲轴主轴承等组成，如图 2-47 所示。

视频

曲轴飞轮组的组成

一、曲轴

1. 曲轴的功用

曲轴的功用是将活塞连杆组传来的气体压力转变成扭矩对外输出，还用来驱动发动机的配气机构和水泵、发电机、空气压缩机等其他附属装置工作。

2. 曲轴的结构

曲轴有整体式和组合式两种，中小型发动机广泛采用整体式曲轴。整体式曲轴的基本组成包括前端轴、曲轴主轴颈、连杆轴颈（曲柄销）、曲柄、平衡重和后端凸缘等，如图 2-48 所示。

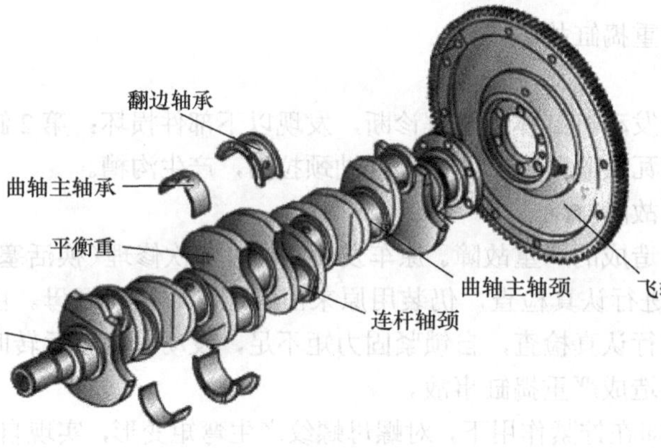

图 2-47　曲轴飞轮组的组成

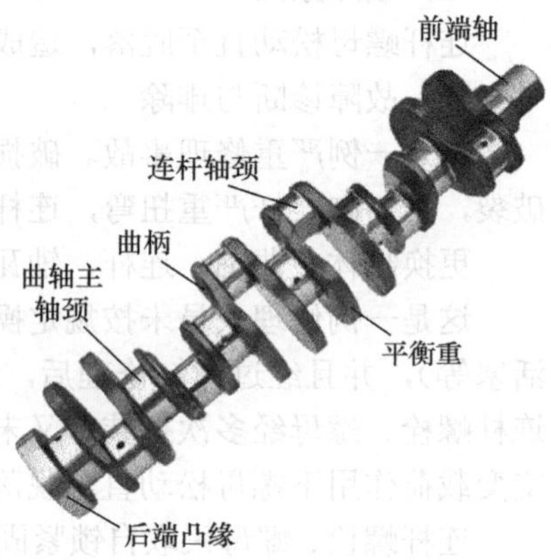

图 2-48　整体式曲轴的结构

（1）前端轴

前端轴指曲轴第一道主轴颈之前的部分，它用于安装正时齿轮（或正时齿形带轮、链轮）、皮带轮等。为防止机油外漏，在曲轴前端有油封装置；为减小扭转振动，曲轴前端还装有扭转减振器。

（2）曲轴主轴颈

曲轴主轴颈是曲轴的支撑部分，整个曲轴通过主轴颈安装在缸体主轴承座孔中的主轴承上。按曲轴主轴颈的数目，可以把曲轴分为全支撑曲轴和非全支撑曲轴两种。在每个连杆轴颈两边都有一个主轴颈的曲轴，称为全支撑曲轴，否则为非全支撑曲轴。显然全支撑曲轴的主轴颈数比连杆轴颈数多一个，这种支撑方式曲轴刚度好，但长度较长，如图 2-49 所示。由此可见，直列式发动机全支撑曲轴的主轴颈数比气缸数多一个；V 形发动机全支撑曲轴的主轴颈数是气缸数的一半加一个。

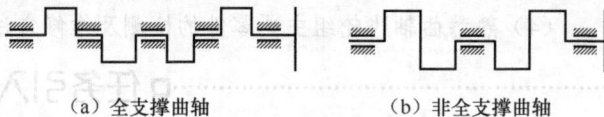

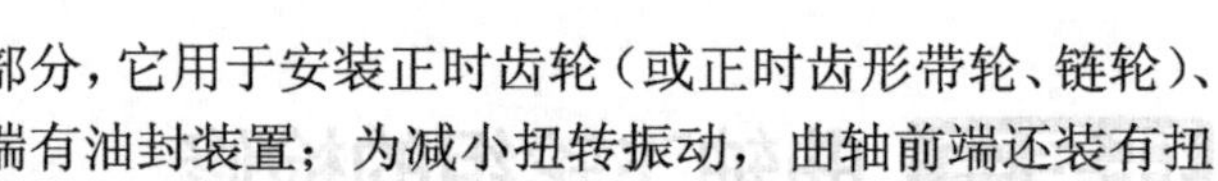
（a）全支撑曲轴　　（b）非全支撑曲轴

图 2-49　曲轴的支撑形式

（3）连杆轴颈

连杆轴颈也称为曲柄销，是曲轴和连杆相连的部分，连杆大头安装在曲轴的连杆轴颈上。在直列式发动机上，连杆轴颈数与气缸数相同。在V形发动机上，一个连杆轴颈上安装两个连杆，故连杆轴颈数为气缸数的一半。

（4）曲柄

曲柄是连接曲轴主轴颈和连杆轴颈的部分。在曲轴的主轴颈、曲柄、连杆轴颈上钻有贯通的油道，以使主轴颈内的润滑油经此油道流至连杆轴颈进行润滑。

（5）平衡重

平衡重用来平衡连杆大头、连杆轴颈、曲柄等产生的离心力及其力矩，有时还平衡部分往复惯性力，使发动机运转平稳。图2-50所示的四缸发动机曲轴，从整体来说，其惯性力及力矩是平衡的，但曲轴局部却受弯矩 M_{1-2}、M_{3-4} 作用，造成曲轴弯曲变形。如果在曲柄的相反方向上设置平衡重，就能使其产生的力矩与上述力矩 M_{1-2}、M_{3-4} 相平衡。

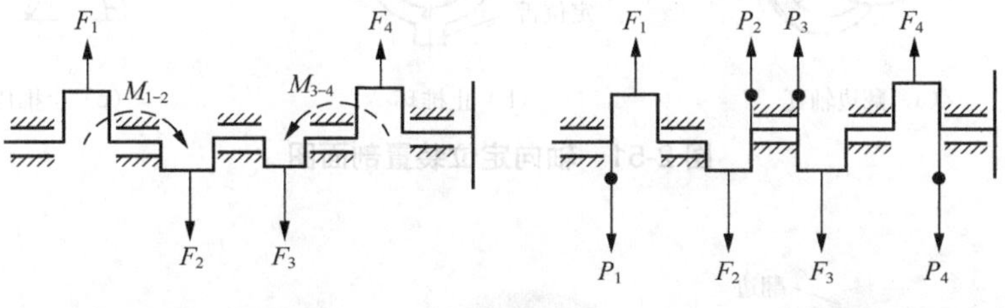

图2-50　平衡重作用示意图

平衡重有的与曲轴制成一体；也有的单独制成，再用螺栓固定于曲柄上。无论有无平衡重，曲轴本身必须经过动平衡校验。对不平衡的曲轴，常在其偏重的一侧钻去一部分质量，使其达到平衡。

（6）后端凸缘

曲轴后端凸缘是最后一道主轴颈之后的部分，用于安装飞轮。为防止机油从后端泄漏，后端也安装有油封装置。

3. **曲轴的轴向定位**

在汽车使用中，曲轴可能会发生轴向窜动。这是因为在发动机工作时，曲轴经常受到离合器（有离合器车型）施加于飞轮的轴向力以及在上、下坡行驶或突然加、减速时出现的轴向力作用而有轴向窜动的趋势。曲轴的轴向窜动将会破坏活塞连杆组在气缸中的正确相对位置，所以必须采用曲轴轴向定位装置（推力轴承）加以限制。

曲轴作为转动件，必须与其固定件之间有一定的轴向间隙。为使曲轴在受热时能够自由伸长，工作时又不发生轴向窜动，曲轴上只能有一道主轴承的两边设置轴向定位装置，该装置可设在曲轴的前端、中间或后端。轴向定位装置常采用翻边轴瓦、止推片和止推环等，如图2-51所示为轴向定位装置剖面图，图2-52所示为轴向定位装置实物。

翻边轴瓦放在曲轴的某一道主轴承内，靠翻边轴瓦两外侧表面的减摩合金层降低与轴颈端面相对运动时的摩擦阻力，并可挡住曲轴的左右窜动。

止推环是带有减摩合金层的止推钢环，它能从曲轴端部直接套入主轴颈，故放置在曲轴第一道主轴颈上。为防止止推环转动，止推环上也有定位舌。

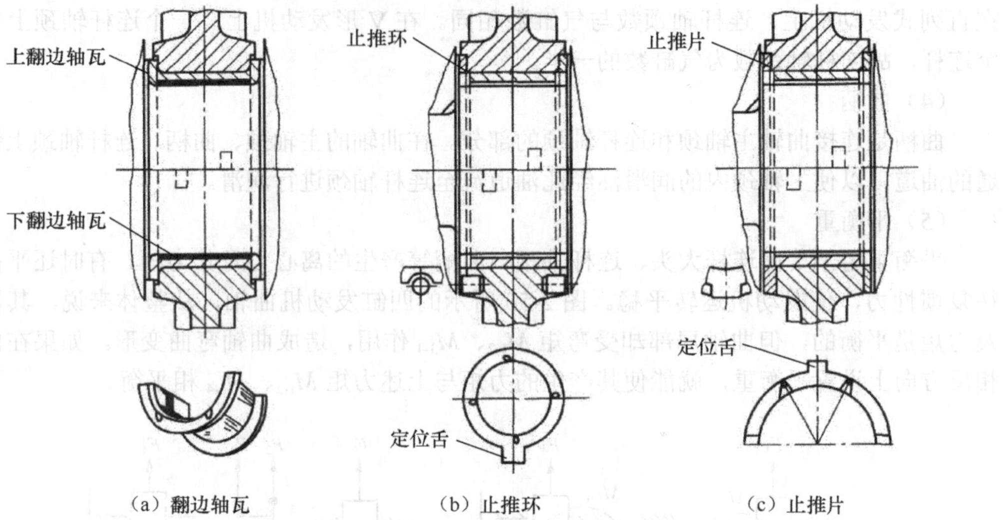

图 2-51　轴向定位装置剖面图

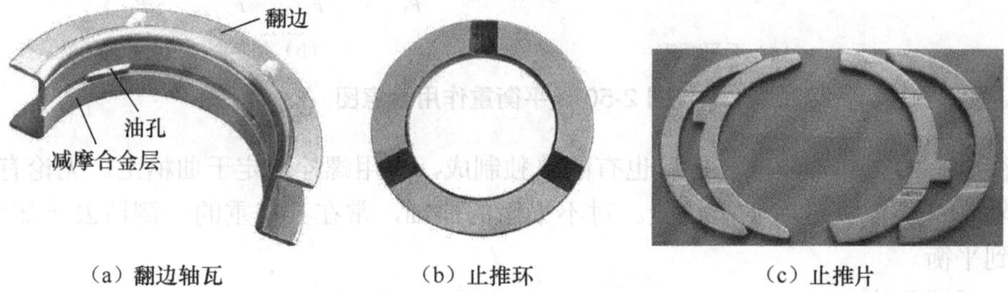

图 2-52　轴向定位装置实物

止推片是外侧有减摩合金层的半圆环钢片，装在机体或主轴承盖的槽内。为防止止推片转动，止推片上有凸起，使其卡在槽内。

4. 曲拐的布置与发动机工作顺序

一个连杆轴颈和它两端的曲柄及相邻两个主轴颈构成一个曲拐，如图 2-53 所示。

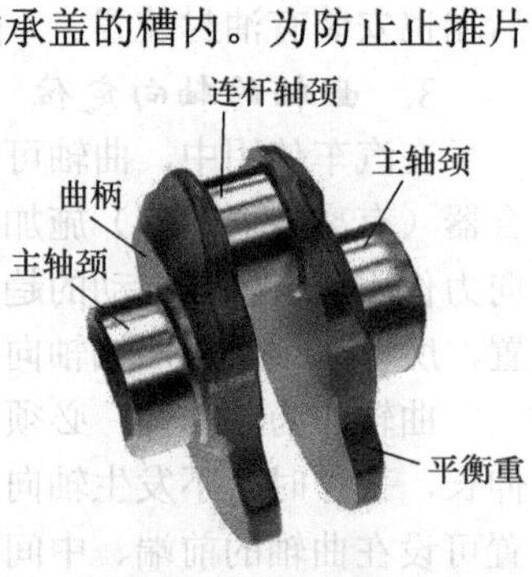

图 2-53　曲拐的结构

曲轴各曲拐的相对位置或曲拐的布置主要取决于发动机的气缸数、气缸排列形式和发动机的工作顺序（做功顺序、点火顺序）。合理的曲拐布置能保证发动机良好的平衡性和均匀的输出扭矩。

动画

四冲程直列四缸发动机的曲拐布置

多缸发动机曲拐总的布置原则：应尽可能使连续做功的两个气缸距离远，且各缸做功间隔（四冲程发动机做功间隔角 =720°/ 缸数）力求均匀。常见的几种发动机曲拐布置和做功顺序如下。

（1）四缸发动机曲拐的布置与发动机工作顺序

四冲程四缸发动机的气缸一般为直列式，曲轴上 4 个连杆轴颈配置在一个平面内，第 1、4 连杆轴颈在一方，第 2、3 连杆轴颈在另一方，两个方向互成 180°。四缸发动机曲拐的布置（曲轴转角）如图 2-54 所示。

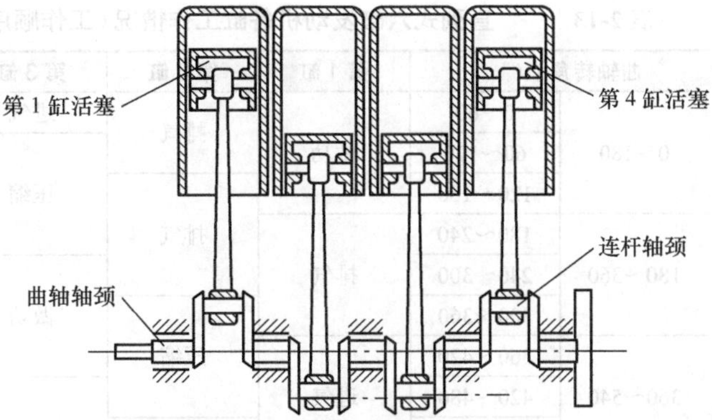

图 2-54　四缸发动机曲拐的布置

四冲程直列式四缸发动机的发火间隔角为 720°/4 = 180°，4 个曲拐对称布置在同一平面内。曲轴转动时，第 1 和第 4 气缸的活塞同时上下，第 2 和第 3 气缸的活塞同时上下。因此，四缸发动机的工作顺序为 1 → 3 → 4 → 2 或 1 → 2 → 4 → 3（1 代表第 1 缸，2 代表第 2 缸，3 代表第 3 缸，4 代表第 4 缸）。工作顺序为 1 → 3 → 4 → 2 的四缸发动机各缸的工作情况如表 2-12 所示。

表 2-12　　四缸发动机各缸工作情况（工作顺序 1 → 3 → 4 → 2）

曲轴转角/（°）	第1缸	第 2 缸	第 3 缸	第 4 缸
0～180	做功	排气	压缩	进气
180～360	排气	进气	做功	压缩
360～540	进气	压缩	排气	做功
540～720	压缩	做功	进气	排气

（2）直列式六缸发动机曲拐的布置与发动机工作顺序

曲轴连杆轴颈多数按如下排列：面对曲轴前端，第 1、6 连杆轴颈在上面，第 2、5 连杆轴颈偏左，第 3、4 连杆轴颈偏右，3 个方向互成 120°，直列式六缸发动机曲拐的布置如图 2-55 所示。直列式六缸发动机的工作顺序为 1 → 5 → 3 → 6 → 2 → 4，各缸工作情况如表 2-13 所示。

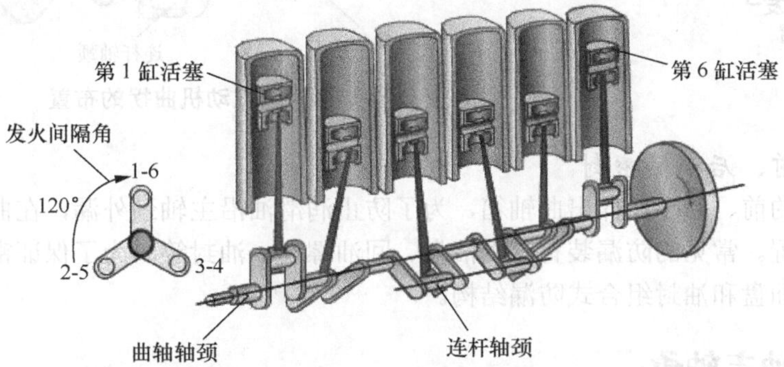

图 2-55　直列式六缸发动机曲拐的布置

表 2-13　直列式六缸发动机各缸工作情况（工作顺序为 1 → 5 → 3 → 6 → 2 → 4）

<table>
<tr><th colspan="2">曲轴转角 /（°）</th><th>第 1 缸</th><th>第 2 缸</th><th>第 3 缸</th><th>第 4 缸</th><th>第 5 缸</th><th>第 6 缸</th></tr>
<tr><td rowspan="3">0～180</td><td>0～60</td><td rowspan="3">做功</td><td rowspan="2">排气</td><td>进气</td><td>做功</td><td rowspan="2">压缩</td><td rowspan="3">进气</td></tr>
<tr><td>60～120</td><td rowspan="3">压缩</td><td rowspan="3">排气</td></tr>
<tr><td>120～180</td><td rowspan="3">排气</td><td rowspan="3">做功</td></tr>
<tr><td rowspan="3">180～360</td><td>180～240</td><td rowspan="3">排气</td><td rowspan="3">压缩</td></tr>
<tr><td>240～300</td><td rowspan="3">做功</td><td rowspan="3">进气</td></tr>
<tr><td>300～360</td><td rowspan="3">压缩</td><td rowspan="3">排气</td></tr>
<tr><td rowspan="3">360～540</td><td>360～420</td><td rowspan="3">进气</td><td rowspan="3">做功</td></tr>
<tr><td>420～480</td><td rowspan="3">排气</td><td rowspan="3">压缩</td></tr>
<tr><td>480～540</td><td rowspan="3">做功</td><td rowspan="3">进气</td></tr>
<tr><td rowspan="3">540～720</td><td>540～600</td><td rowspan="3">压缩</td><td rowspan="3">排气</td></tr>
<tr><td>600～660</td><td rowspan="2">进气</td><td rowspan="2">做功</td></tr>
<tr><td>660～720</td><td>排气</td><td>压缩</td></tr>
</table>

（3）V 形六缸发动机曲拐的布置与发动机工作顺序

四冲程 V 形六缸发动机的发火间隔角仍为 120°，3 个曲拐互成 120°。面对发动机的冷却风扇，右列气缸用 R 表示，由前向后气缸号分别为 R1、R2、R3；左列气缸用 L 表示，由前向后气缸号分别为 L1、L2 和 L3，V 形六缸发动机的工作顺序为 R1 → L3 → R3 → L2 → R2 → L1。图 2-56 所示为 V 形六缸发动机曲拐的布置，表 2-14 所示为 V 形六缸发动机各缸工作情况。

动画
四冲程 V 形八缸发动机的曲拐布置

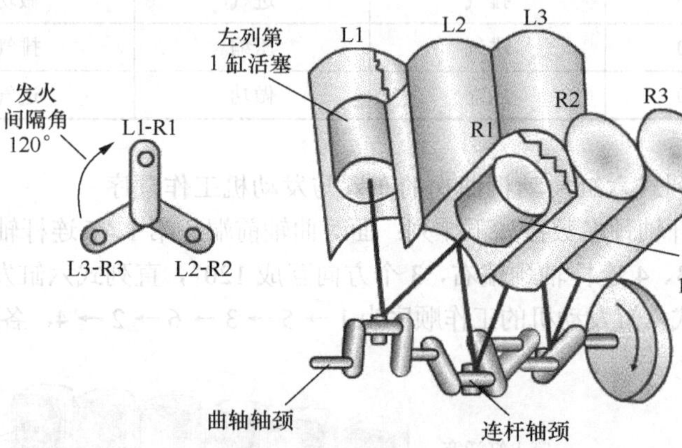

图 2-56　V 形六缸发动机曲拐的布置

5. ***曲轴前、后端的密封***

由于曲轴的前、后端都伸出曲轴箱，为了防止润滑油沿主轴颈外漏，在曲轴的前、后端都设有防漏装置。常见的防漏装置有挡油盘、回油螺纹、油封等。为了保证密封可靠，有的发动机采用挡油盘和油封组合式防漏结构。

二、曲轴主轴承

曲轴主轴承（俗称大瓦）装于主轴承座孔中，将曲轴支撑在发动机的机体上。

表 2-14 V 形六缸发动机各缸工作情况（工作顺序为 R1 → L3 → R3 → L2 → R2 → L1）

曲轴转角 /（°）		R1	R2	R3	L1	L2	L3
0 ～ 180	0 ～ 60	做功	排气	进气	做功	进气	压缩
	60 ～ 120			压缩	排气		
	120 ～ 180		排气				做功
180 ～ 360	180 ～ 240	排气				压缩	
	240 ～ 300			做功	进气		
	300 ～ 360		压缩				排气
360 ～ 540	360 ～ 420	进气				做功	
	420 ～ 480			排气	压缩		
	480 ～ 540		做功				进气
540 ～ 720	540 ～ 600	压缩				排气	
	600 ～ 660			进气	做功		
	660 ～ 720		排气				压缩

曲轴主轴承均由上、下两片轴瓦对合而成，主轴承的结构与连杆轴承基本相同，如图 2-57 所示。为了向连杆轴承输送润滑油，在主轴承上都开有周向油槽和通油孔。有些负荷不大的发动机，为了通用化起见，上、下两半轴瓦上都制有油槽，有些发动机只在上轴瓦开油槽和通油孔，而负荷较重的下轴瓦不开油槽，在相应的主轴颈上开径向通油孔，这样主轴承便能不间断地向连杆轴承供给润滑油。

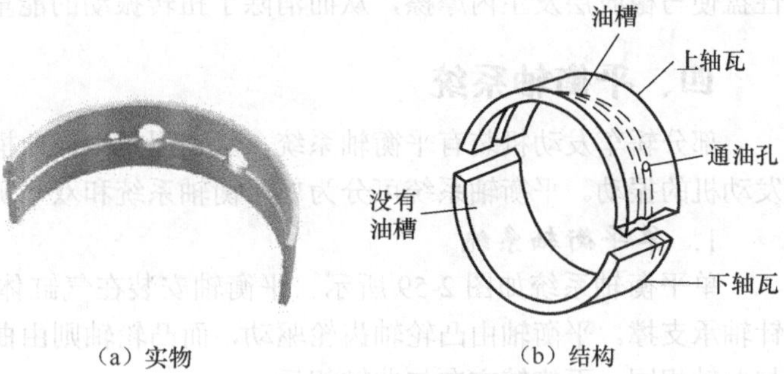

图 2-57 曲轴主轴承

提示

◆只在上轴瓦开油槽和通油孔的主轴瓦上、下片不能互换，否则主轴承的来油通道将被堵塞。

主轴承的每一片轴瓦都是由钢背和减摩合金层或钢背、减摩合金层和软镀层构成的。钢背是轴瓦的基体，由 1 ～ 3mm 厚的低碳钢板制造，以保证有较高的机械强度。在钢背上浇铸减摩合金层，减摩合金材料主要有白合金、铜基合金和铝基合金。

三、曲轴扭转减振器

发动机工作时，由于飞轮的惯性很大，因此可以看作是等速转动。而各缸气体压力和往复运动件的惯性力是周期性地作用在曲轴连杆轴颈上的，给曲轴一个周期性变化的扭转外力，使曲轴发生忽快忽慢的转动，从而形成曲轴相对于飞轮的扭转摆动，即曲轴的扭转振动。当扭转外力的变化频率与曲轴的自振频率成整数倍关系时，曲轴扭转振动便因共振而加剧，从而引起功率损失、正时齿轮或链条磨损增加，严重时甚至会将曲轴扭断。为了消减曲轴的扭转振动，有的发动机在曲轴前端装有扭转减振器。

扭转减振器有橡胶式、摩擦式、硅油（黏液）式等多种形式，常用的是橡胶式扭转减振器。

橡胶式扭转减振器如图 2-58 所示。它将减振圆盘用螺栓与曲轴带轮及轮毂紧固在一起，橡胶层与减振圆盘及惯性盘硫化在一起。当曲轴发生扭转振动时，力图保持等速转动的惯性盘便与橡胶层发生内摩擦，从而消除了扭转振动的能量，避免扭振。

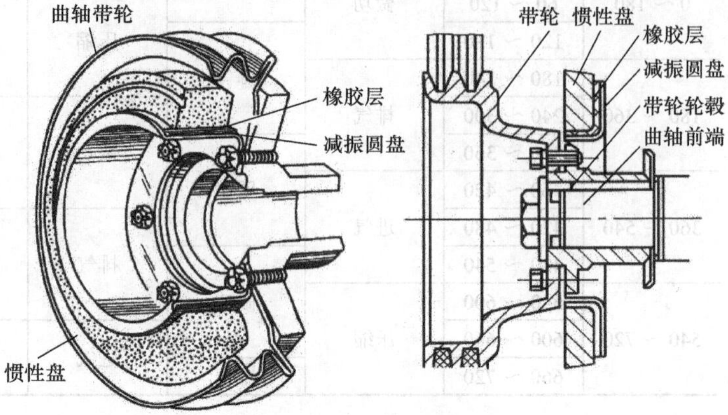

图 2-58　橡胶式扭转减振器

四、平衡轴系统

部分轿车发动机装有平衡轴系统，其功用是平衡曲柄连杆机构所产生的惯性力，以减轻发动机的振动。平衡轴系统可分为单平衡轴系统和双平衡轴系统两种。

1. 单平衡轴系统

单平衡轴系统如图 2-59 所示。平衡轴安装在气缸体上，前端由球轴承支撑，后端由滚针轴承支撑。平衡轴由凸轮轴齿轮驱动，而凸轮轴则由曲轴通过正时链驱动。平衡轴的转速与曲轴相同，而旋转方向与曲轴相反。

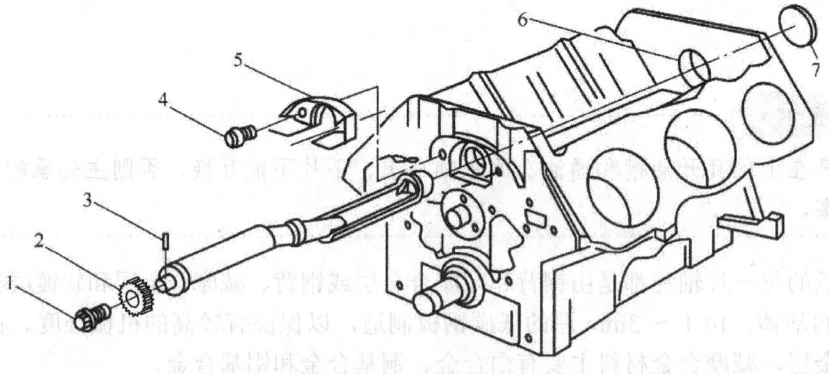

图 2-59　单平衡轴系统

1—齿轮紧固螺栓；2—平衡轴齿轮；3—传动销；4—保持架安装螺栓；5—保持架；6—后轴承；7—密封盖

2. 双平衡轴系统

双平衡轴系统如图 2-60 所示，由前平衡轴、后平衡轴、保持架等组成。

前平衡轴和后平衡轴分别有3道支撑轴颈，均采用滑动轴承支撑，两根平衡轴通过一根正时链或正时带由曲轴驱动。

平衡轴质量分布并不均匀。发动机工作时，平衡轴产生的惯性力正好与曲柄连杆机构引起发动机振动的惯性力大小相等、方向相反。

五、飞轮

1. 飞轮的功用

飞轮的功用：储存做功冲程中的部分能量，以便在其他冲程带动曲柄连杆机构工作；保证曲轴运转均匀，克服短时间的超负荷；通过飞轮齿圈与起动机小齿轮啮合，以便起动发动机；将发动机的动力传递给离合器或自动变速器。

2. 飞轮的结构

如图2-61所示，飞轮是一个转动惯量较大的金属圆盘。飞轮外缘一般较厚，以保证有足够转动惯量的前提下，尽可能减小飞轮质量。飞轮的外缘压装有起动用的齿圈。飞轮通过螺栓与曲轴后端凸缘连接，为保证飞轮与曲轴的正确安装位置，一般用定位销或不对称螺栓孔来定位。

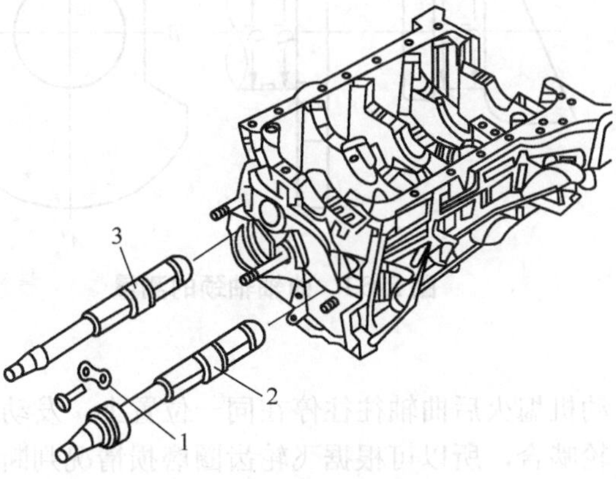

图2-60　双平衡轴系统

1—保持架；2—前平衡轴；3—后平衡轴

图2-61　飞轮

提示

◆飞轮上一般刻有点火正时标记，以便校准点火正时。

◘任务实施◘

操作一　曲轴的检修

曲轴的常见故障是轴颈磨损、弯曲和扭曲变形，严重时出现裂纹甚至断裂。

步骤一　曲轴裂纹的检查与修理。曲轴裂纹一般发生在轴颈两端过渡圆角处或油孔处。

视频

曲轴的检修

裂纹较严重时，可通过目测观察判断，或用锤子轻轻敲击平衡重，从发出的声音来判断。检查裂纹的最好方法是在专用的磁力探伤仪上进行磁力探伤。

曲轴裂纹可进行焊修，但一般是更换新件。

步骤二 曲轴弯曲的检查与修理。曲轴弯曲的检查如图 2-62 所示。将曲轴放在检测平板上的 V 形架上，百分表测头抵触在中间主轴颈上，转动曲轴一圈，百分表指针的摆差（径向圆跳动误差）一般应不超过 0.06mm。

曲轴弯曲程度较轻（径向圆跳动误差小于 0.1mm）时，一般可经磨削曲轴后消除。弯曲严重的曲轴必须进行校正，必要时更换曲轴。

步骤三 曲轴磨损的检查与修理。曲轴轴颈的磨损可用外径千分尺测量其直径来确定，测量部位如图 2-63 所示。轿车发动机曲轴轴颈的圆度和圆柱度一般超过 0.0125mm 时，应进行磨削修理，轴颈直径达到其使用极限时应更换曲轴。

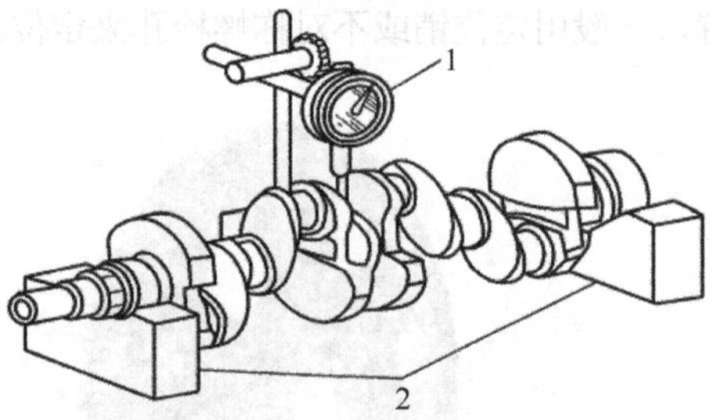

图 2-62 曲轴弯曲的检查

1—百分表；2—V 形架

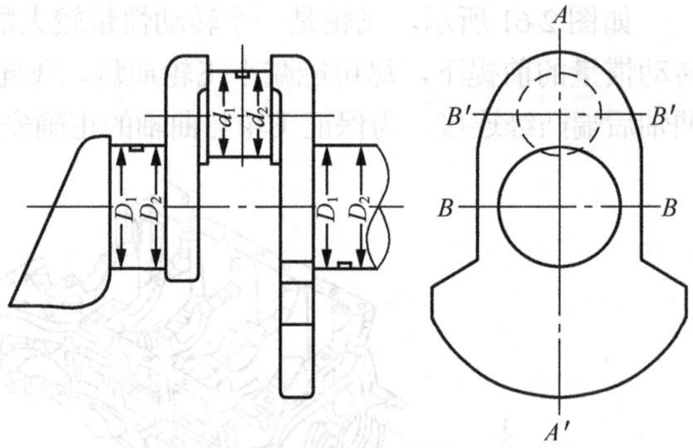

图 2-63 曲轴轴颈的测量

曲轴主轴颈磨损严重导致其失圆时，发动机熄火后曲轴往往停在同一位置上，发动机起动时则飞轮上总是局部的几个齿与起动机齿轮啮合，所以可根据飞轮齿圈磨损情况判断。

提示

◆连杆弯曲变形可导致连杆轴颈锥形磨损，所以连杆轴颈圆柱度过大时，应检查曲轴是否有弯曲变形。

步骤四 曲轴轴向间隙的检查与调整。如图 2-64 所示，检查曲轴轴向间隙时，可将百分表测头抵触在飞轮或曲轴的其他端面上，用撬棒前后撬动曲轴，百分表指针的最大摆差即为曲轴轴向间隙。也可用塞尺插入止推垫片与曲轴的承推面之间，测量曲轴的轴向间隙。

曲轴轴向间隙一般为 0.07 ～ 0.17mm，允许极限一般为 0.25mm。间隙过大或过小，可通过更换止推垫片来调整。

操作二 飞轮的检修

飞轮的主要故障有飞轮齿磨损、齿圈磨损、飞轮齿折断飞轮表面烧灼、飞轮表面裂纹等，如图 2-65 所示。

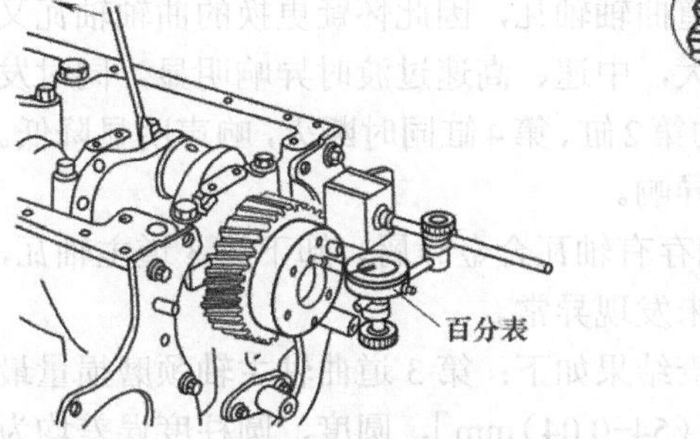

图 2-64 曲轴轴向间隙的测量

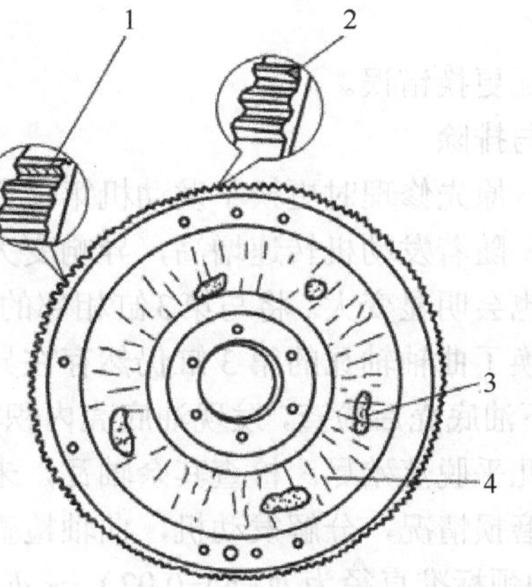

图 2-65 飞轮常见损伤

1—飞轮齿磨损；2—飞轮齿折断；

3—飞轮表面烧灼；4—飞轮表面裂纹

视频

飞轮的检修

步骤一 在装有手动变速器的汽车上，飞轮与离合器的接触面会有沟槽磨损，磨损较轻（沟槽深度小于 0.5mm）时允许继续使用；磨损严重（沟槽深度超过 0.5mm）或槽纹较多时，应磨削飞轮工作面，必要时更换飞轮。

提示

◆飞轮工作面的磨削总量不能超过 1mm，更换新的飞轮时应刻上正时标记，新飞轮与曲轴安装后应进行动平衡测试。

步骤二 飞轮齿圈若有损坏，必须更换。更换飞轮齿圈时，可用铜冲将旧的飞轮齿圈从飞轮上拆下；安装新飞轮齿圈时，先将飞轮齿圈加热（不要超过 400℃），再用锤子将飞轮齿圈敲到飞轮上。

提示

◆齿圈有倒角的一面应朝向曲轴。

维修实例

实例 上海大众桑塔纳轿车维修后发动机运转时有异响，机油压力报警灯闪亮

（1）故障现象

一辆上海大众桑塔纳轿车，行驶里程为 5.7 万千米。驾驶员说，该车发动机维修后运转

时产生异响，而且伴随有发动机抖动现象，机油压力报警灯随之闪亮。

（2）故障原因

曲轴第 3 道轴瓦更换错误。

（3）故障诊断与排除

通过问询得知，原先修理时更换了发动机第 3 道曲轴轴瓦，因此怀疑更换的曲轴轴瓦又发生了故障。听诊，随着发动机转速增高，异响变大，中速、高速过渡时异响明显，同时发动机温度升高响声也会明显变大。将与第3缸相邻的第2缸、第4缸同时断火，响声明显降低。由此初步断定，更换了曲轴轴瓦的第 3 缸仍然存在异响。

放掉机油，拆下油底壳后检查，发现油底壳内积存有轴瓦合金碎屑。卸下第 3 道主轴瓦，发现其轴瓦合金层几乎脱落殆尽。检查其余轴瓦，未发现异常。

为了检查曲轴磨损情况，分解发动机，曲轴检查结果如下：第 3 道曲轴主轴颈磨损量最大为 0.18mm [主轴颈标准直径为 ϕ（54-0.02）～ ϕ（54-0.04）mm]，圆度、圆柱度误差均为 0.02mm（在允许范围内）。曲轴连杆轴颈磨损量及圆度、圆柱度误差均在允许范围内。曲轴平行度及端面跳动量也在控制范围内。通过上述检查得知，该曲轴为标准型，未经过磨削，而且目前符合使用要求。

检查轴瓦，除第 3 道主轴瓦为加大尺寸（+0.25mm）外，其余各道瓦均为标准型，显然故障是由于原来修理时换用了加大的轴瓦造成的。

清洗发动机油道及油底壳后，更换标准型曲轴轴瓦装复试车，故障排除。

曲轴轴瓦间隙可用塑料间隙条检查。曲轴轴瓦最大间隙值为 0.050mm。塑料间隙条分为 3 种：绿色为 0.025 ～ 0.076mm，红色为 0.050 ～ 0.150mm，蓝色为 0.100 ～ 0.230mm。如压上绿色间隙条后，曲轴能够转动，表明曲轴间隙值超过了规定允许值 0.3mm，便要考虑磨削曲轴及换用加大的曲轴轴瓦了。

项目拓展

曲柄连杆机构的常见故障主要表现为异响。所谓异响，是指汽车总成或机构在工作中产生的超过技术文件规定的不正常响声。

提示

◆曲柄连杆机构的异响一般是某些运动件自然磨损使其间隙过大、润滑不良、紧固不良或修理调整不当等原因引起的。曲柄连杆机构异响常与发动机的转速、负荷、温度和缸位有关。

一、曲轴主轴承异响故障诊断

1. 故障现象

① 发动机一般稳定运转时不响，转速突然变化时，发出低沉、钝重、连续的“当当”的金属敲击声。

② 发动机转速越高，响声越大。

③ 发动机有负荷时响声明显。

④ 单缸断火时响声无变化。

2. 故障原因

① 主轴承盖螺栓松动。

② 主轴承与主轴颈配合间隙过大。

③ 发动机机油不良。

④ 主轴承合金层烧毁或脱落。

3. 故障诊断与排除

反复改变发动机转速，用旋具抵触曲轴箱接近曲轴主轴承处听察。在突然加速或减速时，如有明显的沉重响声，则为主轴承响。第一道主轴承响，声音较清脆；第五道主轴承响，声音偏沉闷。

① 发动机温度越高响声越明显，说明发动机机油黏度过低或老化，应更换发动机机油。

② 发动机高速运转，汽车重载爬坡，机件有较大的振动，机油压力明显下降，说明主轴承与主轴颈配合间隙过大，或合金层脱落，应及时更换主轴承或修磨主轴颈。

③ 若怀疑是曲轴轴向窜动发出响声，可踩下离合器踏板；如果响声减弱或消失，则为曲轴轴向窜动发响，此时应更换曲轴止推垫片或更换曲轴。

④ 若怀疑是飞轮固定不良发响，可在听到异响时关闭点火开关。而当发动机即将熄火时，再立即接通点火开关，若此时能听到一声撞击声，且每次重复上述操作均如此，即证明是飞轮固定不良发响，应紧固或更换飞轮固定螺栓予以排除。

二、连杆轴承异响故障诊断

1. 故障现象

① 突然加速时，发动机有明显、连续的“噔噔噔”类似木棒敲击铁桶的声音，该声响较主轴承响清脆。

② 怠速时响声较小，中速时响声明显。

③ 单缸断火后，响声明显减弱或消失。

④ 汽车高速或爬坡时，响声加剧。

2. 故障原因

① 连杆轴承盖螺栓松动。

② 连杆轴承径向间隙过大。

③ 连杆轴承合金层烧毁。

④ 发动机机油不良。

3. 故障诊断与排除

① 发动机初发动时响声严重，待机油压力上升后，响声减弱或消失，表明个别连杆轴承间隙稍大或合金层剥落，应视情修磨连杆轴颈或更换连杆轴承。

② 若发动机温度正常，由低速突然加至中高速时，发动机发出有节奏的“当当当”的响声；转速再升高时，其响声减弱直至消失；单缸断火时响声消失，复火时响声恢

复；稍关节气门，响声更明显，说明连杆轴承间隙过大。应修磨连杆轴颈或更换连杆轴承。

③ 发动机温度升高，响声增大，说明发动机机油不符合要求，应予以更换。若在同时提高发动机转速，其响声虽减弱但显得杂乱，则说明连杆轴承合金层过热熔化，应立即修复。

三、活塞敲缸异响故障诊断

活塞敲缸异响的原因是多方面的，因此敲缸异响所表现的故障现象也不同，主要有发动机冷态时敲缸异响，发动机热态时敲缸异响，发动机冷、热态时均有敲缸异响等。

1. 发动机冷态时敲缸异响

（1）故障现象

① 怠速时，气缸上部发出有节奏的“吭吭”的金属敲击声，转速稍高时响声消失。

② 发动机低温时发响，温度正常后响声消失。

③ 单缸断火时响声消失。

（2）故障原因

① 活塞与气缸壁配合间隙偏大。

② 发动机机油量少，机油飞溅不足。

（3）故障诊断与排除

① 拔出机油尺，检查机油量并视情添加。

② 发动机低温初发动时，如有有节奏的“吭吭”响声，机油加注口和排气管均冒蓝烟，向怀疑发响的气缸注入20mL左右的新机油，响声减弱或消失，则说明活塞与气缸壁配合间隙偏大。应检测活塞与气缸，必要时修理气缸、更换活塞。

2. 发动机热态时敲缸异响

（1）故障现象与原因一

① 故障现象。

a. 发动机高温时发出连续的“嘎嘎”的金属敲击声。

b. 温度升高，响声加重。

② 故障原因。

a. 连杆轴颈与主轴颈不平行。

b. 连杆有弯扭变形。

（2）故障现象与原因二

① 故障现象。

a. 怠速时发出“嗒嗒”的响声，机体有抖动。

b. 单缸断火，响声加大（该缸有故障）。

c. 温度升高，响声加大。

② 故障原因。

a. 活塞裙部椭圆度过小。

b. 活塞与气缸壁配合间隙过小。

c. 活塞销装配过紧。

d. 活塞环背隙、开口间隙过小。

（3）故障诊断与排除

可根据故障现象判明故障原因。具体故障原因要通过分解发动机后方可查明。

3. **发动机冷、热态时均有敲缸异响**

（1）故障现象

① 发动机怠速运转急加速时有敲缸异响。

② 发动机大负荷或高速挡急加速时有敲缸异响。

（2）故障原因

① 点火正时失准。

② 燃油牌号不对或燃油品质不良。

（3）故障诊断与排除

① 调整点火正时。

② 换用规定牌号的合格的燃油。

四、活塞销异响故障诊断

1. **故障现象**

① 发动机有较尖锐、清脆、有节奏的“嗒嗒嗒”类似锤子敲击铁钻的响声，在同转速下比活塞敲缸响连续且尖细。

② 随发动机转速变化，响声周期性变化，加速时响声更大。

③ 发动机温度升高，响声不减，甚至更明显。

④ 单缸断火时响声减弱或消失。

⑤ 略将点火时间提前，响声更大。

2. **故障原因**

① 活塞销与连杆衬套磨损过甚，间隙增大。

② 活塞销与其座孔配合松旷。

③ 活塞销卡环脱落，使活塞销轴向窜动。

④ 发动机机油量少，机油飞溅不足。

3. **故障诊断与排除**

① 发动机低温怠速时发出“嗒嗒嗒”的连续响声，响声部位在发动机上部，发动机中低速时响声消失。某单缸断火时响声消失，复火时响声恢复，即为该缸故障。此故障一般是活塞销与连杆衬套配合间隙稍大造成的，暂可继续使用。

② 发动机温度正常，中低速运转时均发出有节奏、清脆且明显的“嗒嗒嗒”声。单缸断火时响声消失，复火时响声恢复，即为该缸活塞销与连杆衬套配合间隙过大造成，应更换活塞销或连杆衬套。

③ 发动机在低温、高温，低速、高速均发出带振动性、有节奏、沉重的“嗒嗒嗒”响声；断火试验时，响声转为“咯咯”的哑声，即可断定为活塞销与连杆衬套严重松旷，应立即拆检，必要时更换活塞销或连杆衬套。

④ 发动机只在某一转速时发出明显有节奏的响声，断火试验时响声减弱却杂乱，即为活塞销与其座孔间隙过大造成，应拆检并视情更换活塞销和活塞。

⑤ 检查机油变质情况，查看机油量，必要时添加或更换发动机机油。

五、活塞环异响故障诊断

1. 故障现象与原因一

（1）故障现象

发动机出现钝哑的“啪啪”响声，发动机转速升高，响声增大，且显得杂碎。

（2）故障原因

① 活塞环折断。

② 活塞环磨损，在环槽内松旷。

③ 气缸壁顶部磨出凸肩，修磨连杆轴颈后，使活塞环与气缸壁凸肩相碰。

2. 故障现象与原因二

（1）故障现象

活塞环漏气响：类似活塞敲缸响，单缸断火时响声减弱但不消失。

（2）故障原因

① 活塞环与气缸壁间漏光度过大。

② 活塞环弹力过弱。

③ 活塞环开口间隙过大或各环开口重叠。

④ 活塞环在环槽内卡死。

3. 故障诊断与排除

① 用旋具抵触在火花塞上听察，如感觉有“唰唰唰”的响声，即活塞环折断。如感觉有明显的振动，则为活塞环碰撞气缸凸肩造成。根据具体故障视情更换活塞环或修理气缸。

② 发动机低温初发动时，有“嘣嘣嘣”的响声，机油加注口处脉动地冒蓝烟。若发动机温度正常后响声减弱或消失，即为活塞环与气缸壁漏光度过大或活塞环在环槽内卡死等原因引起的，应立即更换活塞环或修理气缸。若冷却液温度高，发动机有明显的窜气响，做断火试验时窜气响减弱，则说明活塞环开口间隙过大、活塞环开口重叠或活塞环弹力过弱，应视情更换或按规定重新装复活塞环。

小 结

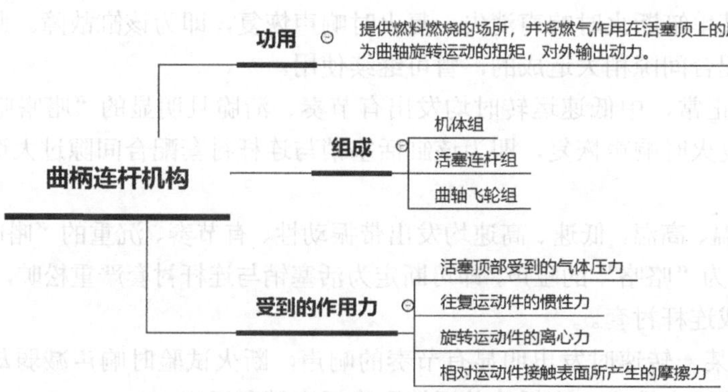

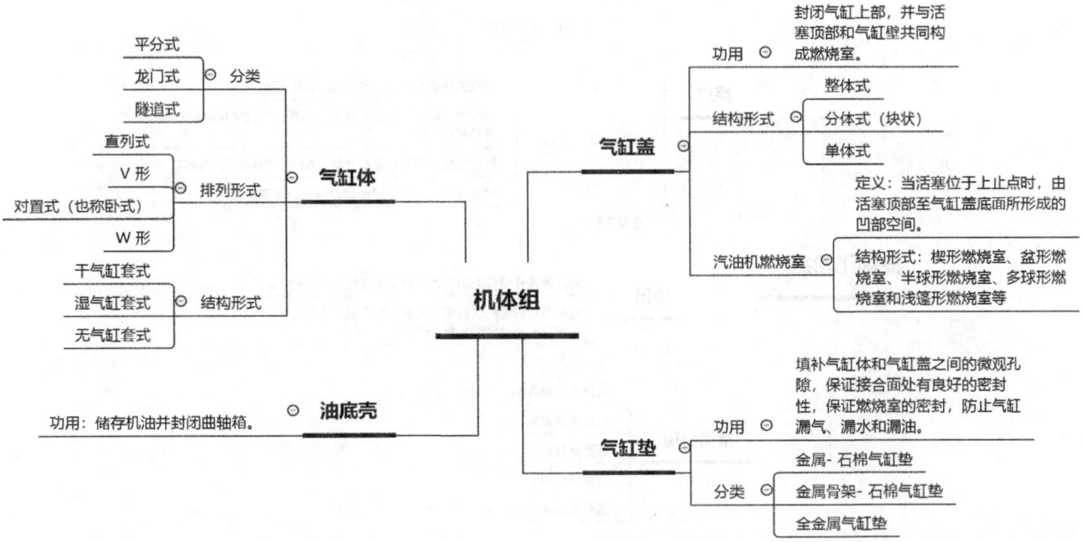
机体组
气缸体
分类
平分式
龙门式
隧道式
排列形式
直列式
V 形
对置式（也称卧式）
W 形
结构形式
干气缸套式
湿气缸套式
无气缸套式
油底壳
功用：储存机油并封闭曲轴箱。
气缸盖
功用
封闭气缸上部，并与活塞顶部和气缸壁共同构成燃烧室。
结构形式
整体式
分体式（块状）
单体式
汽油机燃烧室
定义：当活塞位于上止点时，由活塞顶部至气缸盖底面所形成的凹部空间。
结构形式：楔形燃烧室、盆形燃烧室、半球形燃烧室、多球形燃烧室和浅篷形燃烧室等
气缸垫
功用
填补气缸体和气缸盖之间的微观孔隙，保证接合面处有良好的密封性，保证燃烧室的密封，防止气缸漏气、漏水和漏油。
分类
金属-石棉气缸垫
金属骨架-石棉气缸垫
全金属气缸垫

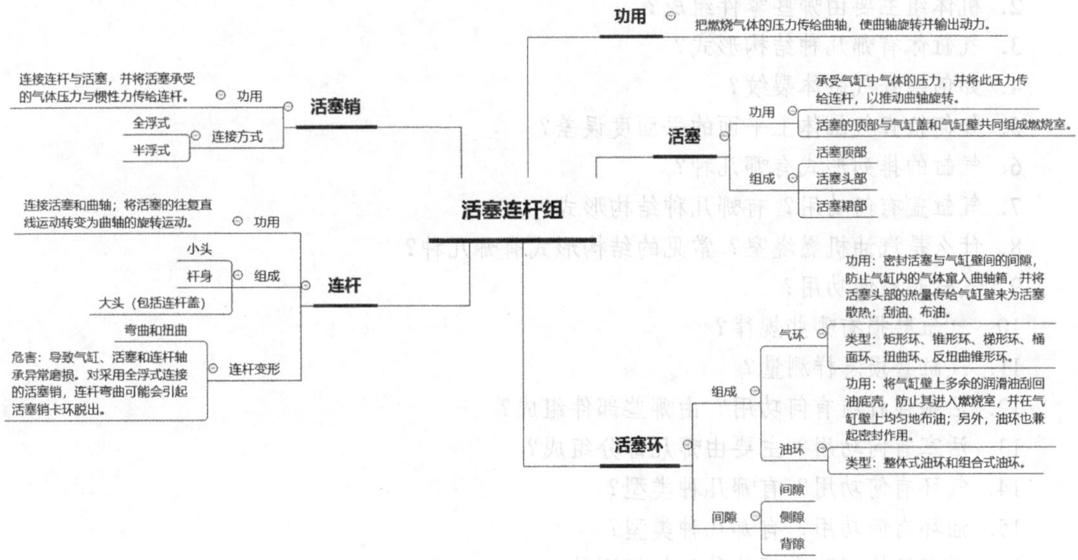
活塞连杆组
功用
把燃烧气体的压力传给曲轴，使曲轴旋转并输出动力。
活塞销
连接连杆与活塞，并将活塞承受的气体压力与惯性力传给连杆。
功用
连接方式
全浮式
半浮式
活塞
功用
承受气缸中气体的压力，并将此压力传给连杆，以推动曲轴旋转。
活塞的顶部与气缸盖和气缸壁共同组成燃烧室。
组成
活塞顶部
活塞头部
活塞裙部
连杆
连接活塞和曲轴；将活塞的往复直线运动转变为曲轴的旋转运动。
功用
组成
小头
杆身
大头（包括连杆盖）
连杆变形
弯曲和扭曲
危害：导致气缸、活塞和连杆轴承异常磨损。对采用全浮式连接的活塞销，连杆弯曲可能会引起活塞销卡环脱出。
活塞环
组成
气环
功用：密封活塞与气缸壁间的间隙，防止气缸内的气体窜入曲轴箱，并将活塞头部的热量传给气缸壁来为活塞散热；刮油、布油。
类型：矩形环、锥形环、梯形环、桶面环、扭曲环、反扭曲锥形环。
油环
功用：将气缸壁上多余的润滑油刮回油底壳，防止其进入燃烧室，并在气缸壁上均匀地布油；另外，油环也兼起密封作用。
类型：整体式油环和组合式油环。
间隙
间隙
侧隙
背隙

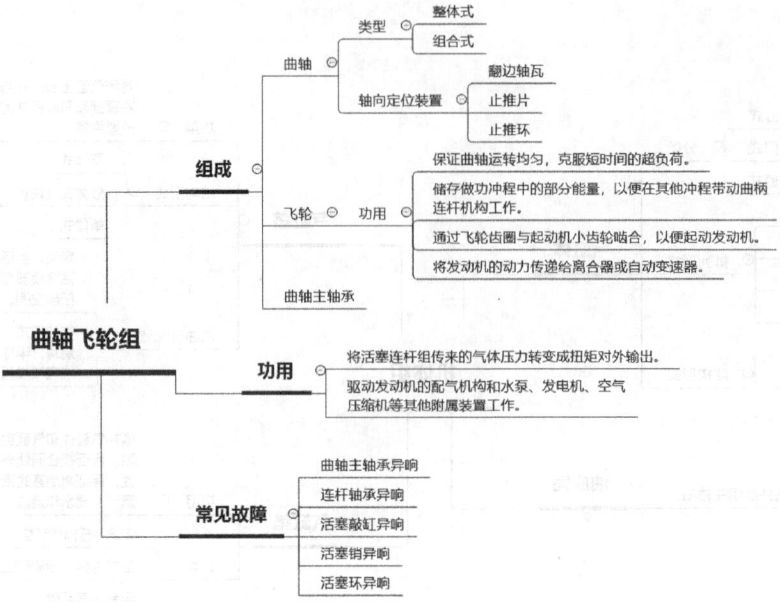
曲轴飞轮组
组成
曲轴
类型
整体式
组合式
轴向定位装置
翻边轴瓦
止推片
止推环
飞轮
功用
保证曲轴运转均匀，克服短时间的超负荷。
储存做功冲程中的部分能量，以便在其他冲程带动曲柄连杆机构工作。
通过飞轮齿圈与起动机小齿轮啮合，以便起动发动机。
将发动机的动力传递给离合器或自动变速器。
曲轴主轴承
功用
将活塞连杆组传来的气体压力转变成扭矩对外输出。
驱动发动机的配气机构和水泵、发电机、空气压缩机等其他附属装置工作。
常见故障
曲轴主轴承异响
连杆轴承异响
活塞敲缸异响
活塞销异响
活塞环异响

练习思考题

1. 曲柄连杆机构有何功用？由哪几部分组成？曲柄连杆机构受到的作用力主要有哪几种？
2. 机体组主要由哪些零件组成？
3. 气缸体有哪几种结构形式？
4. 如何检查气缸体裂纹？
5. 如何检查气缸体上平面的平面度误差？
6. 气缸的排列形式有哪几种？
7. 气缸盖有何功用？有哪几种结构形式？
8. 什么是汽油机燃烧室？常见的结构形式有哪几种？
9. 气缸垫有何功用？
10. 气缸磨损有哪些规律？
11. 气缸磨损怎样测量？
12. 活塞连杆组有何功用？由哪些部件组成？
13. 活塞有何功用？主要由哪几部分组成？
14. 气环有何功用？有哪几种类型？
15. 油环有何功用？有哪几种类型？
16. 活塞环的间隙有哪几种？如何测量？
17. 活塞销有何功用？分哪几种类型？
18. 连杆有何功用？由哪几部分组成？
19. 连杆变形的主要危害是什么？

20. 如何测量活塞直径？
21. 安装活塞环时应注意什么？
22. 怎样检测活塞环间隙？
23. 怎样检修活塞销？
24. 怎样检查和校正连杆？
25. 曲轴飞轮组由哪几部分组成？
26. 曲轴有何功用？有哪几种形式？整体式曲轴由哪些零件组成？
27. 曲轴为何要进行轴向定位？分哪几种形式？
28. 为什么曲轴上要有平衡重？高速发动机的平衡轴是如何实现曲轴平衡的？
29. 曲拐的布置主要取决于哪些因素？
30. 扭转减振器有何功用？有哪几种形式？
31. 飞轮有何功用？
32. 曲轴检修的内容有哪些？
33. 怎样检修飞轮？
34. 曲柄连杆机构常见故障有哪些？
35. 曲轴主轴承响故障如何诊断？
36. 连杆轴承响故障如何诊断？
37. 活塞敲缸响故障如何诊断？
38. 活塞销响故障如何诊断？
39. 活塞环响故障如何诊断？

项目三 配气机构

任务一 气门组的检修

学习目标

（1）能够正确描述气门组的组成、功用和工作原理。
（2）能够正确描述气门组主要零件的结构。
（3）熟悉气门组主要零件的拆装方法。
（4）熟悉气门组主要零件的检测及维修方法。

任务引入

一辆大众宝来轿车，行驶里程为14.7万千米。该故障车辆是被拖到修理厂的。驾驶员说，在车辆行驶途中，突然感到发动机动力不足，发动机发出尖锐、有节奏的“嗒嗒”异响，随之发动机突然熄火再也不能起动。

根据以往维修经验，如果发动机出现伴有金属异响并突然熄火的故障应谨慎诊断，以防止因诊断不当造成更大故障。初步判断发动机机械部件因卡死而不能运转。

相关知识

一、配气机构概述

1．配气机构的功用

配气机构是控制发动机进气和排气的装置。它的功用是按照发动机的工作需要，定时地开启或关闭进气门、排气门，使新鲜可燃混合气或空气及时进入气缸，并使气缸内的燃烧废气及时排出气缸。

2．配气机构的组成

如图3-1所示，发动机配气机构的基本组成可分为气门组［见图3-1（a）］和气门传动组［见图3-1（b）］两部分。传统发动机配气机构的基本组成零件如图3-2所示。

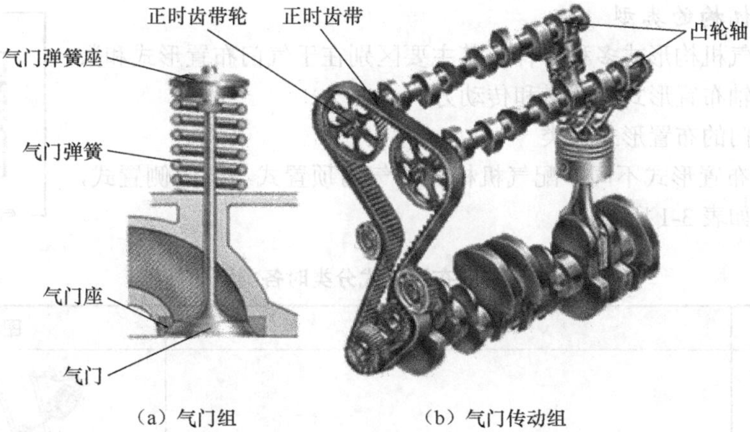

图 3-1　配气机构的组成

（1）气门组

不同形式的配气机构的气门组结构大致相同，气门组的主要零件包括气门、气门弹簧、气门弹簧座、气门导管等。

（2）气门传动组

气门传动组的结构因配气机构形式的不同而异，主要零件包括正时齿轮（或正时链轮和链条、正时齿带轮和正时齿带）、凸轮轴、挺柱、推杆、摇臂轴和摇臂等。

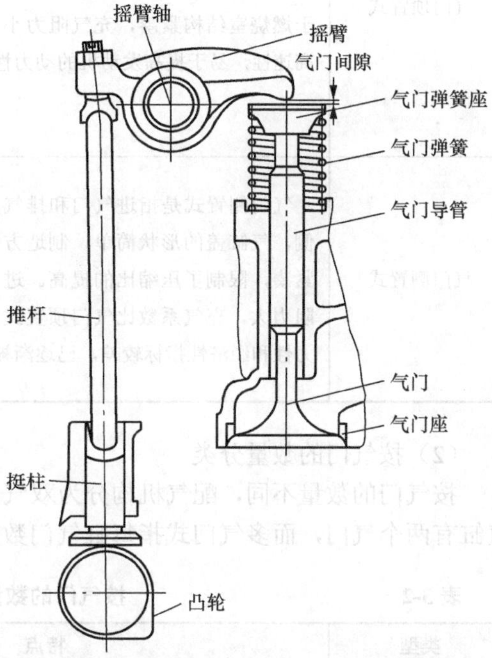

图 3-2　传统发动机配气机构的基本组成零件

3. 配气机构的工作原理

发动机工作时，曲轴通过正时齿轮驱动凸轮轴旋转，使凸轮轴上的凸轮凸起部分通过挺柱和推杆推动摇臂绕摇臂轴摆转，摇臂的另一端向下推开气门，并使气门弹簧进一步压缩。当凸轮的顶点转过挺柱后，便逐渐减小了对挺柱的推力，气门在其弹簧弹力的作用下，开度逐渐减小，直至关闭。

提示

◆为防止在发动机工作中，配气机构零件受热膨胀而导致气门关闭不严，摇臂与气门尾端有一定的间隙（气门间隙）。在装有液压挺柱的配气机构中，不需留气门间隙。

由于四冲程发动机每完成一个工作循环，曲轴转两圈，而各缸只进、排气一次，即凸轮轴只需转一圈，所以曲轴与凸轮轴的传动比为 2:1。

4. **配气机构的类型**

视频

气门和凸轮轴的布置形式

发动机配气机构形式多种多样，其主要区别在于气门布置形式和数量，以及凸轮轴布置形式、数量和传动方式。

（1）按气门的布置形式分类

按气门的布置形式不同，配气机构分为气门顶置式与气门侧置式，其各自的特点如表3-1所示。

表3-1　　按气门的布置形式分类时各类型的特点

类型	特点	图示
气门顶置式	气门顶置式是指进气门和排气门都倒挂在气缸盖上，是目前应用较广泛的一种配气机构形式。气门顶置式由于燃烧室结构紧凑，充气阻力小，具有良好的抗爆性和高速性，易于提高发动机的动力性和经济性指标	
气门侧置式	气门侧置式是指进气门和排气门都安装在气缸体的一侧，气缸盖的形状简单，制造方便。但燃烧室的结构不紧凑，限制了压缩比的提高。进气道拐弯多，进气流动阻力大，充气系数比气门顶置式发动机小，发动机的动力性和经济性指标较差，已逐渐被淘汰	

（2）按气门的数量分类

按气门的数量不同，配气机构分为双气门与多气门两种形式。双气门式是指发动机每个气缸有两个气门，而多气门式指每缸气门数量超过两个。其各自的特点如表3-2所示。

表3-2　　按气门的数量分类时各类型的特点

类型	特点	图示
双气门式	一进、一排：每缸一个进气门和一个排气门，进气门头部直径比排气门头部直径稍大，以增大进气门的流通截面积，减小进气阻力，增加进气量	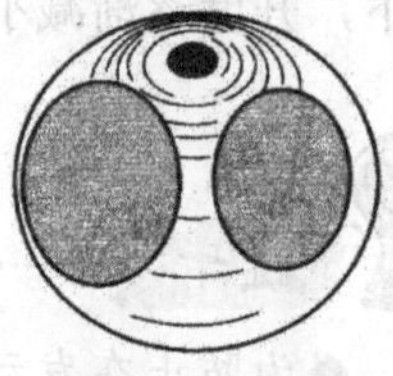
三气门式	二进、一排：这种设计的排气门尺寸较大，比较重，升程也大，需要弹性系数较大的弹簧；此外，三气门式无法实现中央点火，易产生爆燃，成本也接近于四气门，已被淘汰	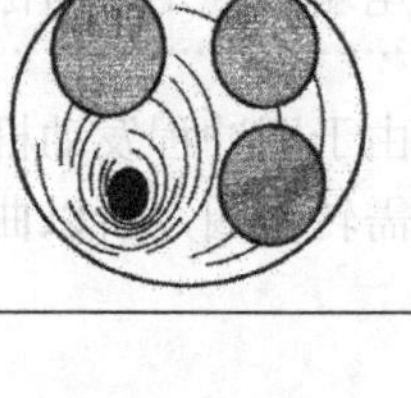

续表

类型	特点	图示
四气门式	二进、二排：它突出的优点在于气流通过截面积大，进、排气充分，进气量增加，发动机扭矩和功率提高；每个气门头部直径较小，质量减小，运动惯性减小，有利于发动机向高速化发展	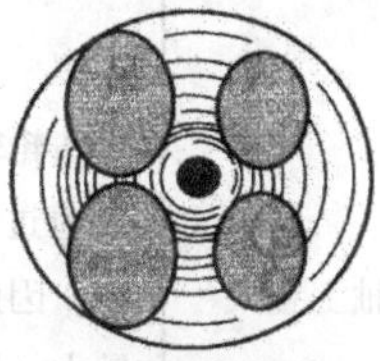
五气门式	三进、二排：这种结构能明显地增加进气量，但结构也非常复杂，尤其是增加了燃烧室表面积，对燃烧提出了更高的要求	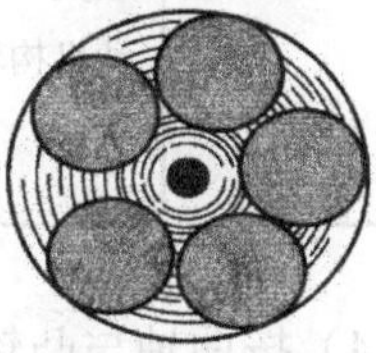

（3）按凸轮轴的布置形式分类

按凸轮轴的布置形式不同，配气机构分为凸轮轴下置式、凸轮轴中置式（也可称为凸轮轴侧置式）、凸轮轴上置式（也可称为凸轮轴顶置式）。其各自的特点如表 3-3 所示。

表 3-3　　按凸轮轴的布置形式分类时各类型的特点

类型	特点	图示
凸轮轴下置式	凸轮轴置于曲轴箱内，平行布置在曲轴的一侧，位置较曲轴偏上。由于曲轴和凸轮轴位置靠近，只用一对正时齿轮传动，因此传动机构较简单。但气门与凸轮轴相距较远，传动环节多、路线较长，在高速运动时整个系统会产生弹性变形，影响气门运动规律和气门开闭的准确性，所以多用于低速车用发动机	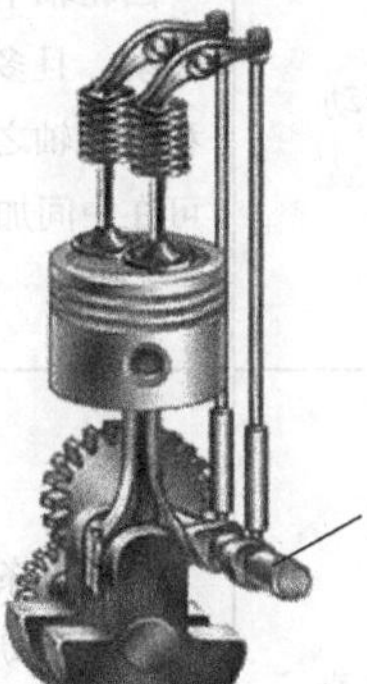 凸轮轴
凸轮轴中置式	凸轮轴布置在气缸体的中上部。由于缩短了凸轮轴与气门之间的距离，因此这种结构可减小气门传动组零件的往复运动质量，有利于提高发动机转速。但曲轴与凸轮轴之间的距离加大，传动时需在一对正时齿轮之间加一个中间传动齿轮	 凸轮轴

续表

类型	特点	图示
凸轮轴上置式	凸轮轴直接布置在气缸盖上。凸轮轴离气门很近，可直接通过摇臂或挺柱来推动气门，使往复运动质量大大减小，因此它适用于高速发动机。但曲轴与凸轮轴之间距离最大，因而采用链条传动或同步齿形带传动，使得正时传动机构较为复杂	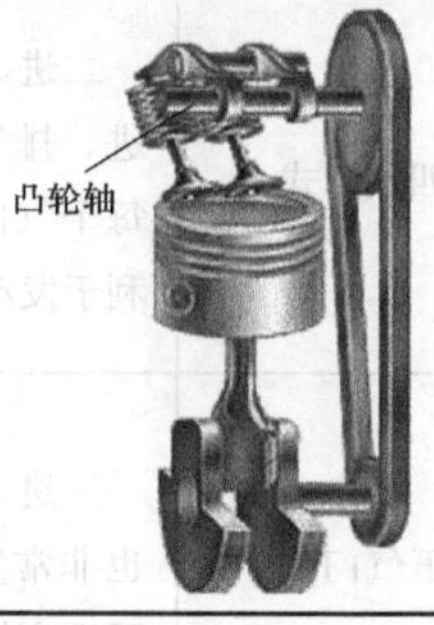

（4）按曲轴与凸轮轴的传动方式分类

按曲轴与凸轮轴的传动方式不同，配气机构分为齿轮传动、链条传动（也称链传动）、齿带传动（也称齿形皮带传动）等3种形式，其各自的特点如表3-4所示。

表3-4　按曲轴与凸轮轴的传动方式分类时各类型的特点

类型	特点	图示
齿轮传动	凸轮轴下置式、中置式配气机构多采用圆柱形正时齿轮传动，且多采用斜齿轮，以减小噪声和磨损。一般在曲轴和凸轮轴之间只需一对正时齿轮，但如果齿轮直径过大，可在中间加装一个惰轮	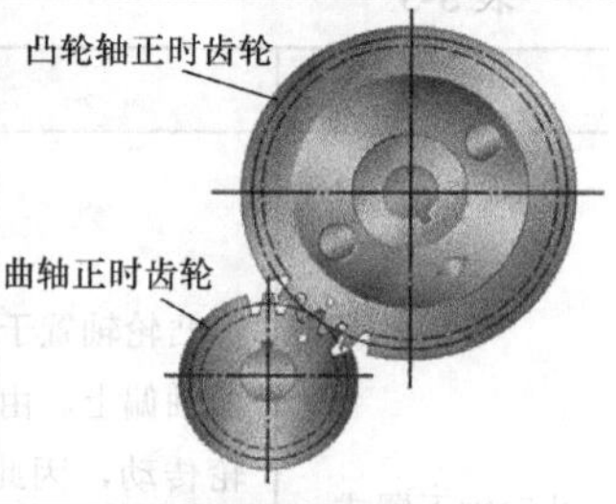
链条传动	采用链条传动时，在曲轴和凸轮轴上装有链轮，曲轴通过链条驱动凸轮轴，在链条侧面有张紧机构和导链板。链条传动工作可靠，使用寿命长，但工作噪声大，润滑、维修较麻烦	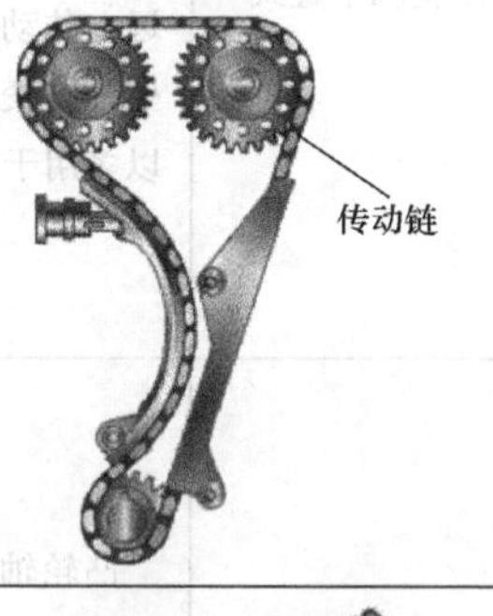
齿带传动	采用齿带传动时，曲轴上的齿带轮通过齿带驱动凸轮轴上的齿带轮，并用张紧轮调整齿带张力。齿带传动噪声小，不需要润滑，成本低，应用广泛	

（5）按配气机构的凸轮轴数量分类

按配气机构的凸轮轴数量不同，配气机构分为单顶置凸轮轴和双顶置凸轮轴两种形式，其各自的特点如表 3-5 所示。

表 3-5　　按配气机构凸轮轴数量分类时各类型的特点

类型	特点	图示
单顶置凸轮轴	只有一根凸轮轴，它既驱动进气摇臂或进气门，又驱动排气摇臂或排气门。因为进气门和排气门在进气道中所处位置不同，所以气门开启时刻的精确性会受到影响	
双顶置凸轮轴	进气门和排气门各通过一根顶置凸轮轴驱动，气门的开启时刻控制更精确。对于每个气缸超过两个气门或V形气缸排列的发动机来说，采用双凸轮轴可以使配气机构变得相对简单，而且可以更好地控制气门的开启和关闭。 进气凸轮轴和排气凸轮轴分开后，加大了气门布置的自由度，火花塞可以很容易地布置在两个凸轮轴之间，即可以布置在燃烧室的中心位置上。双顶置凸轮轴适用于高转速发动机	

5. 气门间隙

（1）气门间隙的功用

动画

认识气门间隙

气门间隙的功用是补偿气门受热后的膨胀量，保证发动机的正常工作。

在发动机冷态下，在未装用液压挺柱的配气机构中，当气门处于关闭状态时，气门与传动件之间的间隙称为气门间隙，如图 3-3 所示。

配气机构处于高速运转状态，且工作温度较高。如果发动机冷态时不预留气门间隙，则发动机热态时，气门挺杆、气门杆等零件因受热伸长而自动顶开气门，使气门与气门座关闭不严，造成漏气现象。因此，在进、排气门杆尾部与摇臂（或凸轮与挺杆等）之间留有一定的气门间隙。

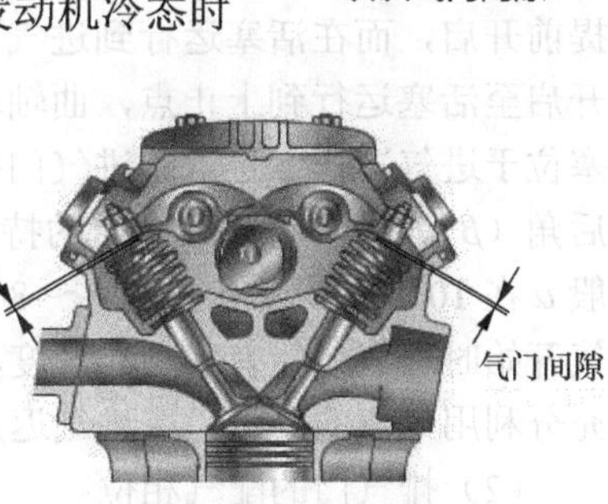

图 3-3　气门间隙

在凸轮轴通过摇臂间接驱动气门开启的配气机构中，气门间隙是指摇臂与气门杆尾部之间的间隙。在凸轮轴直接驱动气门开启的配气机构中，气门间隙是指凸轮与挺杆之间的间隙。气门间隙的具体部位因结构而异，如图 3-4 所示。

在装有液压挺柱的配气机构中，由于液压挺柱能自动“伸长”或“缩短”，以补偿气门的热胀冷缩，所以不需留气门间隙，如图 3-5 所示。

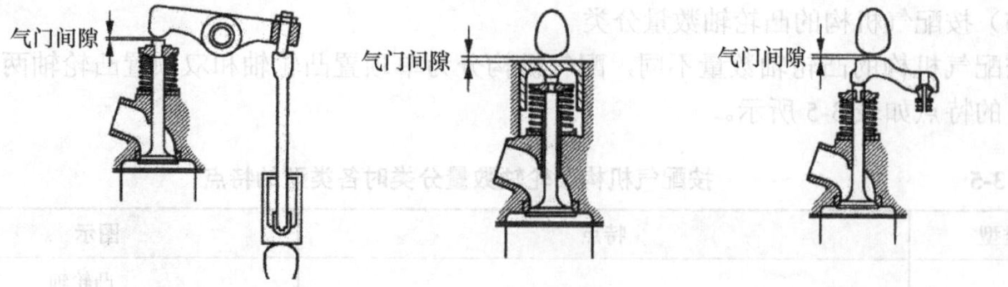

（a）气门与摇臂之间的气门间隙　（b）凸轮与挺杆之间的气门间隙　（c）凸轮与摇臂之间的气门间隙

图 3-4　气门间隙的具体部位

（2）气门间隙过大、过小的危害

气门间隙的大小取决于发动机型号，由发动机制造厂根据试验确定。一般进气门的气门间隙为 0.1 ～ 0.25mm，排气门的气门间隙为 0.1 ～ 0.4mm。

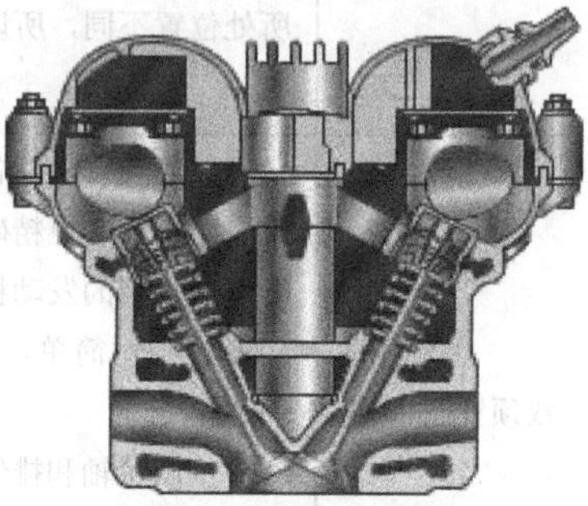

图 3-5　装有液压挺柱的配气机构没有气门间隙

发动机在工作中，气门间隙的大小经常发生变化。若气门间隙过小，会导致发动机工作时，气门关闭不严而漏气，使发动机功率下降，起动困难，甚至使气门撞击活塞；若气门间隙过大，不仅会造成配气机构产生异响，而且会导致气门开启升程和开启持续角度减小，影响发动机的换气质量，也会使发动机功率下降。因此，在发动机维修中，经常需要检查、调整气门间隙。最佳的气门间隙由发动机制造厂根据试验确定。

动画

配气相位

6. 配气相位

配气相位是影响进气量的重要因素之一，它直接关系到发动机的动力性和经济性。以曲轴转角表示的发动机进、排气门实际开闭时刻及其开启的持续时间称作配气相位，如图 3-6 所示。

动画

认识配气相位图

（1）进气门的配气相位

发动机实际工作过程中，进气门在活塞运行到排气冲程上止点之前提前开启，而在活塞运行到进气冲程下止点之后才关闭。从进气门开始开启至活塞运行到上止点，曲轴转过的角度称为进气提前角（α）；从活塞位于进气冲程下止点到进气门完全关闭，曲轴转过的角度称为进气迟后角（β）。进气门实际开启的持续时间内的曲轴转角为 $180°+\alpha+\beta$，一般 α 在 10° ～ 30°、β 在 40° ～ 80° 范围内。进气门提前开启是为了在进气开始时进气门能有较大的开度，以减小进气阻力，使进气顺畅。进气门延迟关闭则是为了充分利用气流的惯性，在进气迟后角内继续进气，以增加进气量。

（2）排气门的配气相位

发动机实际工作过程中，排气门在活塞运行到做功冲程下止点之前即已开启，而在活塞运行到排气冲程上止点之后才关闭。从排气门开始开启至活塞运行到下止点，曲轴转过的角度称为排气提前角（γ）；从活塞位于排气冲程上止点到排气门完全关闭，曲轴转过的角度称为排气迟后角（δ）。排气门实际开启的持续时间内的曲轴转角为 $180°+\gamma+\delta$，一般 γ 在

40°～80°、δ 在 10°～30° 范围内。排气门提前开启是为了在排气门开启时气缸内有较高的压力，使大部分废气能以很高的速度自由排出，减小排气阻力，降低了排气冲程功率消耗，有利于防止发动机过热。排气门迟后关闭是为了充分利用缸内的压力和气流惯性，使废气排得较干净。

（3）气门叠开角

活塞处于排气冲程上止点附近时，由于进气门的提前开启和排气门的迟后关闭，存在进气门和排气门同时开启现象，称为气门叠开。气门叠开过程中，曲轴转过的角度称为气门叠开角。气门叠开角等于 $\alpha+\delta$。叠开期间进、排气门的开度均较小，且由于进气气流和排气气流的惯性较大，短时间内不会改变流向，因而只要叠开角度选择适当，不会出现废气倒流入进气管和新鲜气体随同废气排出的问题。若叠开角过大，发动机小负荷运转时则会出现上述问题，致使发动机换气质量下降。

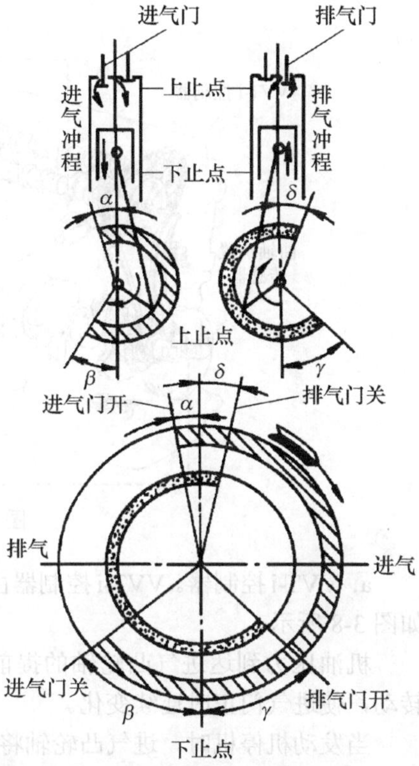

图 3-6 配气相位图

7. 可变配气相位

不同的发动机，由于结构和转速不同，其配气相位也不相同。大多数发动机采用的是不可变配气相位，它是根据性能要求通过反复试验确定的。在装配时，对正凸轮轴驱动装置中的正时标记，即可保证已确定的配气相位。它只适应发动机的某一常用转速，而发动机在其他转速下工作时性能较差。为解决上述问题，在有些汽车发动机上采用了可变配气相位控制机构。

由于进气门配气相位对发动机性能的影响比排气门大，早期各种发动机装用的可变配气相位控制机构一般只控制进气门配气相位，以免使配气机构过于复杂。此外，配气相位取决于凸轮的形状及凸轮轴与曲轴的相对位置。在发动机工作时，变换驱动凸轮或改变凸轮轴与曲轴相对位置，均可实现配气相位的调节。

目前丰田车系、大众车系等大部分主流车型的发动机都具备进、排气门均可变配气正时功能。虽然名称五花八门，但基本功能都是适时改变进、排气门的开启及关闭时刻，提高了进气效率，实现了低、中转速范围内扭矩的充分输出，保证了各个工况下都能得到足够的动力表现，从而提高了发动机的功率、扭矩并降低了油耗和污染物排放。

（1）丰田车系可变配气正时装置（VVT-i）

VVT-i 是 Variable Valve Timing-intelligent 的缩写，它代表的含义就是智能正时可变气门控制系统。

VVT-i 装置用来控制进气凸轮轴的配气正时在 60°（曲轴转角）范围内变化，以适应发动机各种工作条件。

① VVT-i 装置的组成

VVT-i 装置的组成如图 3-7 所示，它是由 VVT-i 控制器、凸轮轴正时机油控制阀和传感器等组成的。

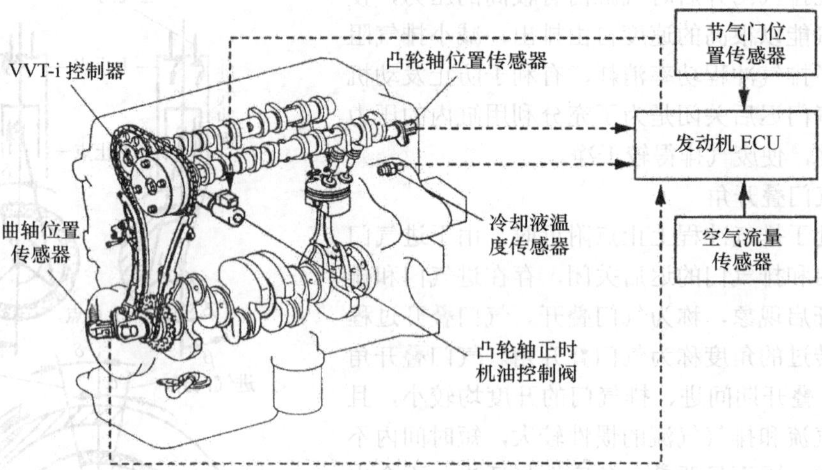

图 3-7 VVT-i 装置的组成

a. VVT-i 控制器。VVT-i 控制器由正时链条驱动的壳体和与进气凸轮轴相连的叶片组成，如图 3-8 所示。

机油压力到达进气凸轮轴的提前侧通路或延迟侧通路，使位于 VVT-i 控制器中的叶片转动，使进气门正时连续变化。

当发动机停机时，进气凸轮轴将位于最大延迟状态，以保证起动性能。

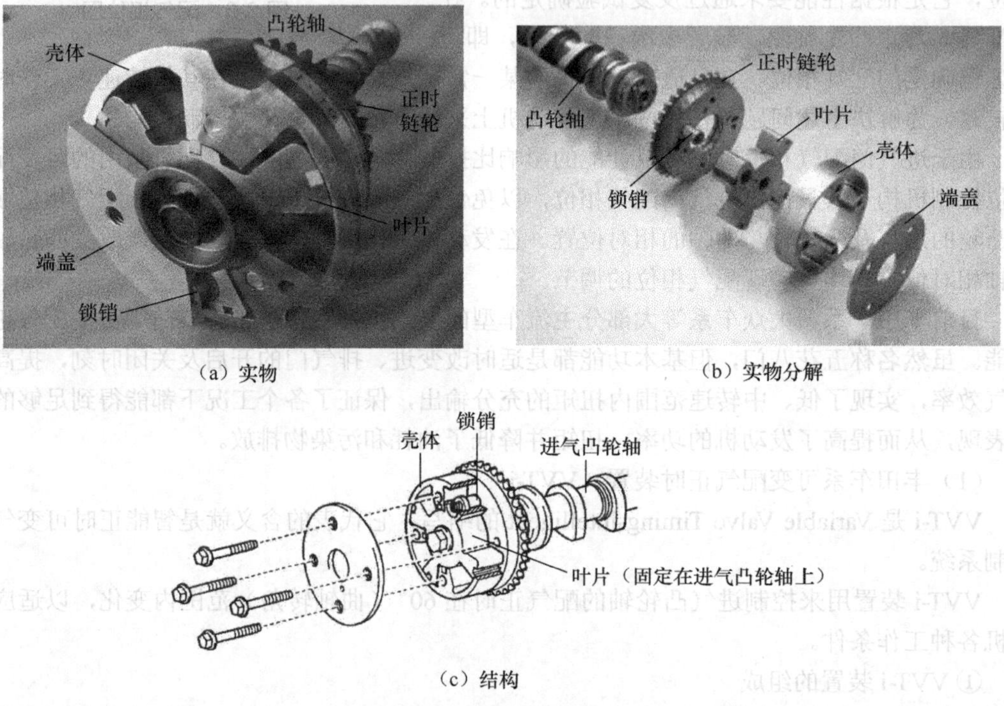

图 3-8 VVT-i 控制器

b. 凸轮轴正时机油控制阀。如图 3-9 所示，凸轮轴正时机油控制阀可根据发动机 ECU 发出的占空比信号控制滑阀位置，这样可使机油压力作用于 VVT-i 控制器的提前侧或延迟侧。发动机停机时，凸轮轴正时机油控制阀位于最大延迟位置。

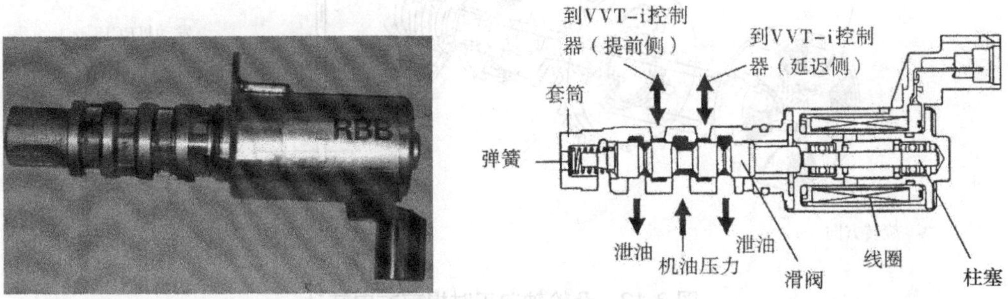

（a）实物　　（b）结构

图 3-9　凸轮轴正时机油控制阀

c. 锁销。在发动机刚起动时，机油压力不能立即作用于 VVT-i 控制器，这时锁销锁止 VVT-i 控制器，以防产生撞击噪声。

锁销的动作过程如图 3-10 所示。

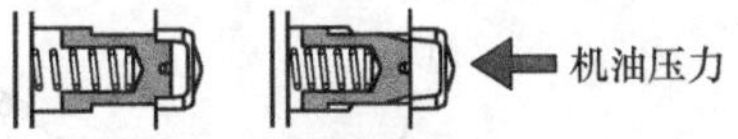

停止时　　运作时

图 3-10　锁销的动作过程

当发动机停止运转后，控制器内的叶片回到最滞后的位置，此时提前室容积最小，锁止销在弹簧力作用下被推入控制器壳体（外壳）的销孔内，于是壳体与叶片处于“硬连接”，这有利于发动机正常起动；当发动机起动后，由于系统建立了油压，锁销在油压的作用下使弹簧被压缩，锁销从控制器壳体销孔内随之脱出，于是壳体与叶片之间就可以有相对运动，从而实现对提前室和滞后室容积的控制，对凸轮轴相位进行实时智能调节。

② VVT-i 装置的基本工作原理。VVT-i 装置的基本工作原理如图 3-11 所示，发动机 ECU 根据得到的发动机转速、进气量、节气门位置和冷却液温度信号，计算每一种条件下的最佳配气正时，然后控制凸轮轴正时机油控制阀的动作。另外，发动机 ECU 利用凸轮轴位置传感器和曲轴位置传感器来检测实际的配气正时，然后通过反馈控制来达到目标配气正时。

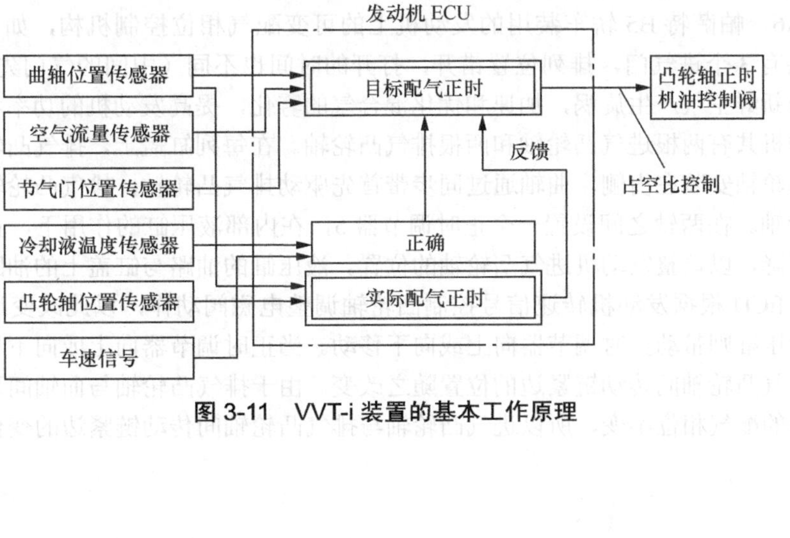

图 3-11　VVT-i 装置的基本工作原理

a．提前。发动机 ECU 发出一个正时提前信号，此时凸轮轴正时机油控制阀处于图 3-12 所示位置，机油压力使叶片室带着凸轮轴向正时提前方向转动。

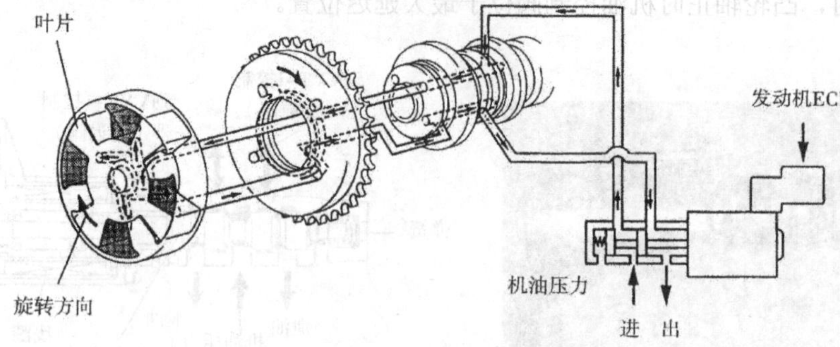

图 3-12　凸轮轴向正时提前方向转动

b．延迟。发动机 ECU 发出一个正时延迟信号，凸轮轴正时机油控制阀处于图 3-13 所示位置，机油压力使叶片室带着凸轮轴向正时延迟方向旋转。

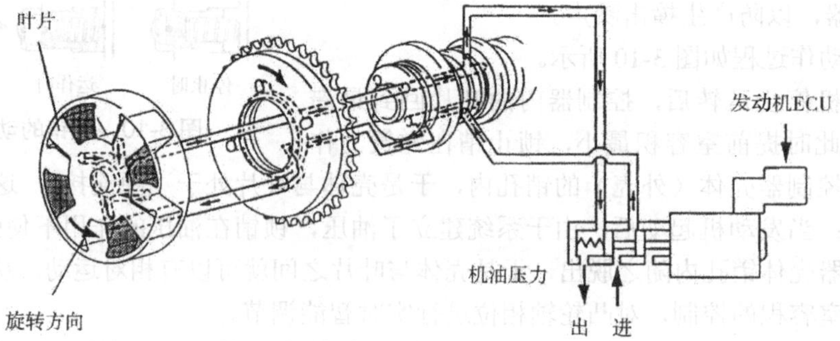

图 3-13　凸轮轴向正时延迟方向旋转

c．维持不变。达到目标配气正时后，凸轮轴正时机油控制阀处于中间位置，配气正时维持不变，直到行驶状态改变为止。这种调整可使配气正时位于目标位置，并防止机油外泄。

（2）德国大众车系可变配气相位控制机构

奥迪 A6、帕萨特 B5 轿车装用的发动机上的可变配气相位控制机构，如图 3-14 所示。该发动机共有 3 个进气门，排列位置错开，打开的时间也不同（中间的气门先打开），使发动机吸入的新鲜空气产生旋涡，加速和优化混合气的雾化，提高发动机的功率和扭矩。

该发动机共有两根进气凸轮轴和两根排气凸轮轴。在每列缸盖上，排气凸轮轴安装在外侧，进气凸轮轴安装在内侧。曲轴通过同步带首先驱动排气凸轮轴，排气凸轮轴通过链条驱动进气凸轮轴。在两轴之间设置一个正时调节器 5，在内部液压缸的作用下，正时调节器可以上升和下降，以调整发动机进气凸轮轴的位置。液压缸的油路与缸盖上的油路连通，发动机工作时，ECU 根据发动机转速信号控制凸轮轴调整电磁阀动作，以此改变通向液压缸的油路，而液压缸则带动正时调节器向上或向下移动。当正时调节器向上或向下移动时，进气凸轮轴与排气凸轮轴间传动链紧边的位置随之改变。由于排气凸轮轴与曲轴间采用同步带传动，排气门的配气相位不变，所以进气凸轮轴与排气凸轮轴间传动链紧边的变化，会改变进气凸轮轴与曲轴间的相对位置，从而调节进气门的配气相位。

当发动机转速较高时（为了充分利用进气流的惯性，要求进气门迟后关闭角增大），正时调节器向上运动，上部链被张紧，下部链被放松，如图 3-15(a) 所示。由于排气凸轮轴上的链轮逆时针转动，因此首先要拉紧下部链，然后才能带动进气凸轮轴转动；在下部链由松变紧的过程中，进气凸轮轴迟后一定角度，使进气门配气相位推迟。

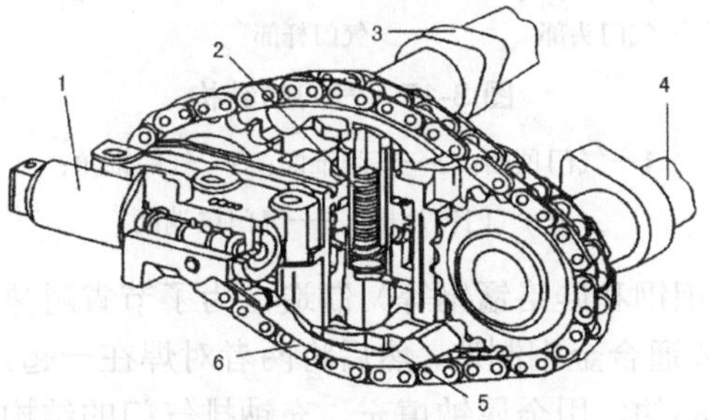

图 3-14　奥迪 A6 发动机装用的可变配气相位控制机构

1—凸轮轴调整电磁阀；2—液压缸；3—进气凸轮轴；4—排气凸轮轴；5—正时调节器；6—驱动链条

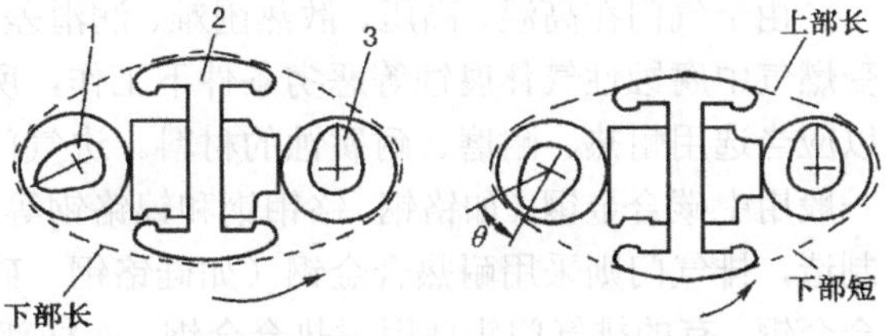

（a）高速状态　（b）低速状态

图 3-15　凸轮轴正时调节器的工作原理

1—进气凸轮轴；2—凸轮轴正时调节器；3—排气凸轮轴

当发动机转速较低时（要求进气门迟后关闭角减小），液压缸带动正时调节器向下运动，上部链被放松，下部链被正时调节器压紧，如图 3-15（b）所示。由于排气凸轮轴在曲轴正时带作用下不可能逆时针转动，所以进气凸轮轴在下部链拉力作用下，沿其工作方向（逆时针方向）转动一定角度，使配气相位提前，即提前开启角增大，迟后关闭角减小。

视频

认识配气机构的气门组

二、气门

气门组的功用是实现气门对气缸的可靠密封，其零件主要包括气门、气门座（图中未标出）、气门导管、气门锁片（锁夹）和气门弹簧等，如图 3-16 所示。

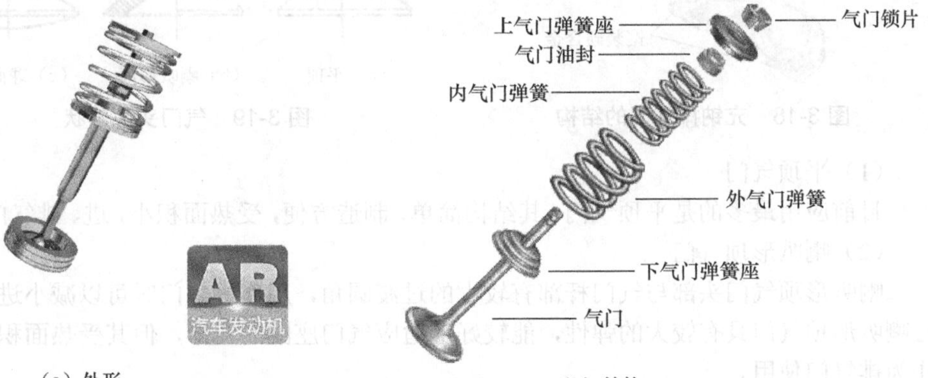

（a）外形　（b）结构

图 3-16　气门组

气门分为进气门和排气门，两者构造基本相同。气门由头部与杆部两部分组成，如图 3-17 所示。气门头部的作用是与气门座配合，对气缸进行密封；气门杆部则与气门导管配合，在气门运动时起导向、承受侧压力并传走部分热量等作用。

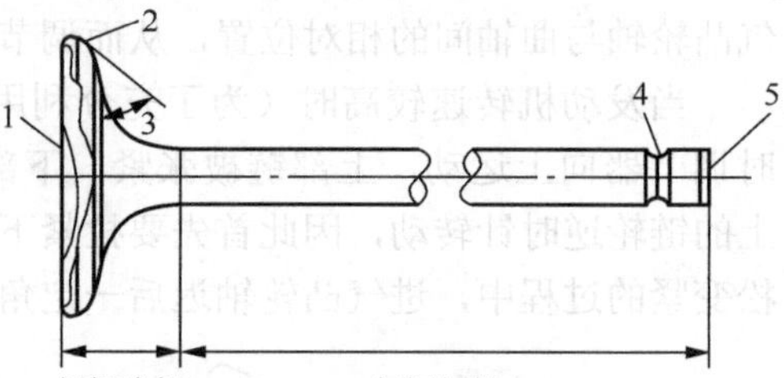

图 3-17　气门的结构

1—气门顶面；2—气门锥面；3—气门锥角；4—气门锁片槽；5—气门尾端面

由于气门在高温、高压、散热困难、润滑差、受燃气中腐蚀性气体腐蚀等恶劣条件下工作，所以应当选用耐热、耐磨、耐腐蚀的材料。进气门一般用中碳合金钢（如铬钢、铬钼钢和镍铬钢等）制造，排气门则采用耐热合金钢（如硅铬钢、硅铬钼钢和硅铬锰钢等）制造。为了节省耐热合金钢，有的排气门头部用耐热合金钢，而杆部用普通合金钢制造，然后将两者对焊在一起。

有的发动机采用中空充钠排气门，气门杆是空心的，用金属钠填充。充钠排气门的结构如图 3-18 所示。钠在 970℃时为液态，气门开闭时液态钠在气门杆内上下流动，吸收气门头部热量并传给气门杆，经气门导管热传导至气缸盖。因气缸盖布置有冷却液道，热量经冷却液散发，达到冷却气门的效果，使气门维持在一个更低、更稳定的温度，减少了气门导管和座圈的磨损，延长了气门使用寿命。大众 EA888 2.0TSI 和东风雪铁龙 PSA 1.8THP 等车型的发动机都采用中空充钠气门。

1. 气门头部

气门头部形状有平顶、喇叭形顶（凹顶）和球面顶（凸顶）等，如图 3-19 所示。

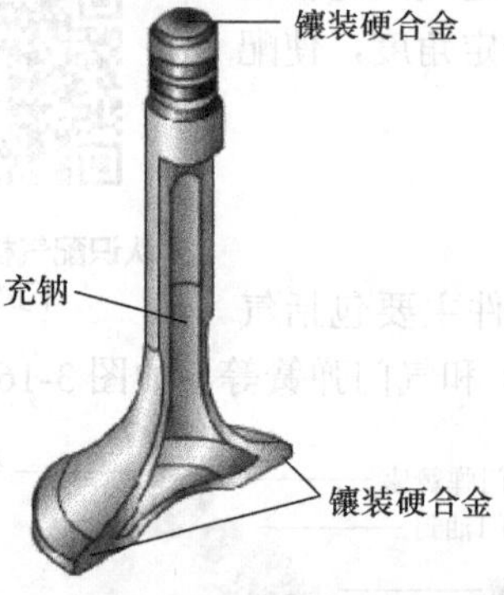

图 3-18　充钠排气门的结构

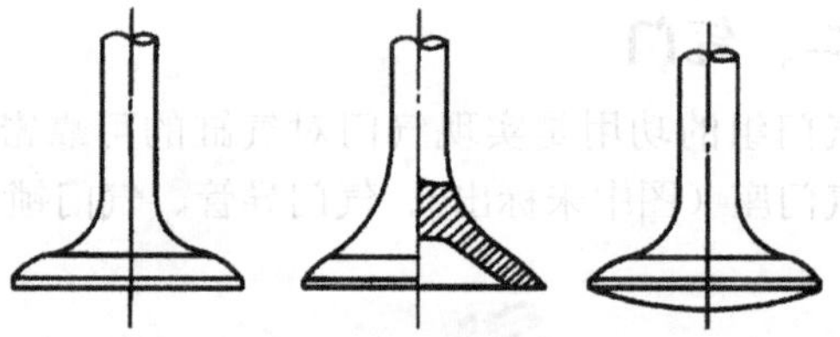

图 3-19　气门头部形状

（1）平顶气门

目前应用最多的是平顶气门，其结构简单，制造方便，受热面积小，进、排气门都可采用。

（2）喇叭形顶气门

喇叭形顶气门头部与气门杆部有较大的过渡圆角，用作进气门时可以减小进气阻力，而且喇叭形顶气门具有较大的弹性，能较好地适应气门座圈的变形，但其受热面积大，不适合作为排气门使用。

（3）球面顶气门

球面顶气门头部刚度大，用作排气门时，排气阻力小，耐高温能力强，但受热面积大，质量大，加工较复杂。

气门头部与气门座接触的工作面称为气门密封锥面，该密封锥面与气门顶平面的夹角称为气门锥角。气门锥角一般为 45°，有些发动机的气门锥角为 30°，如图 3-20 所示。

提示

◆进气门与排气门的头部直径一般不相等，进气门头部直径较大。

2. 气门杆部

气门杆部为圆柱形，在靠近尾部处加工有环形槽或锁销孔，以便用锁片或锁销固定气门弹簧座。气门弹簧座固定方式如图 3-21 所示。

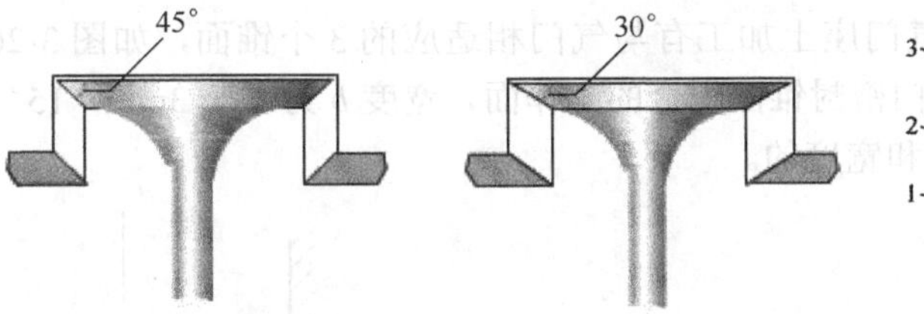

图 3-20　气门锥角

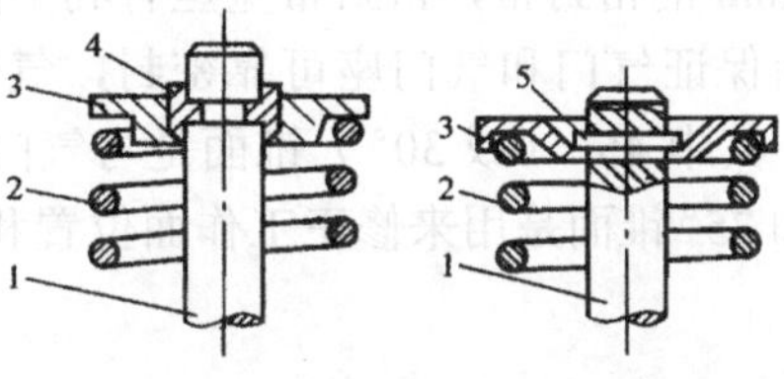

（a）锁片式　（b）锁销式

图 3-21　气门弹簧座的固定方式

1—气门杆；2—气门弹簧；3—气门弹簧座；4—锁片；5—锁销

（1）锁片式固定方式

锁片式固定方式的气门杆上有环形槽，其外圆为锥形，内孔有环形凸台的锁片，可分成两半（锁片实物如图 3-22 所示）。气门组装配到气缸盖上后，锁片内孔环形凸台卡在气门杆上的环形槽内。在气门弹簧作用下，锁片外圆锥面与气门弹簧座锥形内孔配合，使气门弹簧座固定。有些发动机的气门在杆尾部锁片槽下面另车出一条环形槽装有一卡环，当气门杆尾部发生断裂时，卡环被气门导管挡住，避免气门掉入气缸而损坏活塞和气缸盖。

（2）锁销式固定方式

锁销式固定方式则是将锁销插入气门杆上的孔内，由于锁销长度大于气门弹簧座孔径，所以可使气门弹簧座固定。

图 3-22　锁片实物

三、气门座

进、排气道口与气门密封锥面直接接触的部位称为气门座，如图 3-23 所示。气门座的作用是与气门头部密封锥面配合，对气缸起密封作用，同时还对气门起散热作用。

如图 3-24 所示，气门座可以在气缸盖上直接镗出，也可以用耐热合金钢或合金铸铁等单独制成一个气门座圈，然后压装到气缸盖上燃烧室内的进、排气道口处，便于修理或更换。当气缸盖采用铝合金制造时，必须单独镶嵌气门座圈。

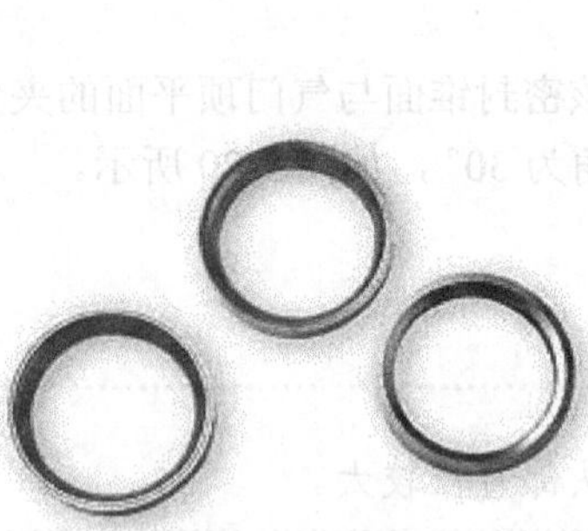

图 3-23　气门座

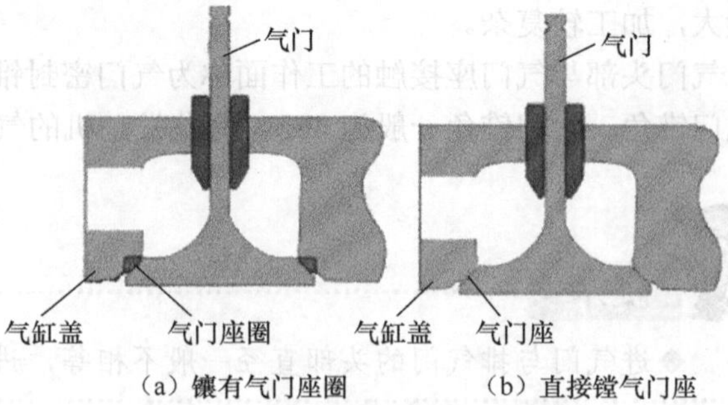

图 3-24　气门座圈与气门座位置

气门座圈以较大的过盈量与气缸盖相配合，以防止发动机工作时气门座圈脱落。气门座的锥角可与气门锥角相等或比气门锥角大 0.5°～1°，如图 3-25 所示。然后配对研磨形成 1～2mm 的密封带，密封带宽些有利于散热而不利于密封。

为保证气门和气门座可靠密封，气门座上加工有与气门相适应的 3 个锥面，如图 3-26 所示。其中 45°（或 30°）锥面是与气门密封锥面配合的工作面，宽度 *b* 为 1～3mm，15° 锥面和 75° 锥面是用来修正工作面位置和宽度的。

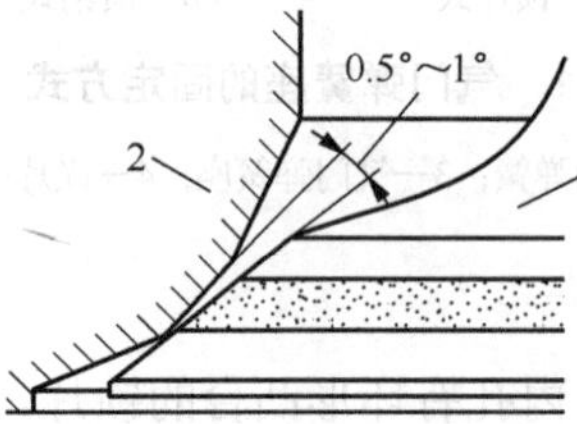

图 3-25　气门与气门座圈的配合

1—气门；2—气门座

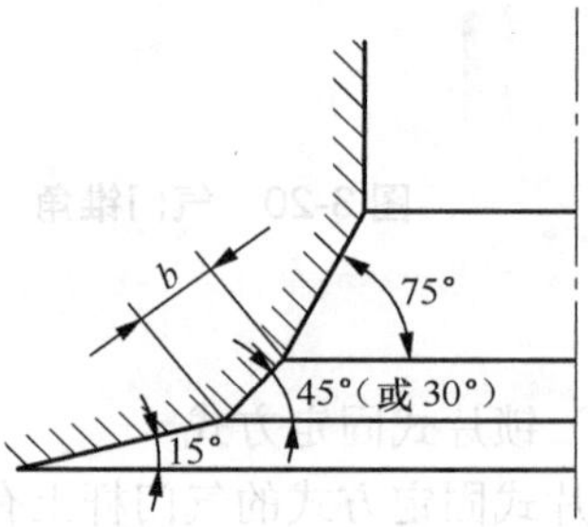

图 3-26　气门座锥面

四、气门导管

1. 气门导管的功用

气门导管的功用是给气门的运动导向，保证气门做直线往复运动，使气门与气门座（或气门座圈）保持正常贴合，并将气门杆所吸收的热量传给气缸盖。

2. 气门导管的结构

如图 3-27 所示，气门导管为空心管状结构，气门导管压装在气缸盖上的导管孔中，其外圆柱面与导管孔的配合有一定的过盈量，以保证良好的传热性能并防止松脱。有些发动机为防止气门导管脱落，利用卡环对气门导管定位。气门导管的下端伸入气道，为减小对气流造成的阻力，伸入气道的部分制成锥形。气门导管安装位置如图 3-28 所示。

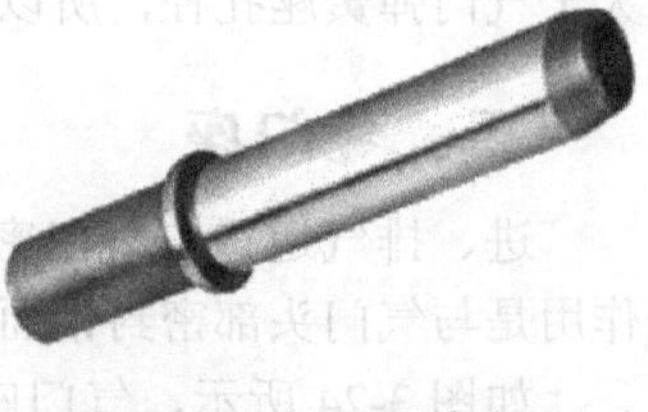

图 3-27　气门导管实物

气门导管内孔与气门杆之间为间隙配合，间隙一般为 0.05～0.12mm。若间隙过大，导向及导热作用不好；若间隙过小，热状态下可能导致气门卡死在气门导管中。

为防止润滑油从气门杆部与气门导管的间隙中漏入燃烧室，在气门导管的上端安装气门油封。气门油封实物及其安装位置如图 3-29 所示。

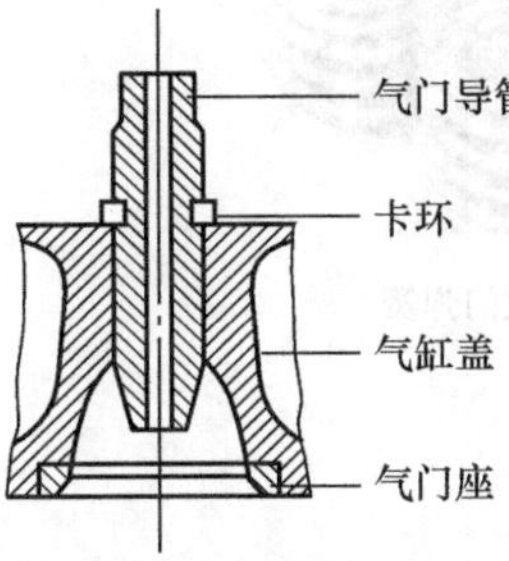

图 3-28 气门导管安装位置

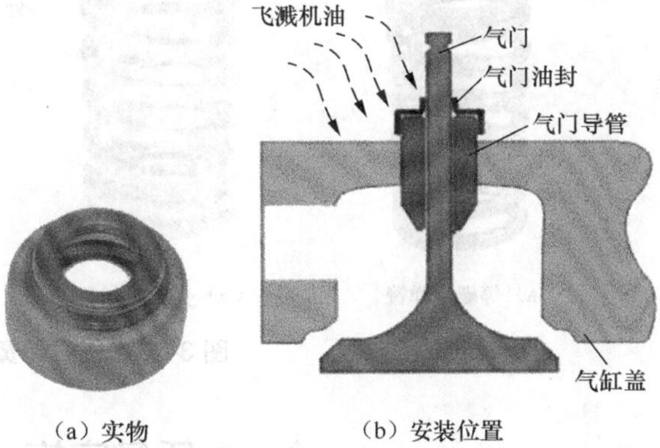

图 3-29 气门油封

提示

◆气门杆与气门导管之间靠配气机构飞溅出的机油进行润滑。若气门油封损坏，或气门杆与气门导管的间隙过大，机油将被吸进燃烧室燃烧，导致燃烧室积炭及发动机机油的异常消耗。

五、气门弹簧

1. 气门弹簧的功用

气门弹簧的功用是使气门关闭并与气门座压紧，同时还可在气门开启或关闭过程中，使气门传动组零件紧密连接，防止因惯性力分离而产生异响。

2. 气门弹簧的安装

气门弹簧为圆柱螺旋弹簧，弹簧两端磨平，装配后弹簧一端支撑在气缸盖上，另一端靠气门弹簧座和锁片或锁销与气门杆定位。

3. 气门弹簧的类型

气门弹簧常见的类型有 3 种，即等螺距弹簧、变螺距弹簧和双气门弹簧，如图 3-30 所示。

① 等螺距弹簧是最简单的一种，但使用中容易因发生共振而折断。为了避免共振，可采用变螺距弹簧和双气门弹簧。

② 变螺距弹簧各圈之间的螺距不等，安装时其螺距较小的一端应压向气缸盖。否则，由于工作时参加振动的当量质量增加，反而容易折断。

③ 采用双气门弹簧时，由于两个弹簧的固有频率不同，故当一个弹簧发生共振时，另一个弹簧能起到阻尼减振作用。采用双气门弹簧可以减小弹簧高度，而且当一个弹簧折断时，

另一个弹簧仍可维持气门工作。内、外弹簧的旋向相反，可防止折断的弹簧圈卡入另一个弹簧圈内。一般内弹簧弹力比外弹簧弹力小。

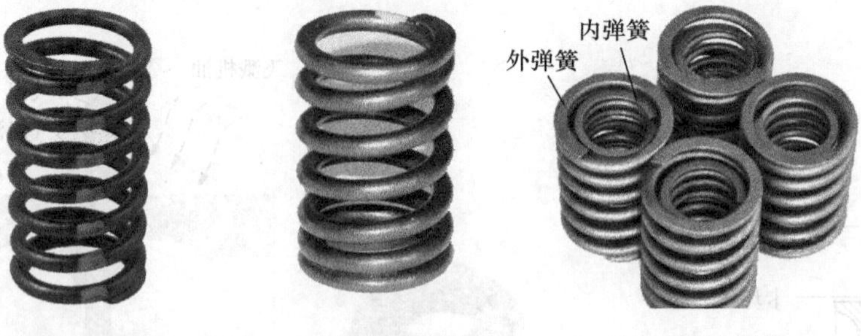

（a）等螺距弹簧　　（b）变螺距弹簧　　（c）双气门弹簧

图 3-30　气门弹簧

任务实施

视频

气门组的检修

视频

发动机气门组的拆装

操作一　气门的检修

1. 气门的拆装

（1）气门的拆卸

步骤一　如图 3-31 所示，用吸棒将液压挺柱取出。按拆卸的顺序摆放好。

图 3-31　取出液压挺柱

步骤二　如图 3-32 所示，安装专用工具——气门拆装钳。

步骤三　使用气门拆装钳压缩气门弹簧，取下气门锁片。

步骤四　旋松并取出气门拆装钳，取出气门弹簧。如图 3-33 所示，取出气门。

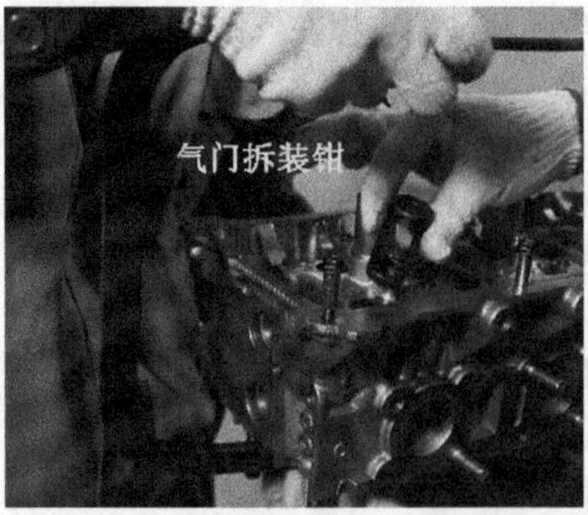

图 3-32　安装专用工具——气门拆装钳

图 3-33　取出气门

提示

◆拆下的气门，必须做好标记并按顺序摆放，以免破坏气门与气门座及气门导管的配合。

◆气门锁片或锁销很小，注意不要丢失。

（2）气门的安装

步骤一 如图 3-34 所示，给气门杆部涂抹少许机油。

步骤二 安装气门和气门弹簧。

步骤三 如图 3-35 所示，安装气门锁片。使用专用工具——气门拆装钳压缩气门弹簧，用旋具蘸少量凡士林油并使气门锁片粘在旋具上，把气门锁片安装到气门杆上。注意气门锁片大头应朝上。

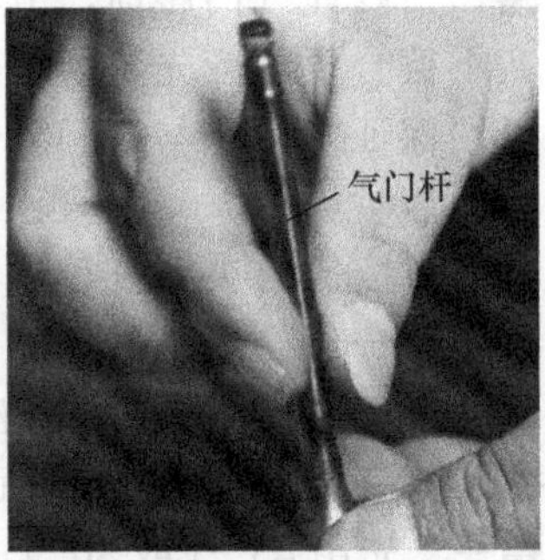

图 3-34 给气门杆部涂抹机油

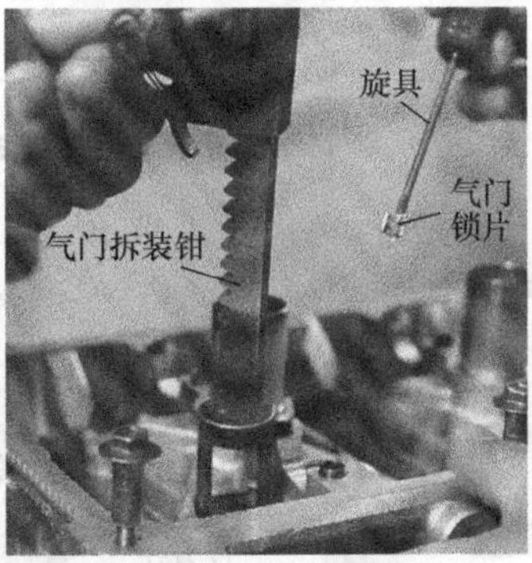

图 3-35 安装气门锁片

步骤四 释放气门拆装钳的压力并将之取出。气门安装完毕。

2. 气门杆弯曲的检查与修理

步骤一 气门杆弯曲变形可按图 3-36 所示进行检查，若弯曲变形超过允许极限，应校正或更换气门。

步骤二 气门杆弯曲应在压床上进行冷压校正，方法是使弯曲拱面向上，用压床使其产生反变形，校压量一般为实际弯曲变形量的 10 倍，保持 2min。气门杆的弯曲变形量用直线度误差表示，一般应不大于 0.03mm。

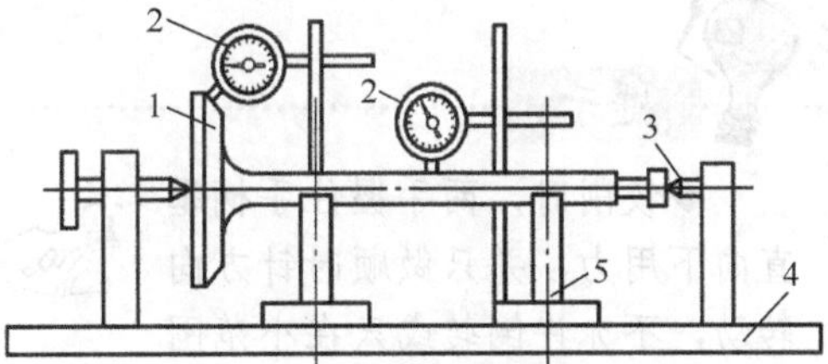

图 3-36 气门杆弯曲的检查

1—气门；2—百分表；3—顶尖；4—平板；5—V 形块

3. 气门磨损和烧蚀的检查与修理

步骤一 如图 3-37 所示，气门磨损情况可通过测量气门头部厚度、气门头部直径、气门总长度和气门杆直径等的相关尺寸进行检查，若测得尺寸不符合规定，应更换气门。

步骤二 气门密封锥面有轻微斑痕、沟槽或烧蚀时，可在专用气门光磨机上进行光磨修理。修理后的气门尺寸应符合规定，修理气门后还应铰修气门座，并进行气门研磨。气门密封锥面斑痕、沟槽或烧蚀严重时，应更换气门。

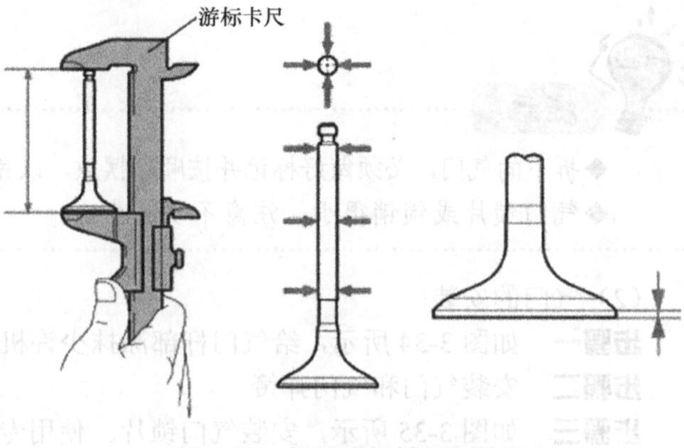

图 3-37　气门磨损情况的检测

操作二　气门座的检修

1. 气门座的铰削

发动机工作时，气门座承受高温和气门落座时的冲击，经常出现工作锥面烧蚀、变宽或与气门接触环带断线等故障，一般可通过铰削和研磨进行修理。

气门座的铰削通常用气门座铰刀进行手工操作。气门座铰刀由多只不同直径、不同锥角的铰刀组成，如图 3-38 所示。

气门座一般应先粗铰后精铰，铰削方法如下。

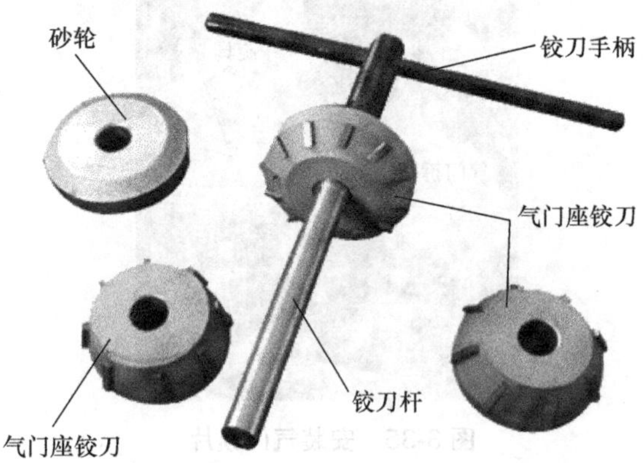

图 3-38　气门座铰刀

步骤一　修理气门座前，应检查气门导管，若不符合要求应先更换或修理气门导管，以便保证气门座与气门导管的中心线重合。

步骤二　按气门头部直径和气门座各锥面角度选择一组合适的气门座铰刀。按气门导管内径选择合适的气门座铰刀杆，铰刀杆插入气门导管应转动灵活而不松旷。

步骤三　先用 45°（或 30°）的粗铰刀加工气门座工作锥面，直到全部露出金属光泽为止。

提示

◆铰削时，两手握住手柄垂直向下用力，并只做顺时针方向转动，不允许倒转或只在小范围内转动，如图 3-39 所示。

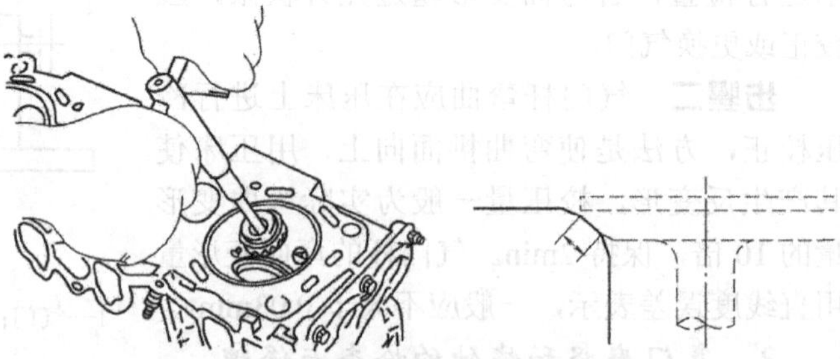
图 3-39　气门座的铰削

步骤四　用修理好的气门或新气门进行试配，根据气门密封锥面接触环带的位置和宽度进行铰削修正。若接触环带偏向气门杆部，应用 75° 的铰刀修正；若接触环带偏向气门顶部，应用 15° 的铰刀修正。

提示

◆铰削好的气门座工作面宽度应符合规定，接触环带应处在气门密封锥面中部偏气门顶的位置。

步骤五 最后用 45° 的细铰刀精铰气门座工作锥面，并在铰刀下面垫上细砂布修磨。

2. 气门与气门座的研磨

气门座铰削好后，应在气门与气门座之间涂上少许研磨砂进行研磨，以保证气门与气门座的密封性。

步骤一 气门与气门座的密封性可用画线法进行检查，即用软铅笔在气门密封锥面上每隔 10mm 画一条线。

步骤二 将气门装入气门导管，用手将气门与气门座压紧并往复转动 1/4 圈。

步骤三 取下气门检查，若所有画线均被切断，说明气门与气门座密封良好，否则应继续研磨。

3. 气门座圈的更换

气门座圈损坏、严重烧蚀、松动或下沉 2mm（指测量的气门顶部下沉量）以上时，应更换气门座圈。若气门座是在气缸盖上直接加工的，则必须更换气缸盖。

步骤一 对铝合金气缸盖不可用撬动方法拆卸旧气门座圈，用镗削加工方法将旧气门座圈镗削至只剩一薄层，可很容易地拆下旧气门座圈。

步骤二 也可将一合适的旧气门焊接到旧气门座圈上，然后敲击气门杆拆下旧气门座圈。

步骤三 安装新气门座圈前，应对座孔进行加工，使新气门座圈与座孔的过盈配合量为 0.08 ～ 0.12mm。安装新气门座圈时，应将其放在固体二氧化碳（干冰）或液氮中进行冷却收缩，然后再将新气门座圈敲入座孔。

操作三 气门导管与气门弹簧的检修

1. 气门导管磨损的检查与修理

气门导管磨损后会使其与气门杆的配合间隙增大，导致气门工作时摆动，关闭不严。

气门导管的磨损情况可通过测量气门导管与气门杆的配合间隙进行间接检查，配合间隙的检查有以下两种方法。

步骤一 一种是按图 3-40 所示，直接测量气门导管内径和气门杆直径，并计算其配合间隙。

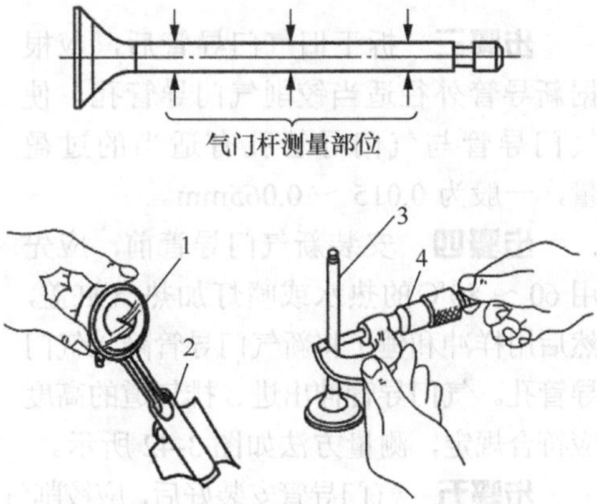

图 3-40 气门导管内径和气门杆直径的测量

1—内径百分表；2—气门导管；3—气门杆；4—千分尺

步骤二 另外一种是首先把气门安装在气门导管内，接着将气门提起 10 ～ 15mm（相对气缸盖平面），然后用百分表测量气门头部的摆动量。

步骤三 气门导管与气门杆配合间隙若超过允许极限，可换用一个新气门重新进行检查，根据测量结果视情况确定更换气门或气门导管，必要时两者一起更换。

2. 气门导管的更换

步骤一 如图 3-41 所示，应用专用工具（如样冲和锤子）将旧气门导管按规定方向（一般为气缸盖上方）拆出。

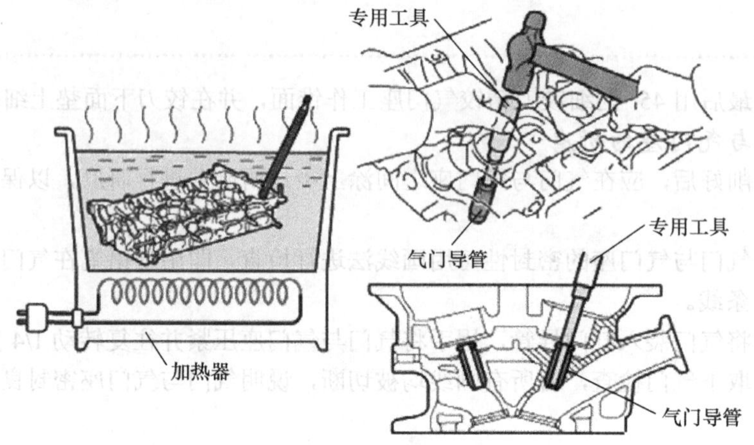

图 3-41 更换气门导管

1—专用工具；2—气门导管（衬套）；3—加热器

步骤二 如果旧气门导管装有限位卡环，拆卸前应先将其露出气门导管孔的部分敲断。

提示

◆对于铝合金气缸盖，拆卸旧气门导管前还应加热气缸盖，以免气缸盖裂损。

步骤三 拆下旧气门导管后，应根据新导管外径适当铰削气门导管孔，使气门导管与气门导管孔有适当的过盈量，一般为 0.015 ～ 0.065mm。

步骤四 安装新气门导管前，应先用 60 ～ 80℃的热水或喷灯加热气缸盖，然后用样冲和锤子将新气门导管敲入气门导管孔。气门导管伸出进、排气道的高度应符合规定，测量方法如图 3-42 所示。

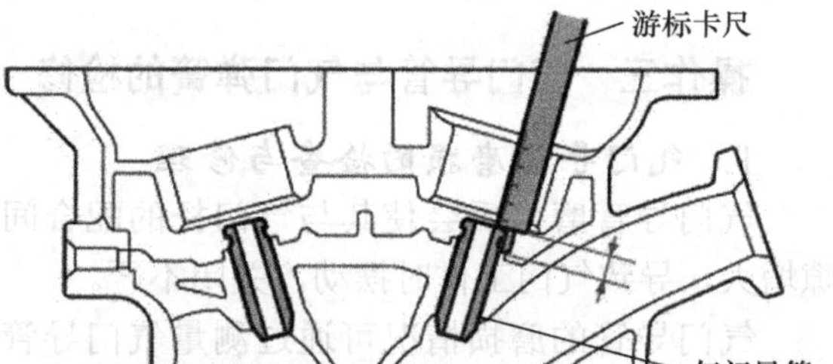

图 3-42 气门导管伸出高度测量

步骤五 气门导管安装好后，应铰削气门导管内孔，使气门导管与气门杆配合间隙符合标准。

提示

◆有些发动机进气门油封与排气门油封是不同的，安装时不能装错。

3. 气门弹簧的检修

气门弹簧常见故障：由于长期受压缩，气门弹簧产生塑性变形而导致自由长度变短、弹力减弱、簧身歪斜，严重时可能出现弹簧折断。对气门弹簧的检查主要是观察有无裂纹或折断，测量弹簧自由长度和垂直度，测量弹簧弹力。

提示

◆气门弹簧不能维修，必要时只能更换。

步骤一　气门弹簧的外观检查。观察气门弹簧有无裂纹或折断等。

步骤二　气门弹簧自由长度的检查。气门弹簧的自由长度可用游标卡尺进行测量，如图 3-43 所示。

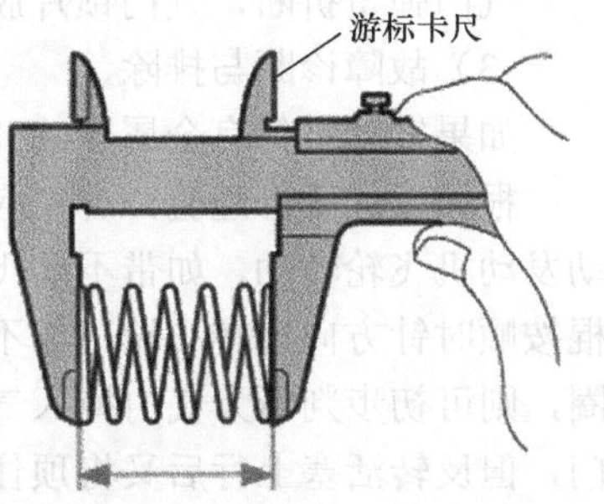

图 3-43　气门弹簧自由长度的检查

步骤三　气门弹簧垂直度的检查。如图 3-44 所示，气门弹簧的垂直度一般应不大于 2.0mm。若气门弹簧的自由长度或垂直度不符合标准，应更换气门弹簧。

步骤四　气门弹簧弹力的检查。气门弹簧的弹力应在专用弹簧检验仪上进行检查，如图 3-45 所示。用弹簧检验仪对气门弹簧施加压力，规定压力下的气门弹簧高度（或规定气门弹簧高度下的压力）应符合标准，否则应更换气门弹簧。

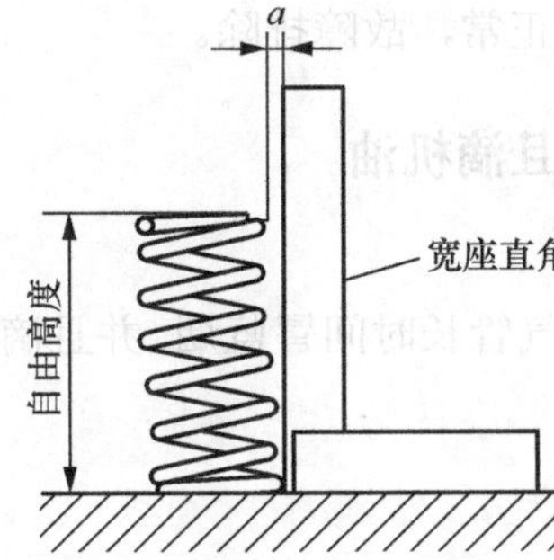

图 3-44　气门弹簧垂直度的检查

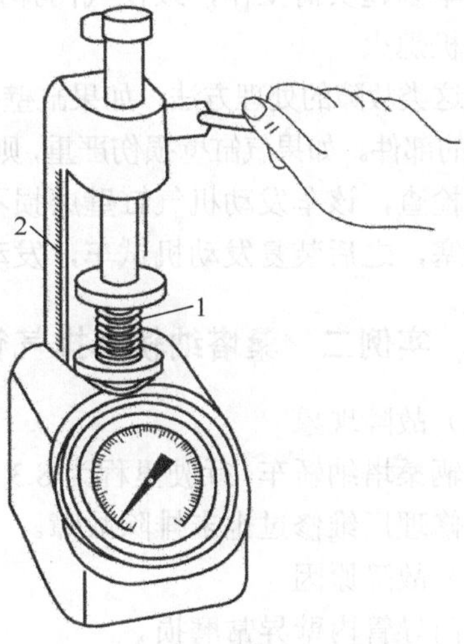

图 3-45　气门弹簧弹力的检查

1—气门弹簧；2—弹簧检验仪

维修实例

实例一　宝来轿车在行驶途中，发动机突然动力不足且伴有异响，发动机突然熄火后不能起动

（1）故障现象

一辆宝来轿车，行驶里程为 14.7 万千米。故障车辆是被拖到修理厂的。驾驶员说，在车辆行驶途中，突然感到发动机动力不足，且发出尖锐、有节奏的“嗒嗒”异响，随之发动机突然熄火再也不能起动。

（2）故障原因

气门弹簧折断，气门锁片脱落，导致气门掉入气缸内而卡住活塞。

（3）故障诊断与排除

如果发动机伴有金属异响并突然熄火应谨慎诊断，以防止因诊断不当造成更大故障。

根据以往维修经验，首先应判断发动机部件是否因卡死而不能运转。方法是用起动机带动发动机飞轮转动，如带不动飞轮，起动机发出“咔咔”响声，应停止使用起动机。再用撬棍按顺时针方向撬转飞轮，如不能撬转，则按逆时针方向撬动，如按逆时针能撬转飞轮近一圈，则可初步判断为气门掉入气缸。飞轮反撬能够转动不到一圈的原因是活塞下行而松开气门，但反转活塞上行后又将顶住气门，所以不能转动一圈（两个工作行程）。为验证此判断，必须拆除发动机的气缸盖和油底壳，直接目测检查。

按上述方法分解发动机进行检查，发现该车发动机第 2 缸进气门掉入气缸，夹在气缸盖和活塞顶部之间。进一步检查发现气门弹簧折断，气门锁片脱落。显然这是导致这起机械故障的原因。

该车因超负荷工作，致使气门弹簧折断，锁片脱落，气门掉入缸内，顶住活塞，从而造成发动机熄火。

对这类故障的处理方法：如果缸壁损伤不严重，可更换气门组、活塞，检查并校正连杆及其他相关的部件。如果气缸壁损伤严重，则需视情况镗磨气缸，加大尺寸，甚至更换缸体及相关部件。

经检查，该车发动机气缸壁磨损不严重，不用镗磨气缸。更换气门、气门弹簧、气门锁片及活塞，之后装复发动机试车，发动机顺利起动，且运转正常，故障排除。

实例二　桑塔纳轿车排气管长时间冒蓝烟，并且滴机油

（1）故障现象

一辆桑塔纳轿车，行驶里程为 8.3 万千米。驾驶员说，排气管长时间冒蓝烟，并且滴机油，在一家修理厂维修过也未排除故障。

（2）故障原因

气门导管内壁异常磨损。

（3）故障诊断与排除

根据故障现象判断，机油窜入发动机燃烧室内参与燃烧。询问驾驶员得知，原修理对发动机的活塞、活塞环、气缸壁、PCV（曲轴箱强制通风）阀、气缸垫等可能导致机油窜入气缸的部位进行了复查，这些部位技术状况均良好。

发动机上还有什么部位可能导致机油大量窜入气缸内呢？维修人员决定抽检气门。拆下发动机气缸盖，取下气门，发现气门上严重积炭，并且气门杆上也有炭迹。进一步观察气门导管内壁发现有机油渗出，压出气门导管进一步检查。测量气门导管外径尺寸及圆度，均符合标准。导管内孔壁却呈不规则菱形，气门插入后虽间隙符合要求（没有晃动感），但由于内壁孔不规则，机油会从缝隙中窜出，说明气门导管内壁异常磨损。

更换气门导管后试车，发动机排气管冒蓝烟的现象消失，故障排除。

文档

维修实例（拓展）

任务二 气门传动组的检修

学习目标

（1）能够正确描述气门传动组的组成、功用和工作原理。

（2）能够正确描述气门传动组主要零件的结构。

（3）熟悉气门传动组主要零件的拆装方法。

（4）熟悉气门传动组主要零件的检测及维修方法。

（5）熟悉气门间隙的检查与调整方法。

任务引入

一辆大众宝来轿车，行驶里程为 13.8 万千米。该车发动机在不同转速下工作时，均有异响，尤其在怠速时，异响加剧，发动机异响随着发动机温度、转速变化。

分析该车的故障现象，初步断定为气门脚发出的响声。该车采用液压挺柱，正常的液压挺柱不会有气门敲击声，仅在发动机起动的短时间里发出轻微敲击声。而该车随着发动机转速增高，4 个气缸气门响声加剧，显然是液压挺柱发生故障。

根据以上分析，应拆下 4 个气缸液压挺柱进行检查。

相关知识

气门传动组零件包括凸轮轴、正时传动装置、挺柱、推杆、摇臂等，如图 3-46 所示。

一、凸轮轴

视频

认识配气机构的气门传动组

1. 凸轮轴的功用

凸轮轴是气门传动组的主要零件，其功用主要是利用凸轮控制气门的开启和关闭，使其符合发动机的工作顺序、配气相位及气门开度的变化规律等要求。

凸轮轴采用优质铸铁、中碳钢或中碳合金钢制造，并经调质处理，以提高疲劳强度。凸轮表面淬火、光磨，可提高其耐磨性。

凸轮轴安装在气缸盖上（上置式）或气缸体一侧（中置式或下置式）的座孔中，或剖分式轴承座孔中。

2. 凸轮轴的结构

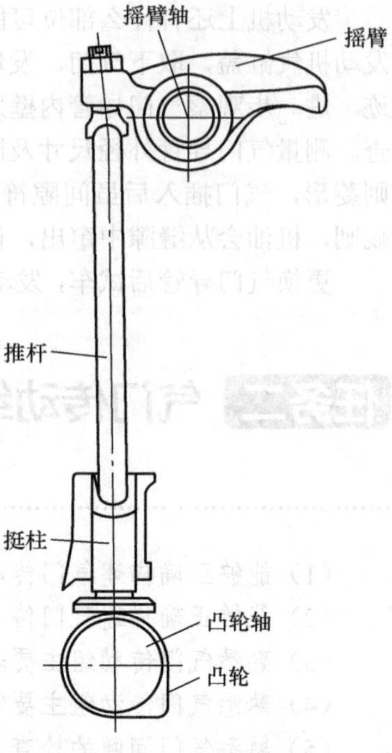

图 3-46　气门传动组

凸轮轴的结构如图 3-47 所示。凸轮和轴颈是凸轮轴的基本组成部分，凸轮用来驱动气门开启，并通过其轮廓形状控制气门开启和关闭的规律；轴颈则用来支撑凸轮轴。早期发动机凸轮轴上设有偏心轮和螺旋齿轮，偏心轮用来驱动汽油泵，螺旋齿轮则用来驱动机油泵和分电器。凸轮轴的前端用于安装凸轮轴正时齿轮（正时链轮或正时齿带轮）。

凸轮可分为两类：驱动进气门的进气凸轮和驱动排气门的排气凸轮。根据发动机的总体布置，在一根凸轮轴上可以单独配置进气凸轮或单独配置排气凸轮，也可以同时配置进、排气凸轮。每根凸轮轴上的凸轮数量因发动机结构形式而异，如直列式六缸发动机，只装有一根凸轮轴，每个凸轮只驱动一个气门，每缸采用一进、一排两个气门，所以凸轮轴上有 12 个凸轮。

凸轮轴上各缸的进气凸轮（或排气凸轮）称为同名凸轮。以直列式发动机为例，从凸轮轴前端看，同名凸轮的相对角位置是按各缸做功顺序逆凸轮轴转动方向排列的，夹角为做功间隔角的一半。做功顺序为 1 → 3 → 4 → 2 的直列式四缸发动机和做功顺序为 1 → 5 → 3 → 6 → 2 → 4 的直列式六缸发动机同名凸轮相对角位置如图 3-48 所示，根据此规律，可按凸轮轴转动方向和同名凸轮位置判断发动机做功顺序。

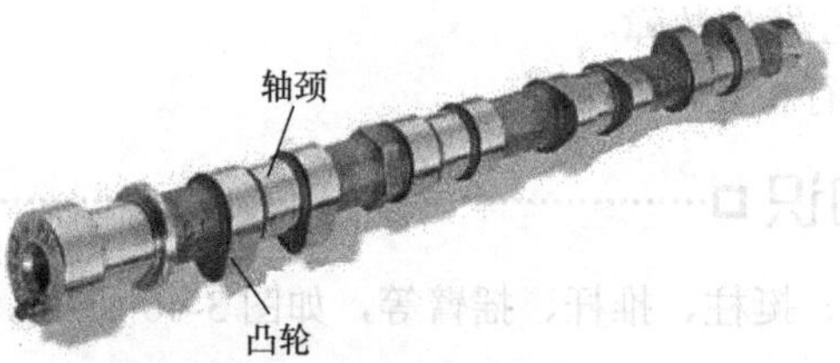

图 3-47　凸轮轴的结构

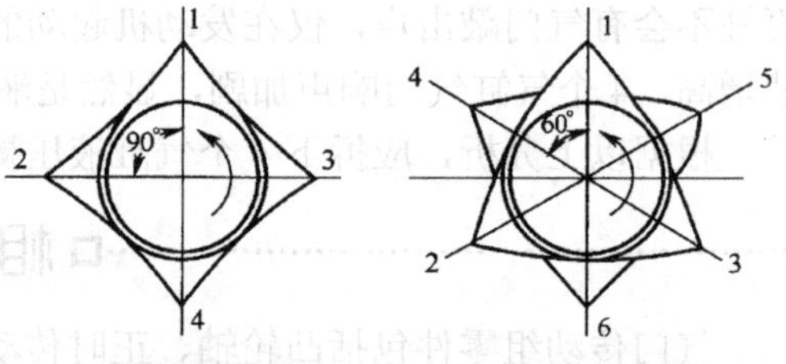

（a）直列四缸发动机　（b）直列六缸发动机

图 3-48　同名凸轮的相对角位置

凸轮轴上同一缸的进、排气凸轮称为异名凸轮。异名凸轮相对角位置，由凸轮轴旋转方向及发动机的配气相位决定。

有些凸轮轴的轴颈上加工有不同形状的油槽或油孔，如图 3-49 所示。

提示

◆凸轮轴上的油槽或油孔用来储存润滑油或作为润滑油通道。

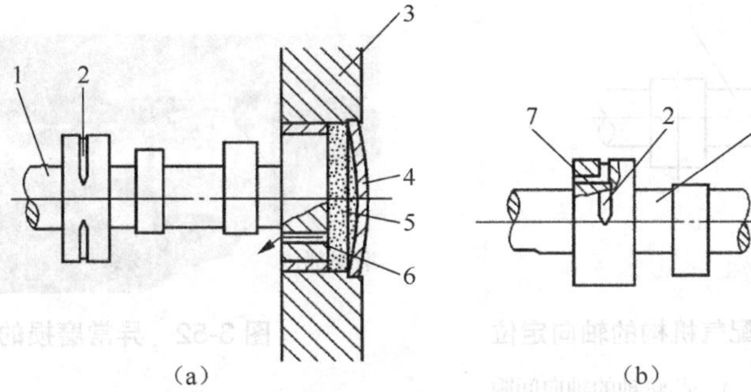

图 3-49 凸轮轴轴颈上的油槽和油孔

1—凸轮轴；2—节流槽；3—气缸体；4—油堵；5—空腔；6—泄油孔；7—油孔

3. 凸轮轴的轴向定位

为防止凸轮轴发生过量的轴向窜动，凸轮轴都设有轴向定位装置。下置式和中置式凸轮轴的轴向定位如图 3-50 所示，在凸轮轴第一道轴颈与正时齿轮之间装有隔圈，止推凸缘松套在隔圈外面并用螺栓固定在气缸体上。当凸轮轴发生轴向窜动时，止推凸缘顶靠在正时齿轮的轮毂或凸轮轴第一道轴颈的端面上，对凸轮轴起到轴向定位的作用。同时，为保证凸轮轴的正常转动，一般隔圈的厚度比止推凸缘厚度略大，两者的差值即为凸轮轴的轴向间隙，此间隙一般为 0.08 ～ 0.20mm。

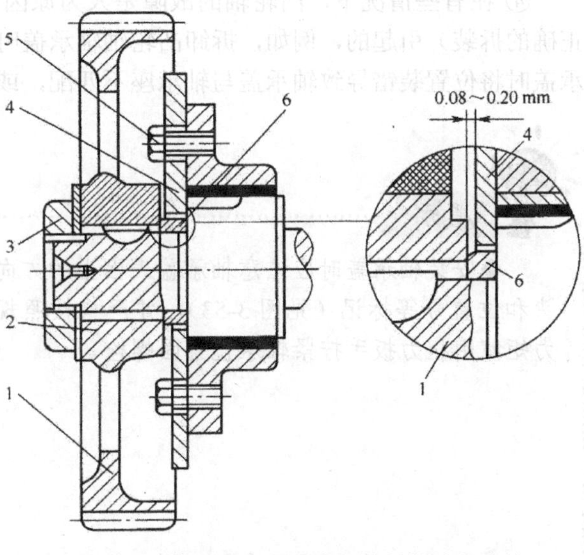

图 3-50 中置式和下置式凸轮轴的轴向定位

1—正时齿轮；2—齿轮轮毂；3—固定螺母；4—止推凸缘；5—凸缘安装螺栓；6—隔圈

凸轮轴上置式配气机构通常利用凸轮轴承盖的两端和凸轮轴轴颈两侧的台肩进行轴向定位，如图 3-51 所示。

由于存在轴向间隙，允许凸轮轴有轻微的轴向窜动。

4. 凸轮轴常见故障

凸轮轴的常见故障包括异常磨损、异响以及断裂，异响和断裂发生之前往往先出现异常磨损的症状。

① 凸轮轴位于发动机润滑系统的末端。如果因为机油泵使用时间过长等出现供油压力不足，或润滑油道堵塞造成润滑油无法到达凸轮轴，或轴承盖紧固螺栓拧紧力矩过大造成润滑油无法进入凸轮轴间隙，均会造成凸轮轴的异常磨损，如图 3-52 所示。

② 凸轮轴的异常磨损会导致凸轮轴与轴承座之间的间隙增大，凸轮轴运动时会发生轴向位移，从而产生异响。异常磨损还会导致驱动凸轮与液压挺柱之间的间隙增大，凸轮与液压挺柱接合时会发生撞击，从而产生异响。

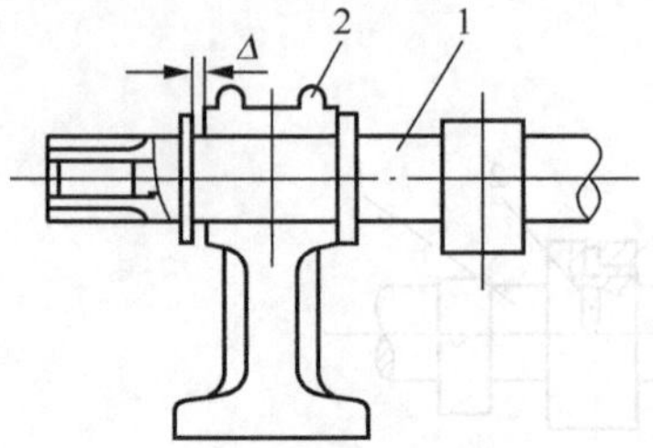

图 3-51　凸轮轴上置式配气机构的轴向定位

1—凸轮轴；2—凸轮轴承盖；Δ—凸轮轴的轴向间隙

图 3-52　异常磨损的凸轮轴

③ 凸轮轴有时会出现断裂等严重故障，常见原因有液压挺柱碎裂或严重磨损、严重润滑不良、凸轮轴质量差以及凸轮轴正时齿轮破裂等。

④ 在有些情况下，凸轮轴的故障是人为原因（特别是维修发动机时对凸轮轴没有进行正确的拆装）引起的，例如，拆卸凸轮轴轴承盖时用锤子强力敲击或用旋具撬压，或安装轴承盖时将位置装错导致轴承盖与轴承座不匹配，或轴承盖紧固螺栓拧紧力矩过大等。

提示

◆安装轴承盖时应注意轴承盖表面上的方向箭头和位置号等标记（见图 3-53），并严格按照规定力矩使用扭力扳手拧紧轴承盖紧固螺栓。

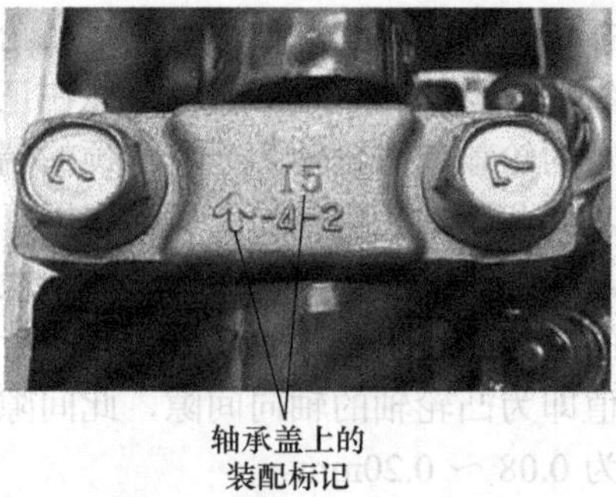

图 3-53　轴承盖上的装配标记

二、正时传动装置

为了让气门的开、闭与曲轴的位置保持正确的关系，凸轮轴必须根据曲轴设定正时。也就是说，在装配曲轴和凸轮轴时，一定要保证凸轮轴在精确的时间打开气门，而且与活塞和曲轴的位置有正确的关系。正时传动装置一般有正时齿轮传动装置、正时链传动装置和正时齿带传动装置等。

1. 正时齿轮传动装置

正时齿轮传动具有传动平稳、可靠、不需调整等优点，凸轮轴下置式配气机构一般都采用此种传动装置。正时齿轮分别安装在曲轴和凸轮轴的前端，用螺栓或螺母固定，齿轮与轴靠键传动。凸轮轴正时齿轮的齿数为曲轴正时齿轮齿数的两倍，以实现传动比 2:1。

为保证气门的开启和关闭时刻正确，装配时必须对正两正时齿轮上的正时标记，如图 3-54 所示。

2. 正时链传动装置

凸轮轴侧置式配气机构或凸轮轴上置式配气机构均可采用正时链传动装置。正时链传动装置的结构如图 3-55 所示，主要由正时链、正时链轮、正时链张紧装置等组成。凸轮轴正时链轮的齿数为曲轴正时链轮齿数的两倍，以实现传动比 2:1。为防止正时链抖动，正时链传动装置设有导链板和张紧装置。导链板采用橡胶导向面为链导向，一般应与链条一起更换。张紧装置使正时链保持一定的紧度，可分为机械式和液压式两种，应用较多的是液压式正时链张紧装置，当发动机工作时，利用润滑油的压力推动液压缸活塞，使张紧链轮压紧正时链。

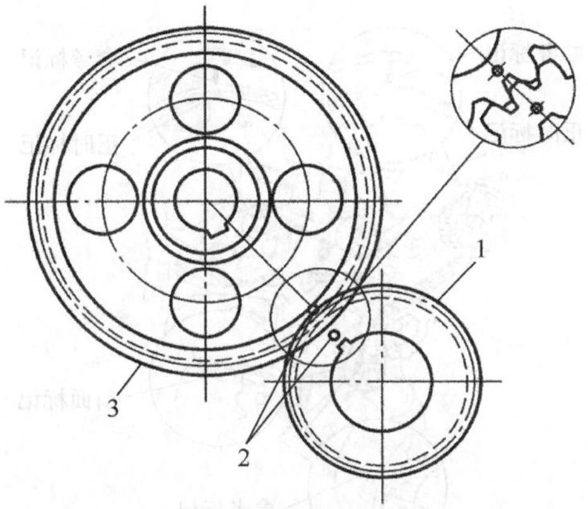

图 3-54 正时齿轮上的正时标记

1—曲轴正时齿轮；2—正时标记；3—凸轮轴正时齿轮

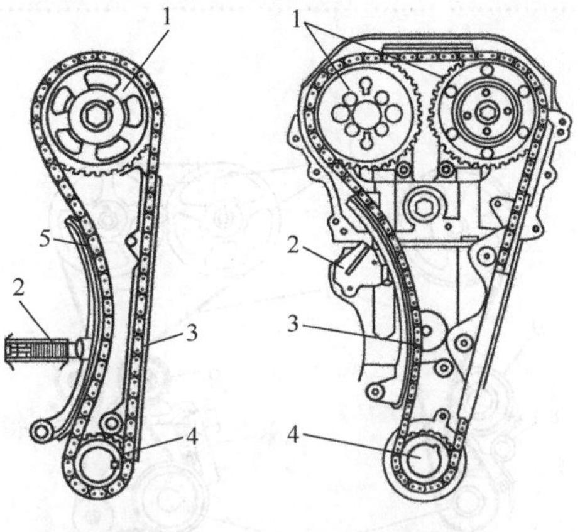

（a）单凸轮轴 （b）双凸轮轴

图 3-55 正时链传动装置的组成

1—凸轮轴正时链轮；2—张紧器；3—链条；4—曲轴正时链轮；5—导链板

采用正时链传动装置的配气机构，正时标记多种多样，装配时应特别注意。

提示

◆常用的正时方法有以下 4 种：对正两链轮上的正时标记，在两链轮正时标记之间保持一定的链节数，对正链条与链轮上的正时标记，一缸活塞处于压缩上止点时对正凸轮轴链轮与缸盖或缸体上的正时标记。

3. 正时齿带传动装置

如图 3-56 所示，正时齿带传动装置主要由正时齿带、正时齿带轮和张紧轮等组成。张紧轮靠弹簧压紧正时齿带，张紧轮也起到对正时齿带轴向定位的作用。凸轮轴正时齿带轮的直径等于曲轴正时齿带轮直径的两倍，传动比为 2:1。

正时齿带传动装置与正时链传动装置一样，正时标记多种多样，装配时必须按相关维修手册中的规定对正正时标记。常见正时齿带传动装置的正时标记如图 3-57 所示，装配时应对正下列标记：凸轮轴正时齿带轮与气缸盖上的标记，曲轴正时齿带轮与气缸体前端的标记。

正时齿带安装、调整或保护不当时，会造成正时齿带磨损和损伤。

提示

◆安装时，正时齿带必须与正时齿带轮相吻合。
◆更换正时齿带时，新、旧正时齿带必须完全相同。
◆正时齿带不能过度弯曲（如扭转 90° 以上或盘起存放等），也不能沾水或油，否则很容易造成正时齿带的损坏。

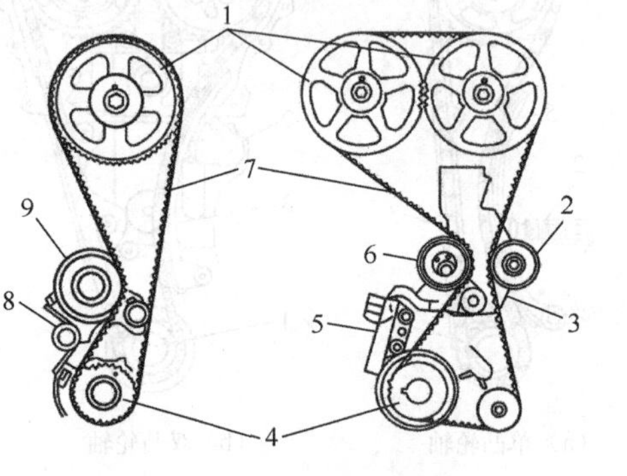

（a）单凸轮轴（b）双凸轮轴

图 3-56 正时齿带传动装置

1—凸轮轴正时齿带轮；2、6、9—张紧轮；3—张紧轮支架；
4—曲轴正时齿带轮；5—张紧器；7—正时齿带；8—张紧器弹簧

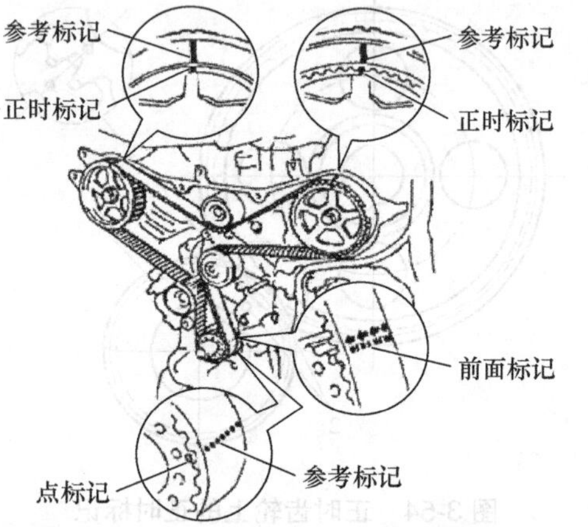

图 3-57 正时齿带传动装置的正时标记

三、挺柱

1. 挺柱的功用

挺柱（也称挺杆）的功用是与凸轮轴直接接触，将来自凸轮的推力传给推杆或气门。在有些发动机上，挺柱只是摇臂的一个支点；也有些发动机上则不设挺柱，由摇臂直接驱动气门。挺柱一般可分为普通挺柱和液压（液力）挺柱两种形式。

2. 普通挺柱

普通挺柱有两种形式，一种为筒式（可以减小质量），另一种为滚轮式（可以减轻磨损），如图 3-58 所示。

普通挺柱一般应用在凸轮轴下置式配气机构或凸轮轴中置式配气机构中。筒式挺柱较常见。在发动机工作时，挺柱底部与凸轮接触，为使挺柱底部磨损均匀，筒式挺柱底部的工作面制成球面。筒式挺柱的下端设有油孔，以便将漏入挺柱内的润滑油排出到凸轮上进行润滑。普通挺柱内孔的底部也制成球面，它与推杆下端的球面接触，以降低磨损。

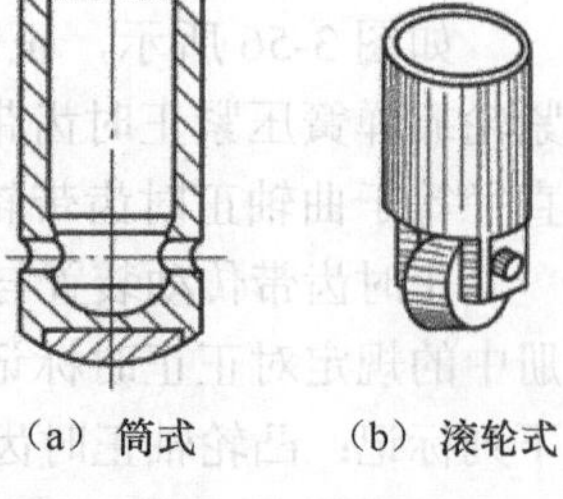

（a）筒式　　（b）滚轮式

图 3-58 普通挺柱

采用普通挺柱的发动机，一般都需要调整气门间隙。

发动机工作时，由于气门间隙的存在，配气机构中将产生冲击，发出声响。为了解决这个问题，许多高速发动机都采用液压挺柱来消除气门间隙。

动画

常见的液压挺柱结构

3. 液压挺柱

液压挺柱（见图 3-59）能自动保持配气机构无间隙传动，从而降低噪声和磨损，而且不需调整气门间隙，在轿车发动机上应用非常广泛。

（1）液压挺柱的结构

液压挺柱由挺柱体、液压缸、柱塞、球阀、压力弹簧等组成，如图 3-60（a）所示。

液压挺柱体外圆柱面上有一环形油槽［见图 3-60（b）］，油槽内有一进油孔与低压油腔相通，背面上有一键形槽将低压油腔与柱塞上部相通。液压缸外圆与挺柱体内导向孔配合，内孔则与柱塞配合，两者都有相对运动。液压缸底部的压力弹簧把球阀压靠在柱塞底部的阀座上，当球阀关闭柱塞的中间孔时可将挺柱分成上部的低压油腔和下部的高压油腔。当球阀开启后，则成为一个通腔。

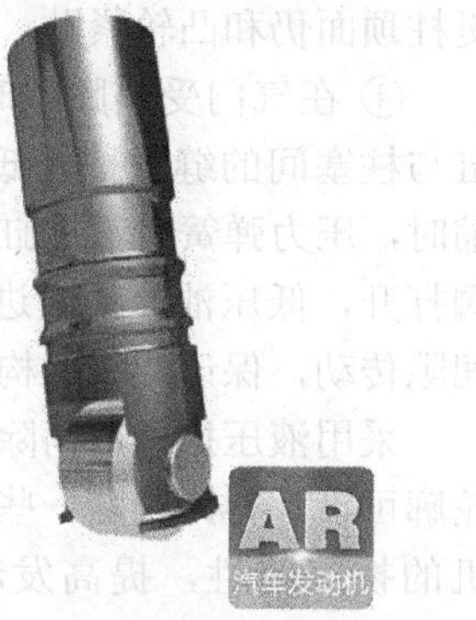

图 3-59 几种不同的液压挺柱

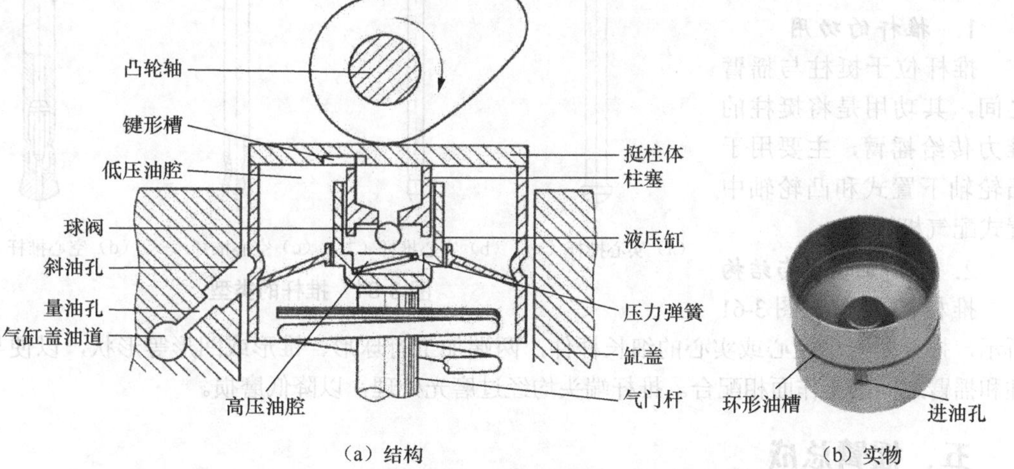

（a）结构　　（b）实物

图 3-60 液压挺柱

（2）液压挺柱的工作原理

① 当凸轮基圆与液压挺柱接触时，压力弹簧使挺柱顶面和凸轮轮廓线保持紧密接触，液压缸下端面与气门杆尾部紧密接触，因此没有气门间隙，且挺柱体上的环形油槽与气缸盖上的斜油孔对齐。来自气缸盖油道的润滑油经量油孔、斜油孔和环形油槽流入挺柱体内的低压油腔，并经挺柱背面上的键形槽进入柱塞上方的低压油腔。

② 当凸轮按图 3-60（a）所示方向转过基圆使凸起部分与挺柱接触时，挺柱体和柱塞向下移动，高压油腔中的润滑油被压缩，油压升高，加上压力弹簧的作用，使球阀紧压在柱塞

下端的阀座上，这时高压油腔与低压油腔被分隔开。由于液体的不可压缩性，整个挺柱如同一个刚体一样下移打开气门。此时，挺柱体环形油槽已离开进油的位置，停止进油。

③ 当挺柱到达下止点开始上行时，由于仍受到气门弹簧和凸轮两方面的顶压，高压油腔继续封闭，球阀也不会打开，液压挺柱仍可认为是一个刚体，直至气门完全关闭时为止。此时凸轮重新转到基圆与挺柱接触位置，气缸盖油道中的压力油又重新进入挺柱的低压油腔。同时，挺柱无凸轮的压力，高压油腔内的压力油和压力弹簧一起推动柱塞上行，高压油腔油压下降。从低压油腔来的压力油推开球阀进入高压油腔，使两腔连通充满润滑油。这时挺柱顶面仍和凸轮紧贴，气门间隙得到补偿。

④ 在气门受热膨胀时，柱塞和液压缸做轴向相对运动，高压油腔中的油液可经过液压缸与柱塞间的缝隙挤入低压油腔，使挺柱自动"缩短"，保证气门关闭紧密。当气门冷却收缩时，压力弹簧将液压缸向下推动，而使柱塞与挺柱体向上移动，高压油腔内压力下降，球阀打开，低压油腔油液进入高压油腔，挺柱自动"伸长"，实现气门、挺柱及凸轮之间的无间隙传动，保证配气机构无间隙。

采用液压挺柱，消除了配气机构中的间隙，减小了各零件的冲击载荷和噪声，同时凸轮轮廓可设计得比较陡一些，使气门开启和关闭速度更快，以减小进气、排气阻力，改善发动机的换气特性，提高发动机的性能。

四、推杆

1. 推杆的功用

推杆位于挺柱与摇臂之间，其功用是将挺柱的推力传给摇臂，主要用于凸轮轴下置式和凸轮轴中置式配气机构中。

2. 推杆的类型与结构

推杆的类型如图3-61所示，推杆是一个空心或实心的细长杆件，两端加工有球形、锥形或凹形等形状，以便与挺柱和摇臂之间的工作面相配合。推杆端头均经过磨光处理，以降低磨损。

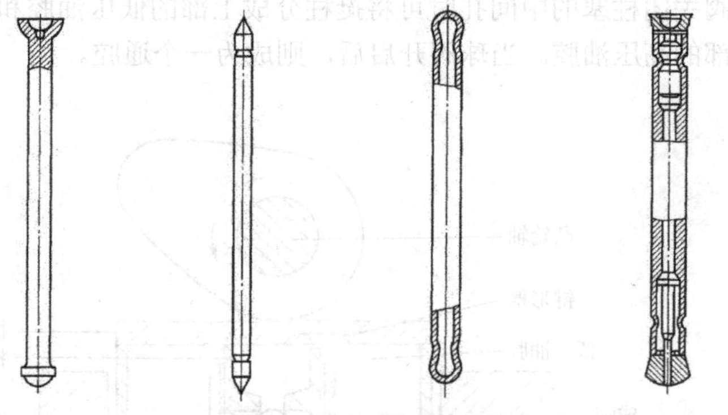

(a) 实心推杆（一）(b) 实心推杆（二）(c) 空心推杆（一）(d) 空心推杆（二）

图3-61 推杆的类型

五、摇臂总成

1. 摇臂的功用

摇臂的功用是将气门传动组的推力改变方向后传给气门，并使其开启。

2. 摇臂总成的结构

常见摇臂总成的结构如图3-62所示，它主要由摇臂、摇臂轴、摇臂轴支座及定位弹簧等组成。所有摇臂及定位弹簧均安装在摇臂轴上，并通过摇臂轴支座用螺栓安装在气缸盖上。为防止摇臂轴在其支座孔内转动或轴向移动，用紧固螺钉将摇臂轴固定。

摇臂是一个不等长的双臂杠杆，通过摇臂衬套安装在摇臂轴上，如图3-63所示。摇臂内钻有油道和油孔。为了保证各摇臂之间的相对位置，每两个摇臂之间装有定位弹簧，如

图 3-62 所示。

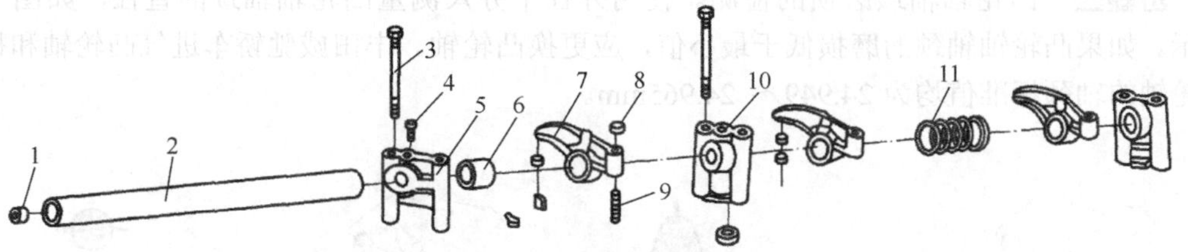

图 3-62 摇臂总成的结构

1—堵塞；2—摇臂轴；3—螺栓；4—紧固螺钉；5—摇臂轴支座；6—摇臂衬套；7—摇臂；8—锁紧螺母；9—气门间隙调整螺钉；10—摇臂轴中间支座；11—定位弹簧

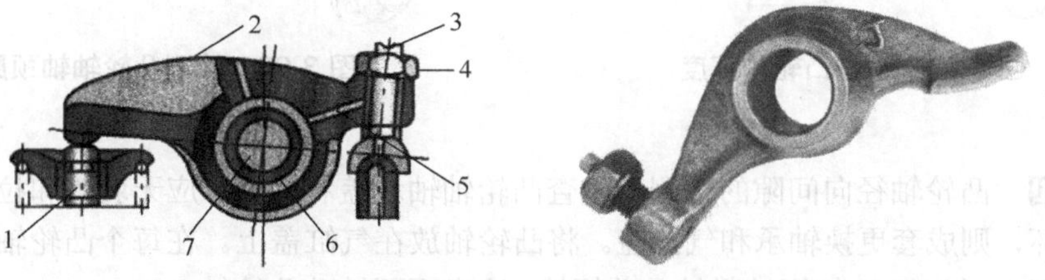

（a）结构　　（b）实物

图 3-63 摇臂

1—气门；2—摇臂；3—气门间隙调整螺钉；4—锁紧螺母；5—油道；6—摇臂衬套；7—摇臂轴

摇臂轴为空心结构，其上加工有油孔。来自缸盖油道的压力油经摇臂轴支座上的油道进入摇臂轴内腔，使摇臂轴与摇臂之间及摇臂两端均能得到可靠的润滑。

任务实施

操作一 凸轮轴的检修

步骤一 凸轮轴弯曲度的检测。在平台上用两块 V 形铁支撑起凸轮轴，用磁力表座与百分表配合测量凸轮轴中间轴颈位置，转动凸轮轴，并读取百分表的读数，如图 3-64 所示。如果弯曲度超过最大值，应更换凸轮轴。丰田威驰轿车凸轮轴最大弯曲度为 0.03mm。

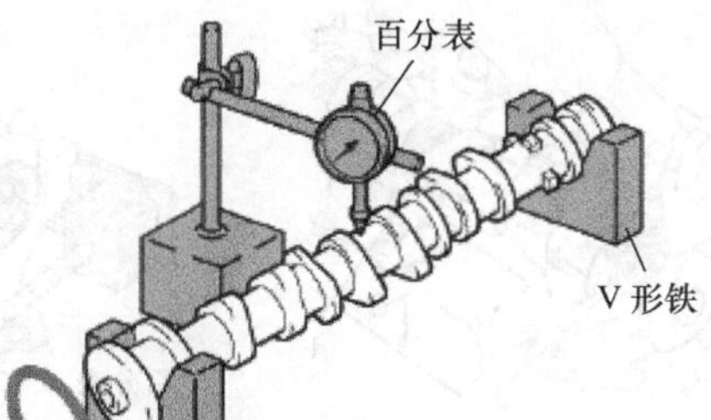

图 3-64 检测凸轮轴弯曲度

视频

气门传动组的检修

步骤二 凸轮高度的检测。使用外径千分尺测量凸轮的高度，测量方法如图 3-65 所示。如果凸轮轴凸轮高度低于最小允许值，应更换凸轮轴。丰田威驰轿车凸轮高度极限值：进气凸轮轴为41.30mm，排气凸轮轴为41.55mm。

步骤三　凸轮轴轴颈磨损的检测。使用外径千分尺测量凸轮轴轴颈的直径，如图3-66所示。如果凸轮轴轴颈的磨损低于最小值，应更换凸轮轴。丰田威驰轿车进气凸轮轴和排气凸轮轴的轴颈标准值均为24.949～24.965mm。

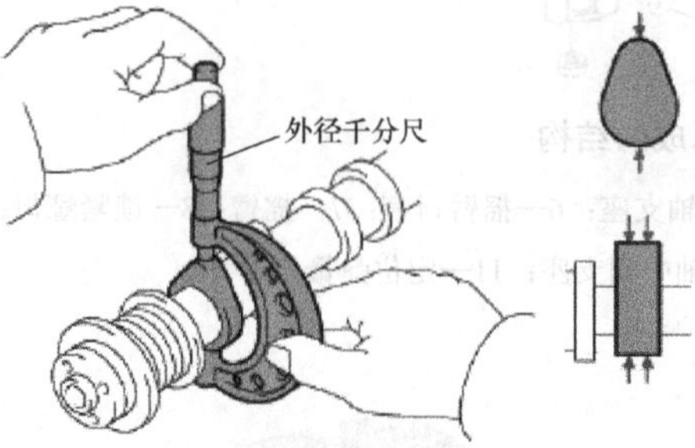

图3-65　检测凸轮的高度

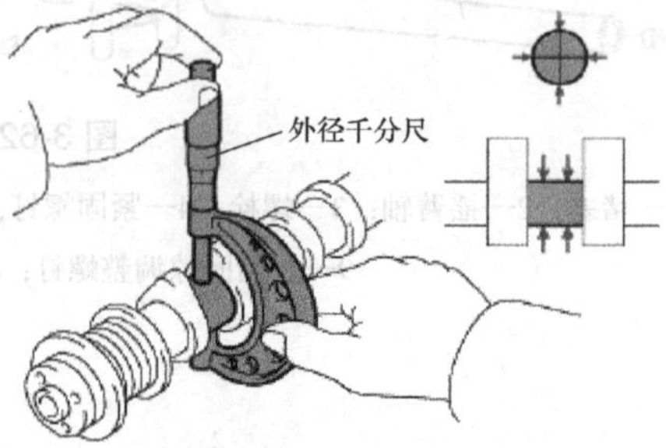

图3-66　检测凸轮轴轴颈磨损

步骤四　凸轮轴径向间隙的检测。检查凸轮轴轴承盖和轴颈，应无剥落和拉伤现象。如果轴承损坏，则成套更换轴承和气缸盖。将凸轮轴放在气缸盖上。在每个凸轮轴轴颈上放上塑料间隙规。用13N·m扭矩拧紧轴承盖螺栓，注意不要转动凸轮轴。

拆下轴承盖，在最宽处用塑料间隙规测量径向间隙值，如图3-67所示。标准径向间隙值为0.035～0.072mm，极限值为0.10mm。

步骤五　凸轮轴轴向间隙的检测。使用磁力表座配合百分表对凸轮轴轴向间隙进行测量。前后移动凸轮轴，读取百分表上的读数，如图3-68所示。如果轴向间隙超过最大值，应更换凸轮轴。如果必要，成套更换轴承盖和气缸盖。丰田威驰轿车凸轮轴轴向间隙标准值：进气凸轮轴为0.030～0.085mm，排气凸轮轴为0.035～0.090mm。

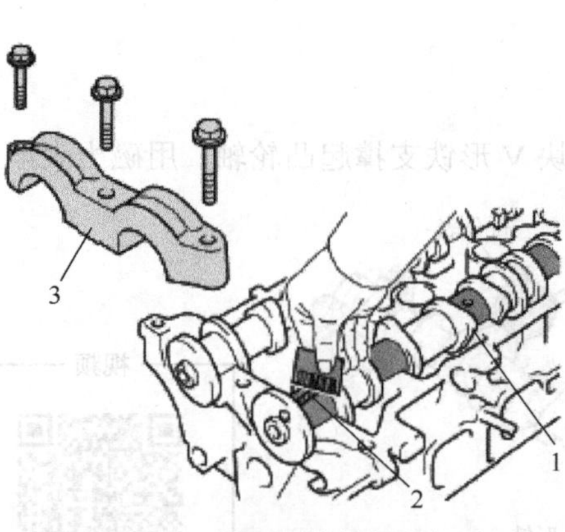

图3-67　检测凸轮轴径向间隙

1—凸轮轴；2—塑料间隙规；3—轴承盖

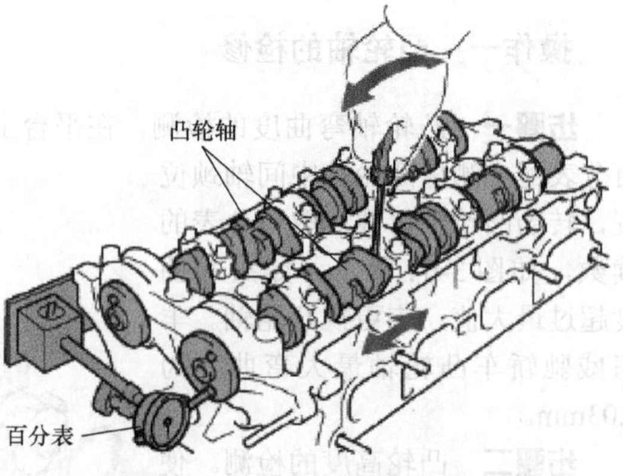

图3-68　检测凸轮轴轴向间隙

操作二　正时传动装置的检修

步骤一　正时齿轮传动装置的检修。在检修时，应检查正时齿轮（见图 3-69）有无裂损及磨损情况。磨损情况可用塞尺或百分表测量其齿隙来判断。正时齿轮若有裂损或齿隙超过 0.35mm，应成对更换正时齿轮。在通常情况下，正时齿轮不会发生严重磨损，也不易损坏。

步骤二　正时链传动装置的检修。正时链传动装置常见故障是链轮磨损或正时链变长，严重时会产生噪声并改变气门开闭时刻。

提示

◆在发动机维修时，应检查链轮的磨损和正时链伸长情况。

为便于检查链轮磨损情况，可将新正时链扣于链轮上，并环绕其一周拉紧，用游标卡尺测量直径（见图 3-70），若小于极限直径应更换新件。

图 3-69　正时齿轮

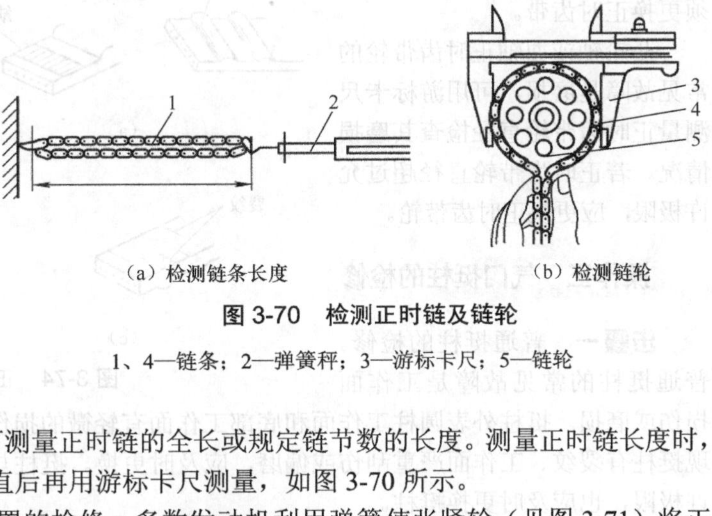

（a）检测链条长度　（b）检测链轮

图 3-70　检测正时链及链轮

1、4—链条；2—弹簧秤；3—游标卡尺；5—链轮

正时链伸长情况的检查，可测量正时链的全长或规定链节数的长度。测量正时链长度时，为使测量准确，应将正时链拉直后再用游标卡尺测量，如图 3-70 所示。

步骤三　正时齿带传动装置的检修。多数发动机利用弹簧使张紧轮（见图 3-71）将正时齿带（见图 3-72）压紧，安装后完全放松张紧轮即可使正时齿带张紧，有些发动机的正时齿带是需要调整的，必须按原厂规定调整其松紧度。

如桑塔纳轿车的正时齿带调整时，方法如下。

① 用拇指和食指捏住凸轮轴正时齿带轮和中间轴正时齿带轮之间的正时齿带中间位置，刚好可以转 90°为宜，如图 3-73 所示。

图 3-71　张紧轮

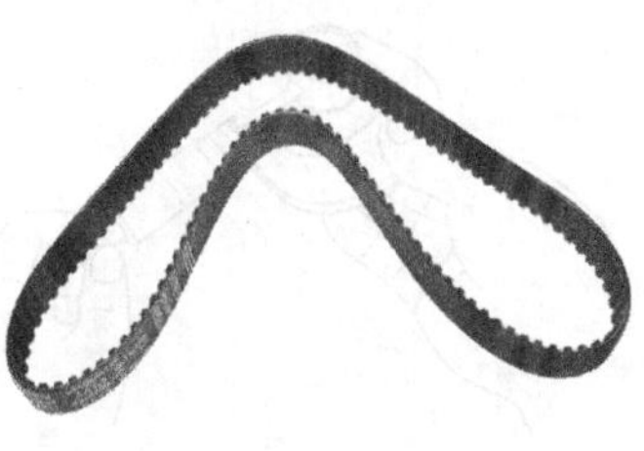

图 3-72　正时齿带

视频

正时皮带更换

正时齿带翻转 90° 为合格，小于或大于 90° 都不合格

图 3-73　调整正时齿带张紧度

② 拧紧张紧轮的紧固螺母，拧紧力矩为 45N·m。

③ 把曲轴转动两圈，再次检查调整是否准确。

正时齿带的使用寿命一般厂家推荐为 32000 ～ 96000km。检查正时齿带时，若发现有图 3-74 所示的缺陷之一，则必须更换正时齿带。

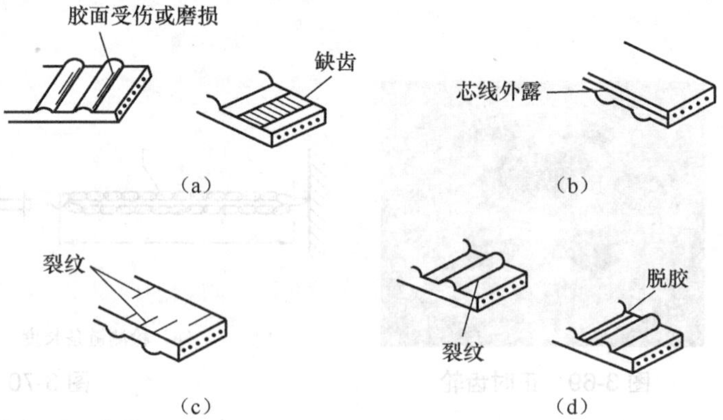

图 3-74　正时齿带常见缺陷

凸轮轴或曲轴正时齿带轮的常见故障是磨损，可用游标卡尺测量正时齿带轮直径检查其磨损情况。若正时齿带轮直径超过允许极限，应更换正时齿带轮。

操作三　气门挺柱的检修

步骤一　普通挺柱的检修。普通挺柱的常见故障是工作面损伤或磨损。挺柱外表圆柱工作面和底部工作面有轻微的损伤或麻点，可用油石修整。若发现挺柱有裂纹、工作面严重刮伤或偏磨，应及时更换。挺柱与其导向孔的配合间隙若超过允许极限，也应及时更换挺柱。

步骤二　液压挺柱的检修。液压挺柱的常见故障是外表工作面磨损或损伤、挺柱内部配合表面磨损导致密封不良等。

用外径千分尺测量气门挺柱直径，如图 3-75 所示。丰田威驰轿车气门挺柱直径为 27.965 ～ 27.975mm。如超出标准范围，则成套更换气门挺柱。挺柱底面磨损情况的检查如图 3-76 所示。

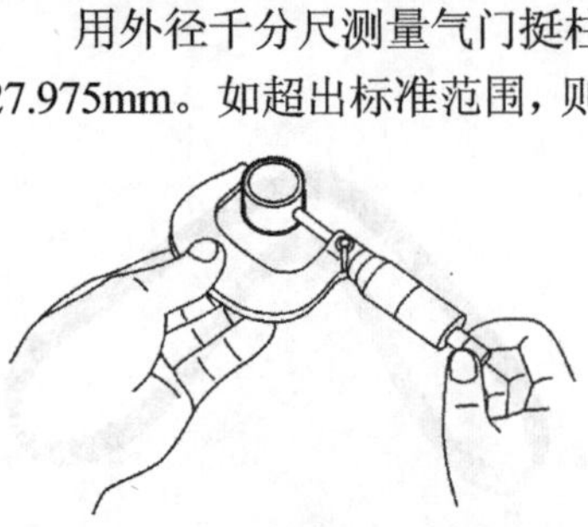

图 3-75　气门挺柱直径的检测

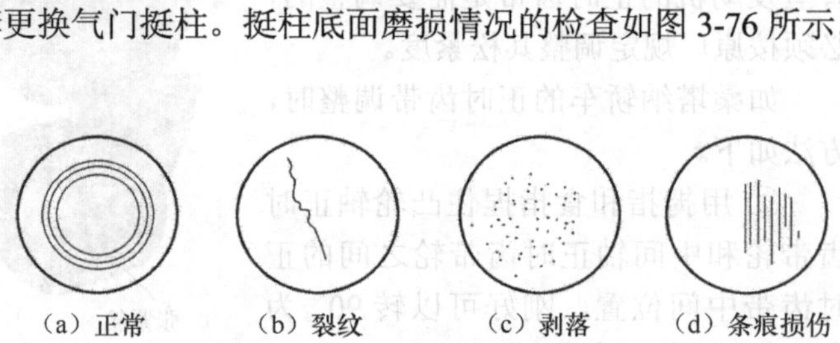

图 3-76　挺柱底面磨损情况的检查

维修时，除按普通挺柱的检查项目和方法对液压挺柱体外表工作面的损伤情况、液压挺柱体与导向孔的配合间隙进行检查外，还需对液压挺柱进行密封性检查。

液压挺柱柱塞与挺柱体（或液压缸）磨损、单向阀关闭不严，均会导致挺柱内部密封不良。当凸轮顶起挺柱时，会因高压油腔内的油液泄漏而使液压挺柱“缩短”，从而使气门升程减小并产生异响。液压挺柱密封性可在一定载荷作用下，通过测量液压挺柱“缩短”一定尺寸所用时间来检验，所用时间越长，说明液压挺柱密封性越好。

有些发动机规定用测量液压挺柱自由行程的方法检验其密封性，如上海桑塔纳、一汽奥迪、捷达、高尔夫轿车的液压挺柱，检验应在发动机熄火后立即进行，方法如下：拆下气缸盖罩，顺时针转动曲轴使待检液压挺柱的凸轮向上，用楔形木棒或塑料棒压下液压挺柱但不要使气门开启（见图 3-77），用塞尺测量挺柱与凸轮之间的间隙。若间隙超过 0.1mm，应更换该液压挺柱。

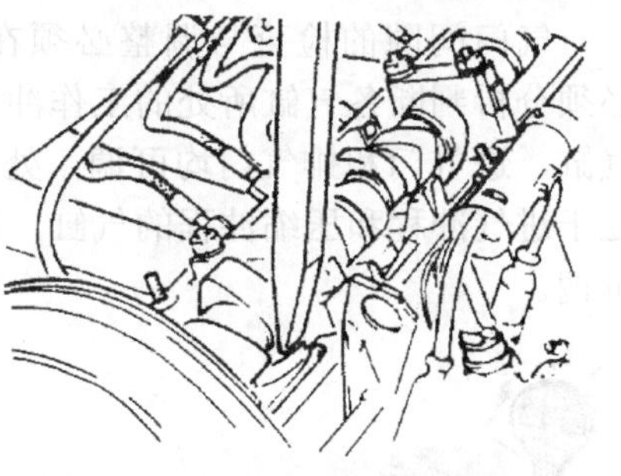

图 3-77　液压挺柱自由行程的检查

提示

◆采用液压挺柱的发动机，在停放时间过长或冷机时，起动后挺柱短时间内有异响是正常现象。

若发动机达到正常工作温度后仍有异响，应检查机油压力是否正常、油道是否通畅，若上述检查正常，则应检查液压挺柱密封性或自由行程。液压挺柱不能修理，一般也不需分解。

操作四　摇臂的检修

分解摇臂总成时，应注意各摇臂的序号、摇臂轴的安装方向及位置，以免安装时位置装错。对摇臂总成零件进行清洗时，应注意将摇臂轴内部清理干净，并保证各油孔通畅。摇臂总成分解后，主要进行以下检查（摇臂主要磨损部位的检查如图 3-78 所示）。

步骤一　检查摇臂球面接触部位的磨损情况，若有轻微的磨损沟痕，可用油石或磨光机进行修磨，磨损严重时应更换摇臂。

步骤二　对于安装有气门间隙调整螺钉的摇臂，应检查调整螺钉、锁紧螺母和摇臂上的螺孔是否完好，若有损坏应更换。

步骤三　对于带滚动轴承的浮动式摇臂，应检查其轴承，若磨损严重或损坏应更换摇臂。

步骤四　对于安装在摇臂轴上的摇臂，应测量摇臂衬

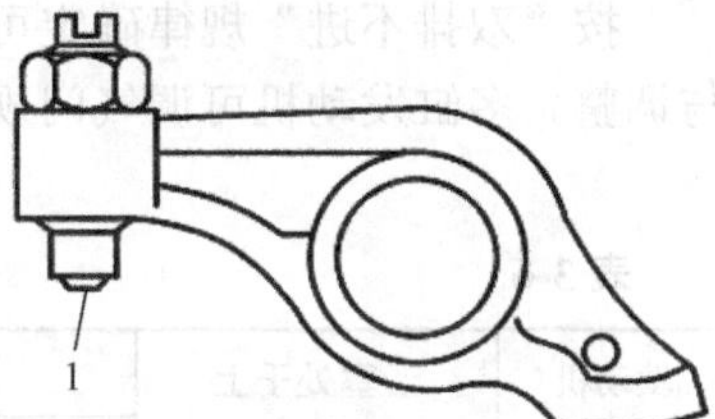

图 3-78　摇臂主要磨损部位的检查

1—调整螺钉球面；2—摇臂头柱面

套内径和摇臂轴外径，检查其配合间隙。若间隙超过允许极限，应更换零件或总成。

步骤五　检查摇臂轴的弯曲变形，若超过允许极限，应校正或更换摇臂轴。

操作五　气门间隙的检查与调整

1. 基本原则

气门间隙的检查与调整必须在气门完全关闭时进行。在检查与调整气门间隙之前，必须分析判断各气缸所处的工作冲程，以确定可调气门。其基本原则：处于压缩上止点的气缸，进气门和排气门均可调；处于排气冲程上止点的气缸，进气门和排气门均不可调；处于进气冲程和压缩冲程的气缸，排气门可调；处于做功冲程和排气冲程的气缸，进气门可调。

提示

◆气门间隙必须在规定的冷机或热机状态下调整到标准值。

◆各车型气门间隙有不同的标准值，一般车型的气门间隙为 0.20 ～ 0.30mm。

2. 检查与调整气门间隙的步骤

步骤一　确定第 1 缸压缩上止点位置。多数发动机都有点火正时标记，只要转动曲轴对正标记，即说明第 1 缸处于上止点位置；是否是压缩上止点，还需用辅助方法判断，如观察分电器分火头位置、气门状态、凸轮轴上置式发动机的凸轮位置等。

步骤二　按“双排不进”的规律快速确定可调气门。以 CA6102 发动机（点火顺序为 1 → 5 → 3 → 6 → 2 → 4）为例，根据该发动机的做功循环表可知，当第 1 缸处于压缩上止点时，第 5 缸处于压缩冲程初始阶段，第 3 缸处于进气冲程，第 6 缸处于排气上止点位置，第 2 缸处于排气冲程，第 4 缸处于做功冲程后期。再由检查与调整气门间隙的基本原则可确定：第 1 缸的“双”气门可调，第 5 缸和第 3 缸的“排”气门可调，第 6 缸的两气门均“不”可调，第 2 缸和第 4 缸的“进”气门可调。同理可确定，旋转曲轴一圈（360°），第 6 缸处于压缩上止点时：第 6 缸的“双”气门可调，第 2 缸和第 4 缸的“排”气门可调，第 1 缸的两气门均“不”可调，第 5 缸和第 3 缸的“进”气门可调。

按“双排不进”规律确定可调气门，多缸发动机均可分两次对全部气门的间隙进行检查与调整。多缸发动机可调气门规律如表 3-6 所示。

表 3-6　　多缸发动机可调气门规律

发动机类型	活塞处于上止点的气缸	可调气门对应气缸				点火顺序	气缸由前至后排列序号
		双	排	不	进		
直列式三缸	第1缸压缩上止点	1	2	—	3	1→2→3	1→2→3
	第1缸排气上止点	—	3	1	2		

续表

发动机类型	活塞处于上止点的气缸	可调气门对应气缸				点火顺序	气缸由前至后排列序号
		双	排	不	进		
直列式四缸	第1缸压缩上止点	1	3	4	2	1→3→4→2	1→2→3→4
	第4缸压缩上止点	4	2	1	3		
直列式五缸	第1缸压缩上止点	1	2	4、5	3	1→2→4→5→3	1→2→3→4→5
	第1缸排气上止点	4、5	3	1	2		
直列式六缸	第1缸压缩上止点	1	5、3	6	2、4	1→5→3→6→2→4	1→2→3→4→5→6
	第6缸压缩上止点	6	2、4	1	5、3		
V形六缸	第1缸压缩上止点	1	6、5	4	3、2	1→6→5→4→3→2	左：1→3→5 右：2→4→6
	第4缸压缩上止点	4	3、2	1	6、5		
V形八缸	第1缸压缩上止点	1	5、4、2	6	3、7、8	1→5→4→2→6→3→7→8	左：1→2→3→4 右：5→6→7→8
	第6缸压缩上止点	6	3、7、8	1	5、4、2		

步骤三 对可调气门的气门间隙进行检查与调整。多数发动机的气门间隙都是用装在摇臂上的调整螺钉来调整的，将与规定气门间隙相等的塞尺插入可调气门的气门间隙中，如图 3-79 所示，用手前后移动塞尺，如能感到有适当的阻力，说明气门间隙符合标准。

若移动塞尺时感觉无阻力或阻力过大，应用梅花扳手松开锁紧螺母，用一字旋具转动调整螺钉直到气门间隙符合规定为止，再将锁紧螺母拧紧，如图 3-80 所示。

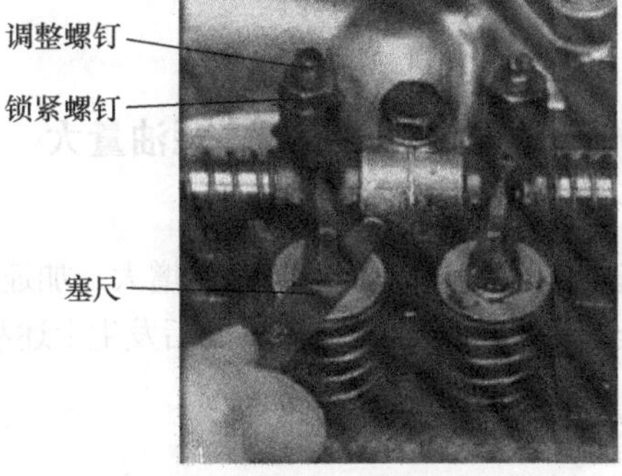

图 3-79 检查气门间隙

图 3-80 调整气门间隙

有些无摇臂总成的发动机，可通过改变挺柱内的垫片厚度来调整气门间隙。

提示

◆气门间隙调整后应进行验证性检查，以保证调整无误。

维修实例

实例一 桑塔纳轿车行驶无力，发动机功率下降，油耗增加

（1）故障现象

一辆桑塔纳轿车，行驶里程为7.8万千米。驾驶员说，在车辆行驶过程中感觉发动机加速困难，提速较慢，车辆行驶无力，油耗增加。

（2）故障原因

液压挺柱损坏。

（3）故障诊断与排除

在发动机运转过程中，有许多原因可能引起发动机加速困难，提速较慢。

对这辆车具体观察发现，几乎是每次急踩加速踏板时发动机的转速提升都较慢，并且排气管没有放炮声，初步诊断为发动机配气机构发生故障。再进行断火听诊，第2缸、第3缸响声变化不大，估计此处有气门关闭不严或烧蚀现象。

为进一步确诊，测量各缸气缸压力，第2缸、第3缸气缸压力均为850kPa，明显低于标准值（桑塔纳轿车发动机气缸压力标准值为1000～1300kPa）。

拆下气缸盖，发现第2缸、第3缸的进、排气门有烧蚀现象。更换烧蚀的气门后试车，故障现象有所减轻，但有时发动机还是加速困难，看来故障仍未彻底排除。又一次检测气缸压力，第2缸、第3缸尚未恢复到标准值，而且试车过程中气门还有杂乱的敲击声。

桑塔纳轿车采用液压挺柱装置，气门间隙自动调节，理论上讲不应有气门间隙过大造成的气门敲击声响，因此怀疑该车发动机气门的液压挺柱出现了故障。拆开气门室盖，拆下凸轮轴，取出每个液压挺柱，用手按压柱塞，感觉各缸液压挺柱的按压力度不均匀，判断为液压挺柱发生了故障。

更换损坏的液压挺柱后试车，发动机加速正常，故障排除。

实例二 捷达轿车更换正时齿带后，加速时排气管冒黑烟，耗油量大

（1）故障现象

一辆捷达轿车，行驶里程为8.2万千米。驾驶员说，车辆行驶无力，耗油量增大，加速时排气管冒黑烟。驾驶员反映，该车先前在其他修理厂更换过正时齿带，运行一段时间后发生上述故障。

（2）故障原因

更换正时齿带时未紧固张紧轮导致配气正时不准。

（3）故障诊断与排除

根据以上症状，推断该车故障主要原因是混合气过浓，故障部位可能在供油系统和配气机构。

检查燃油供给系统、节气门开度及各连接管路密封情况，均没有发现故障点。检查气门密封情况，发现密封良好。用内窥镜检查气门及缸内情况，也未见异常。做断缸试验，没有发现工作不良的气缸。检测进气歧管压力（真空度），较正常值低。

配气相位是影响进气压力的一个重要因素，在进行检测时，发现正时齿带轮室内发出有节奏的拍击声。拆下正时齿带轮室盖，按动正时齿带，发现十分松弛，检查凸轮轴配气正时标记，发现没有对正。由于张紧轮未紧固造成正时齿带错齿，从而导致配气正时不准。

对正凸轮轴正时装配标记，按规定紧固张紧轮，起动发动机试车，排气冒黑烟现象消失，

故障得以排除。

显然这是由于原修理人员在更换正时齿带时未紧固张紧轮引起的故障。它提醒修理人员，在排除故障时，不要忽视对原修理部位的检查。

项目拓展

配气机构的故障主要有配气相位失准和配气机构异响。配气相位失准主要是同步带安装位置不正确或同步带齿形磨损引起滑转造成的，遇此故障应立即更换同步带，并按发动机拆装的有关内容重新安装同步带。配气机构异响的故障诊断如下所述。

一、凸轮轴异响故障诊断

1. 故障现象

① 在发动机上部发出有节奏较钝重的“嗒嗒”声。

② 中速时响声明显，高速时响声杂乱或消失。

2. 故障原因

① 凸轮轴轴向间隙过大，产生轴向窜动。

② 凸轮轴有弯扭变形。

③ 凸轮工作表面磨损。

④ 凸轮轴轴颈磨损，径向间隙过大。

3. 故障诊断与排除

① 检查凸轮轴轴向间隙。如其轴向间隙过大，则应更换止推板；严重时，应更换凸轮轴。

② 如凸轮轴轴向间隙正常，则表明有凸轮轴弯扭变形、凸轮磨损或凸轮轴轴颈磨损等不良现象。此时，应分解配气机构，查明具体原因，视情更换凸轮轴。

二、气门脚异响故障诊断

1. 故障现象

① 发动机怠速时，气缸盖罩内发出有节奏的“嗒嗒嗒”的响声。

② 发动机转速升高，响声增大。

③ 发动机温度变化或做断火试验时，响声不变。

2. 故障原因

① 气门间隙调整不当。

② 气门杆尾端与气门间隙调整螺钉磨损。

③ 气门间隙调整螺钉的锁紧螺母松动。

④ 凸轮磨损或摇臂圆弧工作面磨损。

3. 故障诊断与排除

① 拆下气缸盖罩，检查气门间隙调整螺钉的锁紧螺母是否松动；检查气门间隙值，并视情重新调整。

② 检查气门杆尾部端面和调整螺钉的磨损情况，必要时更换气门或调整螺钉。

③ 检查凸轮与摇臂圆弧工作面的磨损情况，视情更换凸轮轴或摇臂。

三、气门弹簧异响故障诊断

1. 故障现象

① 发动机怠速时有明显的“嚓嚓”的响声。

② 各转速下均有清脆的响声，多根气门弹簧不良，机体有抖振现象。

2. 故障原因

气门弹簧过软或折断。

3. 故障诊断与排除

① 拆下气缸盖罩，用旋具撬住气门弹簧，若弹簧折断可明显地看出。弹簧折断应予以更换。

② 仍用旋具撬住气门弹簧，怠速运转发动机，若响声消失，则该弹簧过软。弹簧如过软，必须更换。

四、气门座圈异响故障诊断

1. 故障现象

① 发动机发出有节奏的类似气门脚响的声音，但比气门脚响的声音大很多。

② 发动机转速一定时，响声时大时小，并伴有破碎声。

③ 发动机中低速运转时，响声较清脆，高速时响声增大且变得杂乱。

2. 故障原因

① 气门座圈和气缸盖气门座圈座孔配合过盈量不足。

② 气门座圈镶入气缸盖气门座圈座孔后，滚边时没有将座圈压牢。

③ 气门座圈粉末冶金质量不佳，受热变形以致松动。

3. 故障诊断与排除

拆下气缸盖罩，经检查不是气门脚响和气门弹簧响，即可断定为气门座圈响。分解配气机构后进一步检查，必要时铰削气门座圈座孔，更换松动的气门座圈，并保证其压入后有足够的过盈量。

小 结

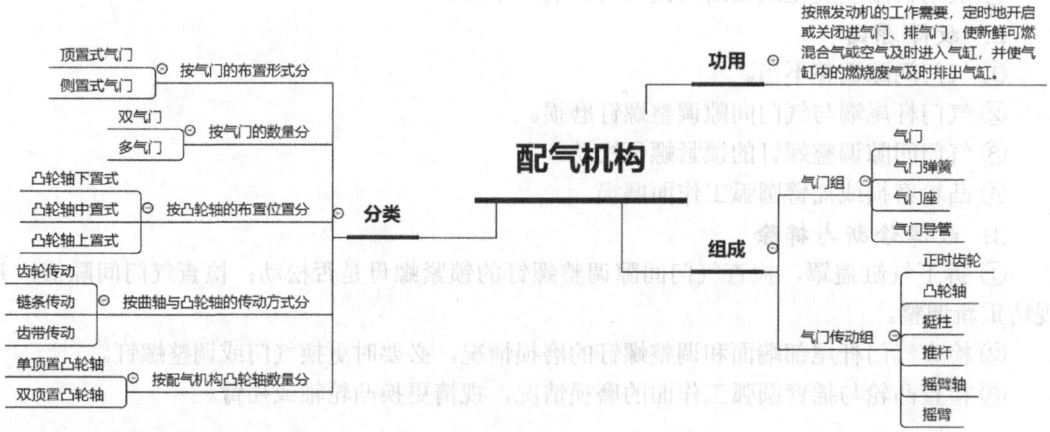

配气机构

- 工作原理：发动机工作时，曲轴通过正时齿轮驱动凸轮轴旋转，最终控制气门的开闭。曲轴与凸轮轴的传动比为2:1。
- 配气相位
  - 定义：以曲轴转角表示的发动机进、排气门实际开闭时刻及其开启的持续时间。
  - 气门叠开：活塞处于排气冲程上止点附近时，由于进气门的提前开启和排气门的迟后关闭，进气门和排气门同时开启的现象。
  - 可变配气相位
- 气门间隙
  - 定义：发动机在冷态下，在未装用液压挺柱的配气机构中，当气门处于关闭状态时，气门与传动件之间的间隙称为气门间隙。
  - 功用：补偿气门受热后的膨胀量，保证发动机的正常工作。

气门组

- 功用：实现气门对气缸的可靠密封
- 气门导管
  - 功用
    - 给气门的运动导向，保证气门做直线往复运动，使气门与气门座（或气门座圈）保持正常贴合。
    - 将气门杆所吸收的热量传给气缸盖。
- 气门弹簧
  - 功用
    - 使气门关闭并与气门座压紧。
    - 在气门开启或关闭过程中，使气门传动组零件紧密连接，防止因惯性力分离而产生异响。
  - 类型
    - 等螺距弹簧
    - 变螺距弹簧
    - 双气门弹簧
- 气门
  - 分类
    - 进气门
    - 排气门
  - 组成
    - 头部：与气门座配合，对气缸进行密封。
    - 杆部：与气门导管配合，在气门运动时起导向、承受侧压力并传走部分热量等作用。
- 气门座
  - 定义：进、排气道口与气门密封锥面直接接触的部位。
  - 作用
    - 与气门头部密封锥面配合，对气缸起密封作用。
    - 同时对气门还起散热作用。
  - 铰削
    - 制作：用气门座铰刀进行手工加工。
    - 工具：气门座铰刀由多只不同直径、不同锥角的铰刀组成。

气门传动组

- 常见故障
  - 凸轮轴异响
  - 气门脚异响
  - 气门弹簧异响
  - 气门座圈异响
- 摇臂
  - 功用：将气门传动组的推力改变方向后传给气门，并使其开启。
- 推杆
  - 功用：将挺柱的推力传给摇臂，主要用于凸轮轴下置式和凸轮轴中置式配气机构中。
- 正时齿轮
  - 正时齿轮传动装置
  - 正时链传动装置
  - 正时齿带传动装置
- 凸轮轴
  - 功用：利用凸轮控制气门的开启和关闭，使其符合发动机的工作顺序、配气相位及气门开度的变化规律等要求。
  - 组成
    - 凸轮
    - 轴颈
  - 分类
    - 驱动进气门的进气凸轮
    - 驱动排气门的排气凸轮
  - 轴向定位：为防止凸轮轴发生过量的轴向窜动，凸轮轴都设有轴向定位装置。
- 挺柱
  - 功用：与凸轮轴直接接触，将来自凸轮的推力传给推杆或气门。
  - 分类
    - 普通挺柱：筒式（可以减轻重量）和滚轮式（可以减轻磨损）。
    - 液压（液力）挺柱

练习思考题

1. 配气机构有何功用？
2. 配气机构由哪两部分组成？气门组和气门传动组各包括哪些零件？
3. 配气机构工作原理是怎样的？
4. 发动机配气机构是如何分类的？
5. 气门间隙有何功用？气门间隙过大、过小都有哪些危害？
6. 什么是配气相位？
7. 什么是气门叠开角？
8. 什么是可变配气相位？
9. 气门组有何功用？包括哪些零件？
10. 气门由哪两部分组成？各有何作用？
11. 什么是气门座？有何作用？
12. 气门导管有何功用？
13. 气门弹簧有何功用？常见类型有哪几种？
14. 如何铰削气门座？
15. 怎样研磨气门与气门座？
16. 怎样检修气门弹簧？
17. 气门传动组包括哪些零件？
18. 凸轮轴有何功用？由哪两部分组成？凸轮可分为哪两类？
19. 凸轮轴为何要有轴向定位装置？
20. 凸轮轴有哪些常见故障？
21. 凸轮轴正时传动装置一般有哪些？
22. 挺柱有何功用？一般可分为哪两种形式？
23. 推杆有何功用？推杆的类型与结构如何？
24. 摇臂有何功用？
25. 怎样检修凸轮轴正时传动装置？
26. 怎样检修气门挺柱？
27. 怎样检修摇臂？
28. 检查与调整气门间隙的基本原则有哪些？
29. 如何检查与调整气门间隙？
30. 凸轮轴异响的故障如何诊断？
31. 气门脚异响的故障如何诊断？
32. 气门弹簧异响的故障如何诊断？
33. 气门座圈异响的故障如何诊断？

项目四 润滑系统

学习目标

（1）能够正确描述润滑系统的组成、功用和工作原理。
（2）能够正确描述润滑系统主要零件的结构和润滑油路。
（3）熟悉润滑系统主要零件的拆装方法。
（4）熟悉润滑系统主要零件的检测及维修方法。
（5）熟悉机油压力的检查方法。

项目引入

一辆大众帕萨特轿车行驶里程为16.3万千米。该车在行驶了5min左右后，机油压力报警灯闪亮，蜂鸣器发出警报声。检查后发现机油滤清器处漏油，但更换机油滤清器后故障依然存在。

根据该车的故障现象，初步判断发动机润滑系统有故障，应对发动机润滑系统进行全面检查。

相关知识

一、润滑系统的功用

发动机工作时，所有产生相对运动的机件摩擦表面必然产生高温和磨损。发动机的润滑是由润滑系统来实现的。润滑系统的基本任务就是将机油不断地供给各零件的摩擦表面，减少零件的摩擦和磨损。流动的机油不仅可以清除摩擦表面上的磨屑等杂质，而且还可以冷却摩擦表面。气缸壁和活塞环上的油膜还能提高气缸的密封性。此外，机油还可以防止零件生锈。

润滑系统的功用如表4-1所示。

表4-1　润滑系统的功用

功用	说明
润滑	发动机机油必须在发动机所有摩擦表面中间形成油膜。而且不论发动机工作条件如何，机油温度多高，油膜必须得到保持。如果不能形成油膜，运动件就会相互接触，这些零件之间的摩擦将产生大量的热，并使零件损坏。无论是曲面如主轴承和气缸壁，还是平面如挺柱底面和气门杆端面，都应该形成油膜。 形成连续油膜的发动机零部件的润滑对延长发动机零部件的寿命是非常重要的

续表

功用	说明
清洗	发动机机油有清洗与机油接触的所有零件的功用，积炭沉积在活塞环和活塞上并被机油清洗掉。如果机油没有这种功用，积炭将把活塞环黏结在环槽内而引起大量气体漏入曲轴箱。如果泄漏严重，发动机的功率和燃油经济性会降低。发动机机油还应清洗像气门挺柱和气门杆这类工作条件恶劣的零件。积炭沉积在气门挺柱内使挺柱柱塞被黏住，从而在发动机内产生轻微的噪声。太多的积炭沉积在气门杆上将引起气门杆被黏住和发动机缺火等问题
冷却	气缸壁、活塞和活塞环等发动机零部件都在很高的温度下工作，尤其是发动机在大负荷下工作时更是如此。机油从这些零件和其他零件吸收热量后返回油底壳。机油将一部分热量散给油底壳周围的空气。当机油接触炽热的发动机零件时，机油可能在某种程度上被氧化并开始结焦。机油的闪点是机油着火和燃烧的温度，机油的温度必须维持在闪点以下。发动机机油应该耐热并有较高的闪点以减少焦质的形成
密封	发动机机油充塞于活塞环和气缸壁的微观不平的表面之间，可以减少泄漏。附着于气缸壁、活塞和活塞环的油膜起到密封防漏的作用。活塞、活塞环与气缸壁之间的油膜可减轻摩擦并保护这些零件
防锈	因为发动机的温度变化剧烈，所以发动机中的水蒸气有可能凝结为水而使发动机零件生锈。机油中含有防锈剂，有助于将金属表面的水分驱除，从而起到防锈的作用

二、发动机润滑方式

发动机工作时，由于各运动零件的工作条件不同，所要求的润滑强度也不同，因此润滑方式也不相同。发动机常采用的润滑方式有 3 种：压力润滑、飞溅润滑和定期润滑（润滑脂润滑），如表 4-2 所示。

表 4-2　　发动机常采用的润滑方式

润滑方式	说明
压力润滑	利用机油泵以一定的压力通过油道将润滑油输送到各零部件的摩擦表面上，摩擦表面形成油膜以保证润滑，这种润滑方式称为压力润滑，也称强制润滑 发动机上机械负荷大、相对运动速度高的零部件，一般采用这种润滑方式，如曲轴主轴颈与主轴承、连杆轴颈与连杆轴承、凸轮轴轴颈与凸轮轴轴承等。采用压力润滑可靠性高，但结构复杂，必须设有专门油道输送润滑油
飞溅润滑	发动机工作时依靠运动的零部件将润滑油的油滴和油雾飞溅到相关零部件的摩擦表面上，或依靠专门的油孔或喷嘴将润滑油喷射到相关零部件的摩擦表面上来进行润滑（或冷却）的方式称为飞溅润滑 发动机上的一些外露部位、机械负荷较小的零部件、相对运动速度较低的零部件（如活塞（环）与气缸壁、凸轮与挺柱、气门与导管等）的摩擦表面，一般采用这种润滑方式。采用飞溅润滑时结构比较简单，一般不需专门的设备，但可靠性较差
定期润滑（润滑脂润滑）	通过定期加注润滑脂来润滑各零部件的摩擦表面，这种润滑方式称为定期润滑 对发动机上的一些辅助系统，如水泵、风扇、发电机及起动机等部件的轴承，采用定期注入润滑脂的方法润滑。定期润滑不属于润滑系统的工作范畴

发动机润滑系统多采用压力润滑与飞溅润滑相结合的润滑方式。

三、发动机润滑系统滤清方式

在发动机润滑系统中，有两种机油滤清方式，即分流式和全流式，如表 4-3 所示。

表 4-3　　发动机润滑系统滤清方式

滤清方式	说明	图示
分流式	滤清器与主油道并联，只有一部分机油通过滤清器被滤清，大部分机油被直接泵入发动机主油道，这种形式在多年以前的发动机上采用	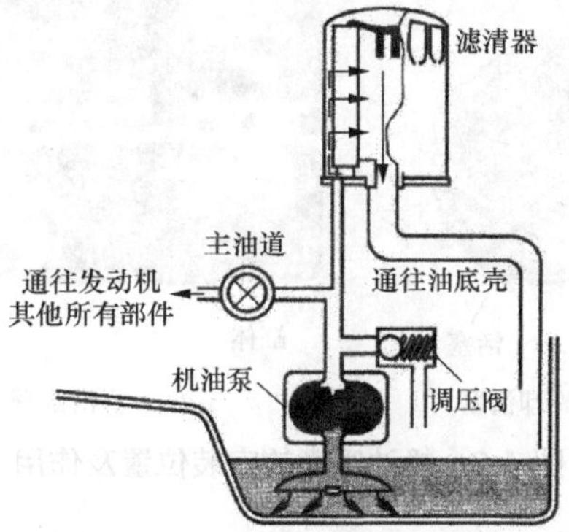
全流式	滤清器与主油道串联，所有机油在进入发动机主油道前都必须通过机油滤清器。如果滤清器堵塞，则机油顶开滤清器上的旁通阀直接进入主油道。现在的发动机一般都采用过滤效率高的全流式	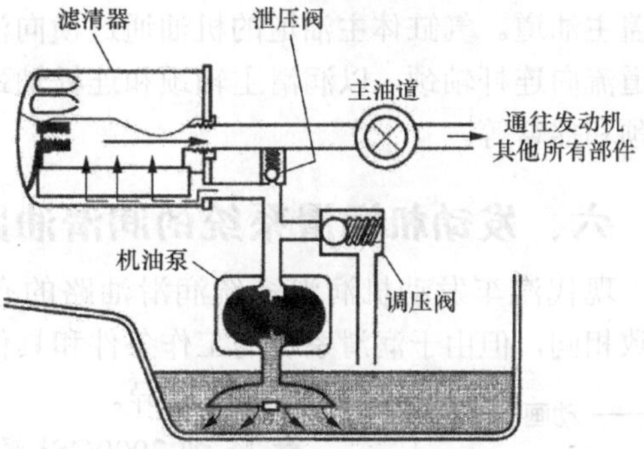

四、润滑系统的组成

如图 4-1 所示，发动机润滑系统一般由油底壳、机油泵、油道、机油滤清器、集滤器、加机油口、机油散热器、限压阀、机油尺、曲轴箱通风装置、机油压力传感器和机油压力报警灯等组成。

有的发动机润滑系统还安装有机油喷嘴，主要作用是将润滑油喷射到相关零部件上或摩擦表面上，从而起冷却或润滑作用，如图 4-2 所示。

五、润滑系统的工作原理

如图 4-3 所示，当发动机工作时，曲轴带动机油泵旋转，机油经机油集滤器从油底壳中被吸

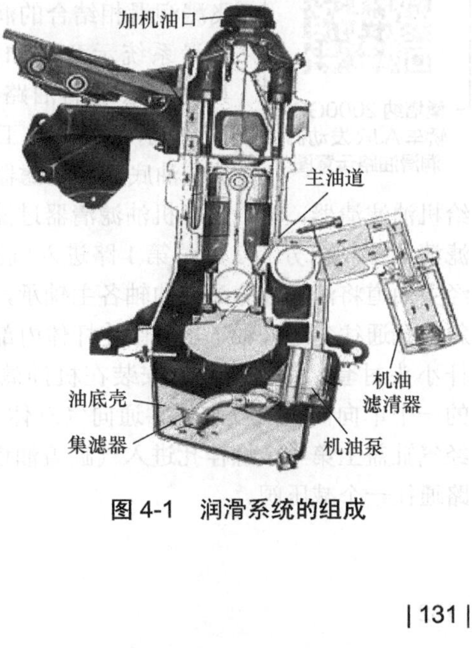

图 4-1　润滑系统的组成

出，这样可以防止大的机械杂质进入机油泵内。机油泵使机油产生一定的压力而输出。

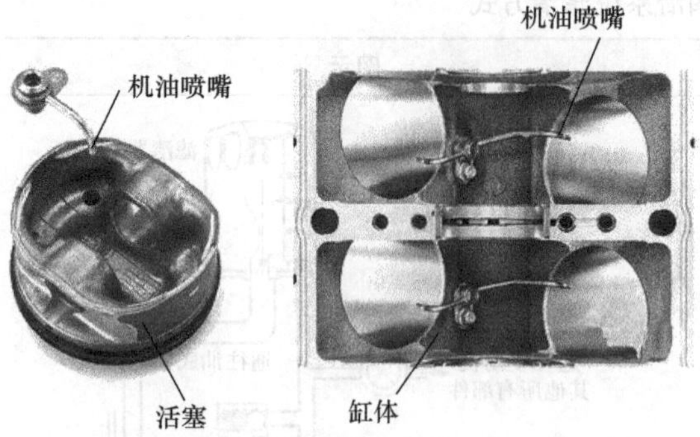

（a）冷却活塞　　（b）润滑缸壁

图 4-2　机油喷嘴的安装位置及作用

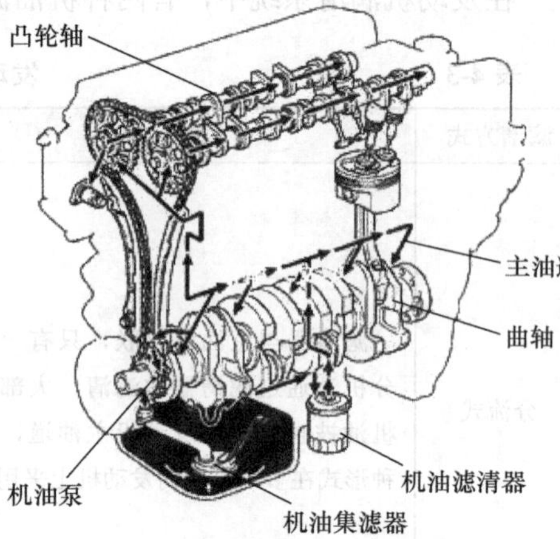

图 4-3　润滑系统的工作原理

从机油泵输出的机油进入机油滤清器，滤去机油中的机械杂质后流入气缸体主油道和气缸盖主油道。气缸体主油道的机油通过横向油道分别流向曲轴各主轴颈，再通过曲轴中的斜油道流向连杆轴颈，以润滑主轴颈和连杆轴颈。气缸盖主油道的机油通过分油道来润滑凸轮轴颈和摇臂等。

六、发动机润滑系统的润滑油路

现代汽车发动机润滑系统润滑油路的布置方案大致相同，但由于润滑系统的工作条件和具体结构的不同而略有差异。

动画

桑塔纳 2000GSi 轿车 AJR 发动机润滑油路示意图

桑塔纳 2000GSi 轿车 AJR 发动机润滑系统采用压力润滑与飞溅润滑相结合的润滑方式，其润滑系统示意图如图 4-4 所示，其润滑系统的油路示意图如图 4-5 所示。发动机工作时，润滑油从油底壳经集滤器被机油泵送给机油滤清器。润滑油经机油滤清器过滤后，在机油滤清器支架内分为 3 路：第 1 路进入气缸体主油道，经主油道将润滑油分配给曲轴各主轴承，由曲轴上的斜油孔通往各连杆轴承，再由连杆体内部油道通往连杆小头衬套；第 2 路通过安装在机油滤清器支架上的一个单向阀进入气缸体并通向气缸体上平面油道，经气缸盖上第 4 个螺栓孔进入气缸盖油道，将润滑油分配到各凸轮轴轴颈和液压挺柱；第 3 路通往一个减压阀。

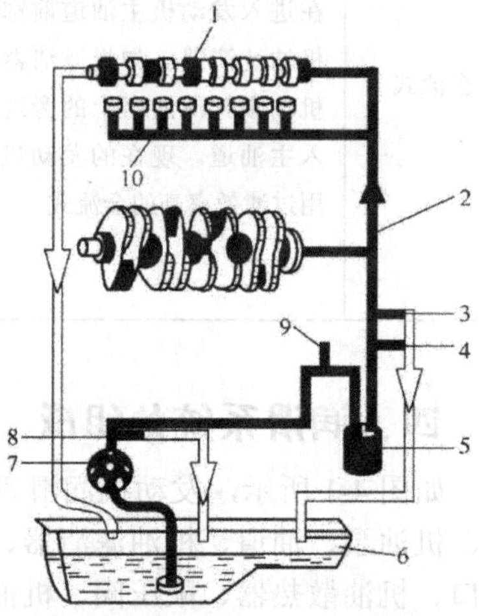

图 4-4　桑塔纳 2000GSi 轿车 AJR 发动机润滑系统示意图

1—凸轮轴；2—单向阀；3、8—减压阀；4—油压报警开关（0.18MPa）；5—机油滤清器（带旁通阀）；6—油底壳；7—转子式机油泵；9—油压报警开关（0.025MPa）；10—液压挺柱

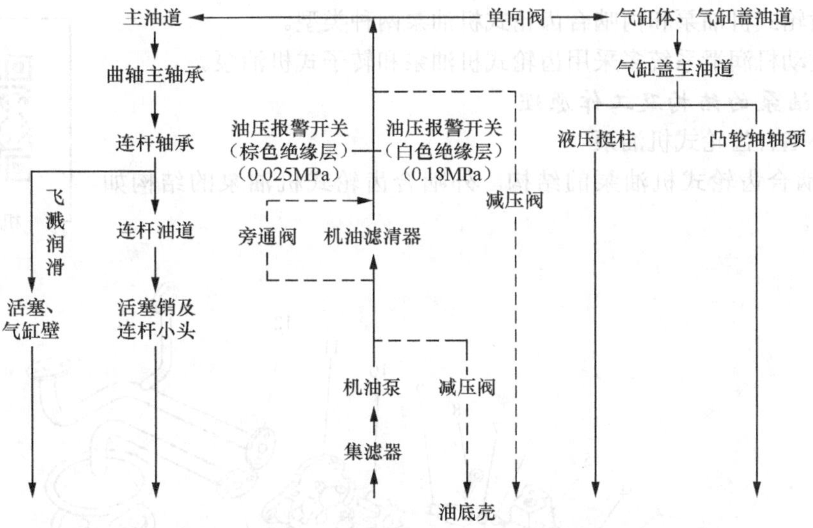

图 4-5　桑塔纳 2000GSi 轿车 AJR 发动机润滑系统的油路示意图

在机油滤清器支架上装有两个油压报警开关：一个是作用压力为 0.025MPa 的低压报警开关；另一个是作用压力为 0.18MPa 的高压报警开关，以检测系统内的润滑油压力。打开点火开关后，仪表板上的机油压力报警灯即开始闪烁；发动机起动后，若润滑油压力高于 0.025MPa，则低压报警开关触点断开，机油压力报警灯自动熄灭。发动机转速较低时，若润滑油压力低于 0.025MPa，则低压报警开关触点闭合，机油压力报警灯闪烁；发动机转速超过 2150r/min 时，若润滑油压力低于 0.18MPa，则高压报警开关触点断开，机油压力报警灯闪烁，同时蜂鸣器鸣响报警。机油压力报警灯闪烁或蜂鸣器报警时，说明润滑油压力低于标准值，润滑系统有故障，此时应停机检查。

同时，为保证润滑系统的正常工作，在润滑油路中装有两个减压阀：一个减压阀装在机油泵上；另一个减压阀装在机油滤清器支架上。减压阀的作用：当润滑油压力超过规定值时，减压阀打开，部分润滑油经减压阀流回油底壳。旁通阀的作用：当机油滤清器堵塞时，旁通阀打开，润滑油不再经过滤清器过滤而由旁通阀直接进入主油道。单向阀的作用：当发动机停机时，保持气缸盖油道内存油，防止发动机再次起动时由于气缸盖供油压力不足而影响液压挺柱的正常工作。

七、润滑系统主要零部件

（一）机油泵

1．机油泵的功用

机油泵的主要功用是建立压力润滑并维持润滑油在系统内循环流动所必需的油压。

机油泵一般安装在曲轴箱内，由曲轴、凸轮轴或中间轴驱动，强制地将润滑油送到各零部件的摩擦表面上，以保证发动机的良好润滑。

2．机油泵的类型

机油泵一般有齿轮式机油泵、转子式机油泵、叶片式机油泵 3 种类型。齿轮式机油泵又有外啮合齿轮式机油泵和内啮合齿轮式机油泵两种类型。

动画

机油泵原理

汽车发动机润滑系统多采用齿轮式机油泵和转子式机油泵。

3. 机油泵的结构及工作原理

（1）外啮合齿轮式机油泵

① 外啮合齿轮式机油泵的结构。外啮合齿轮式机油泵的结构如图 4-6 所示。

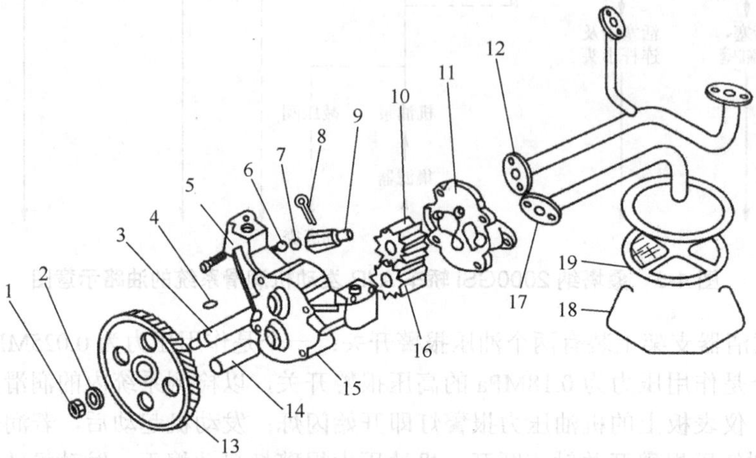

图 4-6　外啮合齿轮式机油泵的结构

1—螺母；2—锁片；3—主动轴；4—半圆键；5—弹簧座；6—限压阀弹簧；7—球阀；8—开口销；9—阀体；10—主动齿轮；11—泵盖；12—出油管；13—传动齿轮；14—从动轴；15—泵壳；16—从动齿轮；17—吸油管；18—卡簧；19—集滤器滤网

泵壳用螺栓安装在曲轴箱内第一道主轴承座两侧，泵壳内装有主动轴和从动轴，主动齿轮和从动齿轮分别安装在主动轴和从动轴上。泵盖用螺栓安装在泵壳上，机油泵的进油口和出油口均设在泵盖上，带有固定式集滤器的吸油管用螺栓固定在进油口处，出油管用螺栓固定在机油泵出油口与发动机机体上的相应油道之间。主动轴的前端伸出泵壳，并用半圆键、锁片和螺母将传动齿轮固定安装在主动轴上，发动机工作时，通过传动齿轮与曲轴正时齿轮啮合驱动机油泵工作。限压阀安装在机油泵出油口处，主要由阀体、球阀、弹簧和弹簧座组成，开口销用来固定弹簧座的位置。

② 外啮合齿轮式机油泵的工作原理。外啮合齿轮式机油泵的工作原理如图 4-7 所示。发动机工作时，机油泵齿轮按图 4-7 中箭头所示方向旋转，进油腔的容积因轮齿逐渐脱离啮合而增加，产生一定的真空度，将润滑油从进油口吸入进油腔。随齿轮的旋转，轮齿间的润滑油被带到出油腔。出油腔的容积因轮齿逐渐进入啮合而减小，油压升高，润滑油经出油口排出。随着齿轮泵的不断旋转，润滑油不断地进入机油滤清器，经滤清后被送往各摩擦表面。

动画

外啮合齿轮式机油泵的工作原理

为保证齿轮传动的连续性，当前一对轮齿尚未脱离啮合时，后一对轮齿已进入啮合，这样两对啮合轮齿之间的润滑油会因轮齿逐渐啮合而受到挤压，并产生很高的压力，不仅增加齿轮旋转的阻力，而且此压力通过齿轮作用在齿轮轴上，会加剧齿轮和齿轮轴的磨损。为此，通常在泵盖上加工有泄压槽，使两啮合轮齿间被挤压的润滑油通过此槽流进出油腔。

外啮合齿轮式机油泵具有泵油效率高、功率损失小、结构简单、工作可靠等优点，但需要中间传动机构，制造成本较高。

（2）内啮合齿轮式机油泵

① 内啮合齿轮式机油泵的结构。内啮合齿轮式机油泵的结构如图 4-8 所示。机油泵体内腔装有内齿圈和小齿轮，内齿圈为从动齿轮，小齿轮为主动齿轮。两者的中心线与内齿圈的中心线不重合，啮合后形成一个月牙形空腔，在该空腔内安装一个月牙板（块），将内、外齿分开。

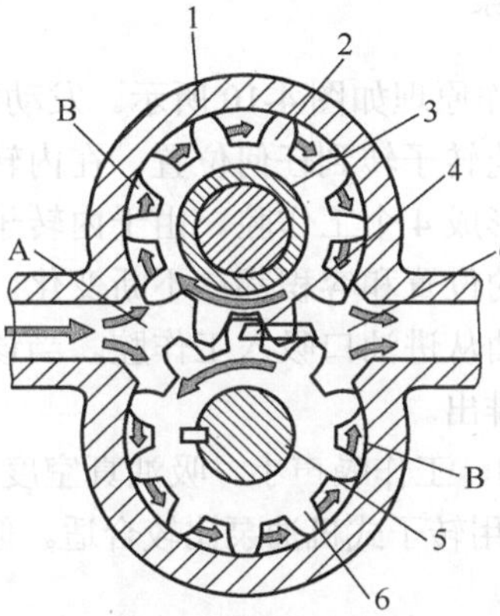

图 4-7　外啮合齿轮式机油泵的工作原理

1—机油泵体；2—机油泵从动齿轮；3—衬套；4—泄压槽；5—驱动轴；6—机油泵主动齿轮；A—进油腔；B—过渡油腔；C—出油腔

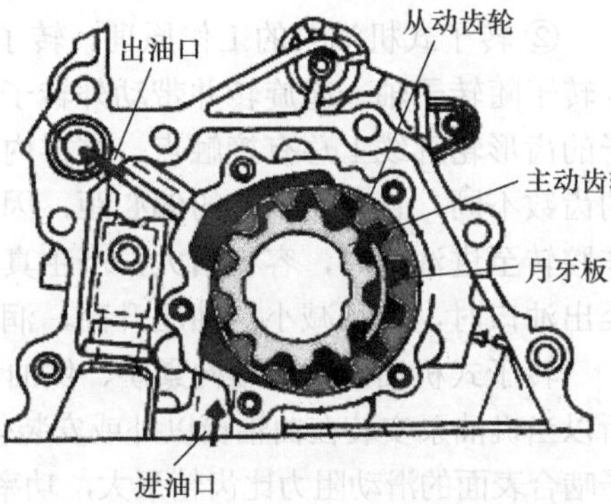

图 4-8　内啮合齿轮式机油泵的结构

② 内啮合齿轮式机油泵的工作原理。发动机工作时，主动齿轮（小齿轮）随驱动轴一起转动并带动从动齿轮（内齿圈）同向旋转。主动齿轮和从动齿轮在转至进油口处时开始逐渐脱离啮合，沿旋转方向两者形成的容积逐渐增大，产生一定的真空度，将润滑油从进油口吸入。由于主动齿轮和从动齿轮被月牙板隔开，随着齿轮的继续旋转，轮齿间的润滑油被带往出油口。在靠近出油口处，主动齿轮和从动齿轮间的容积逐渐减小，油压升高，润滑油从机油泵的出油口送往发动机油道中，主动齿轮和从动齿轮又重新啮合。

由于内啮合齿轮式机油泵由曲轴直接驱动，无需中间传动机构，所以零件数量少，制造成本低，占用空间小。但由于主、从动齿轮间有一处无用的空间，因此使机油泵的泵油效率降低。

（3）转子式机油泵

① 转子式机油泵的结构。转子式机油泵主要由壳体、泵盖、内转子、外转子、链轮等组成，如图 4-9 所示。内转子固定在机油泵转子轴上，其外端装有机油泵链轮。外转子安装在泵壳内（泵壳上设有进油孔和出油孔），可在油泵壳体内自由转动，与内转子啮合传动，内、外转子轴心有一定偏心距。内转子比外转子少一个凹齿。转子式机油泵用螺栓安装在曲轴箱内，由中间轴通过传动链驱动。

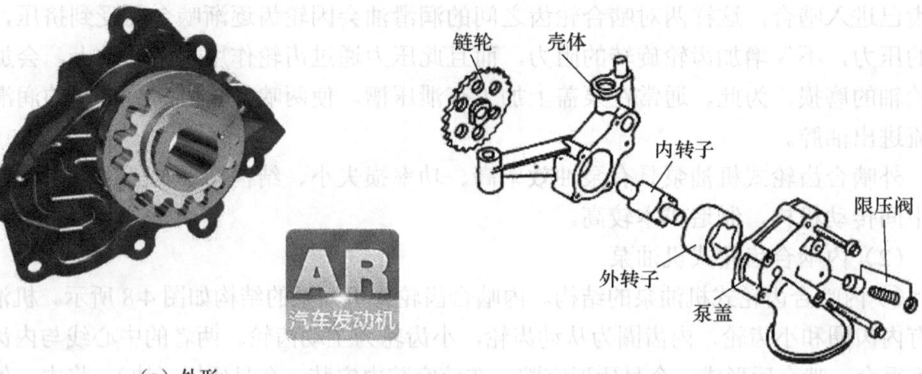

（a）外形　　（b）结构

图 4-9　转子式机油泵

② 转子式机油泵的工作原理。转子式机油泵的工作原理如图 4-10 所示。发动机工作时，内转子随转子轴一起旋转并带动外转子同向旋转。无论转子转到任何位置，在内转子与外转子的齿形轮廓线上总有接触点，这样内、外转子间便形成 4 个工作腔。由于内转子与外转子的齿数不同，且存在一定的偏心距，因此 4 个工作腔的位置和容积都在不断变化。当某一工作腔转至进油口时，容积增大，产生真空度，将润滑油从进油口吸入工作腔。当该工作腔转至出油口时，容积减小，油压升高，润滑油经出油口排出。

转子式机油泵具有结构紧凑、供油量大且油压均匀、工作噪声小、吸油真空度高等优点，所以当机油泵安装在曲轴箱以外或安装位置较高时，采用转子式机油泵比较合适。但内、外转子啮合表面的滑动阻力比齿轮泵大，功率消耗较大。

（4）叶片式机油泵

叶片式机油泵的结构如图 4-11 所示，它由偏心转子、叶片、泵壳等零件组成。叶片式机油泵是因叶片、偏心转子和泵壳三者间的容积变化而实现吸油和压油作用的。

动画
转子式机油泵的工作原理

图 4-10　转子式机油泵的工作原理

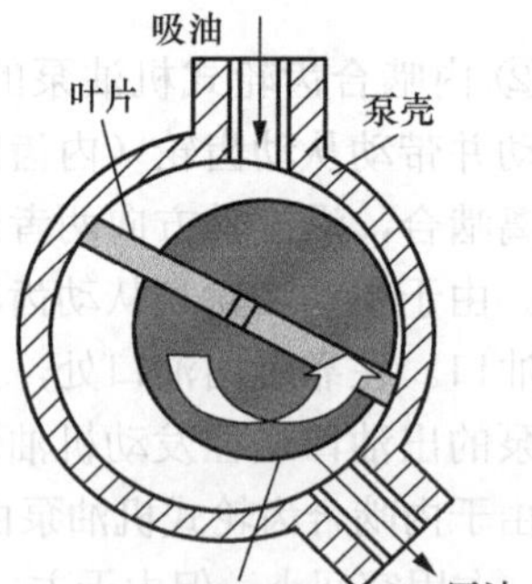

图 4-11　叶片式机油泵的结构

（二）机油滤清器

1. 机油滤清器的功用

机油滤清器的功用是滤去机油中的金属屑、末等杂质，保证机油质量，防止零件过快地磨损。其性能直接影响到发动机的大修期限和使用寿命。

2．机油滤清器的分类

机油滤清器按用途和安装位置不同分为集滤器、粗滤器和细滤器等，按滤芯材料不同分为金属片式滤清器和纸质式滤清器等。

3．集滤器

集滤器一般为滤网式，放在油底壳的油池内，安装在机油泵的进油管端，防止较大的杂质被吸入机油泵。集滤器可分为浮动式集滤器和固定式集滤器两种。

（1）浮动式集滤器

如图 4-12 所示，浮动式集滤器主要由浮子、滤网、网罩、吸油管和固定管组成。浮子是中空的，始终浮在油面上。固定管与机油泵进油口连接，安装后固定不动。吸油管与固定管活动连接，使浮子能随油面变化而自由升降。浮子下面装有金属丝滤网，滤网具有一定弹性，中央有环口，平时借助滤网本身的弹性使环口压紧在网罩上。网罩边缘有缺口，与浮子装合后形成进油狭缝。

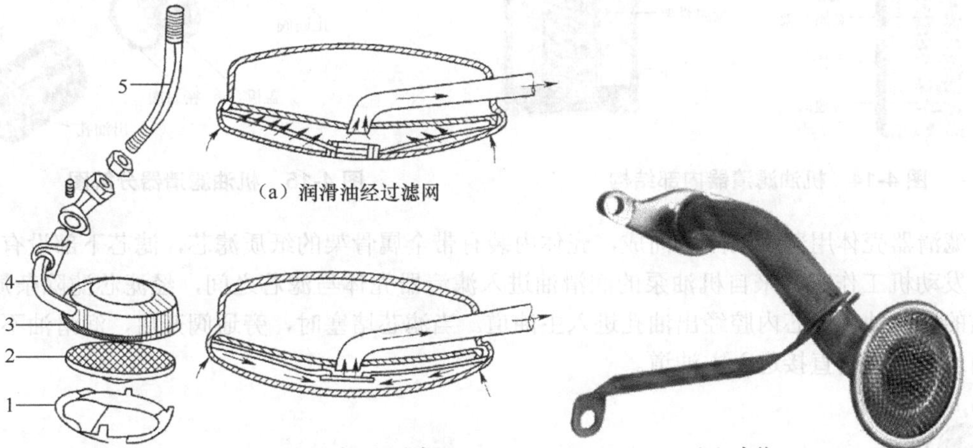

（a）润滑油经过滤网

（b）润滑油不经过滤网

（b）实物

图 4-12 浮动式集滤器

1—集滤器网罩；2—滤网；3—浮子；4—吸油管；5—固定管

机油泵工作时，润滑油从油底壳经进油狭缝、吸油管进入机油泵。在流经滤网时，较大的杂质被滤除，如图 4-12（a）所示。若滤网堵塞，其上部产生真空，从而克服滤网弹性将滤网吸起，使其环口离开网罩，润滑油不经过滤网而由环口直接进入机油泵，如图 4-12（b）所示，保证了润滑油的供给不致中断。

（2）固定式集滤器

固定式集滤器主要由吸油管、滤网和网罩组成，如图 4-13 所示。吸油管上端用螺栓与机油泵连接，下端与滤网支座连成一体；网罩利用翻边安装在滤网支座外缘凸台上；滤网夹装在支座与网罩之间。网罩的边缘有 4 个缺口，形成进油通

图 4-13 固定式集滤器的组成

1—网罩；2—滤网；3—吸油管

道。机油泵工作时，润滑油从网罩的缺口处经过滤网滤除较大的杂质后，通过吸油管进入机油泵。

与浮动式集滤器相比，固定式集滤器结构简单，并可防止油面上的泡沫被吸入润滑系统中，所以应用广泛，但吸入润滑油的清洁度稍差。

4. 机油滤清器的结构

轿车上普遍采用纸质全流式滤清器，且一般采用整体式结构，即将滤芯与壳体制成不可拆卸的一个整体。机油滤清器内部结构如图 4-14 所示，其分解图如图 4-15 所示。

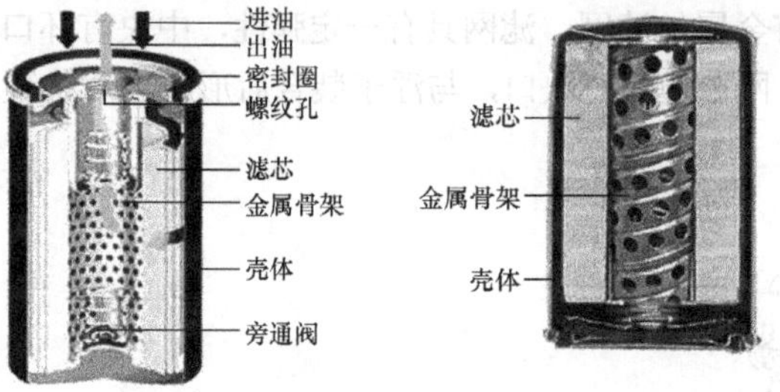

图 4-14　机油滤清器内部结构

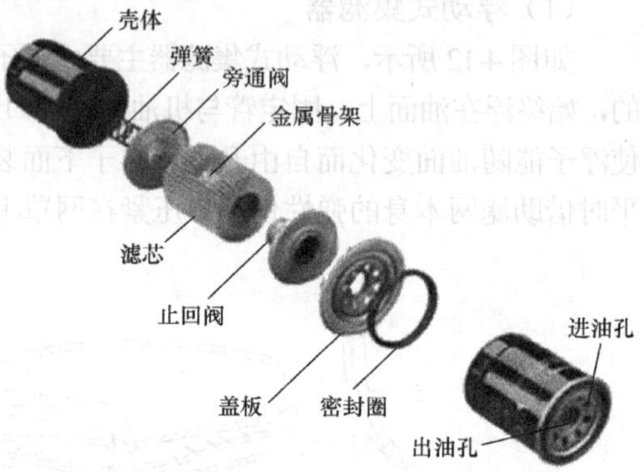

图 4-15　机油滤清器分解图

滤清器壳体用薄钢板冲压而成，壳体内装有带金属骨架的纸质滤芯，滤芯下部设有旁通阀。发动机工作时，来自机油泵的润滑油进入滤清器壳体与滤芯之间，经滤芯滤除杂质后，清洁的润滑油由滤芯内腔经出油孔进入主油道。当滤芯堵塞时，旁通阀开启，润滑油不经滤芯而通过旁通阀直接进入主油道。

提示

◆纸质全流式机油滤清器在使用中不需维护，这种滤清器不能重复使用，需要定期更换。由于各种发动机使用的润滑油类型是不同的，所以更换周期也有所不同，一般汽车每行驶 5000 ～ 15000 km 需进行更换。

5. 典型车型机油滤清器

动画

单级、整体式机油滤清器

桑塔纳轿车发动机机油滤清器采用粗滤器和细滤器为一体（见图 4-16）的结构，即尼龙细滤芯与褶纸粗滤芯串联在同一壳体内。滤清器出油口是螺纹孔，滤清器通过该螺纹孔安装在缸体的螺纹接头上，螺纹接头与缸体主油道相通。滤清器与缸体安装平面之间用密封圈密封。桑塔纳轿车机油滤清器的工作原理如图 4-17 所示，润滑油从滤清器盖周围的进油口进入滤清器内，从外向内流过褶纸粗滤芯和尼龙细滤芯，滤除杂质后进入滤清器中心油腔。当润滑油压力大于单向阀的弹簧力时，顶开单向阀，润滑油经出油口进入缸体主油道。单向阀的作用是当发动机停止工作时，将滤清器的进油口关闭，防止润滑油从滤清器流回油底壳，保持油道内具有足够的润滑油，以利于发动机再次起动。滤清器内设有旁通阀，如果使用中滤芯堵塞，则润滑油压力升高。当油压达到规定值时，旁通阀开启，润滑油不经滤芯，由旁通阀通过中心油腔直接进入主油道，保证了润滑油的供给不致中断。

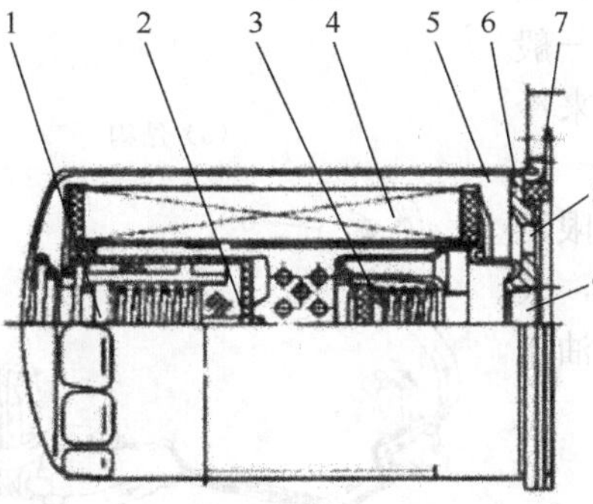

图 4-16 桑塔纳轿车机油滤清器的结构

1—旁通阀；2—尼龙细滤芯；3—单向阀；4—褶纸粗滤芯；5—滤清器壳体；6—滤清器盖；7—密封圈；8—进油口；9—出油口

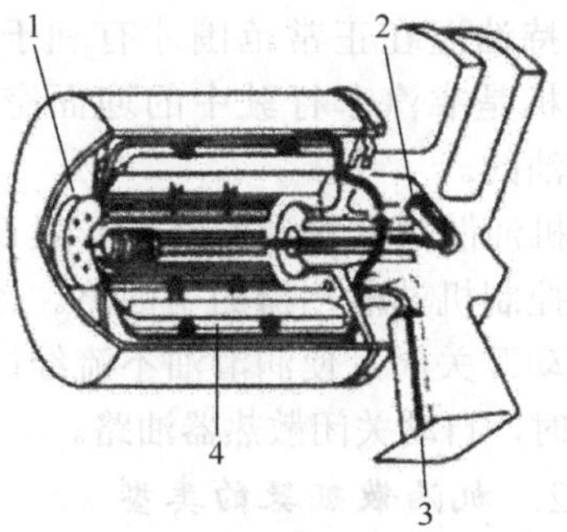

图 4-17 桑塔纳轿车机油滤清器的工作原理

1—旁通阀；2—提供给发动机清洁的润滑油；3—来自油底壳的润滑油；4—褶纸粗滤芯

6. *滤芯结构*

机油滤清器滤芯的常见形式有褶纸滤芯（见图 4-18）和纤维滤清材料滤芯两种。褶纸滤芯由微孔滤纸经酚醛树脂处理后，叠成折扇形或波纹形，包围在冲有许多小孔的薄壁芯筒外，滤纸和盖板之间用胶黏合在一起。褶纸滤芯具有质量轻、体积小、结构简单、滤清效果好、阻力小、成本低的优点，因此应用广泛。有的轿车发动机为了提高褶纸滤芯的过滤性能，采用双网孔纸质滤芯（见图 4-19），润滑油流入的一侧为网孔直径较大的粗层面，而润滑油流出的一侧为网孔直径较小的细层面。这种滤芯润滑油流动阻力更小，且不易堵塞。

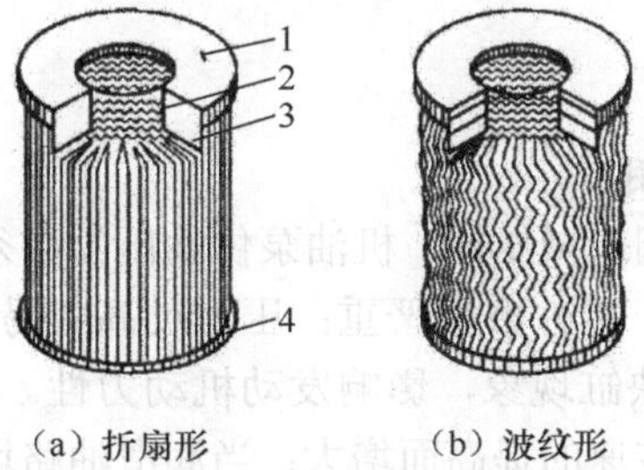

（a）折扇形 （b）波纹形

图 4-18 褶纸滤芯

1—上端盖；2—芯筒；3—微孔滤纸；4—下端盖

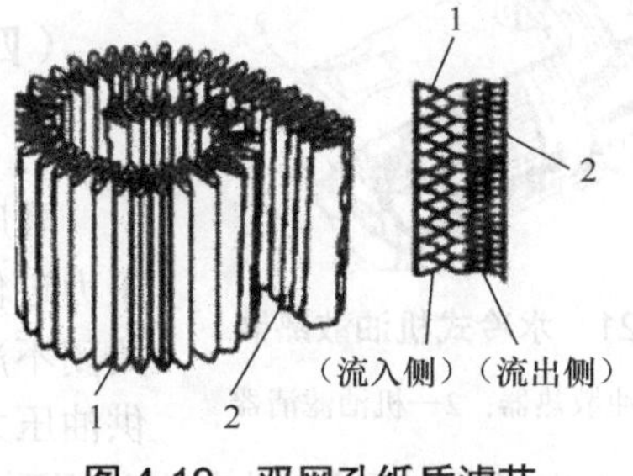

图 4-19 双网孔纸质滤芯

1—粗层面；2—细层面

（三）机油散热器

1. *机油散热器的功用*

发动机工作时，润滑油在发动机机体内循环，其温度可达 95℃左右。若润滑油温度过高（超过 125℃时），则会使其黏度下降，甚至会失去润滑性能。因此，在一些热负荷较大的发动机上，装有机油散热器，以防止机油温度过高，造成机油黏度过低，摩擦表面油膜不易形成，甚至机油变质。过低的机油温度，虽有利于保持油膜，但将导致摩擦阻力增加，因此保持油温在正常范围才有利于发动机的工作。一般发动机是靠汽车行驶中的迎面空气流吹拂油底壳来冷却机油的。

机油散热器进油管路中一般设有手动开关阀和限压阀，控制机油散热器的主油路。当环境温度较低时，关闭手动开关阀，使润滑油不流经散热器。限压阀在油压较低时，自动关闭散热器油路。

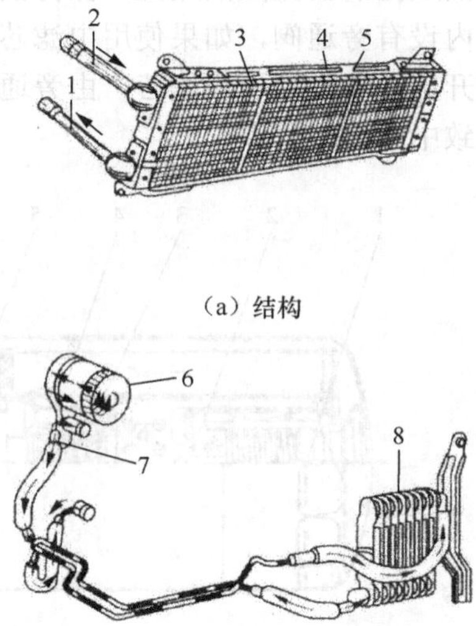

（a）结构

（b）工作原理

图 4-20　风冷式机油散热器

1—出油管；2—进油管；3—散热片；4—扁管；5—框架；6—机油滤清器；7—溢流阀；8—机油散热器

2. 机油散热器的类型

机油散热器可分为风冷式和水冷式两种类型。

（1）风冷式机油散热器

风冷式机油散热器如图 4-20 所示。它一般安装在发动机前方且与主油道并联，空气流经散热器时将热量带走，使散热器内的润滑油得以冷却，其结构原理与冷却系统的散热器基本相同。

（2）水冷式机油散热器

水冷式机油散热器如图 4-21 所示。它一般安装在发动机一侧，串联在主油道之前，润滑油经滤清器过滤后直接进入散热器并在散热器芯内流动。来自冷却系统的冷却液流经散热器芯外围时将热量带走，使散热器芯内的润滑油得以冷却。由于水冷式机油散热器的尺寸小，布置方便，且润滑油温度稳定，因此广泛应用在轿车发动机上。

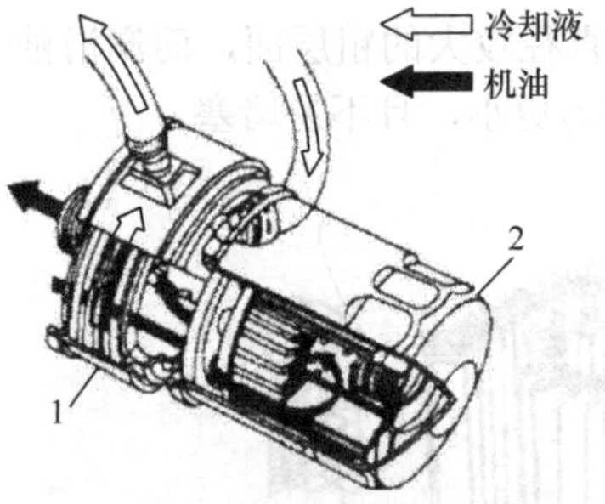

图 4-21　水冷式机油散热器

1—机油散热器；2—机油滤清器

（四）限压阀

1. 限压阀的功用

限压阀又称安全阀或减压阀。机油泵供油压力必须适当，压力过低使润滑不良，机件磨损严重；压力过高容易使气门关闭不严，甚至引起缺缸现象，影响发动机动力性。机油泵供油压力随着发动机转速的提高而增大；当润滑油路堵塞时，供油压力也增大。因此，为控制润滑系统润滑油的工作压力，在机油泵、机油滤清器或主油道中装有限压阀。

2. 限压阀的类型

限压阀有钢球式和柱塞式两种类型，钢球式限压阀较常见。

钢球式限压阀的结构如图 4-22 所示。它主要由钢球和弹簧等组成，安装在机油泵上。当油压正常时，由于弹簧力的作用而使钢球压紧在球座上，

动画

钢球式限压阀

回油道关闭。当油压超过规定值时，润滑油压力克服弹簧力作用，使钢球左移，回油道开启。这样，机油泵输出的部分压力油经回油道流回进油口，使机油泵的供油压力控制在规定值以内。

（五）机油尺

机油尺是一个细长的金属杆，其下端加工成扁平状，上面有润滑油液面油位上限和下限的高度标记。机油尺的油位标记如图 4-23 所示，使用中应经常检查润滑油油面高度，油面高度应处于上限标记、下限标记之间，中线偏上。

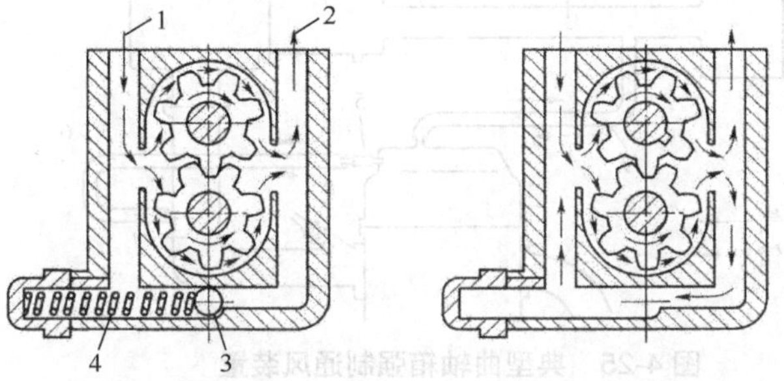

图 4-22　钢球式限压阀

1—进油口；2—出油口；3—钢球；4—弹簧

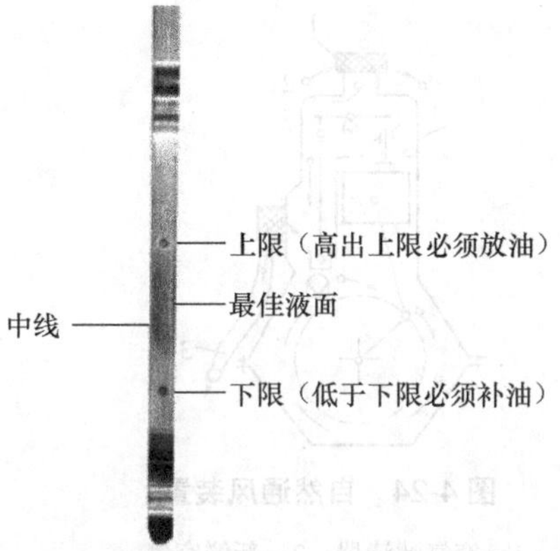

图 4-23　机油尺的油位标记

油面过低，影响润滑效果，易使机件磨损严重；油面过高，容易引起润滑油消耗增加，燃烧室积炭严重。

（六）曲轴箱通风装置

1. 曲轴箱通风装置的功用

发动机工作时，一部分可燃混合气和废气会经活塞环泄漏到曲轴箱内，其中的汽油蒸气凝结后将使机油变稀，性能变坏；同时，废气的高温和废气中的酸性物质及水蒸气将侵蚀零件，破坏机油的供给；另外，由于混合气和废气进入曲轴箱，因此曲轴箱内的压力增大，温度升高，易使机油从油封、衬垫等处向外渗漏而流失。同时，曲轴箱窜入的可燃混合气、废气等直接排入大气，将导致 CO、HC 等排放污染物的增加。为此，一般汽车发动机都装有曲轴箱通风装置，以便及时将进入曲轴箱的混合气和废气抽出，使新鲜气体进入曲轴箱，不断形成对流。

2. 曲轴箱通风装置的通风方式

曲轴箱通风装置有自然通风和强制通风两种方式。

（1）自然通风装置

利用汽车行驶时产生的气流及冷却风扇的气流作用在通风管处的真空度，将曲轴箱内的气体抽出并直接导入大气中的通风方式称为自然通风。如图 4-24 所示，这种方式是在与曲轴箱连通的气门室盖或润滑油加注口接出一根下垂的通风管，管口处切成斜口，切口的方向与汽车行驶的方向相反。柴油机多采用这种通风方式。

（2）强制通风装置

利用气缸中进气的真空度将漏入曲轴箱中的高温、高压废气及可燃混合气强制地吸入气缸。窜入曲轴箱内的混合气可以回收利用，这有利于提高发动机经济性。现代汽车发动机曲轴箱一般采用强制通风装置。

典型曲轴箱强制通风装置如图 4-25 所示，主要由 PCV 阀、PCV 软管和平衡管等组成。发动机工作时，利用进气歧管内的真空度将窜入曲轴箱的气体经 PCV 阀和 PCV 软管吸入进气歧管，使这些气体随新鲜空气一起进入气缸参加燃烧。

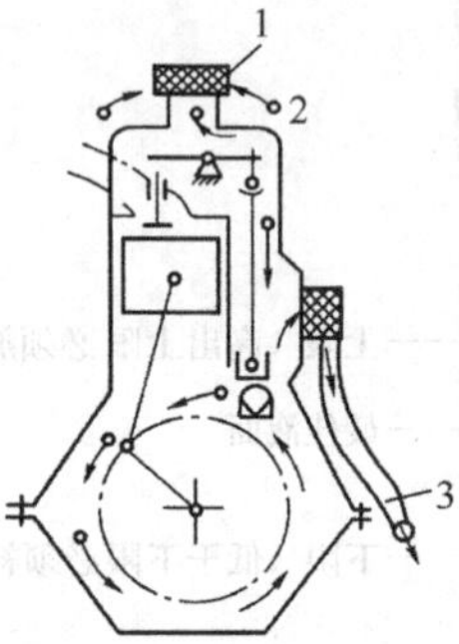

图 4-24　自然通风装置

1—空气滤清器；2—新鲜空气；3—通风管

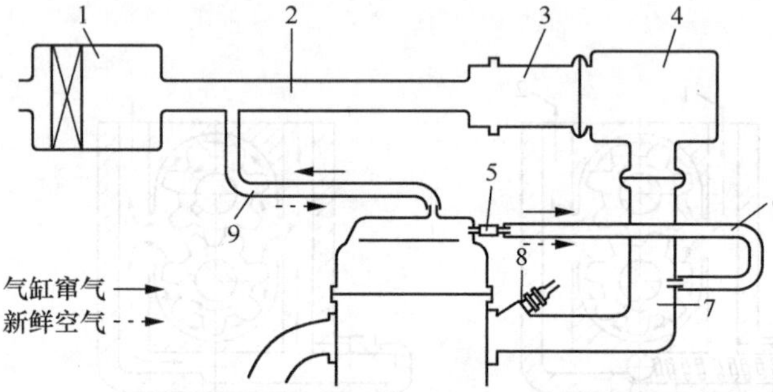

图 4-25　典型曲轴箱强制通风装置

1—空气滤清器；2—进气软管；3—节气门体；4—进气缓冲室；5—PCV 阀；6—PCV 软管；7—进气歧管；8—喷油器；9—平衡管

视频

PCV 阀的工作原理

PCV 阀也称流量控制阀，用来防止发动机怠速时过多的气体进入气缸，造成怠速不稳或熄火。PCV 阀是一个单向阀，其结构如图 4-26 所示。当怠速、小负荷或减速时，进气歧管内真空度最大，气缸中的真空度将单向阀吸向阀座，PCV 阀开度减小，通风量较少，既保证了通风效果，又保证了怠速稳定；当节气门开度加大时，进气歧管内真空度减小，PCV 阀在弹簧作用下开度随之增大，曲轴箱的通气量增加，保证了曲轴箱内的气体抽出和空气的更新；大负荷时，PCV 阀门全开，通风量最大，保证了曲轴箱内新旧气体的大量对流。

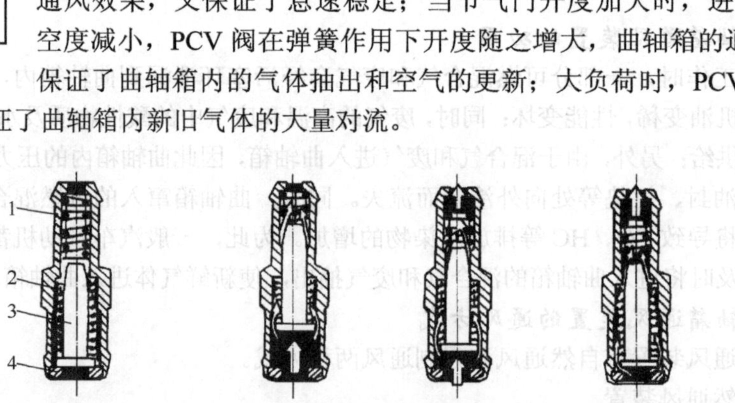

（a）发动机不工作或回火时　（b）怠速或减速时　（c）中等负荷时　（d）加速或大负荷时

图 4-26　PCV 阀的结构

1—PCV 阀阀体；2—弹簧；3—锥形阀；4—阀座

图 4-27 所示为本田雅阁轿车的曲轴箱通风装置。当发动机工作时，在进气管真空度作用下，曲轴箱内的气体经通气软管、通风软管吸入气缸中。

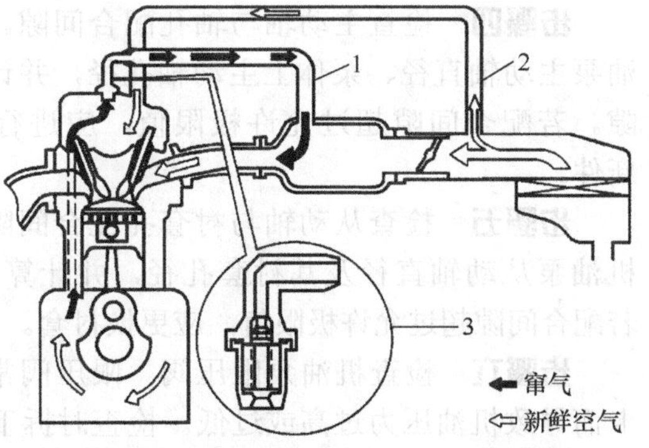

图 4-27 本田雅阁轿车的曲轴箱通风装置

1—通风软管；2—通气软管；3—PCV 阀

项目实施

操作一 齿轮式机油泵的检修

视频

润滑系统的检修

齿轮式机油泵在使用中，主动齿轮与从动齿轮、轴与轴孔、齿轮顶与泵壳、齿轮端面与泵盖均会产生磨损，造成机油泵供油量减少和供油压力降低等。

步骤一 检查齿轮与泵壳径向间隙。如图 4-28 所示，拆下泵盖，在齿轮上选一个与啮合齿相对的轮齿，用塞尺测量齿顶与泵壳的径向间隙。然后转动齿轮，用相同的方法测量其他轮齿与泵壳的径向间隙。若径向间隙超过允许极限值，应更换机油泵总成。

步骤二 检查齿轮与泵盖轴向间隙。如图 4-29 所示，拆下泵盖后，在泵体上沿两齿轮中心连线方向上放一直尺，然后用塞尺测量齿轮端面与直尺之间的轴向间隙。若轴向间隙超过允许极限值，应更换机油泵总成。

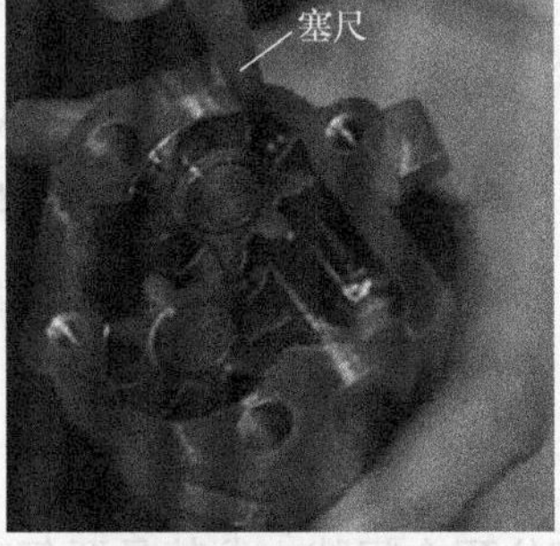

图 4-28 检查齿轮与泵壳径向间隙

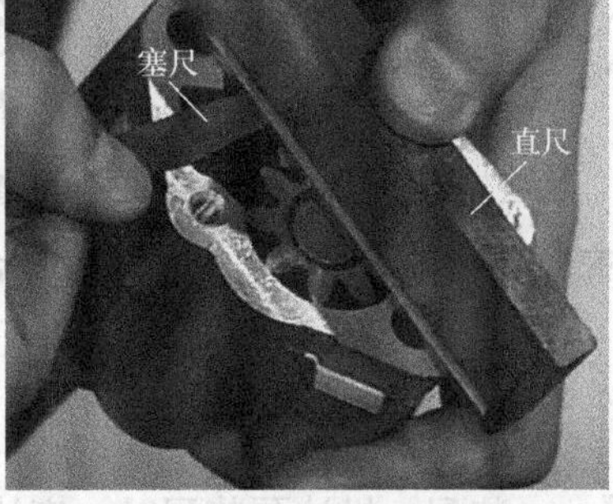

图 4-29 检查齿轮与泵盖轴向间隙

步骤三 检查齿轮啮合间隙。如图 4-30 所示，拆下泵盖，用塞尺测量主动齿轮与从动齿轮啮合一侧的齿侧间隙。若间隙值超过允许极限值，应更换机油泵总成。

步骤四　检查主动轴与轴孔配合间隙。分别测量机油泵主动轴直径、泵体上主动轴孔径，并计算其配合间隙。若配合间隙超过允许极限值，应进行修复或更换新件。

图 4-30　检查齿轮啮合间隙

步骤五　检查从动轴与衬套孔配合间隙。分别测量机油泵从动轴直径及其衬套孔径，并计算其配合间隙。若配合间隙超过允许极限值，应更换衬套。

步骤六　检查机油泵限压阀。限压阀常见故障是发卡而导致机油压力过高或过低。检查时拆下限压阀，清洗阀孔和阀体，将限压阀钢球（或柱塞）装入阀孔，移动时应灵活、无卡滞现象。在试验台上检查限压阀的开启压力，应符合标准。

操作二　转子式机油泵的检修

步骤一　检查转子轴与轴孔配合间隙。分别测量机油泵转子轴直径和泵壳上的轴孔内径，并计算其配合间隙。若配合间隙超过允许极限值，应更换机油泵总成。

步骤二　检查外转子与泵壳配合间隙。如图 4-31 所示，拆下泵盖，用塞尺测量外转子与泵壳之间的间隙。若间隙值超过允许极限值，应更换机油泵总成。

步骤三　检查内转子与外转子啮合间隙。如图 4-32 所示，拆下泵盖，用塞尺测量内转子与外转子啮合间隙。若间隙值超过允许极限值，应更换机油泵总成。

步骤四　检查转子端面与泵盖轴向间隙。如图 4-33 所示，拆下泵盖，用塞尺和直尺测量转子端面与泵盖轴向间隙。若间隙值超过允许极限值，应更换机油泵总成。

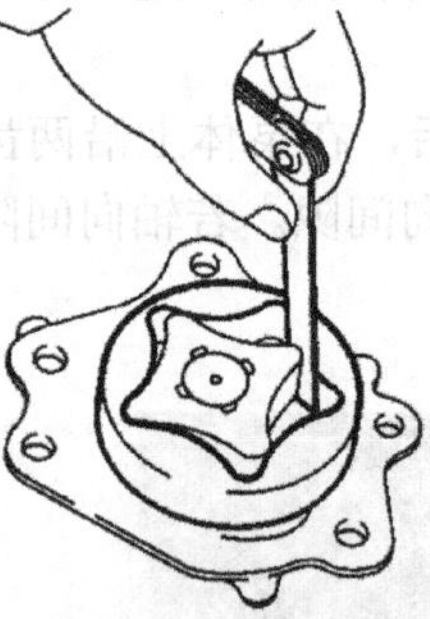
图 4-31　检查外转子与泵壳配合间隙

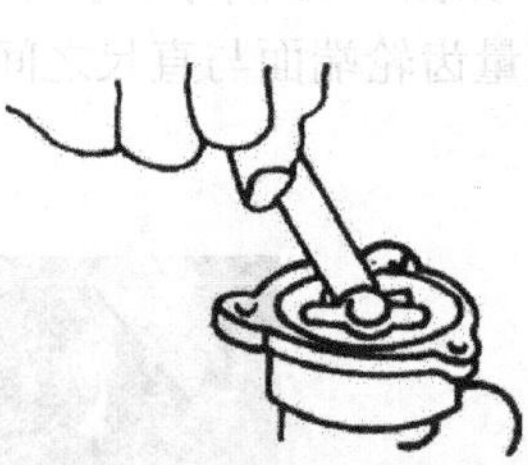
图 4-32　检查内转子与外转子啮合间隙

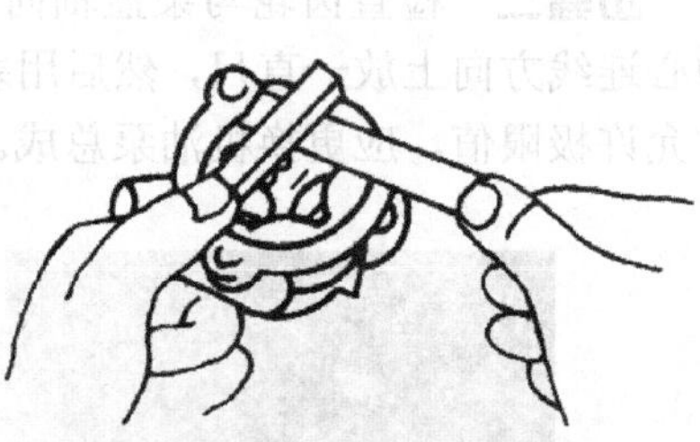
图 4-33　检查转子端面与泵盖轴向间隙

操作三　机油泵的装配与调试

步骤一　装配。机油泵装配时，应边安装边复查各部位配合间隙，尤其是要复查机油泵齿轮或转子端面与泵盖的轴向间隙。若间隙值过大，机油泵工作时，润滑油会从此间隙漏出，使供油压力降低。

步骤二　调试。机油泵装配后应进行调试。简便的方法：将进油口浸入清洁的润滑油内，用手转动机油泵轴，润滑油会从出油口流出来，用拇指堵住出油口，会有压力感，且泵轴转动困难。如条件允许，最好在试验台上对机油泵的泵油量和泵油压力进行测试。

操作四　检查机油压力

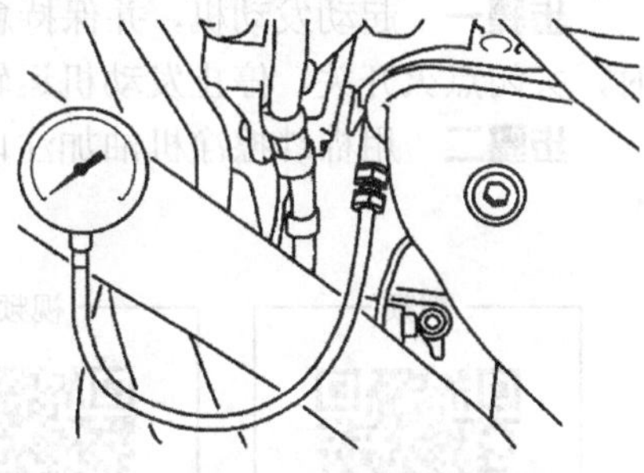

图 4-34　机油压力表的连接

步骤一　断开机油压力开关连接器，用 24mm 的长套筒扳手拆下机油压力开关。

步骤二　安装机油压力表，如图 4-34 所示。

步骤三　起动发动机并暖机。

步骤四　检查机油压力。如果机油压力不符合规定，则检查机油泵。桑塔纳轿车机油压力标准值如表 4-4 所示。

表 4-4　机油压力标准值

发动机转速/（r/min）	机油压力/kPa
700	49
3000	206

步骤五　拆下机油压力表。

步骤六　安装机油压力开关。在机油压力开关的 2 个或 3 个螺纹上涂抹黏结剂。然后用 24mm 长套筒扳手安装机油压力开关（力矩：15N·m）并至少等待 1h 以使黏结剂干燥。最后连接机油压力开关连接器。

步骤七　起动发动机并检查机油是否泄漏。

视频

如何正确检查机油

操作五　发动机机油液面高度的检查

步骤一　起动发动机并怠速运转 3 ～ 5min（冷却液温度达到 60 ～ 70℃），停止发动机运转 2 ～ 3min。

步骤二　拔出机油尺用抹布擦拭后，重新将机油尺完全插入，再次拔出机油尺观察，如图 4-35 所示。如果机油液面处于上限、下限之间并接近上限（见图 4-36），说明不缺少机油；如果机油在下限左右，应添加机油使液面接近上限。

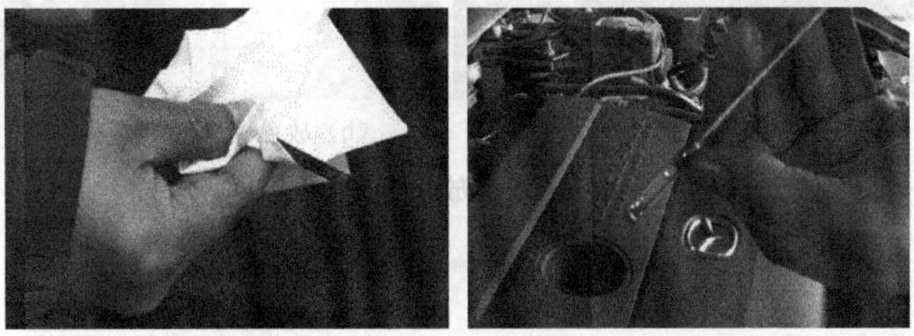

（a）先擦拭　　（b）再观察

图 4-35　检查机油液面高度

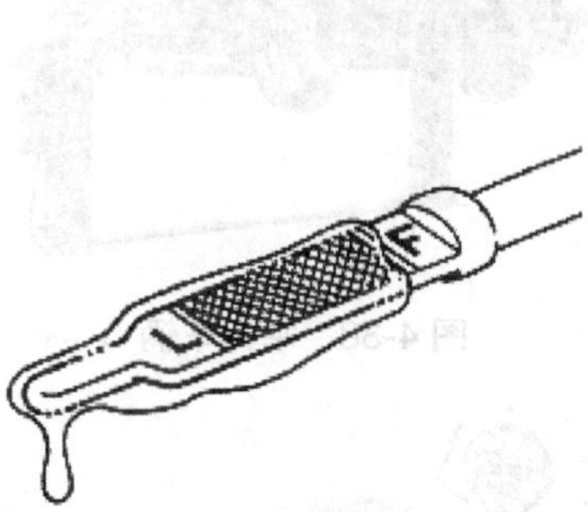

图 4-36　液面接近上限

操作六　发动机机油及机油滤清器的更换

步骤一　起动发动机，并保持怠速运转 3 ～ 5min。当冷却液温度表指示达到 60 ～ 70℃时，关闭点火开关，停止发动机运转。

步骤二　用棉纱擦净机油加注口盖周围，旋下加注口盖，如图 4-37 所示。

视频
汽车机油的更换

视频
机油滤清器的更换

图 4-37　旋下机油加注口盖

步骤三　举升车辆。调整举升机提升臂的角度和长度，使 4 个提升臂托垫对正汽车底部的举升支撑点。操纵举升机，将汽车升到适当高度（见图 4-38）。确认汽车可靠固定在提升臂上后，方可进入车下作业。

提示

◆汽车举升前，卸下承载物；汽车举升时，车内不得有乘员，并关闭好车门；汽车举升中，严禁车下站人或有人员穿梭，不得晃动车辆。

步骤四　将机油回收装置放在油底壳放油螺塞[见图 4-39（a）]的正下方，拧松放油螺塞，然后用手缓缓旋出放油螺塞，让废机油流入回收装置，如图 4-39（b）所示。

图 4-38　举升车辆

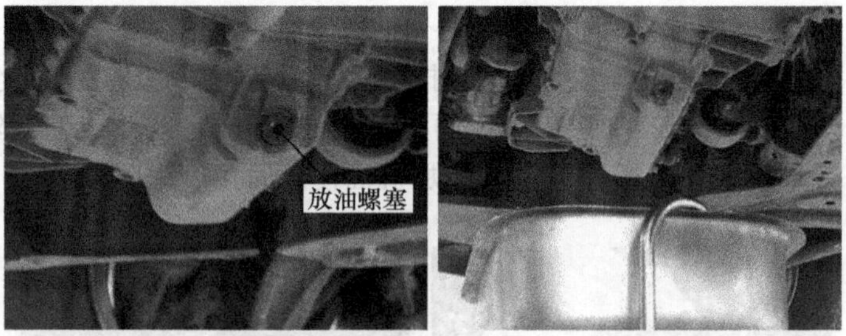

（a）放油螺塞　　（b）放置机油回收装置

图 4-39　放出机油

提示

◆不要让机油溅出回收盆，并小心不要被烫伤。

步骤五 如图4-40所示，用专用扳手拆下机油滤清器，将残存在机油滤清器的机油倒入回收盆中，如图4-41所示。

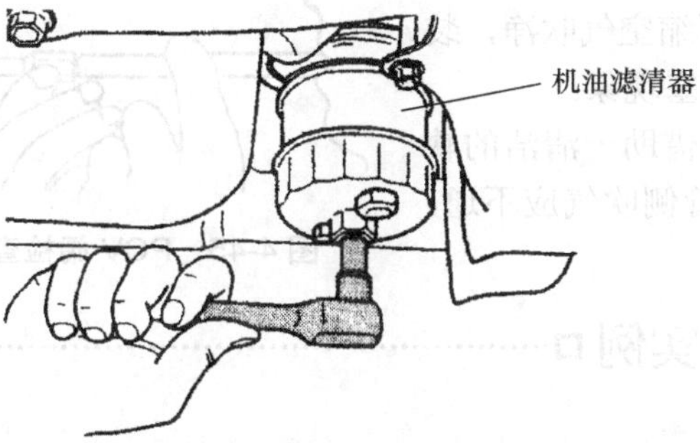

图4-40 拆下机油滤清器

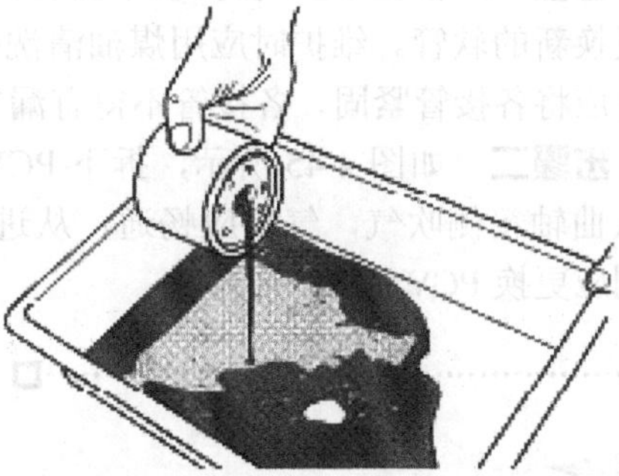

图4-41 将残存机油倒入回收盆

步骤六 检查并清洁机油滤清器的安装面。

步骤七 在新的机油滤清器O形圈上涂抹一薄层干净的机油，如图4-42所示。若不涂机油，安装时O形圈与接合面发生干摩擦，O形圈易翘曲和损坏，造成密封不良而漏油。先用手拧入机油滤清器，然后用专用扳手将机油滤清器拧至规定力矩7～8N·m。

步骤八 检查放油螺塞垫片是否损坏（见图4-43），如有断裂应进行更换。用棉纱擦净放油螺塞上吸附的金属屑。先用手拧入放油螺塞，然后用梅花扳手将放油螺塞拧至规定力矩35N·m。

步骤九 操纵举升机，将汽车平稳降至地面。

步骤十 加注机油（可利用漏斗），如图4-44所示。当加注量接近油桶容量（4L）的3/4时，停止加注机油。2～3min后拔出机油尺，擦净机油尺后重新将其插入到位，再次拔出机油尺，机油液面高度应位于机油尺上限、下限之间。

图4-42 在新的机油滤清器O形圈上涂抹机油

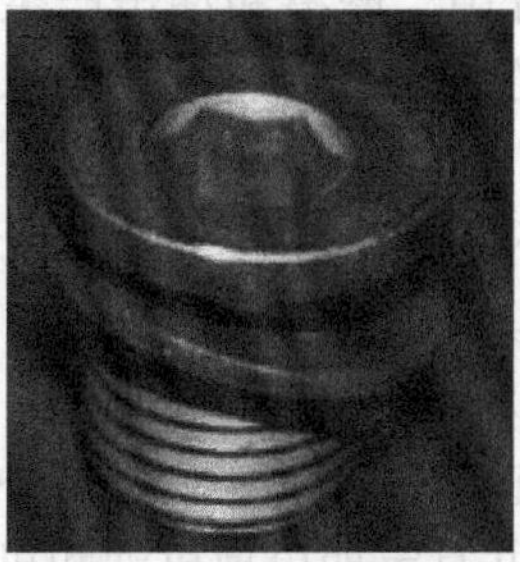

图4-43 检查放油螺塞垫片

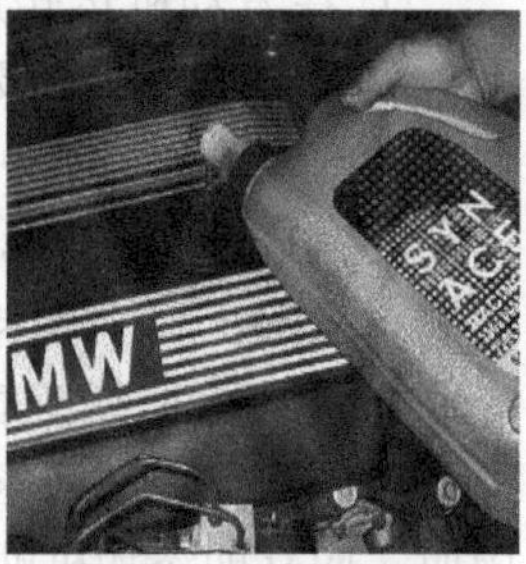

图4-44 机油的加注

提示

◆边检查液面高度，边加注机油，但不允许液面高于机油尺上限。

步骤十一 检查机油液面高度，液面位于上限、下限之间且偏上限为正常，偏下限应添加适量机油，高于上限则需放出适量机油。

步骤十二 预热发动机并检查机油是否泄漏。如有泄漏部位，应及时检查排除。

操作七　强制通风装置的检修

步骤一　检查 PCV 软管和平衡管，若有老化或损坏现象，应更换新的软管。维护时应用煤油清洗并用压缩空气吹净，装复时应将各接管紧固，各接管不得有漏气、堵塞现象。

步骤二　如图 4-45 所示，拆下 PCV 阀，借助一清洁的软管从曲轴箱侧吹气，气流应畅通，从进气歧管侧吹气应不通，否则应更换 PCV 阀。

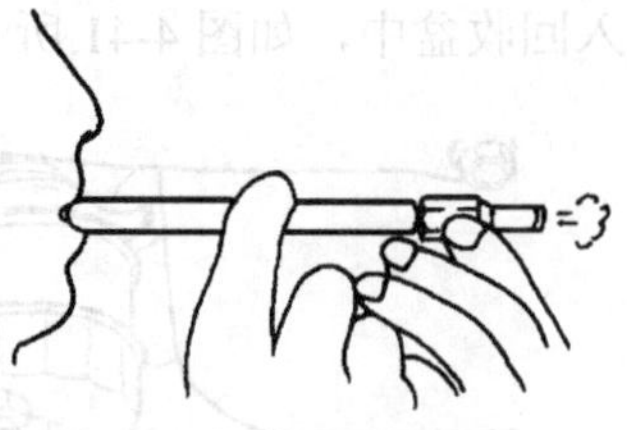

图 4-45　PCV 阀检查

维修实例

实例一　帕萨特轿车机油压力报警灯闪亮，蜂鸣器报警

（1）故障现象

一辆帕萨特轿车，行驶里程为 16.3 万千米。该车在行驶了 5min 左右后，机油压力报警灯闪亮，蜂鸣器发出警报声。检查后发现机油滤清器处漏油，但更换机油滤清器后故障依然存在。

（2）故障原因

机油泵限压阀柱塞卡死。

（3）故障诊断与排除

根据故障现象，检查润滑系统的报警系统，没有故障。举升车辆，放掉润滑油检查，发现润滑油内含有金属屑。拆下油底壳，继而拆开机油泵进行检查时，发现其限压阀的柱塞已卡死。限压阀柱塞被卡死后，机油滤清器处的油压得不到缓解，会使机油滤清器憋漏。

限压阀柱塞卡死的原因大致有以下几种。

① 在发动机运转过程中，摩擦和冲击产生的金属屑随机油循环到油底壳集滤器周围，一部分未被磁性螺栓吸附的金属颗粒随机油流入机油泵内，进入柱塞与阀腔的间隙，导致阀体内的柱塞卡死。

② 在更换机油时，不注意及时清洗内部油道，不更换机油滤清器，使机油变脏，时间一长导致限压阀柱塞卡死。

③ 使用劣质或变质的机油导致柱塞卡死。

所以为了保证限压阀正常工作，在日常维护和保养过程中，当机油的液面低于机油尺下限时，应立即添加机油，并且定期更换机油和机油滤清器，保持润滑油路的清洁，保证机油泵能正常工作。

实例二　捷达轿车更换机油泵后机油压力报警灯闪亮，气门有异响

（1）故障现象

一辆捷达轿车，行驶里程为 21.5 万千米。该车的机油压力报警灯闪亮，经修理厂检查是机油泵有故障。修理人员更换新机油泵后试车，机油压力报警灯还闪亮，同时气门发出异响。判断异响产生的原因是机油泵不泵油导致气门液压挺柱处没有机油。修理人员将原车拆下的旧机油泵换回后试车，气门异响消失，但机油压力报警灯仍闪亮。

（2）故障原因

安装时，新机油泵内没有先加注机油。

（3）故障诊断与排除

根据驾驶员所述的情况，产生这种故障的原因大致有两个：一是新机油泵质量差，二是机油泵安装不正确。

首先解体并检查新机油泵，发现新机油泵内的工作空间里没有机油。对新机油泵进行检测，用塞尺测量新机油泵的齿轮端面到机油泵盖端面的距离，为 0.05mm，远远小于磨损极限值 0.15mm；再用塞尺测量新机油泵齿顶间隙与齿侧间隙，为 0.05mm，也远小于磨损极限 0.20mm。检测结果说明新机油泵没有故障。

为了进一步证明新机油泵的工作情况，将新机油泵放入机油中，用手转动机油泵的主动齿轮，机油能够不断地被泵出。用手堵住机油泵的出油口，机油泵的主动齿轮不能转动，说明机油泵工作性能良好。

于是再将新机油泵装到缸体上，装复发动机后试车，发动机气门声音正常，机油压力正常，机油压力报警灯熄灭。

捷达轿车采用的是齿轮式机油泵，即由壳体内的一对相互啮合的齿轮组成。齿轮两端有端盖密封，壳体、端盖和齿轮形成密封的工作空间，并从轮齿啮合处分为吸油腔和出油腔。吸油腔与吸油口相通，出油腔与出油口相通。当机油泵的齿轮转动时，吸油腔轮齿逐渐退出啮合，吸油腔的容积逐渐增大形成真空，使油底壳的机油被吸入并被压到出油腔。在开始更换新机油泵时，由于新机油泵内没有机油，吸油腔和出油腔内存有空气。当机油泵的齿轮转动时，难以在吸油腔内形成真空，也就不能将机油泵入。而再换上旧机油泵时，由于旧机油泵内有机油，虽然其性能下降，但也能泵出机油，只是压力偏低，导致机油压力报警灯闪亮。在检查新机油泵性能时，新机油泵内部沾上了机油，于是重新装上新机油泵后便能泵出机油了。同一个机油泵是否添加机油，其工作情况也大不一样。

应注意，对更换新件或久置后的齿轮式机油泵，一定不要忘记添加机油，以免出现类似故障。

实例三　丰田花冠轿车新车保养后发动机出现异响

（1）故障现象

一辆丰田花冠轿车，行驶里程为 4500km。驾驶员反映，这是辆新车，刚刚进行了走合保养，出厂只跑了一天，发动机出现异响，汽车难以正常行驶。

（2）故障原因

添加劣质机油。

（3）故障诊断与排除

通过听诊，判断缸内异响是连杆轴瓦响。拆卸油底壳，发现油底壳底积存脱落的轴瓦合金块，遂决定对发动机彻底分解检查。

检查发现 4 个缸的连杆轴瓦都有不同程度的合金层剥落，曲轴连杆轴颈也有不同程度的拉伤。显然这是一起严重的质量事故，需认真鉴定。

新车装配无问题，润滑油道及润滑系统各部件也正常，因此怀疑走合保养时所换的机油有问题。按规定，该车走合保养在服务站进行，所更换机油为厂家免费提供，存在问题的可能性较小，但根据为该车进行保养的维修人员提供的情况，驾驶员坚持加用自己带来的“美孚”机油。抽取油样送石油部门化验，其黏度、闪点等多项指标与厂方要求的相差甚远，显然驾驶员的“美孚”机油为假冒劣质机油。清洗润滑油道，更换了轴瓦及曲轴，重新添加质量合格的机油后试车，故障排除。

驾驶员如对润滑油知识掌握不多，应到正规服务站购买该车型专用润滑油，以免上当受骗。

项目拓展

发动机润滑系统常见故障有机油压力过低、机油压力过高、机油消耗异常和机油变质。

一、机油压力过低故障诊断

1. 故障现象

发动机在正常温度和转速下，报警器报警或机油压力表指示压力长时间低于正常标准即为机油压力过低。

2. 故障原因

机油油量不足、黏度太低或机油变质；限压阀弹簧过软、卡滞或调整不当；机油滤清器堵塞；机油泵齿轮等磨损，使供油压力过低；曲轴主轴承、连杆轴承或凸轮轴轴承间隙过大导致泄油量过大；润滑系统内、外管路或管接头泄漏；机油压力表或传感器失效；汽油泵膜片破裂，使汽油漏入油底壳而稀释机油；缸体水套裂纹，使冷却液漏入油底壳而稀释机油。

3. 故障诊断与排除

① 观察机油压力表或报警指示灯，发现机油压力过低或为零时，应立即停车熄火，否则会很快发生烧瓦抱轴等机械故障。先拔出机油尺，检查油底壳内机油量及机油品质，若油量不足，应及时添加；若机油中含水或燃油，应通过拆检查出渗漏部位；若机油黏度过小，应更换合适牌号的机油。

② 若机油量充足，再检查机油压力传感器的导线是否松脱。若连接良好，在发动机运转时，拧松机油压力传感器或主油道螺塞。若机油从连接螺纹孔处喷出有力，则为机油压力表或其传感器、连接线路故障。

③ 若机油喷出无力，则应立即熄火，检查集滤器、机油泵、限压阀、粗滤器滤芯是否堵塞且旁通阀无法打开，各进出油管、油道及油堵是否漏油。

④ 若以上检查均正常，则应检查曲轴轴承、连杆轴承或凸轮轴轴承的间隙是否过大，间隙增大会直接影响机油压力。

二、机油压力过高故障诊断

1. 故障现象

发动机在正常温度和转速下，机油压力表读数高于规定值。

2. 故障原因

机油黏度过大，机油量过多；限压阀调整不当或失效；气缸体的油道堵塞，机油粗滤器滤芯堵塞且旁通阀开启困难；机油压力表或其传感器工作不良；曲轴主轴承、连杆轴承或凸轮轴轴承的间隙过小（只出现在大修后的发动机）。

3. 故障诊断与排除

发现机油压力过高，应熄火排除故障，否则容易冲裂机油滤清器盖或机油传感器。

① 首先检查机油油面高度，若油面高度正常，应检查机油黏度是否过大，限压阀是否调整不当；对于刚刚大修的发动机，应检查曲轴主轴承、连杆轴承或凸轮轴轴承是否间隙过小。

② 若机油压力突然增高，而未见其他异常现象，应检查机油压力传感器及导线是否有搭铁故障而导致机油压力表显示异常。若接通点火开关就有压力指示，则说明机油压力表或传感器有故障。

三、机油消耗过多故障诊断

1. 故障现象

机油消耗量逐渐增多（机油消耗率超过 0.1 ～ 0.5L/100km），排气管大量冒蓝烟，积炭增加。

2. 故障原因

活塞与缸壁间隙过大；扭曲活塞环方向装反；活塞环磨损过甚，或其弹力不足，活塞环抱死，或其开口转到一起；气门杆油封损坏；进气门导管磨损过甚；曲轴箱通风不良；油底壳或气门室盖漏油。

3. 故障诊断与排除

① 首先检查外部是否有漏油，特别注意曲轴前端和后端是否漏油。

② 若发动机气缸盖罩、气门室盖、油底壳衬垫和发动机前、后油封等多处有机油渗漏，应检查曲轴箱通风装置。清理曲轴箱管道，尤其是 PCV 阀处的积炭和结胶。若通风受阻，就会引起曲轴箱内压力升高，出现机油渗漏现象。

③ 若排气管明显冒蓝烟，则为烧机油造成的。当发动机大负荷、高速运转时，排气管大量冒蓝烟，同时机油加注口（设在下曲轴箱上）也向外冒蓝烟，则为活塞、活塞环与气缸壁磨损过甚，活塞环的端隙、边隙或背隙过大，多个活塞环端隙口转到一起，扭曲环装反等，使机油窜入燃烧室。

④ 若发动机大负荷运转，排气管冒蓝烟，但机油加注口无烟，则为气门杆油封损坏，气门导管磨损过甚（尤其是进气门），使机油被吸入燃烧室。若短时间冒蓝烟后停止，而油底壳的机油未见减少，则是湿式空气滤清器内的油面过高所致。

四、机油变质故障诊断

1. 故障现象

将机油滴在白纸上或目测，机油呈黑色，且用手指捻拭无黏性，并有杂质感；机油高度增加，且呈浑浊乳白色，伴有发动机过热或个别缸不工作现象；机油变稀，高度增加，且有汽油味，并伴有混合气过稀现象。

2. 故障原因

机油变质主要是高温氧化或混入冷却液、汽油及其他杂质所致，具体原因如下。

① 机油使用时间过长，未定期更换，高温氧化而变质。

② 气缸活塞组漏气、曲轴箱通风不良，机油受燃烧废气污染而变质。

③ 燃烧炭渣、金属屑或其他杂质过多，落入油底壳使机油变质。

④ 汽油压力调节器破裂，汽油漏入油底壳稀释机油。

⑤ 气缸垫损坏、气缸体或气缸盖破裂，冷却液漏入油底壳使机油变为乳白色。

⑥ 机油散热器不良、发动机过热，使机油温度超过 70℃，加速机油高温氧化。

3. 故障诊断与排除

① 根据机油颜色和症状特征判断机油是否变质（经验法），也可利用机油清净性分析仪、机油黏度检测仪测定机油的黏度、颜色，并判断有无汽油、水分和其他杂质等。

② 根据机油变质后的症状，确定故障原因和故障部位。如机油呈浑浊乳白色且油面增高，说明气缸内进水。如机油中掺有汽油，说明汽油压力调节器破裂漏油。

③ 检查机油是否使用时间过长，即未定期更换机油。

④ 检查曲轴箱通风阀，失效则更换。

⑤ 检查曲轴箱通风口是否冒烟及排气管是否排蓝烟，并检测缸压，判断气缸活塞组是否漏气窜油，导致机油污染变质。

小　结

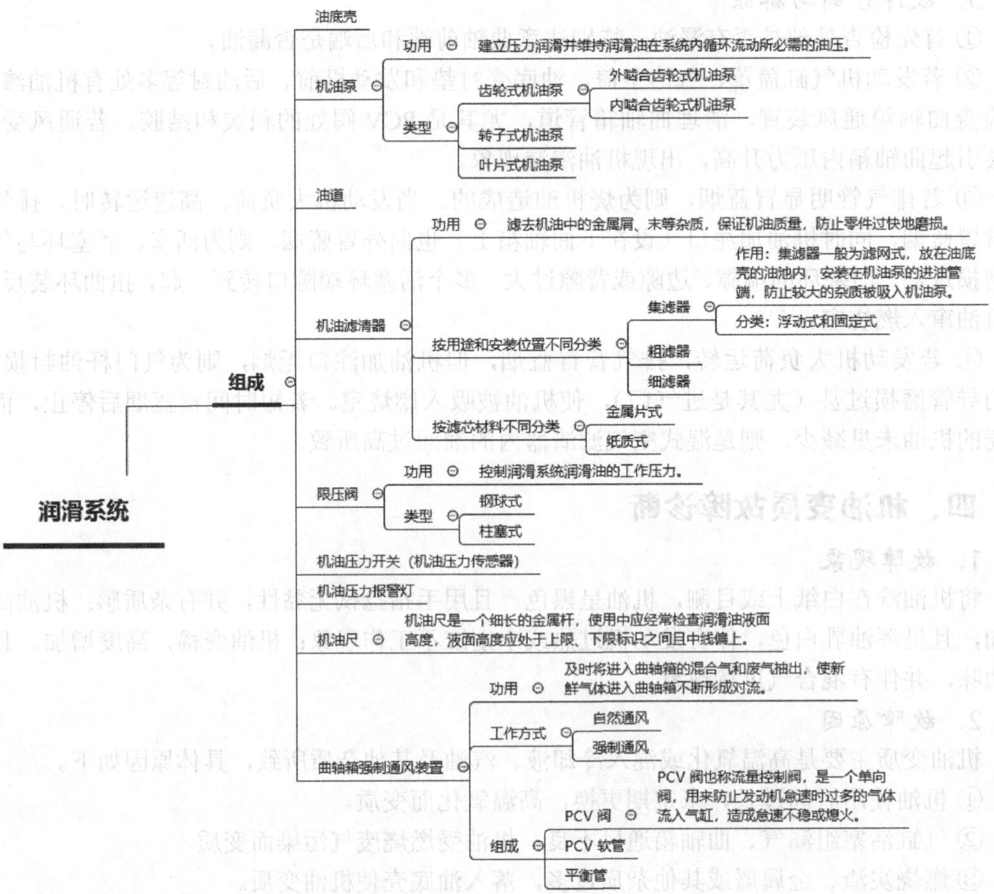

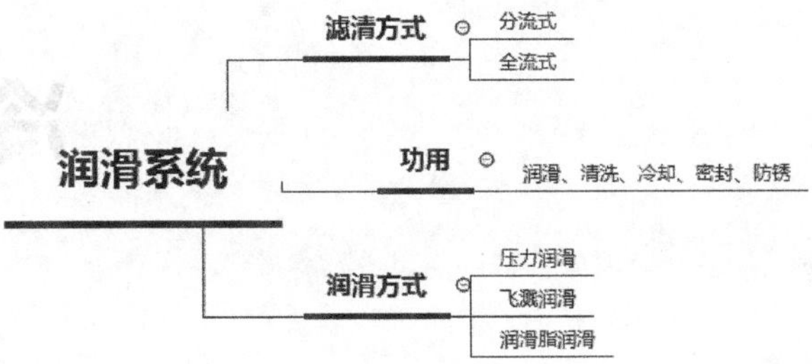

练习思考题

1. 润滑系统的功用是什么？画出常见润滑系统的组成框图并说明油路。
2. 为什么发动机的主要部件都采用压力润滑方式？
3. 发动机润滑系统由哪些部件组成？润滑油路中有哪几种机油滤清器？特点是什么？
4. 机油泵有何功用？分哪几种类型？
5. 机油滤清器有何功用？
6. 机油滤清器是如何分类的？
7. 为什么机油滤清器中的旁通阀并联安装？限压阀串联安装？
8. 机油散热器有何功用？有哪几种类型？
9. 限压阀有何功用？有哪几种类型？
10. 曲轴箱通风装置有何功用？有哪两种通风方式？
11. 怎样检修齿轮式机油泵？
12. 怎样检修转子式机油泵？
13. 如何装配与调试机油泵？
14. 怎样检查机油压力？
15. 怎样检查发动机机油液面高度？
16. 如何更换发动机机油及机油滤清器？
17. 怎样检修曲轴箱强制通风装置？
18. 润滑系统有哪些常见故障？简述故障的现象、原因以及排除方法。

项目五 冷却系统

学习目标

（1）能够正确描述冷却系统的组成、功用和工作原理。

（2）能够正确描述冷却系统主要零件的结构和冷却系统大小循环路线。

（3）熟悉冷却系统主要零件的拆装方法。

（4）熟悉冷却系统主要零件的检测及维修方法。

（5）熟悉冷却液的更换方法。

项目引入

一辆大众桑塔纳轿车，行驶里程为4.1万千米。驾驶员反映，车辆正常行驶时，发现发动机冷却液温度报警灯闪亮，发动机过热，停车后打开发动机舱盖，发现从膨胀水箱水管卡子处向外溢冷却液，并有蒸汽逸出。

经分析可知该车的故障现象是典型的发动机冷却系统故障，应根据发动机冷却系统的工作原理进行维修。

相关知识

一、冷却系统的功用

冷却系统的功用就是使工作中的发动机得到适度的冷却，从而使发动机保持在最适宜的温度范围内工作。在采用水冷系统的发动机中，冷却液的工作温度一般为80～105℃。

发动机的冷却必须适度。若冷却不足，气缸充气量减少，发动机功率下降且燃烧不正常，发动机零件因润滑性能下降而加速磨损。但如果冷却过度，一方面发动机热量损失增加，也使功率减小，动力性和经济性下降；另一方面由于气缸壁温度低，混合气中的燃油还可能在气缸壁上重新凝结并流到曲轴箱内，且使机油变稀而影响润滑，使发动机磨损加剧。

冷却系统还为暖风装置提供热源。在一些发动机上，冷却液对润滑系统和自动变速器的润滑油起到散热作用。

二、冷却系统的类型

根据所用冷却介质不同，发动机冷却系统可分为水冷式（见图5-1）和风冷式（见图5-2）两种类型。现代汽车发动机普遍采用水冷系统。

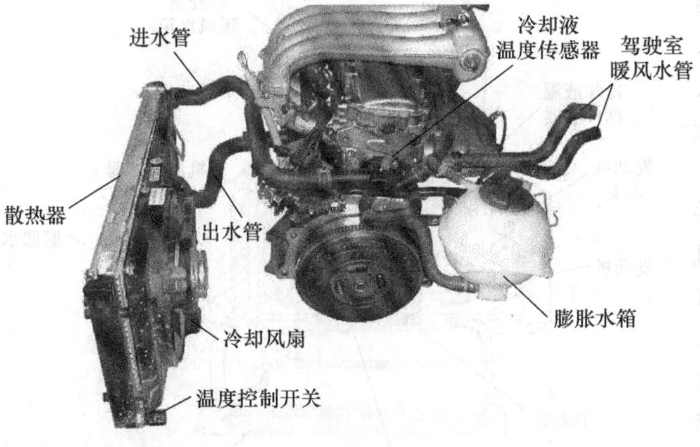

图 5-1 水冷式发动机

图 5-2 风冷式发动机

1. 风冷系统

风冷系统以空气为冷却介质，利用高速流动的空气直接吹过气缸体和气缸盖外表面，将热量散发到大气中使发动机冷却，以保证适宜的工作温度。为加强冷却效果，在气缸体和气缸盖外表面铸有很多的散热片，以增大散热面积，并采用轴流式风扇增加流经发动机的空气流量和流速。为使发动机各缸冷却均匀，利用导流罩和分流板控制空气的流动方向。

风冷系统与水冷系统相比，虽其结构简单，重量轻，维修方便，起动升温快，但对机体材料的耐热性和传热性要求高，且冷却强度难以调节，工作噪声大，在汽车发动机上应用很少。

2. 水冷系统

（1）水冷系统的特点

水冷系统以水或防冻液（统称为冷却液）为冷却介质，靠冷却液的循环流动将高温机件的热量带走，而后再将热量散发到大气中。

水冷系统冷却均匀可靠，工作噪声小，因此被广泛应用于现代汽车发动机中。本项目介绍的内容即为水冷系统，以下直接称为冷却系统。

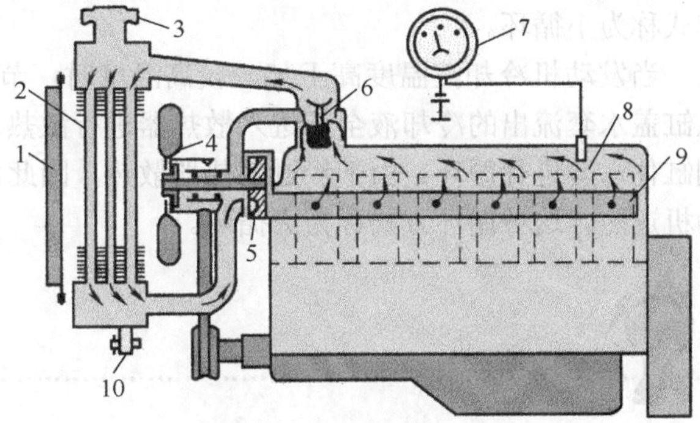

图 5-3 冷却系统的组成

1—百叶窗；2—散热器；3—散热器盖；4—风扇；5—水泵；6—节温器；7—冷却液温度表；8—水套；9—分水管；10—放水阀

（2）冷却系统的组成

传统冷却系统的组成零件有散热器、风扇、水泵、节温器、水套、分水管等，如图 5-3 所示。

图 5-4 所示为大众奥迪 V6 发动机冷却系统的组成，增加了膨胀水箱等部件。

（3）冷却系统的工作原理

水套是直接铸造在气缸体和气缸盖内的相互连通的空腔，水套通过橡胶软管与固定在发动机前端的散热器相连，形成封闭的冷却液循环通路，水泵安装在水套与散热器之间。发动机工作时，水套和散热器内充满冷却液，曲轴通过 V 带驱动水泵工作，使冷却液在水套与散热器之间循环流动。冷却液流经气缸体和气缸盖内的水套时，带走发动机热量使发动机冷却，而流经散热器时将热量散发到大气中。

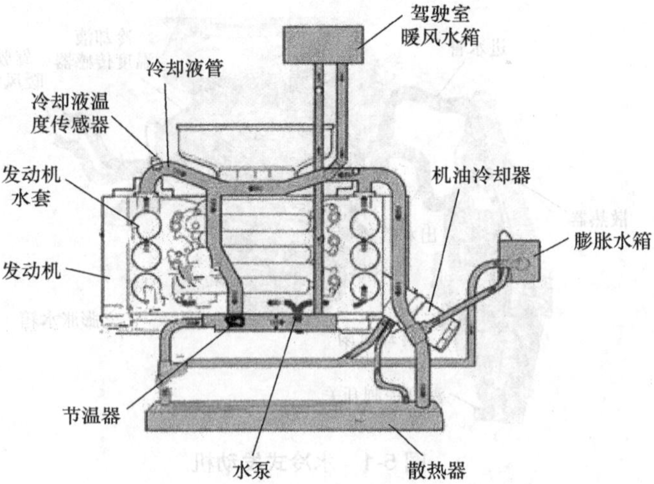

图 5-4　大众奥迪 V6 发动机冷却系统的组成

水泵将冷却液从机外吸入并加压，使之经分水管流入发动机缸体水套。在此，冷却液从气缸壁吸收热量，冷却液温度升高，继而流到气缸盖的水套继续吸收热量，受热升温后的冷却液沿出水管流到散热器内。汽车在行驶时，外部气流由前向后高速从散热器中通过，散热器后部有风扇的强力抽吸，因而受热后的冷却液在自上到下流经散热器的过程中，其热量不断散发到大气中去，从而得到了冷却。冷却液流到散热器的底部后，又在水泵的作用下再次流向气缸体、气缸盖水套。如此不断地往复循环，使发动机在高温条件下工作的零件得到适当的冷却。

节温器一般安装于缸盖出水管出口处（也有的装在水泵入水口处），受冷却液温度的控制，决定冷却液的循环路线。当发动机刚刚起动，冷却液温度低于某一较低温度时，节温器关闭通往散热器的通路，从缸盖水套流出的冷却液通过小循环连接水管直接进入水泵，并经水泵送入缸体水套。由于冷却液不经散热器散热，因此可使发动机温度迅速提高，这种循环方式称为小循环。

当发动机冷却液温度高于某一较高温度时，节温器将直接通往水泵的小循环通路关闭，从缸盖水套流出的冷却液全部进入散热器进行散热。散热器的冷却液在水泵的抽吸下，又回到缸体水套进行循环。由于经过散热器散热，因此发动机冷却液的温度迅速下降，避免了发动机过热，这种循环方式称为大循环。

提示

◆当发动机冷却液温度位于上述两温度之间时，节温器使两种循环都存在，这时只有部分冷却液流经散热器。

在缸盖或缸体上安装有冷却液温度传感器（也称水温传感器），它与驾驶室内的冷却液温度表相连，随时指示出缸盖水套内冷却液的温度。

风扇安装在散热器后面，一般都为电动风扇。若冷却液温度过低，则电动风扇不工作，使得冷却液温度迅速上升；当冷却液温度达到 80℃时，风扇以低速运转；当冷却液温度超过 105℃时，则风扇以高速运转，使冷却液温度降下来。这样，经 ECU（电控单元）控制的电动风扇的转速调节，使冷却液温度稳定在 80 ～ 105℃之间。

三、新型冷却系统

1. 独立双循环冷却系统

（1）基本组成

大众宝来等EA111系列的1.4TSI发动机中采用了两套独立的冷却系统：一套为主冷却系统，也就是传统的发动机冷却系统，它依靠发动机动力带动水泵，实现对其自身的冷却循环，如图5-5所示；一套为副冷却系统，该冷却系统是通过电动水泵驱动的，主要用于对涡轮增压器和增压空气的冷却，如图5-6所示。限流器将主、副冷却循环管路连接起来，并共用一个膨胀水箱（平衡液罐）。

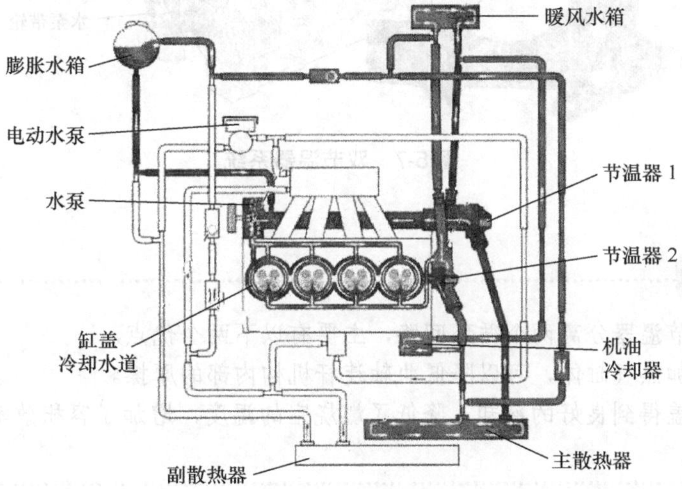

图5-5 主冷却系统

（2）发动机主冷却循环系统

发动机主冷却循环系统可以分为两个循环管路（即双节温器系统），一个循环管路流过气缸体，另一个循环管路流过气缸盖。节温器1控制气缸体的冷却液，节温器2控制气缸盖的冷却液，如图5-7所示。通过双节温器，可以分别对气缸体和气缸盖的温度进行控制，同时实现对冷却液的分流。冷却液有三分之一流经发动机气缸体，用于冷却气缸体；三分之二流经气缸盖，用于冷却燃烧室，目的是让气缸盖的温度相对更低，从而降低进气温度，提高充气效率。适当地提高气缸体的温度，可以有效地降低曲柄连杆机构运行时的摩擦损失。

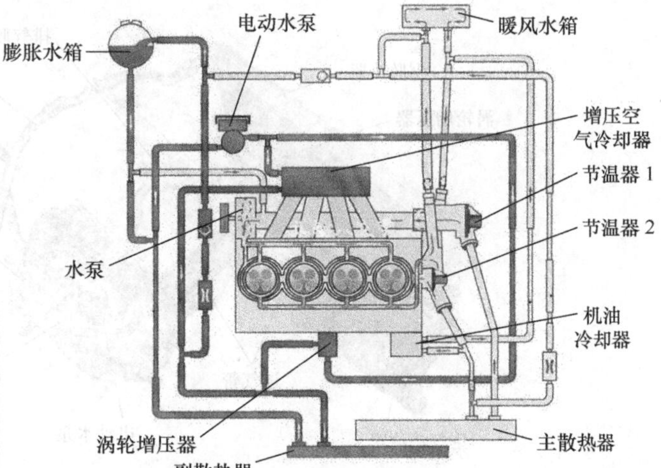

图5-6 副冷却系统

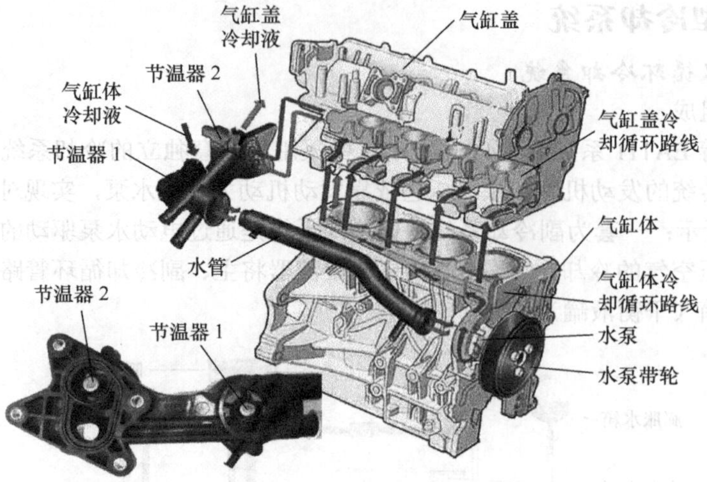

图 5-7 双节温器系统

提示

◆使用双节温器分离两个循环回路，主要有以下两个优点。

一是快速加热气缸体，可以降低曲轴连杆机构内部的摩擦。

二是气缸盖得到良好的冷却，降低了燃烧室的温度，增加了容积效率且降低了发生爆燃的可能性。

（3）副冷却循环系统

如图 5-8 所示，由电动水泵带动的副冷却循环系统主要包括两个循环通道：一个是冷却液流过涡轮增压器后，通过副散热器对涡轮增压系统进行冷却；另一个是冷却液流过进气歧管内的冷却器（增压空气冷却器）后，对增压后的空气进行冷却。

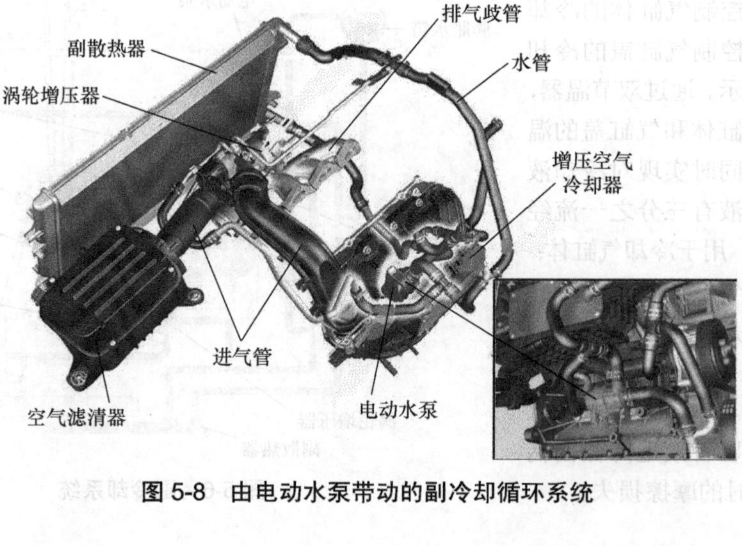

图 5-8 由电动水泵带动的副冷却循环系统

提示

◆电动水泵会在发动机不同的工况下由 ECU 控制，并在下述情况下才工作。

一是发动机起动后的短时间内。

二是进气歧管内增压空气温度持续超过 50℃时。

三是输出扭矩持续在 100N·m 以上时。

四是增压空气冷却器前部和后部的增压空气温度小于 8℃时。

对增压后的空气进行冷却的工作原理如图 5-9 所示。

提示

◆由于这套系统不是由曲轴驱动的，在发动机长时间高速行驶后，如驾驶员直接熄火，这套独立的冷却系统仍会自动工作一段时间，消除涡轮增压器因过热产生的故障隐患。

2. 电子节温器

节温器必须保持良好的技术状态，否则会严重影响发动机的正常工作。如节温器主阀门开启过迟，就会引起发动机过热；主阀门开启过早，则使发动机预热时间延长，使发动机温度过低。因此，节温器主阀门开启的时间精度对发动机性能影响很大。电子控制的节温器就是为了更精确地控制节温器主阀门的开启时间，保证冷却系统更精确地工作。宝马 530 和 630 车系 N52 发动机及大众奥迪、高尔夫、迈腾等车型的发动机冷却系统都采用了这种电子节温器。电子节温器的安装位置如图 5-10 所示。

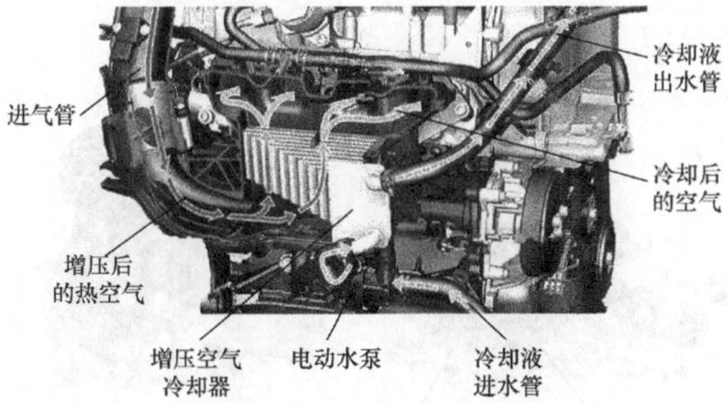

图 5-9 对增压后的空气进行冷却的工作原理

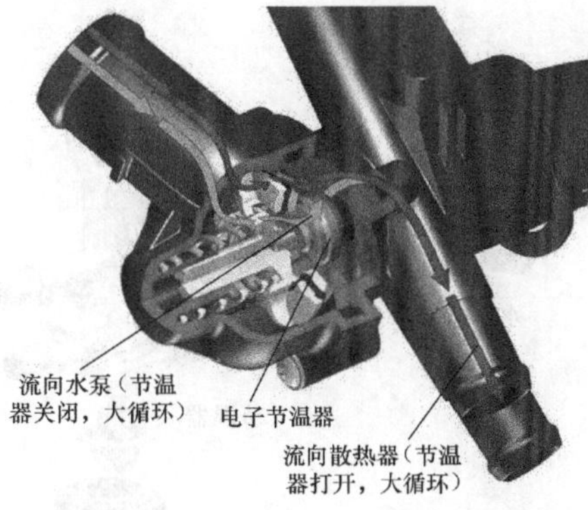

图 5-10 电子节温器安装位置

提示

◆安装电子节温器的发动机冷却系统的特点是冷却液温度调节、冷却液的循环（节温控制）、冷却风扇的工作控制均由发动机负荷决定并由发动机 ECU 控制。

四、冷却系统主要部件的结构

1. 水泵

（1）水泵的功用

水泵的功用是提高冷却液压力，使冷却液在冷却系统内循环流动。

（2）水泵的结构

如图5-11所示，水泵的基本组成有泵壳、叶轮、水泵轴、进水口和出水口等。叶轮固定在水泵轴上，泵壳安装在发动机缸体上。

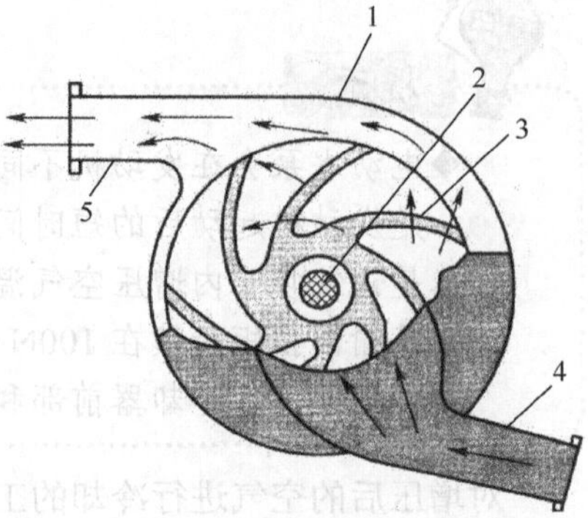

图5-11 水泵的基本组成及基本原理

1—泵壳；2—水泵轴；3—叶轮；4—进水口；5—出水口

（3）水泵的工作原理

发动机工作时，冷却系统内充满冷却液。曲轴通过正时齿带驱动水泵轴并带动叶轮旋转，泵腔内冷却液也一起转动。在离心力的作用下，冷却液由叶轮中心被甩向外缘，并产生一定的压力，经水泵出水口进入水套。同时，在叶轮的中心处，由于冷却液不断被甩出，其压力降低。在水泵进水口与叶轮中心压差的作用下，冷却液经进水口被吸入叶轮的中心。随着水泵的旋转，冷却液的工作压力得到提高，使冷却液在系统内循环流动。

图5-12 离心式水泵

（4）离心式水泵的结构

如图5-12所示，汽车发动机多采用离心式水泵（以下简称为水泵），它具有结构简单、体积小、出水量大且工作可靠等优点。水泵的分解图如图5-13所示。

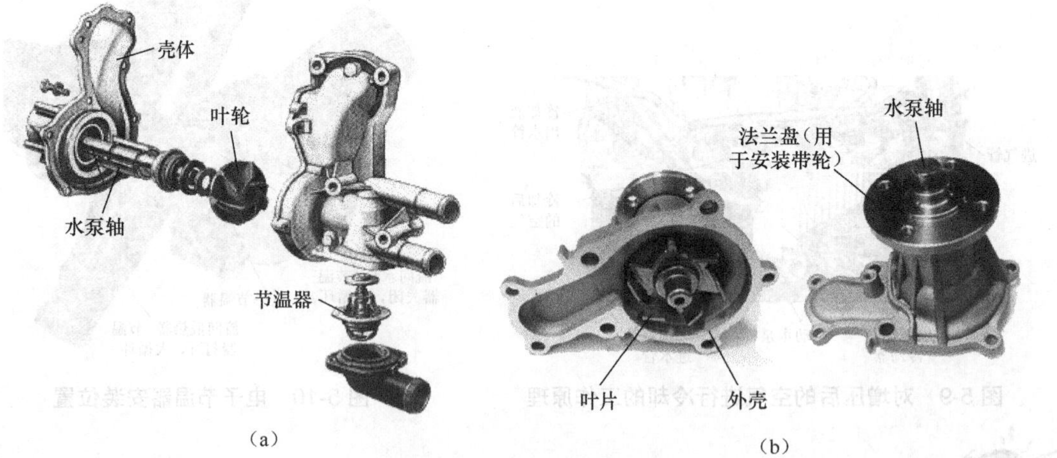

图5-13 水泵的分解图

水泵壳体的前半部分为水泵轴的轴承座孔，后半部分为叶轮工作室，水泵壳体上设有大循环进水口和小循环水管接头。泵盖和衬垫用螺钉安装在泵壳后面，用来封闭叶轮工作室。

在泵盖上设有出水孔，水泵安装后出水孔与位于气缸体水套内的分水管相通。

水泵轴通过轴承支撑在泵壳内。对于国产汽车发动机装用的水泵，水泵轴一般采用两个球轴承支撑，两轴承间用隔套定位。进口汽车发动机装用的水泵，水泵轴与轴承多数为不可分解的整体结构。

叶轮通过其中心孔切削平面与水泵轴配合，并用螺钉紧固。水泵轴前端伸出泵壳，带轮毂通过半圆键与水泵轴连接，并用螺母紧固。风扇带轮用螺钉安装在轮毂上。

为防止叶轮工作室内的冷却液向外泄漏，在叶轮与泵壳之间装有水封组件。水封组件为固定件，叶轮为旋转件。水泵工作时，在叶轮与密封圈之间发生滑磨。在支撑轴承右侧的水泵轴上装有挡水圈，漏出的冷却液被挡水圈挡住后经泄水孔排出，这样可防止泄出的冷却液进入轴承而影响其正常工作。

2. 散热器

（1）散热器的功用

散热器又称水箱，是冷却系统中的热交换器。它的功用是将水套中流出的高温冷却液分成许多股细流，并利用散热片增大散热面积，使冷却液的温度迅速下降，以保持发动机的正常工作温度。散热器一般置于车辆前端横梁上，装在风扇前面。

（2）散热器的结构

根据冷却液流动方向的不同，散热器分为纵流式（自上而下竖向流动）和横流式（自左而右横向流动）两种，其结构和原理基本相同。其中，常用的散热器为横流式结构（见图 5-14），主要由进水孔、散热器芯、散热器盖和出水孔组成。进水孔通过橡胶软管与气缸盖上的水套出水管连接，出水孔则通过橡胶软管与水泵进水口连接，两水孔之间焊接有散热器芯。在散热器的顶部设有加水口，以便加注冷却液，在通常情况下加水口用散热器盖封闭。有的散热器底部一般设有放水阀，以便必要时放出散热器内的冷却液。

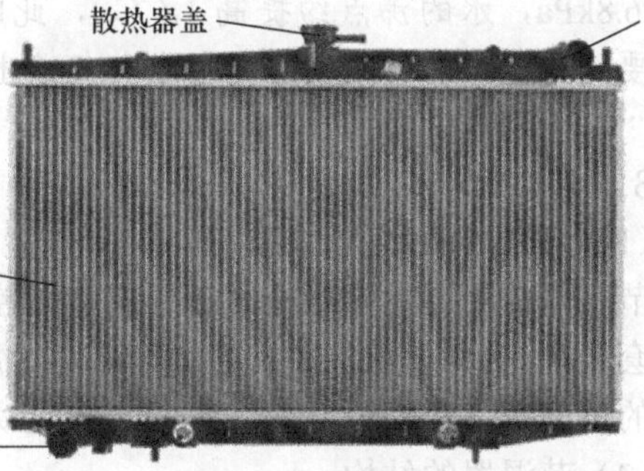

图 5-14　散热器

（3）散热器盖

散热器上加水口处装有散热器盖，可实现对冷却系统的加压和密封，如图 5-15 所示。增加压力可以提高冷却液的沸点，提高冷却系统效率，而密封的冷却系统可以减少冷却液的蒸发损失和猛烈制动时冷却液的涌出。散热器盖上一般设有蒸汽阀和空气阀，以便使冷却系统内部保持适当压力，其结构如图 5-16 所示。当散热器内压力升高到一定值（一般为 126 ～ 127kPa）时，蒸汽阀打开，使部分蒸汽排入溢流管，以免胀坏散热器。当发动机停机降温后，由于冷却液容积减小，在冷却系统中会出现一定的负压。当散热器内压力低到一定值（一般为 87 ～ 99kPa）时，空气阀打开，使

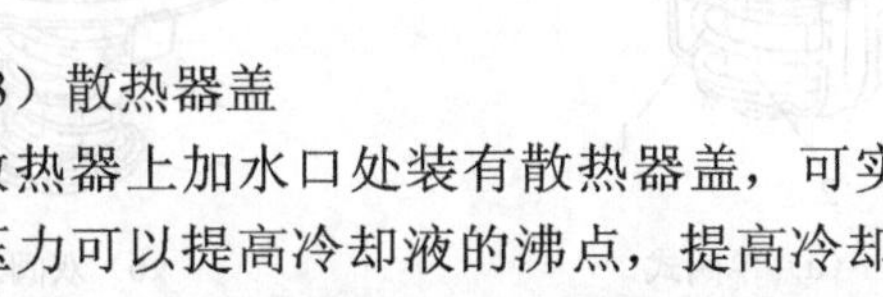

图 5-15　散热器盖外形图

外面的空气或冷却液再流回散热器，以免大气将散热器压坏。

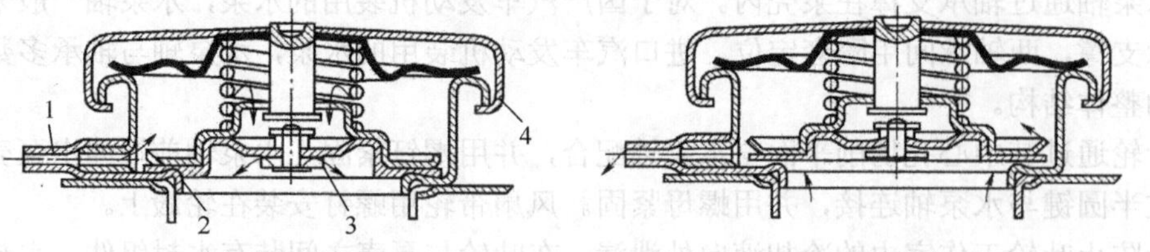

图 5-16　散热器盖的结构

1—通气管；2—蒸汽阀；3—空气阀；4—散热器盖

◆现代汽车许多散热器盖的蒸汽阀可使冷却系统内的压力保持在103kPa（压力每升高6.8kPa，水的沸点约提高1.6℃），此时水的沸点约为125℃。因此发动机在热态时，不要打开散热器盖，以防高温水蒸气喷出引起烫伤。

3．节温器

（1）节温器的功用

节温器的功用是根据冷却液的温度来控制通过散热器的冷却液流量，使冷却液在散热器与水套之间进行不同的循环（大循环或小循环），调节发动机的冷却强度，保证发动机在最适宜的温度下工作。节温器一般安装在发动机气缸盖水套出水口或水泵进水口处。

（2）节温器的结构

目前，各种汽车发动机装用的节温器基本都是蜡式节温器，它有双阀式和单阀式两种，其结构与原理基本相同，如图5-17所示。节温器的核心部分为石蜡感温体。

双阀蜡式节温器实物如图5-18所示，其结构如图5-19所示。双阀蜡式节温器主要由主阀门、副阀门、中心杆、胶管、节温器壳体（感温体）、石蜡和弹簧等组成。节温器的上支架和下支架与阀座铆成一体；中心杆上端固定在上支架的中心，其下部插入胶管的中心孔内，中心杆下端呈锥形；石蜡装在胶管与节温器壳体之间的腔体内。为了提高导热性，石蜡中常掺有铜粉和铝粉。节温器壳体的上下两端制有联动的主阀门和副阀门。

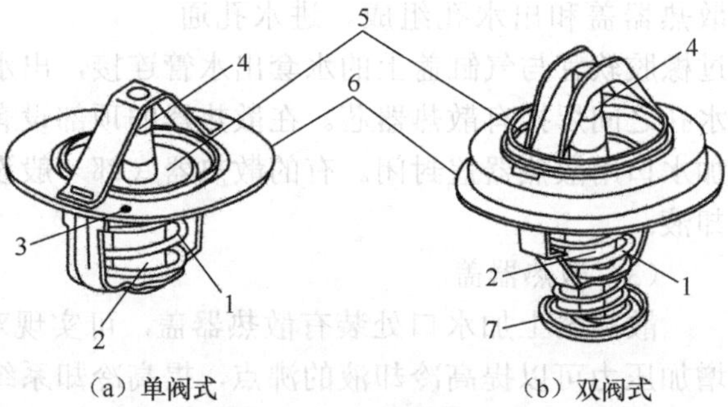

图 5-17　节温器的结构

1—主阀门弹簧；2—感温体；3—通气孔；4—中心杆；5—主阀门；6—阀座；7—副阀门

（3）节温器的工作原理

① 当冷却液的温度较低时，石蜡呈固态，在弹簧的作用下主阀门压紧在阀座上，主阀

门完全关闭，副阀门完全开启。来自发动机水套的冷却液经副阀门、旁通管直接进入水泵，经水泵加压后泵回发动机水套，冷却液进行小循环。由于冷却液只在水泵和水套之间循环流动，不经过散热器，且通过流量少，因此冷却强度小。

图 5-18 双阀蜡式节温器实物

② 当冷却液的温度升高时，石蜡逐渐熔化成液态，使其体积膨胀，迫使胶管收缩，并对中心杆产生向上的推力。中心杆固定在上支架上，使中心杆对胶管、节温器壳体产生向下的反推力。当冷却液温度升高到一定值（一般为 80 ～ 84℃）时，反推力克服弹簧的弹力使胶管、节温器壳体向下移动，主阀门逐渐开启，副阀门逐渐关闭。主阀门和副阀门均处于部分开启状态。此时，部分冷却液进行大循环，部分冷却液进行小循环（大、小循环同时存在）。

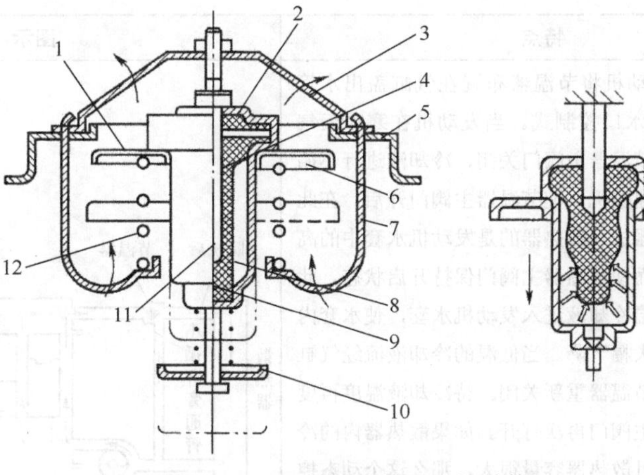

图 5-19 双阀蜡式节温器的结构

1—主阀门；2—盖和密封垫；3—上支架；4—胶管；5—阀座；6—通气孔；7—下支架；8—石蜡；9—节温器壳体；10—副阀门；11—中心杆；12—弹簧

③ 当冷却液温度达到一定值（一般为 86℃）时，主阀门完全开启，副阀门完全关闭。来自发动机水套的冷却液全部经主阀门进入散热器，经水泵加压后泵回发动机水套，冷却液进行大循环。由于冷却液在散热器和水套之间循环流动，且通过流量大，所以冷却强度大。

冷却液大、小循环路线如图 5-20 所示。

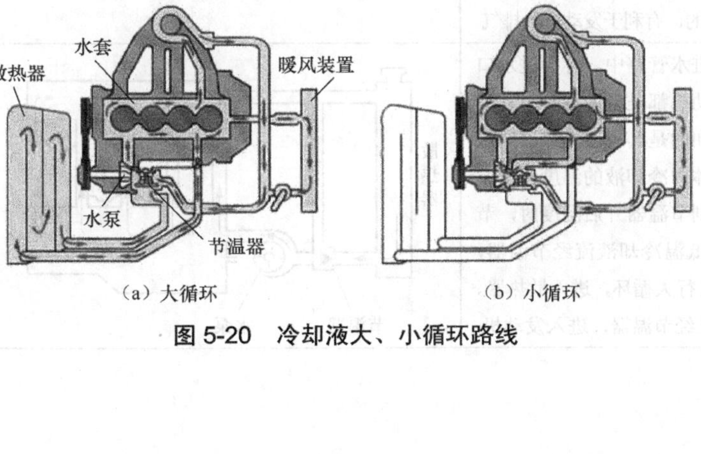

（a）大循环　（b）小循环

图 5-20 冷却液大、小循环路线

提示

冷却液大、小循环的区别是大循环冷却液经过散热器，小循环冷却液不经过散热器。

单阀式节温器的工作原理和双阀式节温器基本相同，区别在于单阀式节温器只有控制大循环的主阀门，小循环的旁通管始终处于开启状态，即使在主阀门全开时，仍然存在部分小循环。为了防止小循环流量过多，通常小循环的旁通管设计得较小。如果节温器出现故障而失效，在弹簧的作用下主阀门一直处于关闭状态。由于冷却液始终进行小循环，因此使发动机温度迅速升高而过热，此时应及时更换节温器。

（4）节温器的布置形式

节温器的布置形式有出水口控制式和进水口控制式两种，如表 5-1 所示。

表 5-1　　节温器的布置形式

布置形式	特点	图示
出水口控制式	早期汽车发动机将节温器布置在气缸盖出水管路中，称为出水口控制式。当发动机在寒冷天气冷车起动时，节温器主阀门关闭，冷却液进行小循环，发动机迅速暖机，使节温器主阀门开启。在此期间，经节温器进入散热器的是发动机水套中的高温冷却液，从而使节温器主阀门保持开启状态。此时散热器内低温冷却液进入发动机水套，使水套内的冷却液温度大幅下降。当低温的冷却液流经气缸盖出水口时，节温器重新关闭。待冷却液温度再度升高，节温器主阀门再次打开。如果散热器内的冷却液温度很低且散热器容量很大，那么这个动态控制时间相对较长，冷却液温度在一定范围内波动较大，从而冷却液带走的热量增多，造成一定的能量损失，使燃油消耗升高，排气污染增加。 节温器装在发动机气缸盖水套的出水口处，感知的是整个发动机机体内的冷却液温度。节温器上排气孔的排气方向是朝向出水方向的，有利于发动机的排气	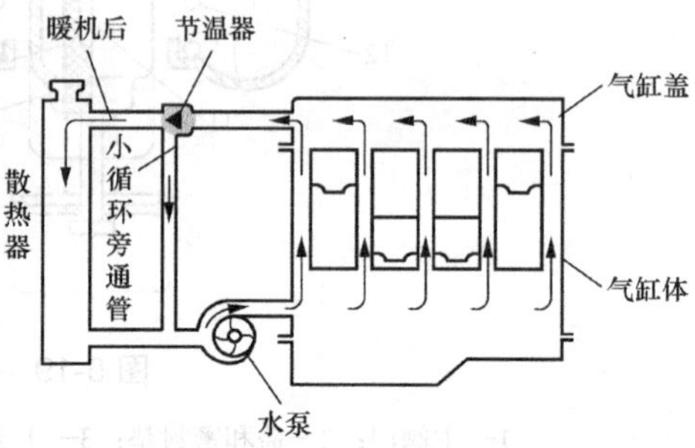
进水口控制式	将节温器布置在发动机进水管路中，称为进水口控制式，目前多数轿车发动机都是采用这种布置形式。在进水口处节温器感知的是其周围冷却液的温度，而不是整个发动机机体内冷却液的温度。当发动机机体内冷却液温度达到节温器开启温度时，节温器主阀门开启，一定量低温冷却液流经节温器，吸收发动机热量，冷却液进行大循环，进入散热器。而散热器内的低温冷却液又经节温器，进入发动机	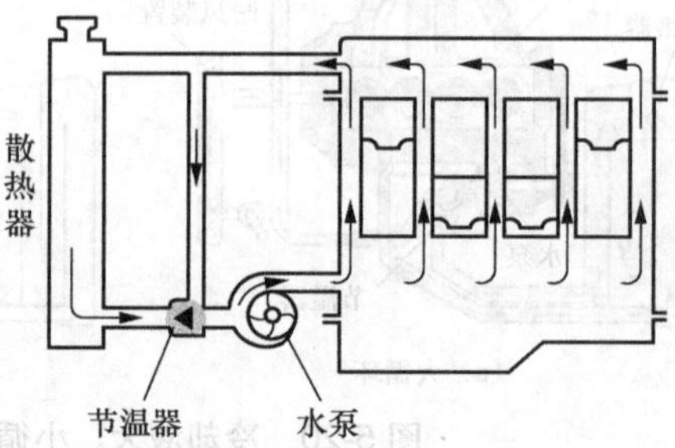

续表

布置形式	特点	图示
进水口控制式	水套，使其温度降低，节温器主阀门又关闭，完成第一次开启和关闭。在此控制过程中，只有少量的低温冷却液进入发动机水套，因此冷却液温度控制比较迅速、精确。 节温器布置在进水口处，节温器的开口方向与进水方向一致，进水波动降低，使冷却液的流动更加顺畅	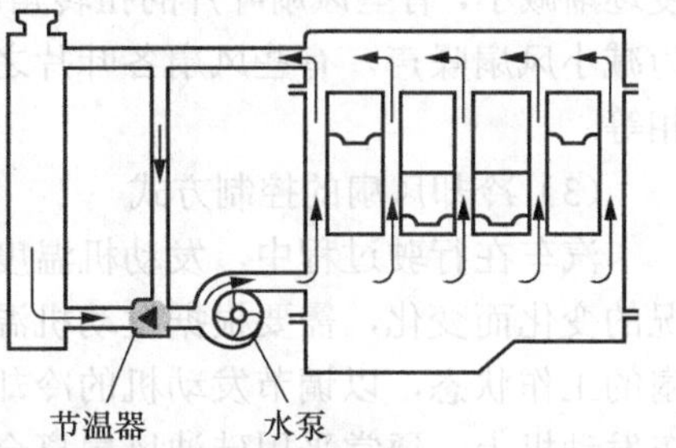

有些节温器的主阀座上装有一个旁通阀（也称通气孔），如图 5-21 所示，其作用是在加注冷却液时，使水套内的空气经此阀门排出，保证加满冷却液。其工作原理：当发动机停机时，阀门在自身重力作用下开启，使空气向上排出；当发动机运转时，冷却液流动压力使阀门关闭。对于将这种节温器垂直安装于固定面的发动机，安装时应使旁通阀位于上方位置，并注意涂抹密封胶时不要将小孔堵住。

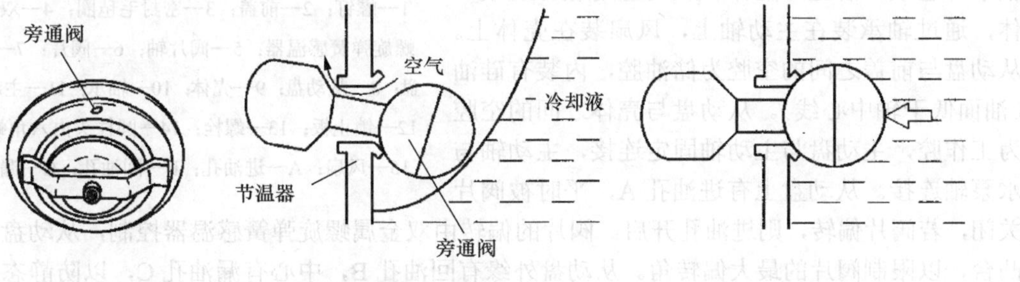

（a）旁通阀位置　（b）发动机停机时（阀门开启）　（c）发动机运转时（阀门关闭）

图 5-21　节温器上的旁通阀

4. 冷却风扇

（1）冷却风扇的功用

冷却风扇的功用是提高流经散热器的空气流速和流量，以增强散热器的散热能力，加快冷却液的冷却速度。冷却风扇一般安装在散热器与发动机之间。

（2）冷却风扇的结构

在水冷系统中，常用风扇的结构及类型有叶尖弯曲式、尖窄根宽式和塑料整体式等，如图 5-22 所示。有的发动机冷却风扇采用金属钢板冲压而成的叶片，叶片用螺钉固定在连接板上，而近年来采用塑料压铸而成的整体式风扇越来越

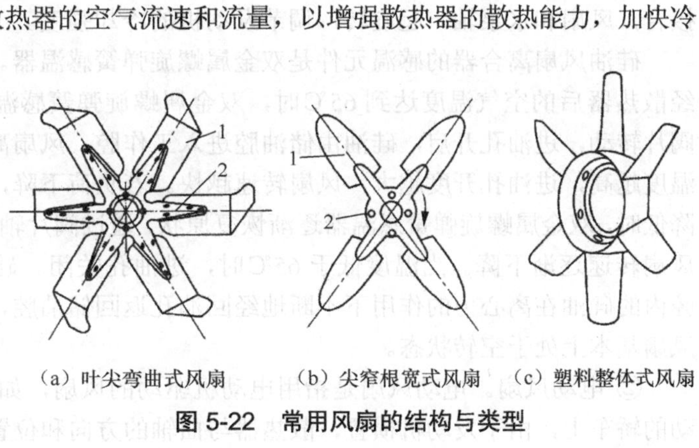

（a）叶尖弯曲式风扇　（b）尖窄根宽式风扇　（c）塑料整体式风扇

图 5-22　常用风扇的结构与类型

1—叶片；2—连接板

多。风扇一般有 4 ～ 6 个叶片，叶片相对风扇旋转平面有一定的扭转角度，从叶根到叶尖扭转角度逐渐减小，有些风扇叶片的扭转角度是可调的。为减小风扇噪声，有些风扇各叶片之间的夹角不相等。

（3）冷却风扇的控制方式

汽车在行驶过程中，发动机温度随着使用工况的变化而变化，需要根据发动机温度来控制风扇的工作状态，以调节发动机的冷却强度。在汽车发动机上，通常采用硅油风扇离合器控制的普通风扇、温控开关控制的电动风扇或冷却液温度传感器控制的电控风扇。

① 普通风扇。硅油风扇离合器的结构如图 5-23 所示，主要由前盖、壳体、主动盘、从动盘、主动轴、双金属螺旋弹簧感温器、阀片、阀片轴和轴承等组成。前盖、壳体和从动盘用螺钉组成一体，通过轴承装在主动轴上，风扇装在壳体上。从动盘与前盖之间的空腔为储油腔，内装有硅油（油面低于轴中心线）。从动盘与壳体之间的空腔为工作腔，主动盘与主动轴固定连接，主动轴与水泵轴连接。从动盘上有进油孔 A，平时被阀片关闭，若阀片偏转，则进油孔开启。阀片的偏转由双金属螺旋弹簧感温器控制，从动盘上有凸台，以限制阀片的最大偏转角。从动盘外缘有回油孔 B，中心有漏油孔 C，以防静态时硅油沿阀片轴向外泄漏。双金属螺旋弹簧感温器的外端固定在前盖上，内端卡在阀片轴的槽内。

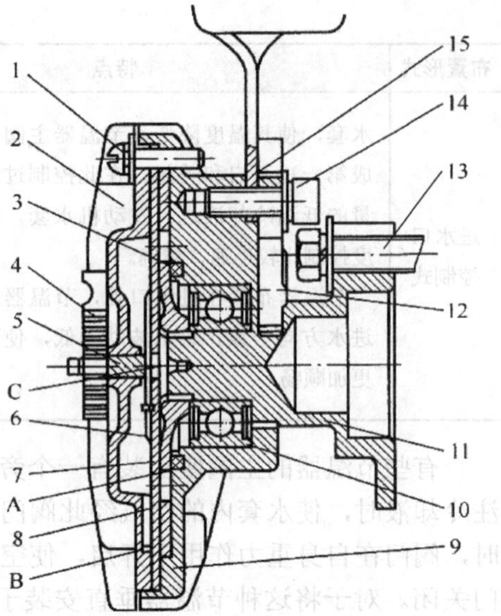

图 5-23　硅油风扇离合器的结构

1—螺钉；2—前盖；3—密封毛毡圈；4—双金属螺旋弹簧感温器；5—阀片轴；6—阀片；7—主动盘；8—从动盘；9—壳体；10—轴承；11—主动轴；12—锁止板；13—螺栓；14—圆柱头内六角螺钉；15—风扇；A—进油孔；B—回油孔；C—漏油孔

硅油风扇离合器以硅油作为传动介质，利用硅油高黏度的特性传递扭矩。同时利用散热器后面的空气温度，通过双金属螺旋弹簧感温器自动控制风扇离合器的分离和接合。低温时，硅油不流动，风扇离合器分离，风扇基本上处于空转状态。高温时，硅油流动，风扇离合器接合，风扇和水泵轴一起旋转，调节发动机的冷却强度。

硅油风扇离合器的感温元件是双金属螺旋弹簧感温器。其工作过程：若负荷升高，当流经散热器后的空气温度达到 65℃时，双金属螺旋弹簧感温器因受热而变形，通过阀片轴使阀片转动，进油孔开启，硅油由储油腔进入工作腔，风扇离合器接合，风扇开始转动。空气温度越高，进油孔开度越大，风扇转速越快。若负荷下降，当流经散热器后的空气温度逐渐降低时，双金属螺旋弹簧感温器逐渐恢复原状，通过阀片轴带动阀片使进油孔开度逐渐减小，风扇转速逐渐下降。当温度低于 65℃时，进油孔关闭。硅油不再进入工作腔，而进入工作腔内的硅油在离心力的作用下不断地经回油孔返回储油腔，直到排空为止，风扇离合器分离，风扇基本上处于空转状态。

② 电动风扇。电动风扇是指用电动机驱动的风扇，如图 5-24 所示。在前置发动机前驱动的轿车上，由于发动机横置，散热器与曲轴的方向和位置变化，难以利用发动机通过传动带驱动风扇，因此装用电动风扇。

（a）实物

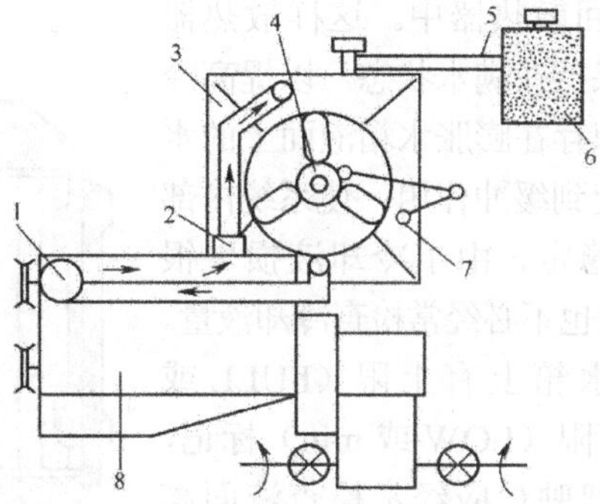

（b）控制电路

图 5-24　电动风扇

1—水泵；2—节温器；3—散热器；4—电动机和风扇；5—软管；6—膨胀水箱；7—温控开关；8—发动机

驱动风扇的电动机一般有高速和低速两个挡位，其工作状态通过温控开关并由冷却液温度控制。当散热器出口冷却液温度为 92 ～ 97℃时，温控开关接通电动机低速挡，风扇低速运转，保证有足够的空气流经散热器；当冷却液温度在 99 ～ 105℃时，温控开关接通电动机高速挡，风扇以更高的转速运转，以提高冷却强度，防止发动机过热。当冷却液温度下降到 91 ～ 98℃时，电动机恢复低速挡运转；当冷却液温度下降到 84 ～ 91℃时，风扇电动机停止工作。

③ 电控风扇。电控风扇与电动风扇都是由电动机驱动的，区别在于在电控风扇系统中，由电控单元（ECU）根据冷却液温度和空调开关信号，通过风扇继电器来控制风扇电动机电路的通断，以实现对风扇工作状态的控制。

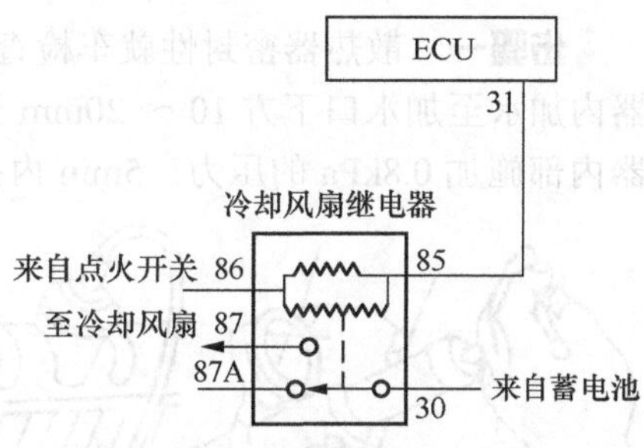

图 5-25　电控风扇控制系统电路

电控风扇控制系统电路如图 5-25 所示。发动机 ECU 控制风扇继电器线圈的搭铁回路，当发动机温度低于 98℃时，ECU 断开风扇继电器搭铁回路，冷却风扇不工作；当发动机温度高于 103℃时，ECU 接通风扇继电器搭铁回路，冷却风扇工作。如果选择空调，ECU 接到空调开关信号后，不管发动机温度高低，ECU 都将接通风扇继电器搭铁回路，使冷却风扇工作。

5．**膨胀水箱**

（1）膨胀水箱的功用

膨胀水箱（也称副水箱）的功用：把冷却系统变成永久性封闭系统，减少冷却液的溢失；避免空气进入而引起机件的氧化腐蚀，减少穴蚀；使冷却液、水蒸气彻底分离，提高了水泵的泵水量；使系统内部压力保持稳定。

（2）膨胀水箱的结构

膨胀水箱多用半透明材料（如塑料）制成，透过箱体可直接观察液面高度，无须打开散热器盖，膨胀水箱的上部通过蒸汽管与散热器相连，如图 5-26 所示。

当冷却液温度较高、体积膨胀时，散热器中多余的冷却液经蒸汽管流入膨胀水箱中；而当冷却液温度较低时，冷却液体积遇冷收缩，散热器中产生一定的真空度，将膨胀水箱中的部分冷却液吸回散热器中。这样散热器可以经常保持在满水状态，以提高冷却效果。积存在膨胀水箱液面上的水蒸气还能起到缓冲作用，使系统内部压力保持稳定。由于冷却液损失很少，驾驶员也不必经常检查冷却液量。

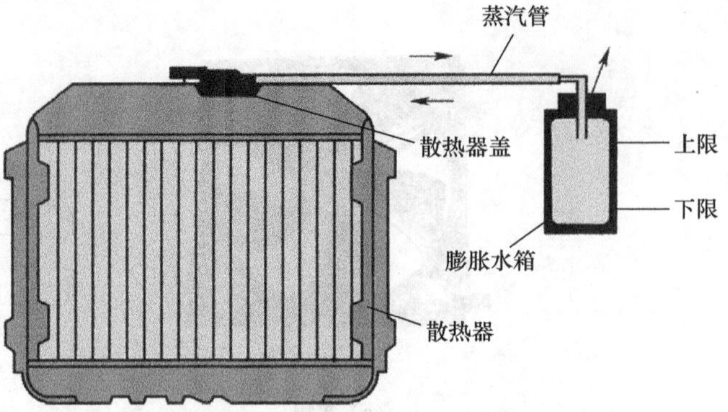

图 5-26　膨胀水箱连接示意图

膨胀水箱上有上限（FULL 或 max）和下限（LOW 或 min）标记，在使用中驾驶员应经常检查液面高度，液面高度应位于上限、下限两刻线之间。若液面低于下限标记，应添加冷却液。不得加水，因为加水后冷却液中的防冻剂浓度降低，会使冷却液冰点上升，冷却系统产生锈蚀、结垢等。如发现膨胀水箱中已无冷却液，应打开散热器盖，往散热器及膨胀水箱中加注冷却液。

项目实施

操作一　散热器的检查

步骤一　散热器密封性就车检查。用膨胀式橡胶塞堵住散热器进水孔和出水孔，向散热器内加水至加水口下方 10 ～ 20mm 处，如图 5-27 所示。用专用手动打压器从加水口向散热器内部施加 0.8kPa 的压力，5min 内打压器压力表上的指示压力应不下降，否则说明散热器有泄漏。

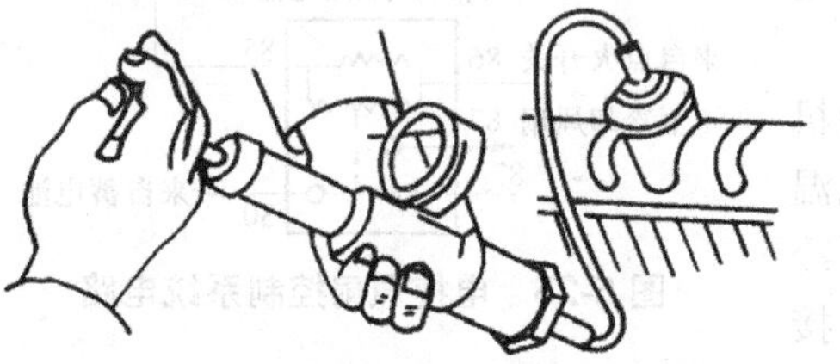
图 5-27　散热器的就车检查

步骤二　散热器的水槽检查。拆下散热器后，用膨胀式橡胶塞堵住进水孔和出水孔，从加水口向散热器内充入 30 ～ 80kPa 的压缩空气，将散热器浸入水槽，若有气泡冒出，说明散热器有泄漏。

步骤三　散热器芯管堵塞的检查。从加水口向散热器内加入热水，用手触试散热器芯管各处温度，若有温度不升高的部位，说明散热器芯管该部位堵塞。

散热器芯管是否堵塞，可先拆下上储水室，再用根据芯管尺寸和断面形状制造的专用通条来检查，所有芯管都不允许有堵塞现象；个别因中部堵塞而确实无法疏通者，允许存在堵塞的芯管不超过两根。散热器芯管若存在压扁或通条不能通过现象，应更换芯管。

步骤四　散热器盖的检查。使用专用手动打压器给散热器盖加压，当打压器上的压力表读数突然下降时，说明蒸汽阀打开。蒸汽阀的开启压力应符合规定。

操作二　水泵的检查

水泵常见故障是漏水、轴承松旷和泵水量不足。

步骤一　水泵漏水的检查。泵壳裂纹导致漏水时一般有明显的痕迹，裂纹较轻时可用黏结法修理，裂纹严重时应更换。在水泵正常时，水泵壳上的泄水孔不应漏水，如果泄水孔漏水说明水封密封不良，其原因可能是密封面接触不紧密或水封损坏，应分解水泵进行检查，清洁水封密封面或更换水封。水泵泄水孔位置如图 5-28 所示。

步骤二 水泵轴承松旷的检查。在发动机怠速运转时，若水泵轴承有异响或带轮转动不平衡，一般是轴承松旷所致；发动机熄火后，用手扳动带轮进一步检查其松旷量，若有明显松旷，应更换水泵轴承；若水泵轴承有异响，但用手扳动带轮无明显松旷，则可能是水泵轴承润滑不良所致，应从润滑油嘴加注润滑脂。

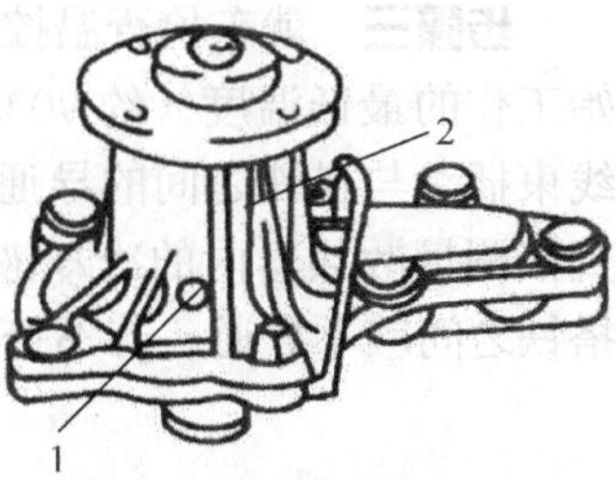

图 5-28 水泵泄水孔位置

1—泄水孔；2—泵壳

步骤三 水泵泵水量不足的检查。水泵泵水量不足的原因一般是水道堵塞、叶轮与轴滑脱、漏水或传动带打滑，可通过疏通水道、重装叶轮、更换水封、调整风扇传动带松紧度来排除故障。

操作三 节温器的检查

步骤一 检查节温器阀门的开启温度。节温器一般安装在发动机水套出水口处，拆下节温器后将其浸入水中（见图 5-29），逐渐将水加热，检查节温器主阀门开启温度。如果节温器主阀门开启温度不符合要求，或在常温下关闭不严，应更换节温器。

步骤二 检查节温器阀门的升程。当冷却液温度加热到 93℃时，节温器阀门的升程应大于 8.5mm 或更大，如图 5-30 所示。如果阀门升程不符合规定，则更换节温器。

步骤三 节温器在 75℃以下时，检查阀门是否完全关闭，如未完全关闭，则更换节温器。

操作四 电动风扇的检查

电动风扇常见故障是风扇电动机或温控开关故障。

步骤一 检查风扇电动机应在冷却液温度低于 83℃的状态下进行。此时将点火开关转置“ON”，风扇电动机应不工作。如图 5-31 所示，当拆下散热器上的温控开关线束插头并使其搭铁时，风扇电动机应转动；接上温控开关线束插头时，风扇电动机应停止工作。若不符合上述要求，说明风扇电动机或其电路有故障。

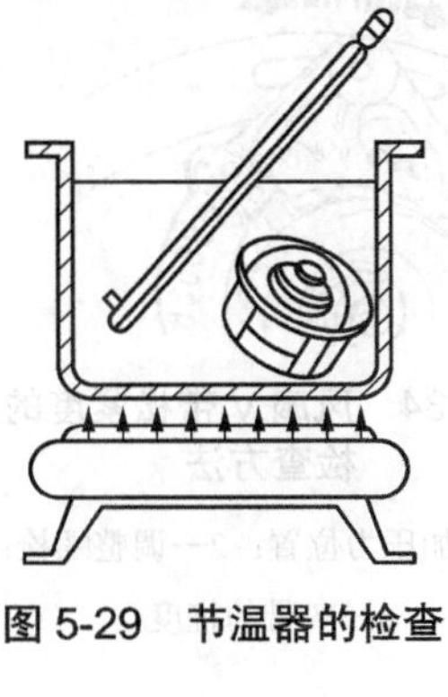
图 5-29 节温器的检查

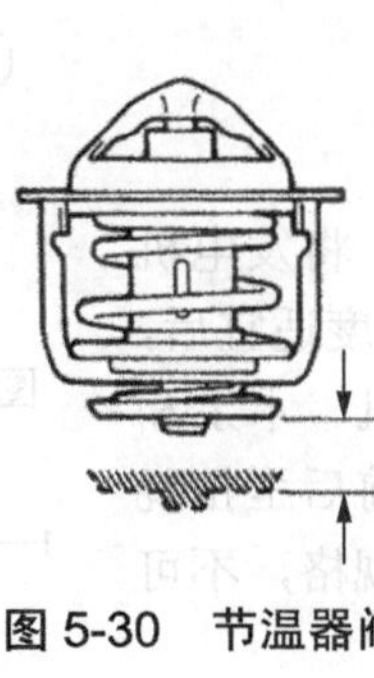

图 5-30 节温器阀门的升程

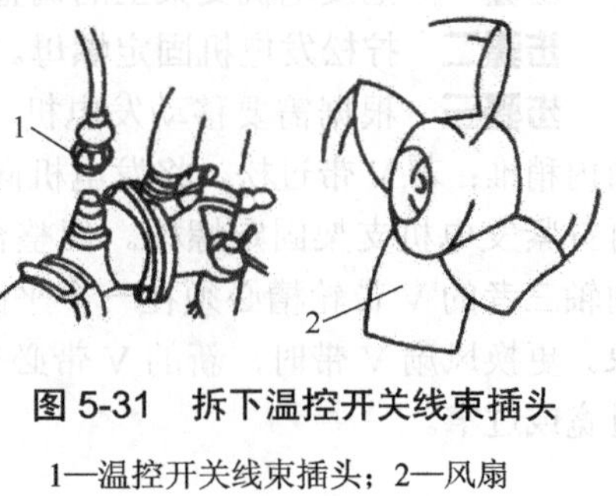

图 5-31 拆下温控开关线束插头

1—温控开关线束插头；2—风扇

步骤二 进一步检查风扇电动机，可按图 5-32 所示，在电路中串联万用表检查风扇电动机的工作电流。如果风扇能够平稳运转且工作电流在 5 ～ 8A 范围内，说明风扇电动机良好。

步骤三 就车检查温控开关时，首先使发动机运转，直到冷却液温度达到风扇电动机开始工作的最低温度（约 90℃）以上。此时拆下温控开关线束插头，用万用表检查温控开关线束插头与搭铁之间的导通情况（见图 5-33），正常应导通；然后拆下散热器盖，用温度计直接测量散热器内的冷却液温度，当冷却液温度下降到 83℃以下时，温控开关线束插头与搭铁之间应不导通。若不符合上述要求，说明温控开关不良，应更换。

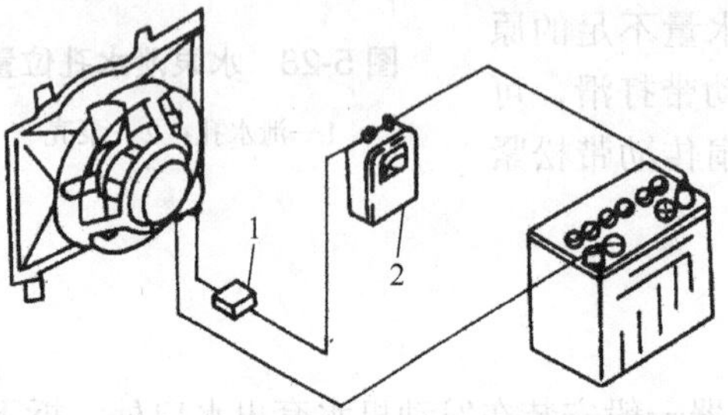

图 5-32 风扇电动机的检查

1—接线盒；2—万用表

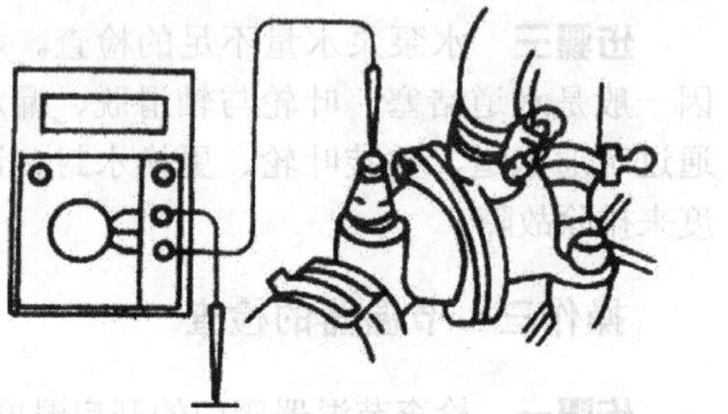

图 5-33 检查风扇温控开关

操作五 风扇传动带松紧度的调整

风扇、水泵和发电机一般由曲轴通过一根传动带驱动。若传动带过紧，将使水泵轴承和传动带的磨损加剧；传动带过松，将会出现传动带打滑现象。因此，应经常检查并及时调整风扇传动带松紧度。

汽车每行驶 10000km 后，应检查、调整水泵（风扇）V 带的松紧度。

松紧度的检查方法如图 5-34 所示。用手指在 V 带中间加压，当压力为 98N 时 V 带的挠度应为 5 ～ 7mm。

调整 V 带松紧度的方法如下。

步骤一 把发电机支架上的调整螺栓松开。

步骤二 拧松发电机固定螺母。

步骤三 根据需要移动发电机。若 V 带过紧，将发电机向内稍推；若 V 带过松，将发电机向外稍拉。松紧度适宜后，再拧紧发电机支架固定螺栓。调整合适后，发电机、水泵和曲轴三者的 V 带轮槽必须在一个平面上，不可有前后歪扭现象。更换风扇 V 带时，新的 V 带必须符合原车的规格，不可过宽或过窄。

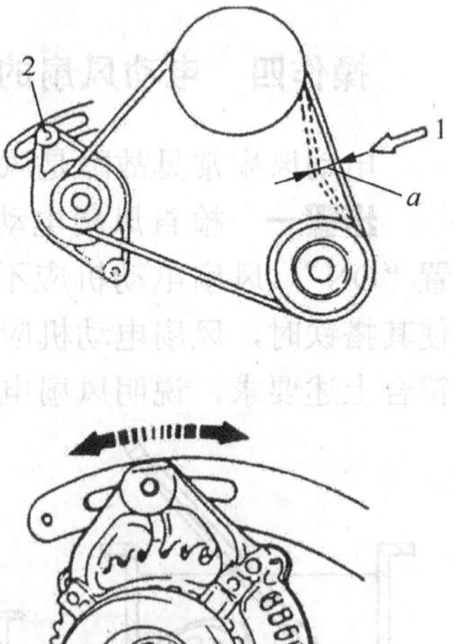

图 5-34 风扇 V 带松紧度的检查方法

1—施加压力位置；2—调整螺栓；a—V 带的挠度

操作六　冷却液的更换

提示

◆在发动机热态时，冷却系统处于压力状态，修理时需要泄压。可用抹布盖住冷却液膨胀水箱的密封盖并小心地打开，以泄除压力。

◆软管接头是用弹性卡箍紧固的，修理时只可使用弹性卡箍。

◆安装时，冷却液和冷却液软管末端上的标记必须相对。

◆热蒸汽和热冷却液可能会造成烫伤。

◆所添加的冷却液，其牌号应与现用的冷却液相同，不得加水。

发动机冷却液一般由专用冷却剂 G11 和水混合而成，发动机冷却液容积（带膨胀水箱）一般为 6L。

1. 旧冷却液的排放

步骤一　打开冷却液膨胀水箱的密封盖。

提示

◆由于采用封闭、加压的冷却系统，在冷却液温度很高时，不要打开散热器盖，以免冷却液喷出而发生烫伤。当必须在冷却液还很热的情况下打开散热器盖时，一定要先逆时针慢慢拧动散热器盖使盖上的锁紧凸耳退至散热器加水口上的安全挡口处，让压力阀慢慢打开，使散热器中的压力从溢流管泄去后压下散热器盖，并继续逆时针拧下散热器盖。

步骤二　拆卸隔音垫，拆下空气软管。用一块干净的抹布堵住增压空气冷却器。

步骤三　将收集冷却液的容器置于发动机下方。

步骤四　如图 5-35 所示，拔下散热器出口处的冷却液温度传感器的插头 2，脱开散热器下部冷却液管 1，并将冷却液放掉。

步骤五　如图 5-36 所示，将水泵下面的冷却液软管（箭头 A）脱开，并将剩余的冷却液放掉。

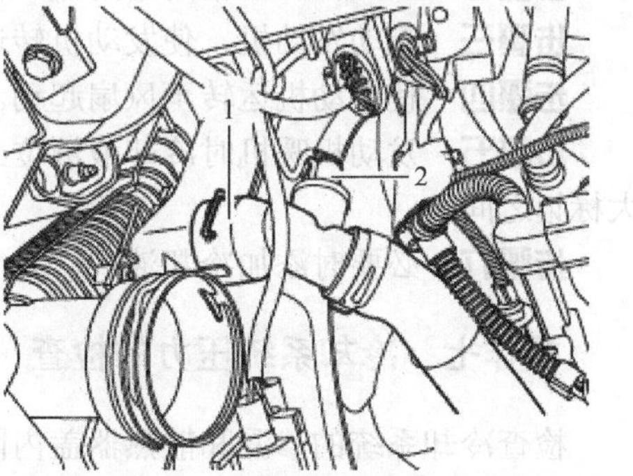

图 5-35　脱开散热器下部冷却液管

1—散热器下部冷却液管；2—冷却液温度传感器插头

2. 有冷却系统加注装置时加注冷却液

步骤一　先按拆卸的相反顺序安装拆下来的零件：将下部冷却液管连接到散热器上→安装散热器出口处的冷却液温度传感器的插头→将冷却液软管连接至水泵上→安装增压空气导管→安装隔音垫。

步骤二 使用冷却系统加注装置（见图 5-37）加注冷却液。可使用折射计（见图 5-38）确定当前的防冻液浓度。

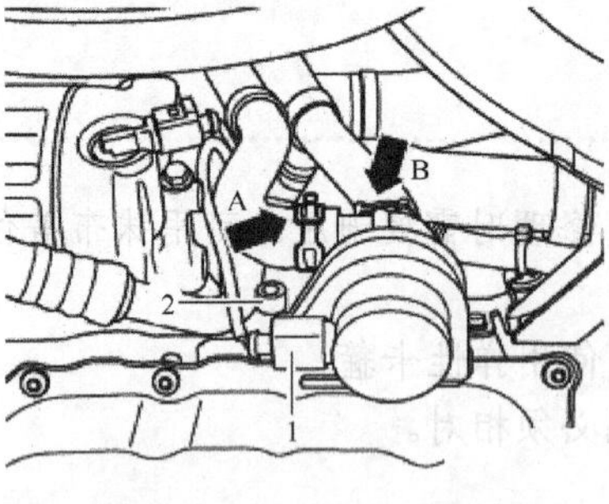

图 5-36 脱开冷却液软管

1—冷却液继续循环泵插头；2—螺栓；A、B—冷却液软管

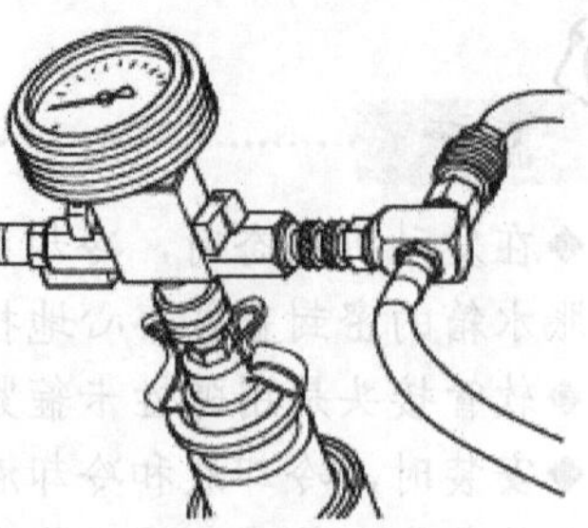

图 5-37 冷却系统加注装置

3. 无冷却系统加注装置时加注冷却液

步骤一 先将冷却液添加到膨胀水箱（储液罐）上最大标记处（图 5-39 中 max 处）。

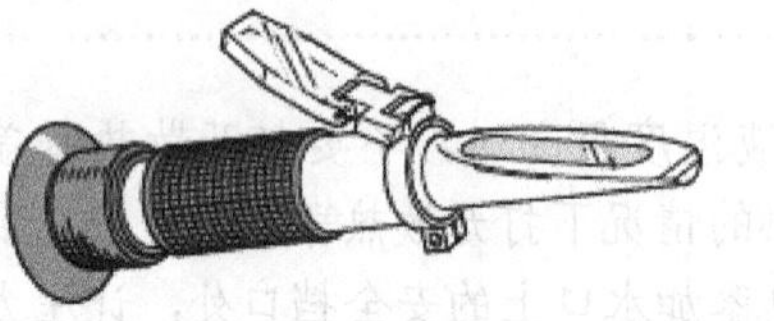

图 5-38 折射计

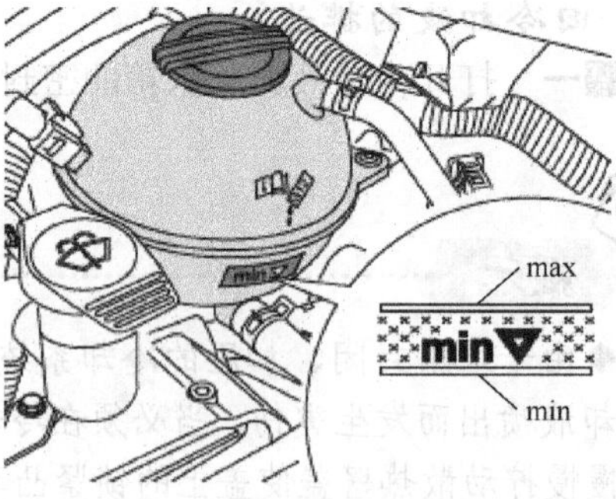

图 5-39 膨胀水箱液面位置

步骤二 装回膨胀水箱的密封盖，保证膨胀水箱密闭。关闭暖风鼓风机。

步骤三 起动发动机，使发动机转速约为 2000r/min，并保持约 3min。

步骤四 使发动机运转至风扇起动。检测膨胀水箱中冷却液的液位。

步骤五 发动机暖机时冷却液液位必须位于最大标记处，而冷机时则必须位于最小和最大标记之间。

步骤六 必要时添加冷却液。

操作七 冷却系统压力的检查

检查冷却系统的渗漏和散热器盖内限压阀的功能，可用专用工具检查仪测试。

步骤一 检查冷却系统的渗漏。将检查仪装在散热器上，用检查仪的手动泵使压力达到 0.1MPa，如果压力下降，即表明冷却系统有渗漏故障。找出渗漏处，排除故障。

步骤二 检查散热器盖限压阀的功能。将散热器盖套上检查仪（见图 5-40），用手动泵使压力上升，在 0.12 ～ 0.15MPa 的压

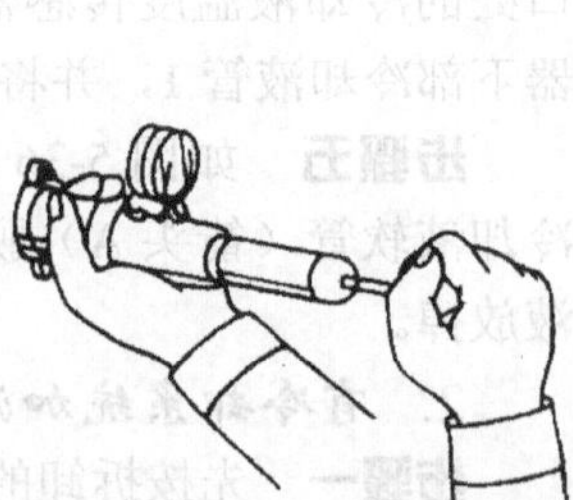

图 5-40 检查散热器盖限压阀的功能

力时限压阀必须打开。

维修实例

实例一 桑塔纳轿车冷却液温度报警灯闪亮，发动机过热

（1）故障现象

一辆桑塔纳轿车，行驶里程为 4.1 万千米。车辆正常行驶时，发现发动机冷却液温度报警灯闪亮，停车后打开发动机舱盖，发现从膨胀箱水管卡子处向外溢冷却液并外逸蒸汽。

（2）故障原因

水泵损坏。

（3）故障诊断与排除

重新加满冷却液，然后起动发动机使之运转，至发动机冷却液温度报警灯闪亮时，发现散热器风扇始终不运转，用手摸散热器表面，冷热不均匀，用手捏气缸盖的出水管，感觉特别硬，说明冷却系统有过高的压力。于是怀疑膨胀水箱盖安全阀失效，更换后故障仍然存在。

因为散热器表面上热下凉，所以怀疑冷却系统循环不良。拆下节温器检查，将其放入水中，将水煮至沸腾，发现节温器阀门开启约 5mm，但其余部分打开要在 105℃，而水的沸点仅为 100℃。在无法判断节温器工作是否良好的情况下，为保险起见更换一个新节温器，但故障仍不能排除。

重新向发动机加满冷却液，在冷车时从散热器上部断开发动机至散热器的出水管，然后起动发动机，发现出水管不向外冒水，证明冷却液确实不进行循环流动。

拆下水泵，检查发现其外观完好，运转灵活。解体水泵后发现水泵叶轮的材质是胶木的，它依靠过盈配合压在水泵轴上。用手按住胶质叶轮，同时转动水泵轴，发现叶轮在水泵轴上空转，因此造成水泵看似运转但不泵水的故障。

更换水泵后试车，故障排除。

实例二 捷达轿车发动机冷却液温度高，易开锅，车辆行驶无力

（1）故障现象

一辆捷达轿车，行驶里程 7.9 万千米。发动机冷却液温度高，易开锅，车辆行驶无力。

（2）故障原因

节温器损坏。

（3）故障诊断与排除

造成发动机冷却液温度高的原因很多，从外部可以检查的部件有散热器和电动风扇。经检查，散热器无破损渗漏且冷却液充足，但电动风扇一直运转。询问驾驶员得知，该车已将电动风扇锁止，即风扇随发动机一直运转，不能随冷却液温度的变化来调节风量。

用手在气缸盖上和散热器处试温，感觉气缸体温度远高于散热器温度，由此可以确定为节温器损坏。

更换节温器，并解除电动风扇锁止，冷却液温度表显示正常。

判断是电动风扇还是节温器故障导致的发动机冷却液温度过高，可采用简易方便的手触

测温法。如果是电动风扇故障，风扇转速不够，但散热器和发动机水套的冷却液循环正常，所以发动机和散热器进水管处的温度相差不大，用手触摸即可试出。如果节温器损坏，发动机冷却系统只能进行小循环，发动机气缸体的温度很高，而散热器却因风扇冷却且无热冷却液循环，温度较低，用手触摸两处即可凭感觉判断。

实例三　捷达轿车在行驶过程中发动机开锅

（1）故障现象

一辆捷达轿车，行驶里程为 11.5 万千米。该车在行驶过程中发动机开锅，检查后发现散热器部分堵塞。清洗散热器后装复，发动机在无负荷时工作正常，但在路上行驶中有时还出现开锅现象。

（2）故障原因

水泵叶片残缺损坏。

（3）故障诊断与排除

捷达轿车采用水泵强制驱动冷却液在冷却系统中循环的方式冷却发动机，而冷却系统的散热主要靠风扇转动形成的气流吹掉散热器的热量来完成。

检查冷却液液面，正常。检查风扇传动 V 带的张紧度，合适。检查发动机点火正时，符合标准。拆下节温器检查，节温器工作正常。

在拆卸节温器时，发现进水管处有不少水垢。用冷却系统清洗液彻底清洗整个冷却系统。清洗后试车，发动机开锅次数明显减少，但在大负荷时偶尔还发生开锅现象。

冷却系统中只剩水泵没有检查。拆下水泵，发现水泵里有不少水垢，水泵的叶片已经腐蚀，有的叶片有较小残缺。这表明水泵不能很好地起到强制驱动冷却液的作用。分析故障产生的原因可能是该车使用过劣质冷却液，使冷却系统水垢过多，并且劣质冷却液腐蚀了水泵，从而造成冷却系统工作不正常、发动机易开锅的故障。

更换水泵后试车，故障排除。

项目拓展

在汽车使用中，冷却系统常见故障有冷却液消耗异常、发动机过热、发动机工作温度过低等。

一、冷却液消耗异常故障诊断

1. **故障现象**

在正常情况下，冷却系统是密封的且不需经常添加冷却液，否则说明冷却液消耗异常。

2. **故障原因**

冷却液泄漏。

3. **故障诊断与排除**

① 先检查有无泄漏痕迹，根据泄漏部位查明原因。

② 如无外部泄漏痕迹，应检查润滑油中是否有水。

③ 若有水则可能是气缸垫损坏，气缸盖或气缸体有裂纹，气缸盖或气缸体平面的平面度误差过大。

二、发动机过热故障诊断

冷却液沸腾（俗称“开锅”），即为发动机过热。

1. 故障现象

冷却液充足，但发动机过热；冷却液不足，发动机过热；发动机突然过热。

2. 故障原因

① 冷却液充足但发动机过热的原因：风扇传动带打滑，风扇叶片角度调整不当，散热器堵塞或散热片倾倒过多，节温器故障或水泵故障致使冷却液循环不良，水套积垢严重等。

② 冷却液不足而发动机过热的原因：水套积垢严重；散热器盖的蒸汽阀、空气阀失效；水封或叶轮密封圈磨损过甚；冷却系统的某个部件漏水。

③ 发动机突然过热的原因：风扇传动带断裂或风扇电路故障、水泵轴与叶轮脱转、节温器主阀门脱落或冷却液严重泄漏。

如果发动机过热，但冷却系统无故障，则可能是发动机传热损失过大所致，其原因可能是点火过迟、混合气过稀或过浓、燃烧室积炭过多、润滑油不足等；发动机传热损失过大通常伴有动力不足、油耗大、进气管回火、排气管放炮、爆燃等异常现象，这些异常现象可作为确定故障诊断范围的依据。此外，汽车顺风行驶或高温季节长时间低速大负荷行驶等，也会引起发动机过热。

注意，如果只是冷却液温度表指示温度过高，但发动机无其他异常现象，应检查冷却液温度传感器和冷却液温度表是否有故障。

3. 故障诊断与排除

（1）冷却液充足但发动机过热故障诊断与排除

① 先检查风扇的转动情况及风扇皮带是否打滑。如风扇不转或转速太低，可调整风扇皮带松紧度，或检查硅油风扇离合器，或检查风扇电动机及温控开关的好坏，若损坏则应更换新件。

② 若风扇转动正常，再用手分别感觉散热器和发动机的温度。若散热器温度低，而发动机温度高，说明冷却液循环不良。应检查散热器出水胶管是否被吸瘪，或胶管内壁是否有脱层堵塞，若胶管被吸瘪应更换新管。

③ 如散热器出水良好，再拆松散热器进水管，起动发动机试验，冷却液应有力排出。否则，说明水泵或节温器有故障。或进一步拆下节温器，若散热器的进水管仍不排水，则说明水泵有故障；若拆下节温器后，散热器的进水管变得排水有力了，则故障就在节温器，应更换新件。

④ 检查散热器各部位温度是否均匀。如果冷热不均，说明散热器内部芯管有堵塞或散热片倾倒过多。

⑤ 检查发动机各部位温度是否均匀。如发动机的后端温度高于前端，则说明分水管已损坏或堵塞，应换用新件。

⑥ 若以上检查正常，在冷却液温度过高的同时，发动机动力明显下降，并从散热器的加水口处涌出高温气体或从排气管处排出水蒸气，则应检查气缸垫是否烧坏。

⑦ 对于长期未清洗水垢的发动机，若出现过热故障无法排除，应考虑水套内积垢太多，可采用化学溶剂法清洗水垢。

⑧ 此外，还应检查是否由其他系统的原因引起过热。

⑨ 若发动机及冷却液温度正常，冷却液液位也正常，而冷却液温度表指示温度过高，或冷却液温度过高报警灯点亮，则为冷却液温度表、报警灯电路或元件故障。

（2）冷却液不足引起发动机过热故障诊断与排除

① 在发动机运转时，首先检查冷却系统外部是否漏水，可通过紧固排除漏水部位。

② 水泵泄水孔漏水，常被误认为散热器出水管漏水，可用一干燥洁净的木条伸到水泵的泄水孔处，若木条上有水，则说明水泵漏水。

③ 若外部不漏水，则应考虑为冷却系统内部漏水。若发动机运转时排气管排出大量的水蒸气，或拔出机油尺发现机油中有冷却液，则为水套破裂或气缸垫水道孔破损，致使冷却液漏入曲轴箱、气缸内或进、排气道内。

（3）发动机突然过热故障诊断与排除

当汽车在行驶中发动机突然过热，且冷却液沸腾后，切莫使发动机立即熄火，应怠速运转散热 5min，待冷却液温度下降后再补加冷却液。

① 首先检查冷却液量是否充足，然后检查风扇是否转动。若风扇停转，应查看风扇皮带是否断裂，硅油风扇离合器或电磁式风扇离合器是否损坏。若为电动风扇，应检查冷却液温度开关、风扇电动机及其电路是否损坏。

② 若风扇运转正常，冷却液量足够，可用手感觉散热器和发动机的温度。如发动机温度很高，而散热器温度很低，说明水泵损坏或节温器失灵。

③ 若冷态发动机起动后，散热器口立即向外溢水并出现大量气泡，呈现冷却液沸腾状态，多为气缸套、气缸盖出现裂纹或气缸垫烧蚀，使高温高压气体窜入水套。此时，应分解缸盖、缸体，焊修裂纹处或更换气缸套、气缸垫。

三、发动机工作温度过低或升温过慢故障诊断

1. 故障现象

在汽车行驶中，冷却液温度表指针经常指在 75℃以下（冷却液温度过低），或发动机工作时冷却液温度表指针长时间达不到 90 ～ 100℃正常位置（升温缓慢），即可判定为发动机工作温度过低。对发动机而言，不可能因发生故障而导致冷却强度增大或传热损失减少，从而使发动机工作温度过低。

2. 故障原因

产生上述故障的原因主要是节温器不良、冷却液温度指示装置失效。如：冷却液温度表或冷却液温度传感器损坏，指示有误；节温器漏装或阀门黏结不能闭合；风扇离合器或温控开关接合过早；冷车快怠速调整过低。

3. 故障诊断与排除

① 检查冷却液温度表、传感器及线路是否正常。如正常需做如下检查。

② 检查风扇控制装置是否失效。如果冷却系统装有风扇离合器或电动风扇，可在发动机工作温度较低时，通过观察风扇的运转状态来确定风扇控制装置是否失效。

③ 检查节温器是否正常。在发动机工作温度较低时，通过触试散热器温度来判断冷却液是否进行大循环，以诊断节温器是否正常，如损坏应更换。

小 结

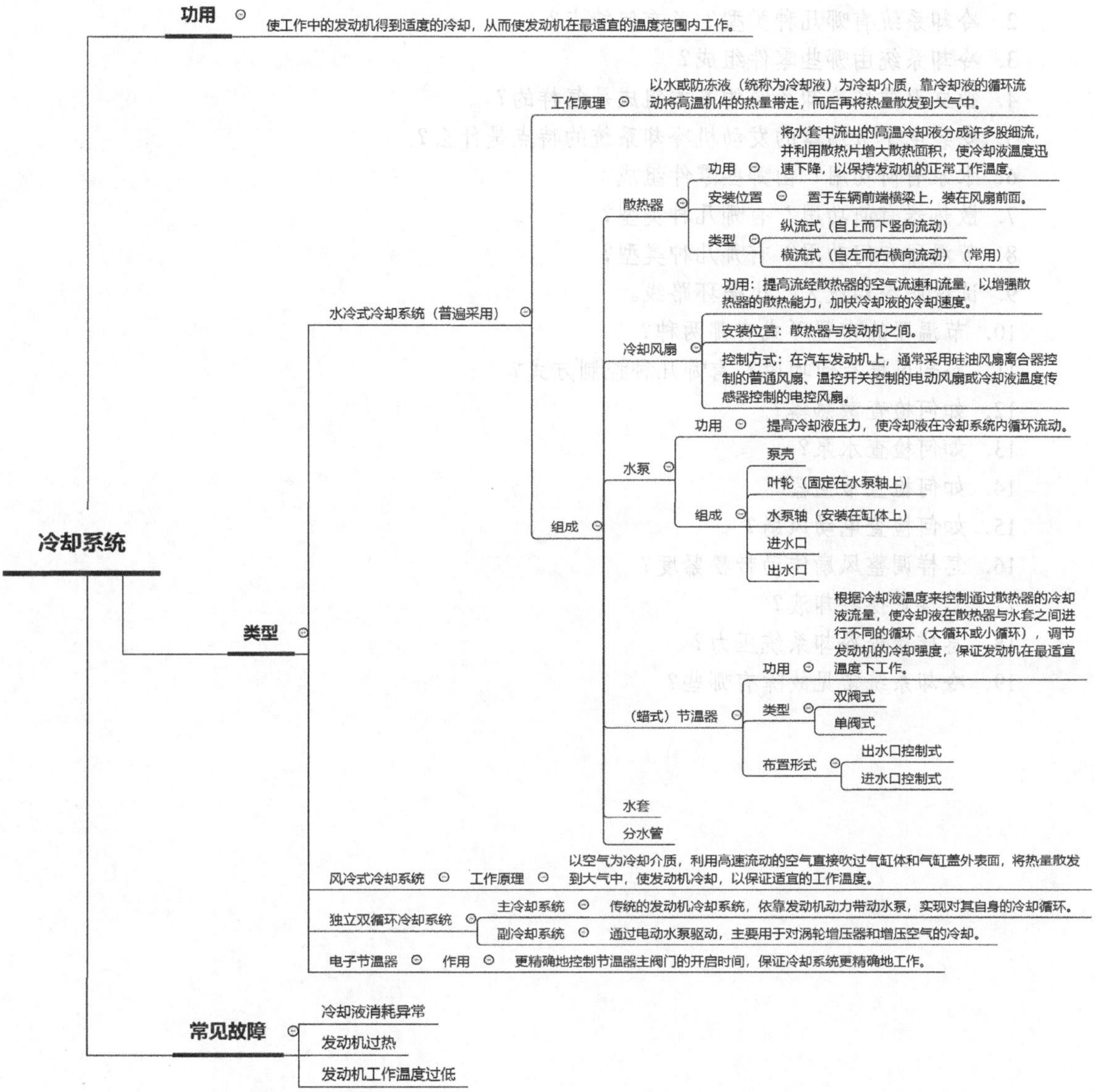
冷却系统
功用
使工作中的发动机得到适度的冷却，从而使发动机在最适宜的温度范围内工作。
类型
水冷式冷却系统（普遍采用）
工作原理
以水或防冻液（统称为冷却液）为冷却介质，靠冷却液的循环流动将高温机件的热量带走，而后再将热量散发到大气中。
组成
散热器
功用
将水套中流出的高温冷却液分成许多股细流，并利用散热片增大散热面积，使冷却液温度迅速下降，以保持发动机的正常工作温度。
安装位置
置于车辆前端横梁上，装在风扇前面。
类型
纵流式（自上而下竖向流动）
横流式（自左而右横向流动）（常用）
冷却风扇
功用：提高流经散热器的空气流速和流量，以增强散热器的散热能力，加快冷却液的冷却速度。
安装位置：散热器与发动机之间。
控制方式：在汽车发动机上，通常采用硅油风扇离合器控制的普通风扇、温控开关控制的电动风扇或冷却液温度传感器控制的电控风扇。
水泵
功用
提高冷却液压力，使冷却液在冷却系统内循环流动。
组成
泵壳
叶轮（固定在水泵轴上）
水泵轴（安装在缸体上）
进水口
出水口
（蜡式）节温器
功用
根据冷却液温度来控制通过散热器的冷却液流量，使冷却液在散热器与水套之间进行不同的循环（大循环或小循环），调节发动机的冷却强度，保证发动机在最适宜温度下工作。
类型
双阀式
单阀式
布置形式
出水口控制式
进水口控制式
水套
分水管
风冷式冷却系统
工作原理
以空气为冷却介质，利用高速流动的空气直接吹过气缸体和气缸盖外表面，将热量散发到大气中，使发动机冷却，以保证适宜的工作温度。
独立双循环冷却系统
主冷却系统
传统的发动机冷却系统，依靠发动机动力带动水泵，实现对其自身的冷却循环。
副冷却系统
通过电动水泵驱动，主要用于对涡轮增压器和增压空气的冷却。
电子节温器
作用
更精确地控制节温器主阀门的开启时间，保证冷却系统更精确地工作。
常见故障
冷却液消耗异常
发动机过热
发动机工作温度过低

练习思考题

1．冷却系统有何功用？
2．冷却系统有哪几种类型？各有何特点？
3．冷却系统由哪些零件组成？
4．独立双循环冷却系统的基本组成是怎样的？
5．安装电子节温器的发动机冷却系统的特点是什么？
6．水泵有何功用？由哪些零件组成？
7．散热器有何功用？有哪几种类型？
8．节温器有何功用？有哪几种类型？
9．试说明冷却液大、小循环路线。
10．节温器的布置形式有哪两种？
11．冷却风扇有何功用？有哪几种控制方式？
12．如何检查散热器？
13．如何检查水泵？
14．如何检查节温器？
15．如何检查电动风扇？
16．怎样调整风扇传动带松紧度？
17．怎样更换冷却液？
18．怎样检查冷却系统压力？
19．冷却系统常见故障有哪些？

项目六
汽油机燃料供给系统

任务一 概述

学习目标

（1）熟悉汽油机燃料供给系统的功用与类型。

（2）理解发动机各工况对混合气成分的要求。

（3）熟悉发动机电控燃油喷射系统的类型、组成与工作原理。

（4）能够查找发动机电控系统零部件在车上的布置。

任务引入

一辆大众桑塔纳轿车，行驶里程为13万千米。该车发动机在无负荷时运转正常，而在路上行车过程中加速不良，大负荷时车“没劲”。

通过进一步检查发现，当该车处于怠速工作状况时，发动机怠速运转平稳，急加速时也运转正常。对该车进行路试，发动机加速性较差，发动机功率不足，但在加速过程中，车辆行驶比较平稳，没有窜动现象。造成该车故障的原因是什么呢？

相关知识

一、汽油机燃料供给系统的功用与类型

1. 汽油机燃料供给系统的功用

汽油机燃料供给系统的功用是根据发动机各种工况的不同要求，向气缸提供一定数量和浓度的混合气，使之在压缩冲程接近终了时点火燃烧而膨胀做功，最后将燃烧废气排出气缸。

2. 汽油机燃料供给系统的类型

汽油机燃料供给系统根据混合气的形成方式不同，可分为化油器式和电控燃油喷射式两种类型。

由于化油器式燃料供给系统存在着燃料分配不均匀、排气污染严重等缺点，无法适应高性能汽油机的发展要求，故化油器式燃料供给系统已被电控燃油喷射系统所取代。电控燃油喷射系统有多种形式，其组成基本相同，都是由空气供给系统与废气排出系统、燃油供给系统和控制系统组成的。

电控燃油喷射系统通过传感器采集发动机各工况的信号传输给发动机电控单元（ECU），

经 ECU 分析、计算、处理后发送指令给执行器，从而对喷油、点火、排放等进行控制，极大地改善了发动机的性能。

二、混合气浓度对发动机性能的影响

1．混合气浓度的表示方法

汽油在燃烧前必须与空气形成可燃混合气。可燃混合气是按一定比例混合的汽油与空气的混合物。可燃混合气中燃料占混合气的比例称为可燃混合气浓度（简称混合气浓度）。混合气的浓度通常用过量空气系数或空燃比来表示。

（1）过量空气系数

过量空气系数（α）是指在燃烧过程中，燃烧 1kg 燃料实际供给的空气质量（kg）与理论上完全燃烧 1kg 燃料所需要的空气质量（kg）之比，即

$$过量空气系数（\alpha）=\frac{燃烧1kg燃料实际供给的空气质量}{理论上完全燃烧1kg燃料所需的空气质量}$$

由上式可知：无论采用何种燃料，α=1 的混合气称为理论混合气（又称为标准混合气）；α<1 的混合气为浓混合气；α>1 的混合气则为稀混合气。

（2）空燃比

空燃比（A/F）是指混合气中的空气质量（kg）与燃料质量（kg）之比，即

$$空燃比（A/F）=\frac{空气质量}{燃料质量}$$

1kg 汽油理论上完全燃烧时所需的空气质量为 14.7kg，即当 A/F=14.7 时，称为理论混合气（又称为标准混合气）；当 A/F<14.7 时，称为浓混合气；当 A/F>14.7 时，称为稀混合气。

2．混合气浓度对汽油机性能的影响

不同成分的混合气在燃烧时所表现出来的性能是不同的，因而对发动机的工作性能会产生不同的影响，如表 6-1 所示。

表 6-1　混合气浓度对汽油机工作性能的影响

过量空气系数α	混合气浓度	发动机功率	燃油消耗	原因	对汽油机性能的影响
0.43～0.85	过浓	减小	显著增大	燃烧不完全	动力性和经济性都差
0.85～0.95	较浓	最大	增大约18%	燃烧速度最快，热损失小	动力性好，经济性较差
1	理论（标准）	减小约2%	增大4%	汽油与空气不能充分混合，残余废气阻碍混合和燃烧	动力性和经济性都未能达到最佳
1.05～1.15	较稀	减小约8%	最小	燃烧速度较快，热损失大	动力性较差，经济性好
1.15～1.35	过稀	显著减小	显著增大	燃烧速度较慢	发动机过热，加速性变坏

注：最大功率和最小油耗所对应的混合气成分是不一致的。

① 当 α=0.85 ～ 0.95 时，称为功率混合气。此时混合气较浓，燃烧速度最快，发动机发出最大功率。采用功率混合气时，由于燃烧速度最快，缸内最高温度和压力升高，爆燃倾向

和 NO_x 的排放量增加；同时，由于功率混合气较浓，燃烧时氧气不足，HC 和 CO 排放量也增加。

② 当 α=1.05 ～ 1.15 时，称为经济混合气。此时混合气较稀，燃烧速度仍然较快，氧气相对充足，燃料能够完全燃烧，油耗最低。采用经济混合气时，爆燃倾向和排放污染较小。

③ 当 α=0.43 ～ 0.85 时，称为过浓混合气。此时燃烧速度明显降低且由于缺氧、不完全燃烧程度增加，使功率下降，油耗增加，HC 和 CO 排放量也显著增加。

④ 当 α=1.15 ～ 1.35 时，称为过稀混合气。由于燃烧速度缓慢，补燃增加，使功率下降，油耗增加。

因此，为保证汽油机的正常工作，汽油机燃料供给系统必须根据各种工况的不同要求，提供适当浓度的混合气。如果要兼顾动力性和经济性两方面的要求，则混合气浓度应为 α=0.85 ～ 1.05。

3. 发动机各工况对混合气成分的要求

发动机工况是发动机工作状况的简称，通常用发动机转速和负荷两个因素表示。发动机的负荷是指汽车施加给发动机的阻力矩，即发动机为平衡阻力矩而应输出的扭矩。

由于发动机的扭矩随节气门的开度而变化，所以也可用节气门的开度代表负荷的大小，负荷多用百分数来表示。当节气门全关时负荷为 0；节气门全开时负荷为 100%。发动机工况较为复杂，且变化范围较大，负荷可以从 0 变化为 100%，转速可以从最低稳定转速变化为最高转速。根据发动机运行特点，可分为冷起动、暖机、怠速、小负荷、中负荷、大负荷与全负荷、加速等 7 种基本工况，发动机各工况对混合气成分的要求如表 6-2 所示。

表 6-2　　发动机各工况对混合气成分的要求

工况	过量空气系数	对混合气成分的要求	特点
冷起动	0.2～0.6	极浓混合气	起动时发动机转速低，气流速度很慢，不利于燃油的雾化；尤其冷起动时，发动机温度也低，燃油蒸发困难
暖机	混合气的浓度应随温度升高而减小	从冷起动时的极浓混合气减小到怠速时的浓混合气	发动机的温度逐渐升高到正常值，发动机能稳定地进行怠速运转
怠速	0.6～0.8	少量浓混合气	在怠速工况下，节气门开度最小，进入气缸内的混合气量很少，气缸内残余废气对混合气稀释作用严重；而且发动机转速和温度低，燃油雾化和蒸发不良，混合气形成不够均匀
小负荷	0.7～0.9	较浓混合气	节气门略开，气缸内混合气的数量和质量比怠速工况时有所提高，残余废气对混合气的稀释作用也相对减弱，所以混合气浓度可以适当减小
中负荷	0.9～1.1	较稀混合气（或经济混合气）	节气门开度较大，气缸内混合气数量增多，燃烧条件好，利于燃料的完全燃烧
大负荷和全负荷	0.85～0.95	功率混合气	为了克服较大的外部阻力（爬坡、加速），要求发动机尽可能发出大功率

续表

工况	过量空气系数	对混合气成分的要求	特点
加速	0.6～0.8	过浓混合气	急加速时，要求发动机动力迅速提高，节气门开度迅速增加，必须额外供油，加浓混合气，以满足发动机急加速的要求

注：① 冷起动工况：起动是指发动机由静止到正常运转的过程，当熄火时间较长、发动机温度已下降至环境温度时的起动称为冷起动。

② 暖机工况：暖机一般是指发动机冷起动后，发动机的温度逐渐升高到正常工作温度的过程。

③ 怠速工况：发动机做功冲程产生的动力全部用来克服其内部阻力，对外无动力输出，维持发动机最低转速稳定运转的工况称为怠速工况。发动机怠速转速一般为700～900r/min。

④ 小负荷工况：发动机负荷在25%以下的工况称为小负荷工况。

⑤ 中负荷工况：发动机负荷在25%～85%的工况称为中（等）负荷工况。

⑥ 大负荷和全负荷工况：发动机负荷在85%～100%的工况称为大负荷工况，负荷为100%时的工况称为全负荷工况。

⑦ 加速工况：加速工况是指发动机负荷增加的过程。

通过以上分析，车用汽油机在小负荷和中负荷工况运转时，要求燃料供给系统能随着负荷的增加，供给的混合气由浓变稀。当进入大负荷和全负荷工况运转时，又要求混合气由稀变浓，保证发动机尽可能发出最大功率。

三、发动机电控燃油喷射系统的类型

发动机电控燃油喷射系统的类型有多种分类方法，可根据喷射方式、喷射位置、测量空气量方式、喷油器数量、有无反馈信号等内容进行分类。

1. 按喷油器数量不同分类

按喷油器数量不同，分为单点喷射（SPI）系统和多点喷射（MPI）系统。

（1）单点喷射系统

如图 6-1 所示，单点喷射系统是在节气门上方装一个中央喷射装置，用 1 ～ 2 只喷油器集中喷射。当汽油喷入进气流中后，形成的混合气由进气歧管分配到各气缸中。单点喷射系统结构简单，故障率低，维修调整方便。随着发动机电控燃油喷射系统技术的不断发展，加之发动机尾气排放限制越来越严格，单点喷射系统已逐渐被淘汰。

（2）多点喷射系统

如图 6-2 所示，多点喷射系统是在每缸进气门处装有 1 只喷油器，由电控单元（ECU）控制喷油。多点喷射系统的燃油分配均匀性好，进气管进气量大，发动机过渡的响应性及燃油经济性均佳。由于多点喷射系统成本大幅度下降，使用可靠性和可维修性都达到了相当高的水平，因此得到了广泛采用。

2. 按喷射方式不同分类

在多点喷射系统中，按各缸喷油器的喷射顺序可分为同时喷射、分组喷射和顺序喷射。

（1）同时喷射

如图 6-3 所示，同时喷射是将各缸的喷油器并联，在发动机运转期间，所有喷油器由电控单元的同一个喷油指令控制，同时喷油、同时断油。采用此种喷射方式，对各缸而言，喷油时刻不可能都是最佳的，其性能较差，一般用在部分缸数较少的汽油发动机上。

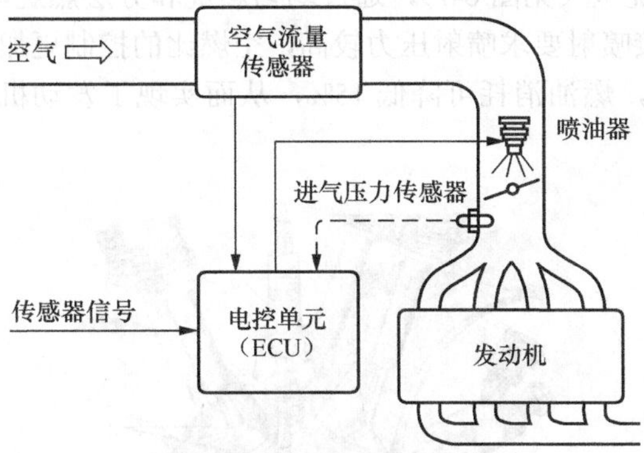

图 6-1　单点喷射系统

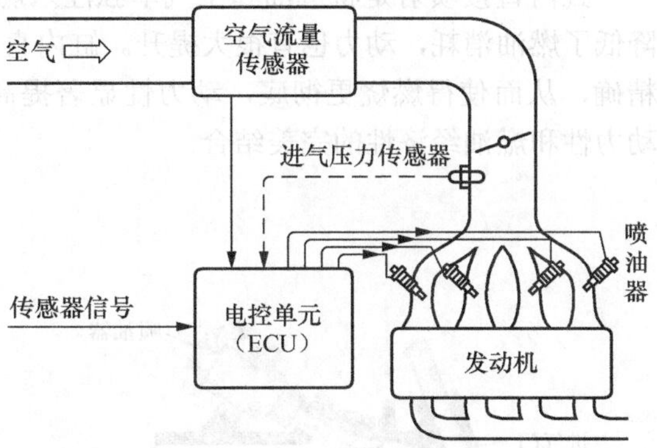

图 6-2　多点喷射系统

（2）分组喷射

如图 6-4 所示，分组喷射是指将各缸的喷油器分成几组，它是同时喷射的变形方案。电控单元向某组的喷油器发出喷油或断油指令时，同一组的喷油器同时喷油或断油。

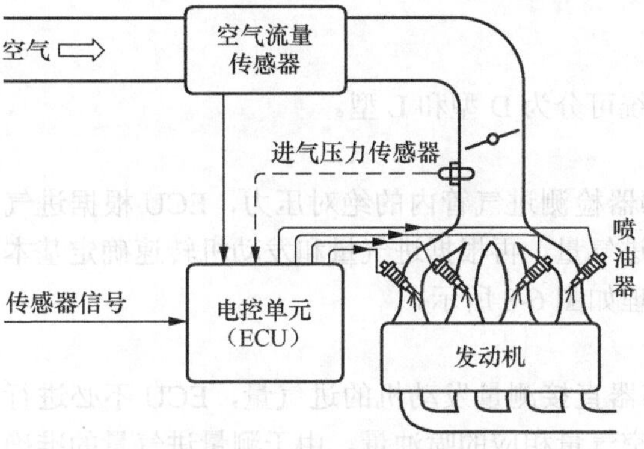

图 6-3　同时喷射

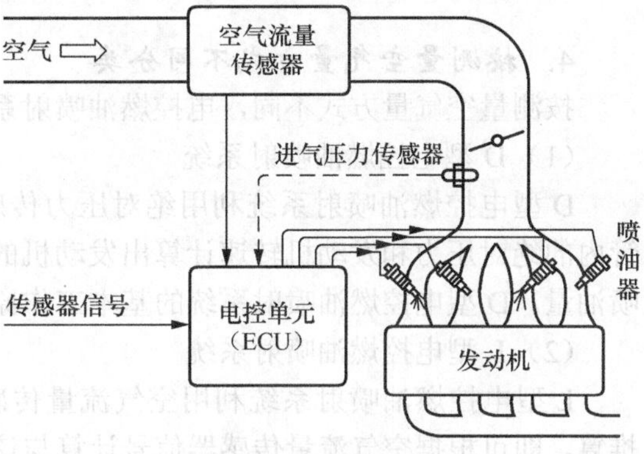

图 6-4　分组喷射

（3）顺序喷射

如图 6-5 所示，顺序喷射是指各喷油器由电控单元分别控制，按发动机各缸的工作顺序喷油。多缸发动机电控燃油喷射系统采用分组喷射或顺序喷射方式较多。

3. **按喷射位置不同分类**

按喷射位置不同，电控燃油喷射系统可分进气管喷射和缸内直接喷射两种类型。

（1）进气管喷射（MFI）

如图 6-6 所示，进气管喷射是将汽油喷在进气门前，喷射压力较低，一般不超过 1MPa。喷油器喷油时可以连续喷射，也可断续喷射。

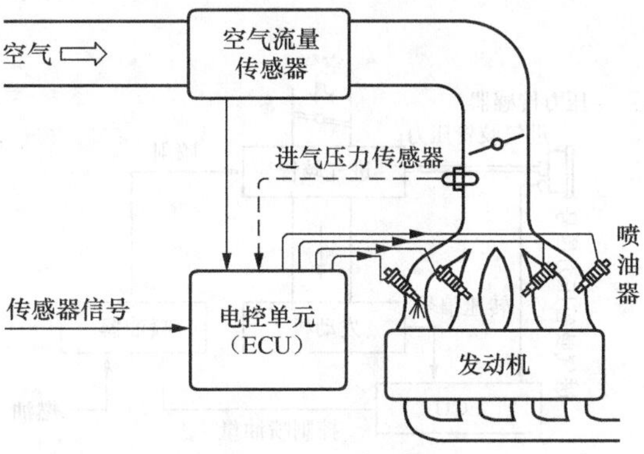

图 6-5　顺序喷射

（2）缸内直接喷射（FSI）

缸内直接喷射是将汽油和空气单独注入燃烧室（见图 6-7），通过均匀燃烧和分层燃烧，降低了燃油消耗，动力也有很大提升。缸内直接喷射要求喷射压力较高，空燃比的控制更加精确，从而使得燃烧更彻底，动力性显著提高，燃油消耗可降低 15%，从而实现了发动机动力性和燃油经济性的完美结合。

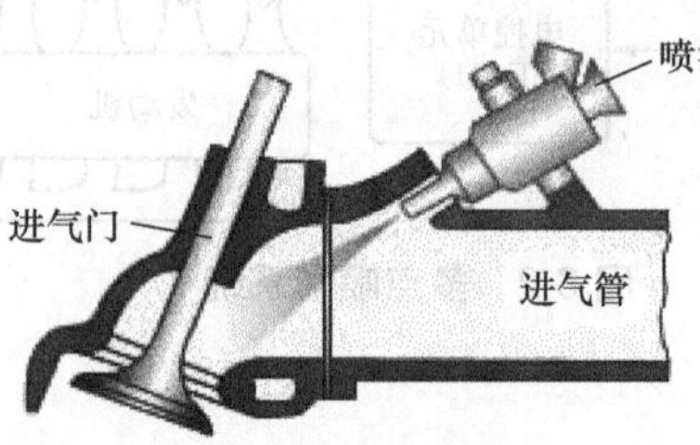

图 6-6　进气管喷射

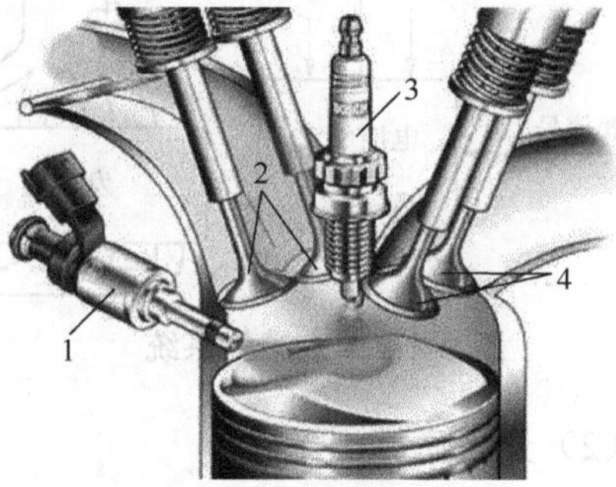

图 6-7　缸内直接喷射

1—喷油器；2—进气门；3—火花塞；4—排气门

4. **按测量空气量方式不同分类**

按测量空气量方式不同，电控燃油喷射系统可分为 D 型和 L 型。

（1）D 型电控燃油喷射系统

D 型电控燃油喷射系统利用绝对压力传感器检测进气管内的绝对压力，ECU 根据进气管内的绝对压力和发动机转速计算出发动机的进气量，再根据进气量和发动机转速确定基本喷油量。D 型电控燃油喷射系统的基本工作原理如图 6-8 所示。

（2）L 型电控燃油喷射系统

L 型电控燃油喷射系统利用空气流量传感器直接测量发动机的进气量，ECU 不必进行推算，即可根据空气流量传感器信号计算与该空气量相应的喷油量。由于测量进气量的准确程度高于 D 型电控燃油喷射系统，故对混合气浓度的控制更精确。L 型电控燃油喷射系统的基本工作原理如图 6-9 所示。

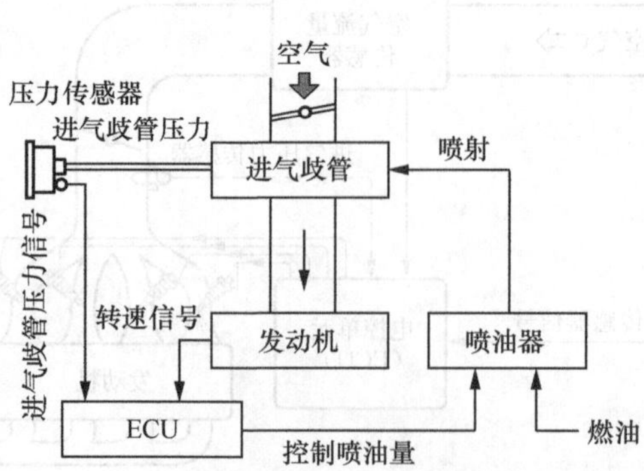

图 6-8　D 型电控燃油喷射系统的基本工作原理

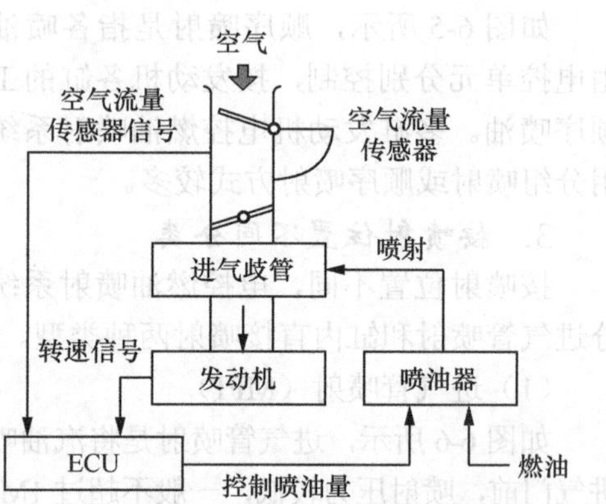

图 6-9　L 型电控燃油喷射系统的基本工作原理

5. **按有无反馈信号分类**

电控燃油喷射系统按有无反馈信号可分为开环控制系统和闭环控制系统。

（1）开环控制系统（无氧传感器）

它是将通过试验确定的发动机各工况的最佳供油参数预先存入电控单元，在发动机工作时，电控单元根据系统中各传感器的输入信号，判断自身所处的运行工况，并计算出最佳喷油量，通过对喷油器喷射时间的控制，来控制混合气的浓度，使发动机优化运行。

（2）闭环控制系统（有氧传感器）

在该系统中，发动机排气管上加装了氧传感器，根据排气中含氧量的变化，判断实际进入气缸的混合气空燃比，再通过电控单元与设定的目标空燃比值进行比较，并根据误差修正喷油器喷油量，使空燃比保持在设定的目标值附近。目前，发动机电控燃油喷射系统普遍采用开环和闭环相结合的控制方案。

任务实施

根据发动机电控系统的组成（图 6-10 所示为 D 型发动机电控系统的组成，图 6-11 所示为 L 型发动机电控系统的组成），观察发动机电控系统零部件在车上的布置。

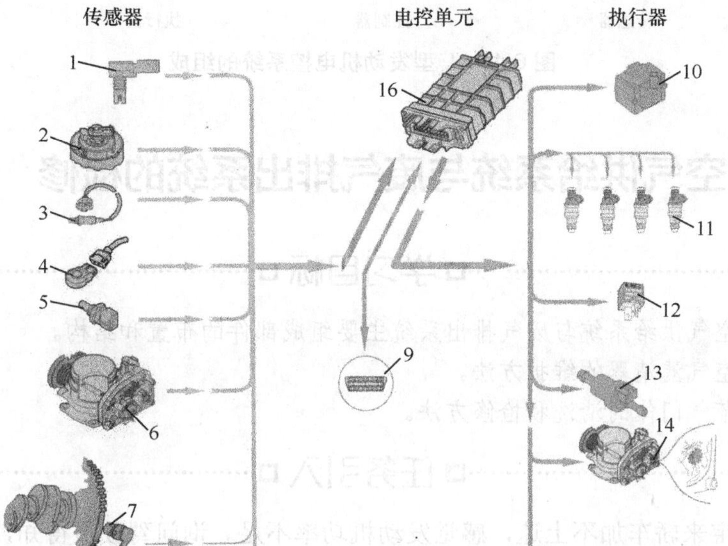

图 6-10　D 型发动机电控系统的组成

1—进气压力传感器与进气温度传感器；2—凸轮轴位置传感器；3—氧传感器；4—爆燃传感器；5—冷却液温度传感器；6—节气门位置传感器（在节气门控制单元内）；7—曲轴位置传感器；8、15—附加信号；9—自诊断接口；10—点火线圈；11—喷油器；12—油泵继电器；13—活性炭罐电磁阀；14—怠速控制阀（在节气门控制单元内）；16—电控单元

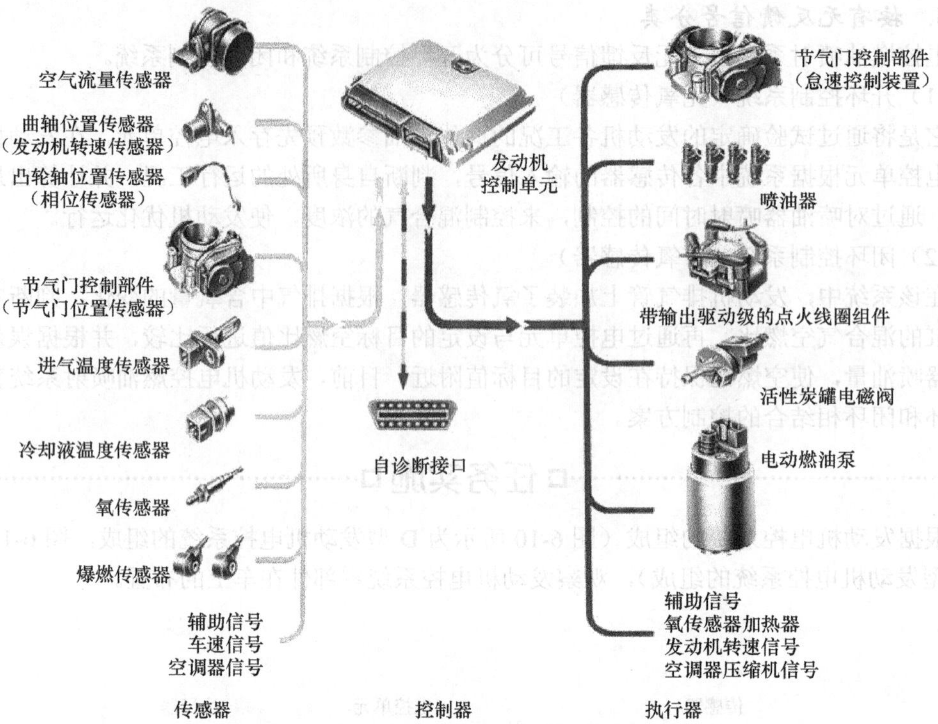

图 6-11　L 型发动机电控系统的组成

任务二　空气供给系统与废气排出系统的检修

学习目标

（1）熟悉空气供给系统与废气排出系统主要组成部件的布置和结构。

（2）熟悉空气滤清器的维护方法。

（3）熟悉节气门体的清洗和检修方法。

任务引入

一辆大众宝来轿车加不上速，感觉发动机功率不足。询问驾驶员得知，车辆行驶里程 2 万千米，没有更换过空气滤清器。

根据该车的故障现象和驾驶员的描述，初步判断是发动机空气滤清器堵塞，没有及时维护或更换。

相关知识

一、空气供给系统

发动机电控燃油喷射系统中的空气供给系统主要组成部件包括空气滤清器、节气门体和进气管。

怠速控制系统的怠速控制阀和控制系统的进气温度传感器、节气门位置传感器、进气管绝对压力传感器（D 型）或空气流量传感器（L 型）也安装在进气系统中。在部分电控燃油喷射发动机的进气系统中，还装有其他系统（如进气控制系统等）的元件。

1．D 型发动机电控燃油喷射系统的空气供给系统

D 型发动机电控燃油喷射系统由于没有空气流量传感器，其进气系统结构简单，应用比较广泛。D 型发动机电控燃油喷射系统的空气供给系统如图 6-12 所示。发动机工作时，经空气滤清器滤清后的空气，通过进气总管和节气门体被分配到各缸的进气歧管再进入气缸。流入进气总管的空气量取决于节气门体内的节气门开度和发动机转速。怠速控制阀通过发动机冷却液进行预热。有的发动机设置容量较大的进气室，可防止进气的波动，同时也可减少各缸进气的相互干扰。怠速控制阀、进气温度传感器、进气歧管绝对压力传感器、节气门位置传感器等均安装在进气系统中。

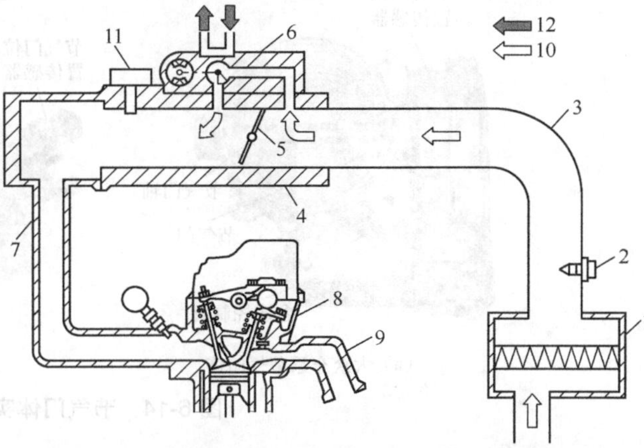

图 6-12　D 型发动机电控燃油喷射系统的空气供给系统

1—空气滤清器；2—进气温度传感器；3—进气总管；4—节气门体；5—节气门；6—怠速控制阀；7—进气歧管；8—发动机缸盖；9—排气歧管；10—空气流动路线；11—进气歧管绝对压力传感器；12—冷却液流动路线

2．L 型发动机电控燃油喷射系统的空气供给系统

L 型发动机电控燃油喷射系统对空气量的测量更精确，应用也比较广泛。其空气供给系统如图 6-13 所示。

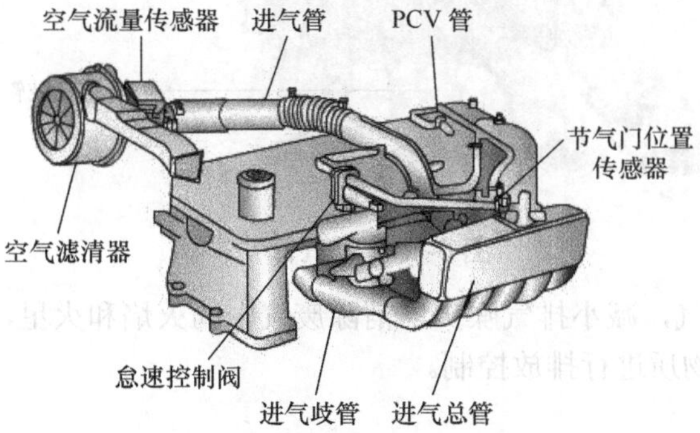

图 6-13　L 型发动机电控燃油喷射系统的空气供给系统

与 D 型发动机电控燃油喷射系统的空气供给系统相比，L 型发动机电控燃油喷射系统的空气供给系统中设置了空气流量传感器，而取消了进气歧管绝对压力传感器，其他组成部件基本相同。

3．空气供给系统主要部件的结构

（1）空气滤清器

空气滤清器是空气供给系统的主要组成部分，其功用是滤除空气中的杂质，以减轻发动机磨损；同时，空气滤清器也可减轻发动机进气噪声。汽车发动机广泛采用纸质干式空气滤清器滤芯，发动机工作时，空气由进气管进入，经过滤芯滤清后，经进气歧管流向发动机气缸。

（2）节气门体

节气门体安装在进气管中，用以控制发动机正常工况下的进气量。节气门体实物如

图 6-14 所示，它主要由节气门、节气门轴、怠速控制阀（怠速控制装置）、怠速空气道和节气门位置传感器等组成。节气门位置传感器安装在节气门轴上，用来检测节气门的开度。由于电控燃油喷射发动机怠速运转时，一般将节气门完全关闭，所以专门设有怠速空气道，以供给发动机怠速时所需的空气。怠速空气道由 ECU 通过怠速控制阀控制。

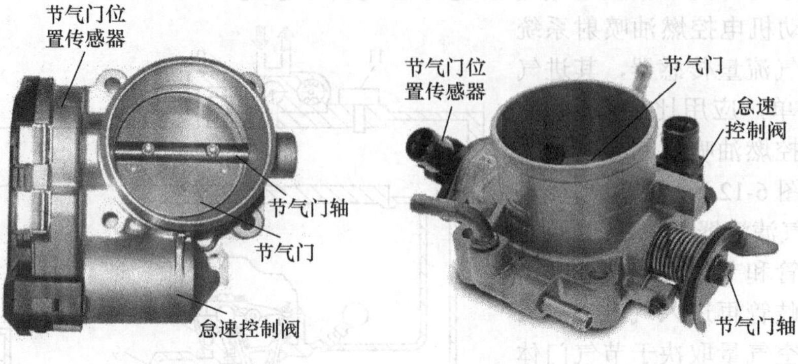

（a）大众车系节气门体　　（b）一般车型节气门体

图 6-14　节气门体实物

（3）进气管

进气管一般包括进气软管、进气总管和进气歧管。进气软管用于连接空气滤清器与节气门体，进气总管用于连接节气门体与进气歧管。有些发动机的进气总管与进气歧管制成一体，有些则是分开制造再用螺栓连接。典型的进气管如图 6-15 所示。

进气歧管的功用是给各缸分配空气。进气歧管用螺栓安装在气缸盖上，并在进气歧管与气缸盖之间装有密封垫，以防止漏气。发动机的进气歧管与排气歧管一般制成一体，称为整体式进、排气歧管。

图 6-15　进气管

二、废气排出系统

1. 废气排出系统的功用

废气排出系统的功用是汇集各气缸的废气，减小排气噪声，消除废气中的火焰和火星，使废气安全地排入大气，并对废气中的有害物质进行排放控制。

2. 废气排出系统的组成

废气排出系统包括排气歧管、排气消声器、三元催化转换器、氧传感器、隔热装置等，如图 6-16 所示。

3. 废气排出系统的主要零部件

（1）排气歧管

图 6-17 所示为排气歧管的结构。排气歧管一般由铸铁铸造，有些采用不锈钢管制成。排气歧管用螺栓固定在气缸盖上，排气歧管的各个支管分别与各缸排气门的通道相接。在接

合面处装有金属片包的石棉衬垫，以防漏气。

排气歧管的形状十分重要。为了不使各缸排气互相干扰及不出现排气倒流的现象，并尽可能地利用惯性排气，排气歧管做得尽可能长，且各缸歧管相互独立、长度相等，以保证各排气歧管的排气背压相同。

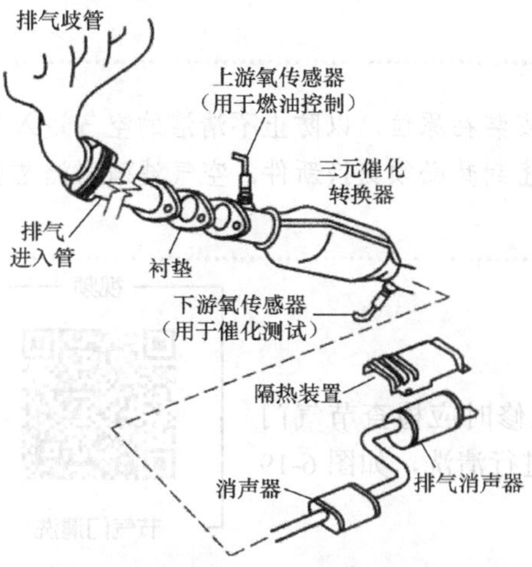

图 6-16　废气排出系统的组成

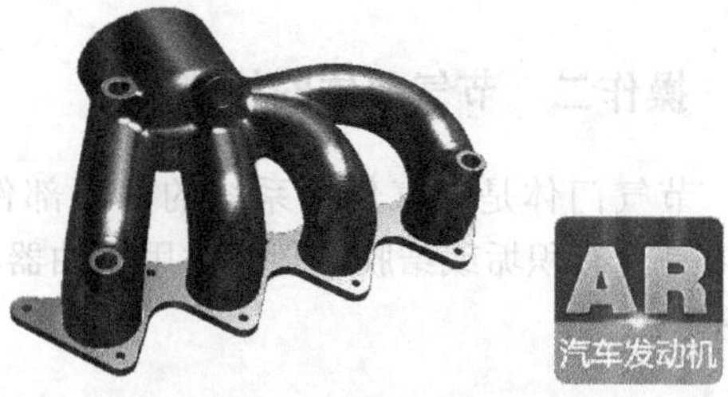

图 6-17　排气歧管的结构

（2）排气消声器

图 6-18（b）所示为排气消声器的结构。排气消声器的作用是降低发动机的排气噪声和排气温度，消除废气中的火焰和火星。

常见的排气消声器有吸收式、反射式及吸收 - 反射式等 3 种基本消声方式。在吸收式排气消声器上，通过废气在玻璃纤维、钢纤维、石棉等吸声材料上的摩擦而减小其能量。反射式排气消声器则由多个串联的谐振腔与不同长度的多孔反射管相互连接在一起，废气在其中经多次反射、碰撞、膨胀、冷却而降低其压力，减轻了振动。

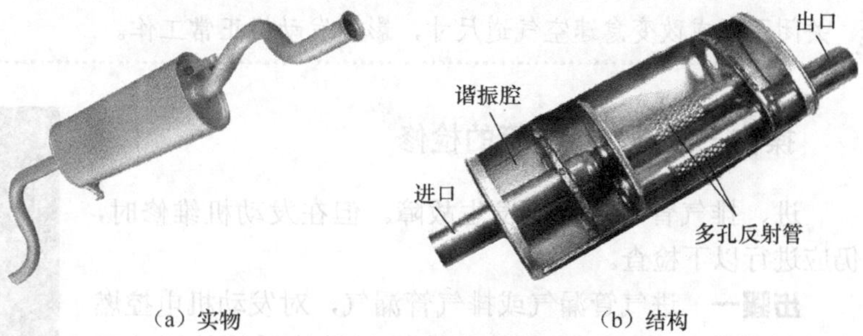

（a）实物　（b）结构

图 6-18　排气消声器

目前，在汽车上实际使用的排气消声器多数是综合利用不同的消声原理组合而成的。

任务实施

操作一　空气滤清器的维护

一般汽车每行驶 1.5 万千米，应对空气滤清器进行一次维护。

步骤一　维护空气滤清器时，打开空气滤清器盖上的锁扣或螺母，拆下滤清器盖，然后取出密封圈和滤清器滤芯。

步骤二 检查空气滤清器滤芯，若沾有油污或破损，应更换新件。对能继续使用的空气滤清器滤芯，可以轻轻磕打将灰尘振掉；也可以用压缩空气从里向外吹掉灰尘，压缩空气的压力应不超过 196 ～ 294kPa，以免损坏滤芯。

提示

◆安装空气滤清器时，应注意将密封垫正确安装在原位，以防止不清洁的空气进入气缸。橡胶密封垫易老化或损坏，对老化或损坏的密封垫必须更换新件。空气滤清器滤芯要按规定的方向安装。

操作二 节气门体的检修

视频

节气门清洗

节气门体是空气供给系统的重要部件，在维修时应检查节气门体内是否有积垢或结胶，必要时用化油器清洗剂进行清洗，如图 6-19 所示。

提示

◆绝对不允许用砂纸或刮刀等清理积垢和结胶，以免损伤节气门体内腔，导致节气门关闭不严或改变怠速空气道尺寸，影响发动机正常工作。

操作三 进、排气管的检修

进、排气管一般很少发生故障。但在发动机维修时，仍应进行以下检查。

步骤一 进气管漏气或排气管漏气，对发动机电控燃油喷射系统的影响比对化油器式燃料供给系统的影响更大。检查各连接部位，应连接可靠，密封垫应完好。

步骤二 检查进、排气歧管与气缸盖接合平面的平面度，最大间隙一般应不超过 0.1mm，否则应修磨进、排气歧管与气缸盖接合平面或更换进、排气歧管。

图 6-19 用化油器清洗剂清洗节气门体

任务三 燃油供给系统的检修

学习目标

（1）熟悉燃油供给系统主要组成部件的作用及类型、结构及原理。

（2）熟悉燃油供给系统压力的检测方法。
（3）熟悉燃油压力调节器的检修方法。

任务引入

桑塔纳2000GSi轿车某天停放一个晚上后，第二天早晨发现无法起动发动机。通过多次关闭点火开关连续起动，能够成功发动汽车，起动后一切正常。停车10min后又出现无法起动的现象，必须多次关闭点火开关连续起动才能正常着车。

根据该车的故障现象，可能是发动机燃油供给系统出现故障，需进一步检查确认。

相关知识

一、燃油供给系统的功用与组成

1．燃油供给系统的功用

燃油供给系统的功用是给喷油器提供一定压力的燃油，喷油器则根据发动机电控单元的指令进行喷油。

2．燃油供给系统的组成

不同车型发动机电控燃油喷射系统中的燃油供给系统基本相同，都是由电动燃油泵、燃油滤清器、喷油器（俗称喷油嘴）、燃油压力调节器（也称油压调节器）、燃油分配管（也称油轨）及油管等组成的，如图6-20所示；个别车型还安装脉动阻尼器、冷起动喷油器等。

电动燃油泵将汽油自油箱内吸出，经燃油滤清器过滤后，由燃油压力调节器对燃油压力进行调节，通过燃油分配管输送给喷油器，喷油器根据发动机电控单元的指令向进气管喷油。燃油泵供给的多余汽油经回油管流回油箱（有些车型采用无回油管燃油系统）。

燃油泵一般装在油箱内，喷油器由发动机电控单元控制。燃油压力调节器通过控制回油量来调节燃油分配管内的燃油压力，以保证喷油器的喷油压差保持恒定。

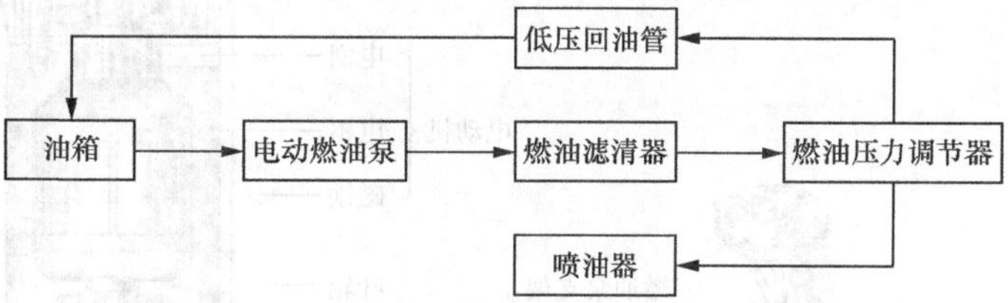

（a）燃油供给系统组成框图

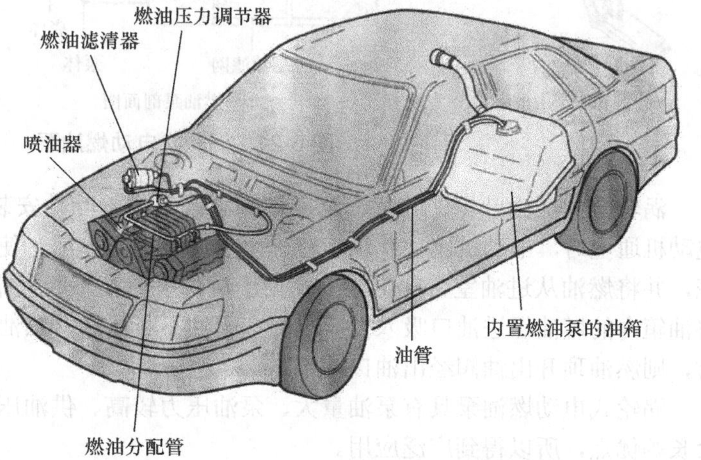

（b）安装位置

图6-20　燃油供给系统

二、燃油供给系统的主要部件

（一）电动燃油泵

电动燃油泵（FP）是一种由小型直流电动机驱动的燃油泵，其作用是给电控燃油喷射系统提供具有一定压力的燃油。

1. 电动燃油泵的分类

① 电动燃油泵按安装位置不同，可分为内置式和外置式两种。

② 电动燃油泵按结构不同，可分为涡轮式、滚柱式、齿轮式、转子式和侧槽式等类型。目前大多数汽车的电动燃油泵都为内置式涡轮泵，安装在燃油箱内。内置式涡轮泵具有噪声小、不易产生气阻、不易泄漏、安装管路较简单等优点，应用更为广泛。

2. 电动燃油泵的结构

（1）涡轮式电动燃油泵

涡轮式电动燃油泵主要由电动机、涡轮泵、出油阀（单向阀）、泄压阀（安全阀）等组成，如图 6-21 所示。油箱内的燃油进入燃油泵内的进油室前，首先经过滤网初步过滤。电动机和叶片连成一体，密封在同一壳体内。

（a）安装在支架上的燃油泵

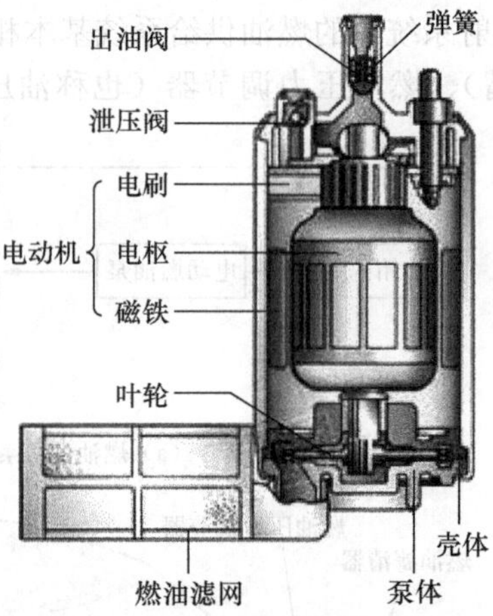

（b）燃油泵剖面图

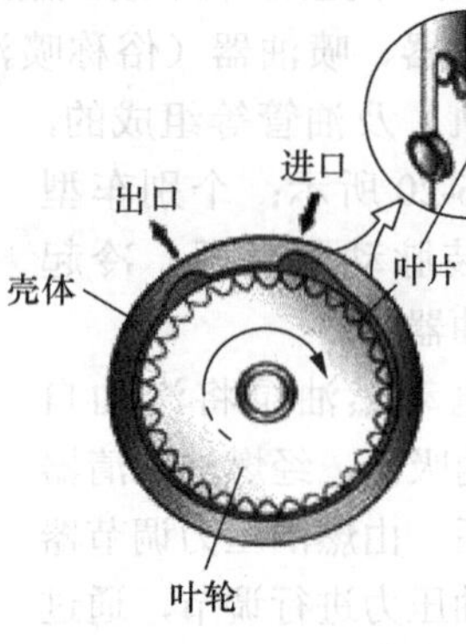

（c）涡轮泵

图 6-21　涡轮式电动燃油泵

涡轮泵主要由叶轮、叶片、泵壳体和泵盖组成，叶轮安装在燃油泵电动机的转子轴上。电动机通电时，电动机驱动叶轮旋转。由于离心力的作用，使叶轮周围小槽内的叶片贴紧泵壳，并将燃油从进油室带往出油室。由于进油室燃油不断被带走，所以形成一定的真空度，将油箱内的燃油经进油口吸入；而出油室燃油不断增多，燃油压力升高，当油压达到一定值时，则燃油顶开出油阀经出油口输出。

涡轮式电动燃油泵具有泵油量大、泵油压力较高、供油压力稳定、运转噪声小、使用寿命长等优点，所以得到广泛应用。

（2）滚柱式电动燃油泵

滚柱式电动燃油泵主要由电动机、滚柱泵、出油阀和泄压阀等组成，如图 6-22 所示。

滚柱式电动燃油泵一般都安装在油箱外面，由于其输油压力波动较大，故在出油端必须安装阻尼减振器。阻尼减振器主要由膜片和弹簧组成，它可吸收燃油压力波的能量，降低压力波动，以便提高喷油控制精度。

动画

滚柱式电动阀燃油泵

滚柱式电动燃油泵主要由滚柱和转子组成，转子呈偏心状，置于泵壳内，如图 6-23 所示，由直流电动机驱动。当转子旋转时，位于转子槽内的滚柱在离心力的作用下，紧压在泵体内表面上对周围起密封作用，在相邻两个滚柱之间形成了工作腔。在燃油泵运转过程中，工作腔转过出油口后，其容积不断增大形成一定的真空度，当转到与进油口连通时将燃油吸入；而吸满燃油的工作腔转过进油口后，其容积又不断减小，使燃油压力提高，受压燃油流过电动机从出油口输出。出油阀和泄压阀的作用与涡轮式电动燃油泵相同。

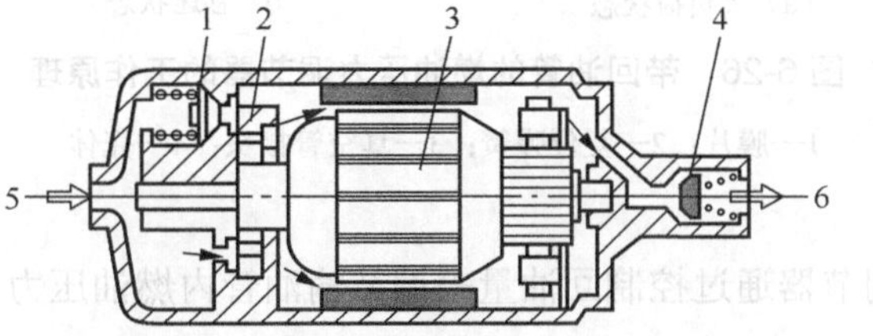

图 6-22　滚柱式电动燃油泵的组成

1—泄压阀；2—滚柱泵；3—燃油泵电动机；4—出油阀；5—进油口；6—出油口

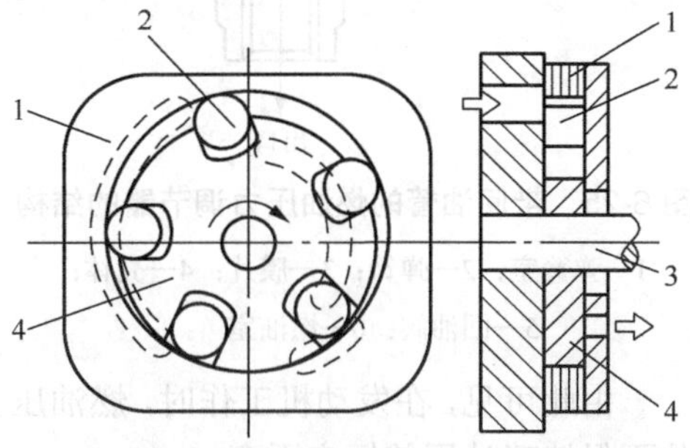

图 6-23　滚柱式电动燃油泵的工作原理

1—泵壳；2—滚柱；3—转子轮；4—转子

（二）燃油压力调节器

燃油压力调节器的作用就是保持输油管内燃油压力与进气管内气体压力的差值恒定，即根据进气管内压力的变化来调节燃油压力。

燃油压力调节器根据安装位置分为两种类型：一种与燃油分配管相连，特点是带回油管；另一种在油箱中，特点是无回油管。

动画

燃油压力调节器结构

1. 带回油管的燃油压力调节器

带回油管的燃油压力调节器通常安装在燃油分配管的一端（燃油分配管的作用是固定喷油器和燃油压力调节器，并将燃油分配给各个喷油器），其实物如图 6-24 所示。结构如图 6-25 所示，主要由膜片、弹簧和回油阀等组成。膜片将调节器壳体内部分成两个室，即弹簧室和燃油室；膜片上方的弹簧室通过软管与进气管相通，膜片与回油阀相连，回油阀控制回油量。

图 6-24　带回油管的燃油压力调节器实物

带回油管的燃油压力调节器的工作原理如图 6-26 所示。发动机工作时，燃油压力调节器膜片上方承受的压力为弹簧的弹力和进气管内气体的压力之和，膜片下方承受的压力为燃油压力。当膜片上、下承受的压力相等时，膜片处于平衡位置不动。当进气管内气体压力下降（真空度增大）时，膜片向上移动，回油阀开度增大，回油量增多，使输油管内燃油压力也下降；反之，当进气管内的气体压力升高时，则膜片带动回油阀向下移动，回油阀开度减小，回油量减少，使输油管内燃油压力也升高。

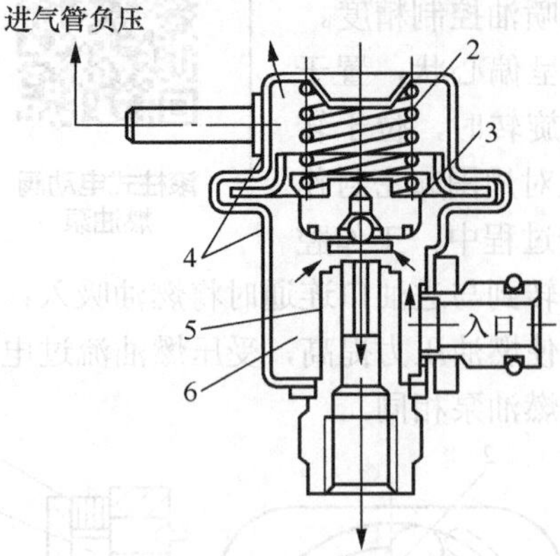

图 6-25　带回油管的燃油压力调节器的结构

1—弹簧室；2—弹簧；3—膜片；4—壳体；5—回油阀；6—燃油室

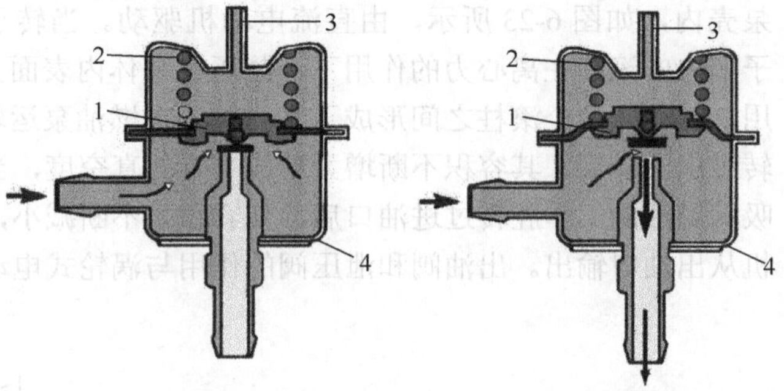

（a）大负荷状态　　（b）怠速状态

图 6-26　带回油管的燃油压力调节器的工作原理

1—膜片；2—复位弹簧；3—真空管接头；4—壳体

由此可见，在发动机工作时，燃油压力调节器通过控制回油量来调节输油管内燃油压力，从而保持喷油压差恒定不变。

2. 无回油管的燃油压力调节器

无回油管燃油系统并不是真的没有回油管，只是将回油管和燃油压力调节器与燃油泵、燃油滤清器以及燃油表传感器等组成一体安装在燃油箱内，燃油压力调节器和燃油滤清器位于总成的上部。由一条油管将燃油分配管和这个总成连接起来，如图 6-27 所示。

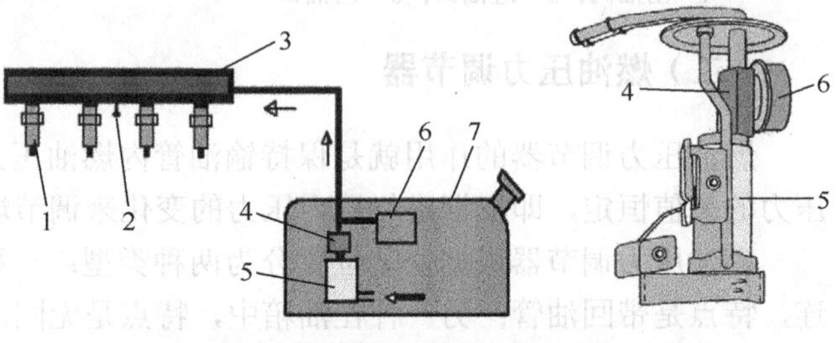

图 6-27　无回油管的燃油压力调节器总成

1—喷油器；2—脉动阻尼器；3—燃油分配管；4—燃油滤清器；5—电动燃油泵；6—燃油压力调节器；7—燃油箱

在无回油管燃油系统中，由于燃油泵供给的多余燃油在燃油箱完成回流，从而避免了回油吸热导致油温升高的现象。

无回油管的燃油压力调节器是一个弹簧加载的压力调节器（见图 6-28），它主要由调压阀和调压弹簧组成。

它的作用是把燃油管的压力限定在 350kPa。当燃油压力小于 350kPa 时，调压阀在调压弹簧的作用下落座；当燃油压力大于 350kPa 时，调压阀克服调压弹簧的作用力向下移动，多余的燃油便经过调压阀和阀座之间的间隙流入调压弹簧室，再返回油箱。这样，可减少燃油热量，减少燃油气泡的形成。当然，标准压力限定值与车型有关。

（三）燃油滤清器

燃油滤清器的功用是滤除燃油中的杂质和水分，防止燃油系统堵塞，减小机械磨损，以保证发动机正常工作。燃油滤清器安装在燃油泵之后的高压油路中，有的安装在燃油泵支架上，有的安装在车身底部。

在电控燃油喷射系统中，一般采用的都是纸质滤芯、一次性的燃油滤清器。燃油滤清器实物如图 6-29 所示，燃油从入口进入滤清器，经过壳体内的滤芯过滤后，清洁的燃油从出口流出。

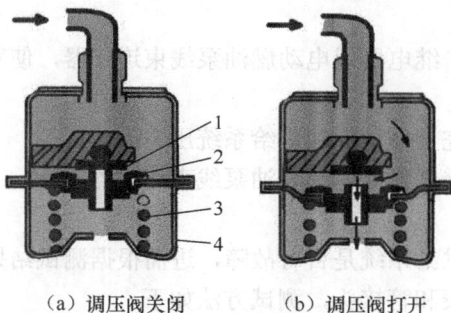

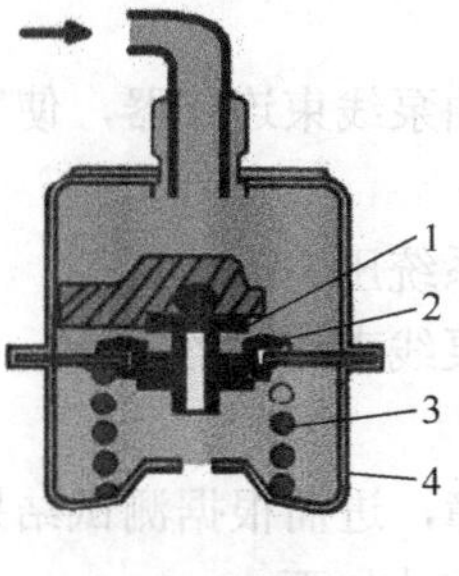

（a）调压阀关闭　（b）调压阀打开

图 6-28　无回油管的燃油压力调节器结构

1—阀座；2—调压阀；3—调压弹簧；4—壳体

图 6-29　燃油滤清器实物

提示

◆一般汽车每行驶 3 万千米或 18 个月，应更换燃油滤清器。更换燃油滤清器时，应首先释放燃油系统压力，并注意燃油滤清器壳体上的箭头标记为燃油流动方向。

（四）燃油分配管

燃油分配管也称油轨，它的作用是把燃油均匀地分配到各个喷油器中，且同时对各个喷油器保持相同的燃油压力。燃油分配管还起着储油的作用，燃油分配管的容积相对于每个循环的喷油量来说应足够大，这样可避免管中燃油压力有波动，使分配至各个喷油器的燃油压力相等。同时燃油分配管也可使喷油器的安装固定简单。

任务实施

操作一　燃油供给系统压力的检测

提示

◆作业应在通风良好的环境下进行，避免烟火。

◆打开系统前，应断开燃油泵熔丝，起动发动机泄掉燃油压力。

◆电动燃油泵不能放在空气中进行长时间空转。

◆作业进行过程中，不要移动车辆，以防发生火灾。

◆断开接头前应彻底清洗接头及其周围区域。

1. **燃油供给系统的压力释放**

电控燃油喷射式发动机为便于再次起动，在发动机熄火后，燃油供给系统内仍保持有较高的残余压力。在拆卸燃油系统内任何元件时，都必须首先释放燃油系统压力，以免系统内的压力油喷出，造成人身伤害或火灾。燃油供给系统压力的释放方法如下。

步骤一 起动发动机，维持怠速运转。

步骤二 在发动机运转时，拔下油泵熔丝、继电器或电动燃油泵线束连接器，使发动机自行熄火。

步骤三 再使发动机起动 2 ～ 3 次，即可完全释放燃油供给系统压力。

步骤四 关闭点火开关，接上油泵熔丝、继电器或电动燃油泵线束连接器。

2. **燃油供给系统压力测试**

通过测试燃油供给系统压力，可诊断燃油供给系统是否有故障，进而根据测试结果确定故障性质和部位。测试时需使用专用燃油压力表和管接头，测试方法如下。

步骤一 检查油箱内燃油，油量应足够。释放燃油供给系统压力。

步骤二 检查蓄电池电压，应在 12V 左右（电压高低直接影响燃油泵的供油压力高低），拆开蓄电池负极电缆线。

步骤三 将专用燃油压力表连接到燃油供给系统中。不同车型测试压力表的连接方式有所不同，主要有两种连接方式：一种是用专用接头将燃油压力表连接在燃油分配管的进油管接头处，如图 6-30 所示；另一种是拆下连接在燃油滤清器与输油管之间的脉动阻尼器（如有脉动阻尼器），用专用接头将燃油压力表安装到脉动阻尼器的位置。

（a）燃油压力表　　（b）连接燃油压力表

图 6-30　燃油压力表的连接

1—供油管；2—回油管

步骤四 将溅出的汽油擦净，重新接好蓄电池负极电缆线。起动发动机并维持怠速运转。

步骤五 拆开燃油压力调节器上的真空软管，并用手指堵住进气管一侧的管口。检查燃油压力表指示压力是否符合标准。一般多点喷射系统压力应为 0.25 ～ 0.35MPa。

提示

◆若燃油供给系统压力过低，可夹住回油软管以切断回油管路，再检查燃油压力表指示压力，若压力恢复正常，说明燃油压力调节器有故障，应更换；若仍压力过低，应检查燃油供给系统有无泄漏，燃油泵滤网、燃油滤清器和油管路是否堵塞，若无泄漏和堵塞故障，应更换电动燃油泵。

◆若燃油压力表指示压力过高，应检查回油管路是否堵塞；若回油管路正常，说明燃油压力调节器有故障，应更换。

步骤六 如果测试燃油供给系统压力符合标准，使发动机运转至正常工作温度后，重新接上燃油压力调节器上的真空软管，燃油压力表指示压力应略有下降（约 0.05MPa），否则应检查真空管路是否堵塞或漏气；若真空管路正常，说明燃油压力调节器有故障，应更换。

步骤七　使发动机熄火，燃油泵停止工作，等待 10min 后观察燃油压力表压力（即燃油供给系统残余压力）：多点喷射系统压力应不低于 0.20MPa。若压力过低，应检查燃油系统是否有泄漏，若无泄漏，说明燃油泵出油阀、燃油压力调节器回油阀或喷油器密封不良。

步骤八　检查完毕后释放燃油供给系统压力，并拆下燃油压力表，装复燃油系统。然后，预置燃油供给系统压力，并起动发动机检查有无泄漏。

操作二　燃油压力调节器的检修

燃油压力调节器可就车进行检查，检查方法如下。

步骤一　将燃油压力表接入燃油管路，用一根短导线将电动汽油泵的两个检测插孔短接，打开点火开关（旋到 ON 位置）并保持 10s，让电动燃油泵运转。

步骤二　关闭点火开关，拔去检测插孔上的短接导线。用包上软布的钳子将燃油压力调节器的回油管夹紧，5min 后观察燃油压力，该压力称为燃油压力调节器的保持压力。

步骤三　如果该压力仍然低于燃油系统保持压力的标准（如 147kPa），则说明燃油系统保持压力过低的故障不在燃油压力调节器；相反，若此时压力大于 147kPa，则说明燃油压力调节器有泄漏，应更换。

步骤四　将燃油压力表接在燃油管上，测量发动机运转时的压力。怠速运转时的燃油压力应在 250kPa 左右。拔下燃油压力调节器真空软管，并检测燃油压力。此时的燃油压力应比怠速运转时的燃油压力高 20kPa 左右。如压力不符合要求，应更换燃油压力调节器。

任务四　控制系统的检修

学习目标

（1）熟悉控制系统主要组成部件的布置和结构。

（2）熟悉各传感器、电控单元和执行器等部件的作用及类型、结构及工作原理。

（3）熟悉各传感器、电控单元和执行器等部件的维护与检修方法。

任务引入

一辆大众宝来轿车在经过不平路面时，不慎将油底壳碰变形。在更换油底壳后，出现发动机起动困难、加速无力、急加速时排气管放炮等现象。

用故障诊断仪读取故障码，显示 16705，为发动机转速传感器 G28 信号不可靠，经检查线路没有问题，更换了发动机转速传感器，故障也没有解决。该车的问题究竟出现在哪里？

相关知识

控制系统由传感器、电控单元（ECU）和执行器 3 部分组成，喷油量控制是最基本、最重要的控制内容，控制系统的工作原理框图如图 6-31 所示。ECU 根据空气流量信号和发动机转速信号确定基本的喷油时间（即喷油量），再根据其他传感器（如冷却液温度传感器、节气门位置传感器等）对喷油时间进行修正，并按最后确定的总喷油时间向喷油器发出指令，使喷油器喷油（通电）或断油（断电）。

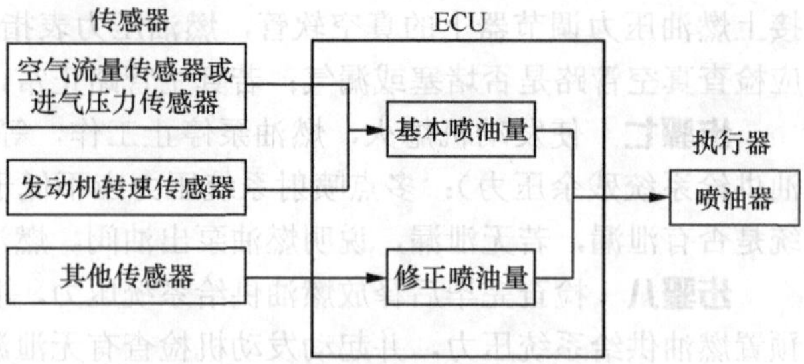

图 6-31　控制系统的工作原理框图

一、传感器

1. 空气流量传感器（MAF）

空气流量传感器也称空气流量计，用于 L 型发动机电控燃油喷射系统中。其作用是将单位时间内吸入发动机气缸的空气量转换成电信号并输送给 ECU，作为决定喷油量和点火正时的基本信号之一。按结构形式和检测进气量的原理不同，空气流量传感器可分为叶片式、热线式、热膜式和卡门旋涡式 4 种类型，其中应用广泛的是热线式、热膜式，叶片式和卡门旋涡式已很少采用，在此不做介绍。空气流量传感器一般安装在空气滤清器和节气门体之间。

（1）热线式空气流量传感器

① 热线式空气流量传感器的类型及组成。热线式空气流量传感器有两种：第一种是将热线电阻安装在主进气道中，称为主流测量方式的热线式空气流量传感器；第二种是将热线电阻安装在旁通气道中，称为旁通测量方式的热线式空气流量传感器，一般常用第一种形式。热线式空气流量传感器主要由防护网、采样管、热线电阻、温度补偿电阻和控制电路板等组成，如图 6-32 所示。

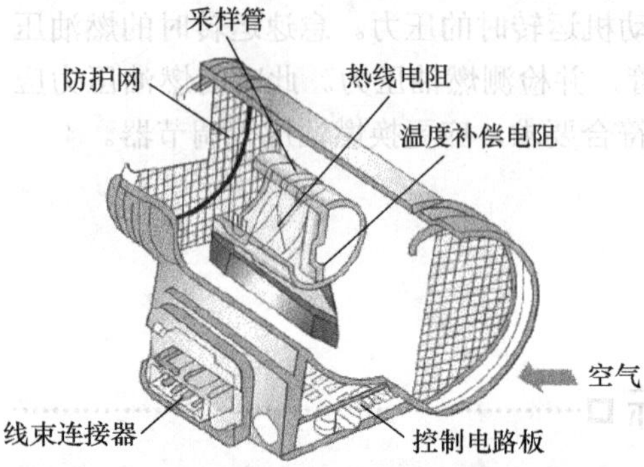

图 6-32　热线式空气流量传感器的结构

② 热线式空气流量传感器的控制电路。热线式空气流量传感器的控制电路如图 6-33 所示。当空气流流经发热元件使其冷却时，发热元件温度降低，阻值减小，电桥电压失去平衡，控制电路将增大供给发热元件的电流，使其温度保持高于温度补偿电阻温度。当电桥电流增大时，取样电阻 R_S 上的电压就会升高，从而将空气流量的变化转换为信号电压 U_S 的变化。电压信号输入 ECU 后，ECU 便根据信号的高低计算出空气流量的大小。

（2）热膜式空气流量传感器

热膜式空气流量传感器是热线式空气流量传感器的改进产品，其发热元件采用平面形铂金属膜电阻器，故称为热膜电阻。热膜式空气流量传感器的结构如图 6-34 所示。热膜电阻是在氧化铝陶瓷基片上采用蒸发工艺淀积铂金属薄膜，制作成梳状的电阻，在其表面覆盖一层绝缘保护膜，再引出电极而制成的。在空气流量传感器内部的进气通道上设有一个矩形护套，热膜电阻设在护套中。在护套的空气入口侧设有空气过滤层，用以过滤空气中的污物。

在热膜电阻附近设有温度补偿电阻，温度补偿电阻和热膜电阻组成电桥控制电路，控制电路与线束连接器插座连接，如图 6-34（b）所示。热膜式空气流量传感器的控制原理与热线式空气流量传感器相同。

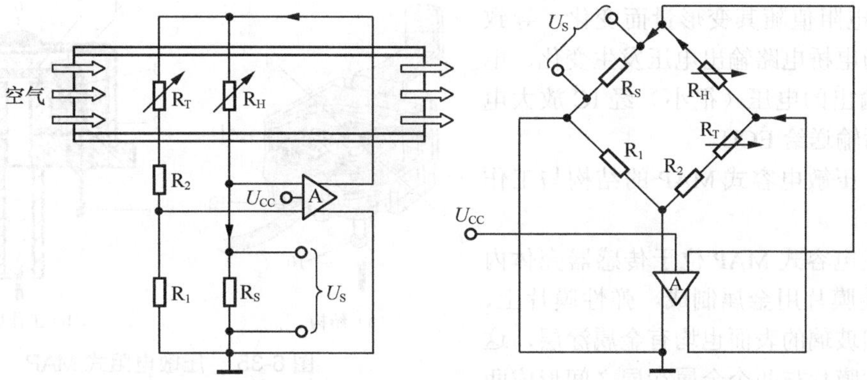

（a）控制电路 （b）电桥电路

图 6-33 热线式空气流量传感器的控制电路

R_T—温度补偿电阻；R_H—发热元件电阻；R_S—取样电阻；R_1、R_2—精密电阻；

U_{CC}—电源电压；U_S—信号电压；A—控制电路

提示

◆与热线式流量传感器相比，热膜电阻的阻值较大，所以消耗电流较小，使用寿命较长。但是，由于其发热元件表面制作有一层绝缘保护薄膜，因此不会因沾有尘埃而影响测量精度，但存在辐射热传导作用，因此响应特性稍差。

2. 进气压力传感器

进气压力传感器（MAP）的作用是测量进气管压力，并将信号输入 ECU，作为燃油喷射和点火控制的主控制信号。基本结构形式有两种：一种是压敏电容式，常见于福特公司生产的汽车上；另一种是压敏电阻式，普遍应用于 D 型电控燃油喷射系统中。

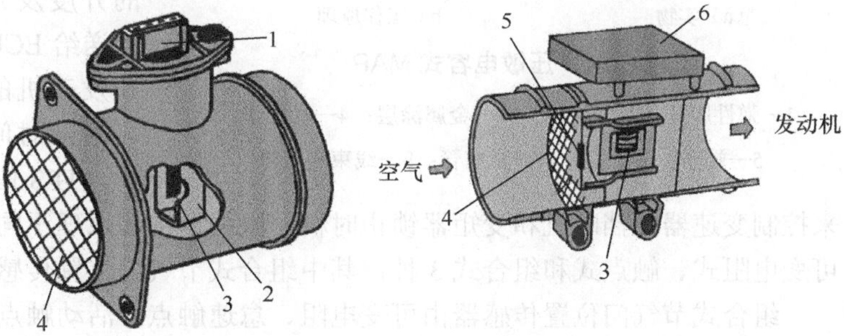

（a）外形 （b）结构

图 6-34 热膜式空气流量传感器

1—接线插座；2—护套；3—金属膜；4—防护网；5—温度补偿电阻；6—控制电路

（1）压敏电阻式 MAP 的结构与工作原理

压敏电阻式 MAP 主要由绝对真空室、硅片（膜片）、底座、真空管接头、引线电极和 IC 放大电路组成，如图 6-35 所示。

硅片的一侧是真空室，压力是固定的；而另一侧与进气歧管相连，压力是变化的。当发动机怠速时，进气歧管内压力小，使硅片变形小，产生的信号电压小；当发动机大负荷运转时，硅片的变形量增大，产生的信号电压也增大。所以，硅片是一个压力转换元件（压敏电阻），其电阻值随其变形量而变化，导致硅片处的电桥电路输出电压发生变化，电桥电路输出的电压（很小）经IC放大电路放大后输送给ECU。

（2）压敏电容式MAP的结构与工作原理

压敏电容式MAP位于传感器壳体内腔的弹性膜片用金属制成，弹性膜片上、下两个凹玻璃的表面也均有金属涂层，这样在弹性膜片与两个金属涂层之间形成两个串联的电容，膜片上腔为绝对真空，下腔通进气管，如图6-36所示。

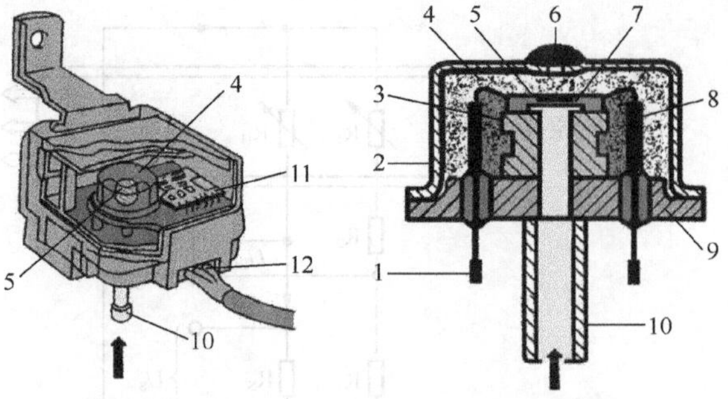

（a）结构　　（b）工作原理

图6-35　压敏电阻式MAP

1—接线端子；2—壳体；3—硅杯；4—真空室；5—硅片；6—封口；7—电阻；8—电极；9—底座；10—真空管；11—IC放大电路；12—线束连接器

当发动机工作时，进气管内的空气压力作用于弹性膜片上，使弹性膜片产生位移，弹性膜片与两个金属涂层之间的距离发生变化，这样，两个电容的电容量也发生变化，电容量的变化量与弹性膜片的位移成正比，电容量的变化量再经过测量电路转换成电压信号输送给ECU。当发动机怠速运转时，下腔压力小，电容的变化量小，产生的信号电压也小；当发动机大负荷运转时，下腔压力大，电容的变化量大，产生的信号电压也增加。

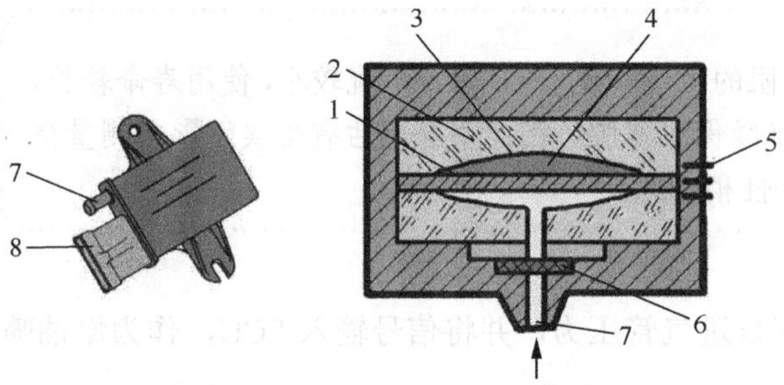

（a）实物　　（b）工作原理

图6-36　压敏电容式MAP

1—弹性膜片；2—凹玻璃；3—金属涂层；4—真空室；5—端子；6—滤网；7—真空管；8—线束连接器

3. ***节气门位置传感器***

节气门位置传感器（TPS）安装在节气门体轴上，其作用是检测节气门的开度及开度变化，并转变成电信号输送给ECU，ECU根据TPS信号来判别发动机的工况，根据工况不同来控制喷油时间。在装有自动变速器的车上，TPS信号同时输入给变速器ECU，来控制变速器换挡时机和变矩器锁止时机。根据结构和原理不同，节气门位置传感器可分为可变电阻式、触点式和组合式3种，其中组合式节气门位置传感器目前应用广泛。

组合式节气门位置传感器由可变电阻、怠速触点、活动触点等组成，可变电阻的滑臂随节气门轴一同转动，并与输出端子VTA相连，如图6-37所示。该传感器有4个端子，VC端子给传感器提供5V标准电压，VTA端子将电压信号输送给ECU，IDL端子输出怠速触点工作信号，E2端子搭铁。当节气门关闭或开度小于1.2°时，怠速触点闭合，IDL端子输出0V电压；当节气门开度大于1.2°时，怠速触点断开，IDL端子输出5V电压；当节气门开度变化时，VTA端子输出一个变化的信号电压，且随节气门的开大，输出电压升高。

4. ***温度传感器***

（1）温度传感器的作用与类型

电控燃油喷射系统中有两个温度传感器，即进气温度传感器和冷却液温度传感器。进气温度传感器（IATS）安装在进气管路中，其作用是检测进气温度，并将温度信号变化为电信号输送给ECU，是喷油和点火的修正信号。冷却液温度传感器（CTS）安装在发动机冷却液出水管上，其作用是检测发动机冷却液温度，并将温度信号转变为电信号输送给ECU，是喷油和点火的修正信号。

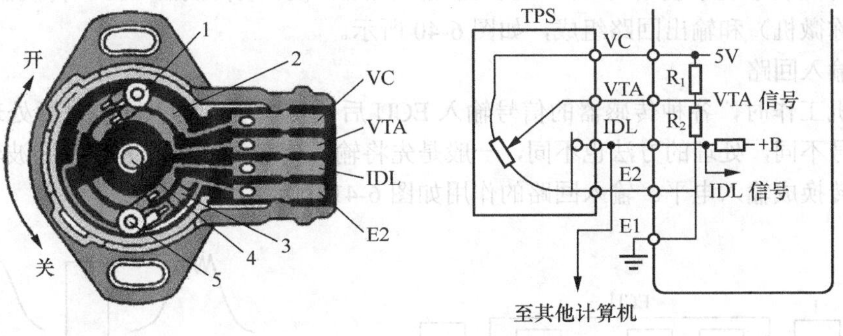

（a）结构　　（b）电路

图 6-37　组合式节气门位置传感器

1—活动触点；2—提供5V标准电压；3— 绝缘部件；4—节气门轴；5—怠速触点

温度传感器常见类型有热敏电阻式、半导体晶体管式和金属丝式等。热敏电阻式又分为正温度系数型（PTC）和负温度系数型（NTC）两种，而汽车上的进气温度传感器和冷却液温度传感器都属于负温度系数型。

（2）温度传感器的结构与工作原理

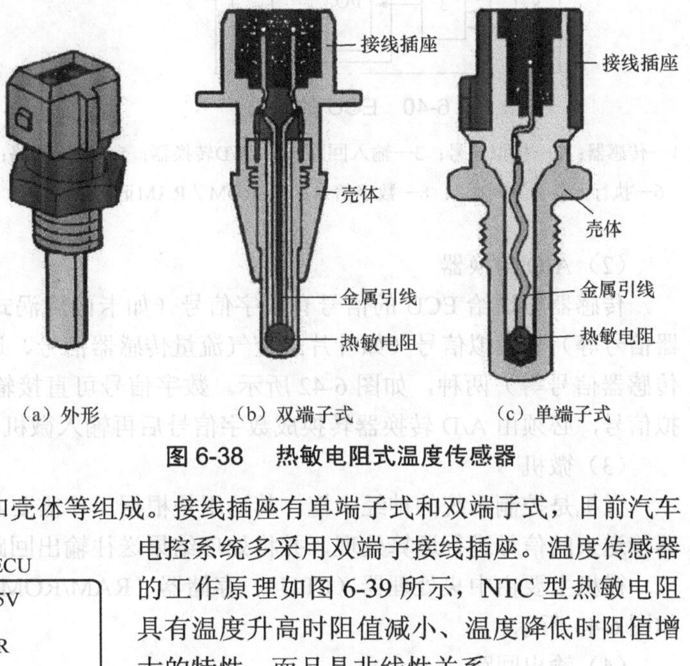

（a）外形　　（b）双端子式　　（c）单端子式

图 6-38　热敏电阻式温度传感器

热敏电阻式温度传感器的结构如图6-38所示，它主要由热敏电阻、金属引线、接线插座和壳体等组成。接线插座有单端子式和双端子式，目前汽车电控系统多采用双端子接线插座。温度传感器的工作原理如图6-39所示，NTC型热敏电阻具有温度升高时阻值减小、温度降低时阻值增大的特性，而且是非线性关系。

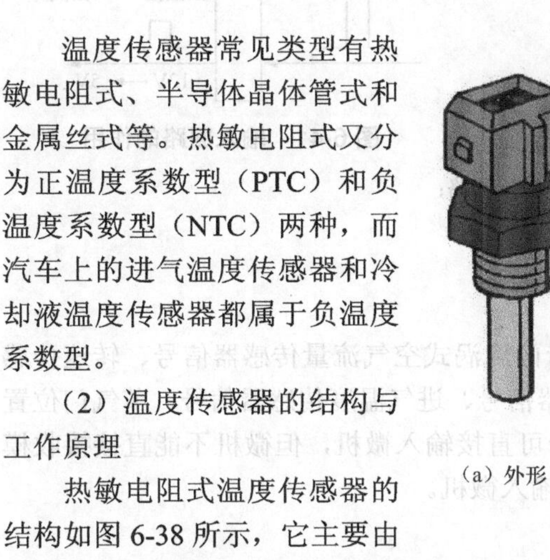

图 6-39　温度传感器的工作原理

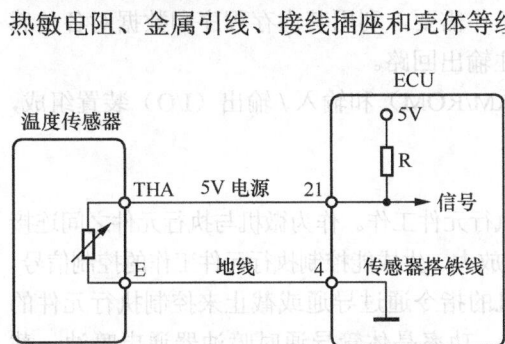

在ECU内部串联一个分压电阻，ECU向热敏电阻和分压电阻组成的分压电路提供一个稳定的电压，一般为5V。当被测对象的温度升高时，阻值减小，输出信号电压低；当被测对象的温度降低时，阻值增大，输出信号电压

高。ECU 根据接收到的信号电压值，便可计算出对应的温度值，从而进行喷油和点火的修正控制。

二、发动机电控单元（ECU）

发动机控制系统中使用的 ECU 主要由输入回路、模 / 数转换器（A/D 转换器）、微型计算机（简称微机）和输出回路组成，如图 6-40 所示。

（1）输入回路

发动机工作时，各种传感器的信号输入 ECU 后，首先进入输入回路进行处理。传感器输入的信号不同，处理的方法也不同，一般是先将输入信号滤除杂波并将正弦波转变为矩形波后，再转换成输入电平。输入回路的作用如图 6-41 所示。

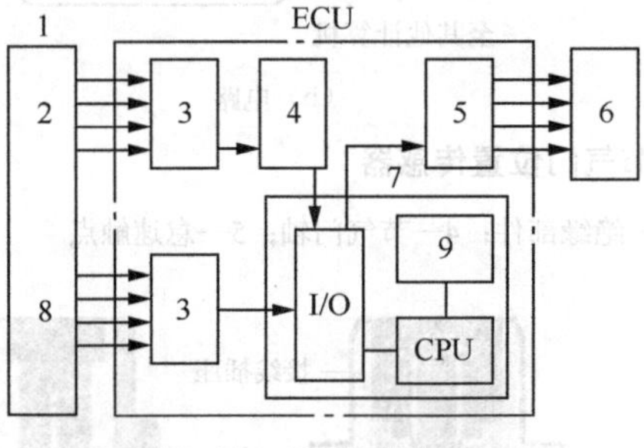

图 6-40　ECU 的组成

1—传感器；2—模拟信号；3—输入回路；4—A/D转换器；5—输出回路；6—执行元件；7—微机；8—数字信号；9—ROM / RAM记忆装置

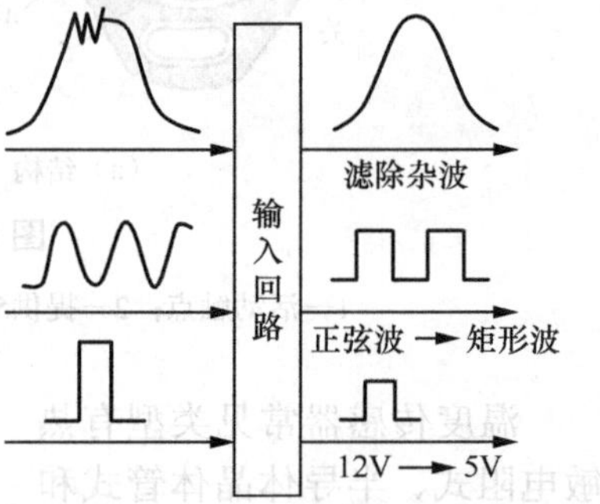

图 6-41　输入回路的作用

（2）A/D 转换器

传感器输送给 ECU 的信号有数字信号（如卡门旋涡式空气流量传感器信号、转速传感器信号等）和模拟信号（如叶片式空气流量传感器信号、进气温度传感器信号、节气门位置传感器信号等）两种，如图 6-42 所示。数字信号可直接输入微机，但微机不能直接接收模拟信号，必须由 A/D 转换器转换成数字信号后再输入微机。

（3）微机

微机是控制系统的神经中枢，其功用是根据工作需要，利用其内存程序和数据对各传感器输送来的信号进行运算处理，并将处理结果送往输出回路。

微机主要由中央处理器（CPU）、存储器（RAM/ROM）和输入 / 输出（I/O）装置组成，如图 6-43 所示。

（4）输出回路

微机输出的数字信号电压很弱，不能直接驱动执行元件工作。作为微机与执行元件之间连接桥梁的输出回路，其主要功用就是将微机的处理结果放大，生成能控制执行元件工作的控制信号。

输出回路一般采用的是功率晶体管，根据微机的指令通过导通或截止来控制执行元件的搭铁回路。控制喷油器的输出回路如图 6-44 所示，功率晶体管导通时喷油器通电喷油，截止时则喷油器断电停油。

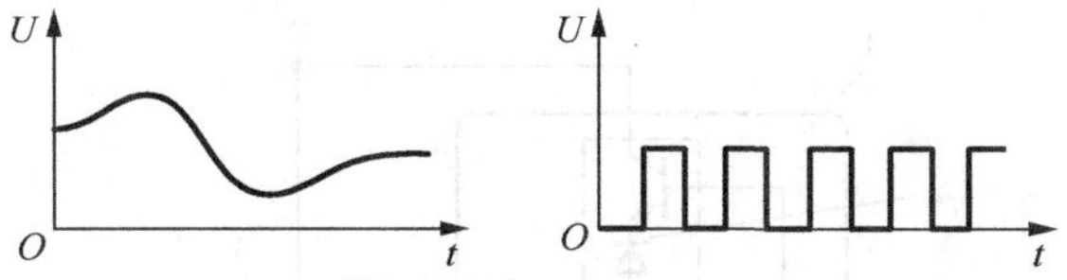

（a）模拟信号　　（b）数字信号

图 6-42 传感器信号类型

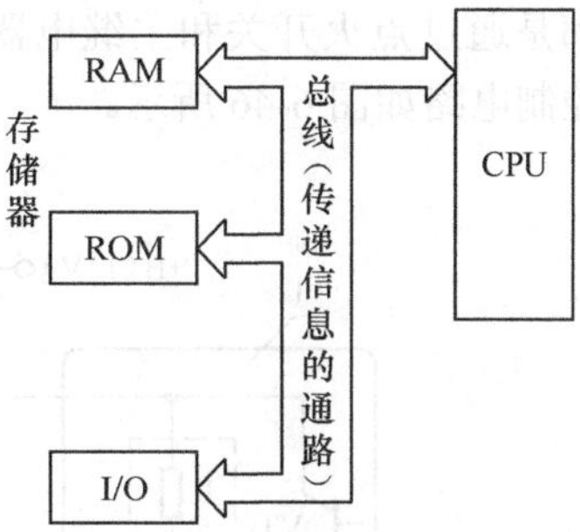

图 6-43 微机的组成

三、执行器（喷油器）

喷油器是电控燃油喷射系统的执行元件，其作用是根据ECU发出的脉冲喷油信号控制燃油喷射量。

按喷油口的结构不同，喷油器可分为轴针式、球阀式和孔式。轴针式电磁喷油器应用较为广泛，本任务主要介绍轴针式喷油器。球阀式和孔式喷油器在电控燃油喷射系统应用较少。

喷油器的分类方法有两种：按喷油器电磁线圈阻值大小，喷油器可分为高电阻型（13 ～ 18Ω）和低电阻型（1 ～ 3Ω）两种；按驱动方式，喷油器可分为电流驱动和电压驱动两种。

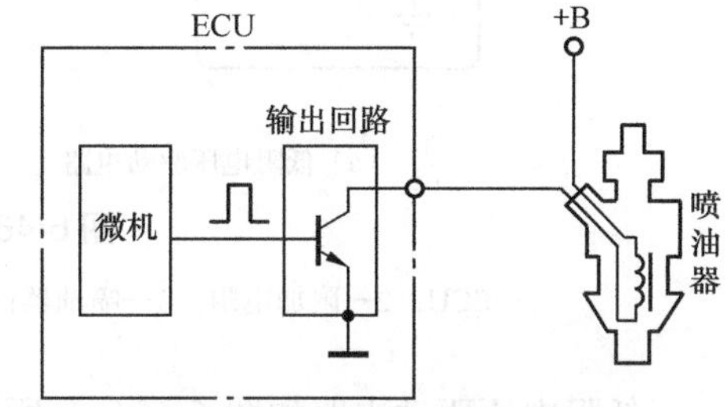

图 6-44 控制喷油器的输出回路

动画 喷油器

动画 喷油器的工作原理

1. 喷油器的结构与工作原理

（1）喷油器的结构

喷油器主要由滤网、线束连接器、电磁线圈、复位弹簧、衔铁和针阀等组成，针阀与衔铁制成一体，针阀下部有轴针，如图 6-45 所示。

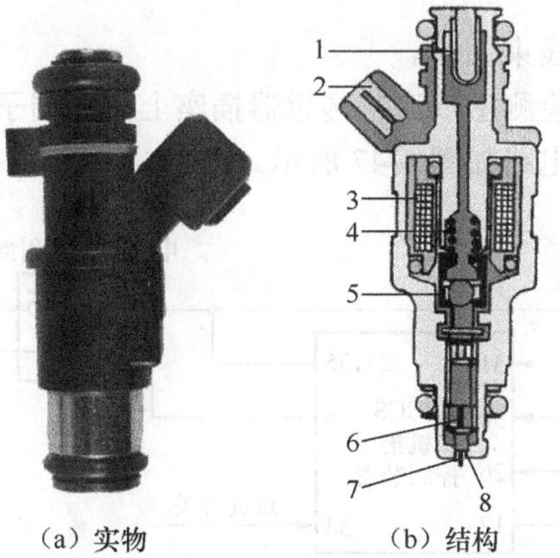

（a）实物　　（b）结构

图 6-45 喷油器

1—进油滤网；2—线束连接器；3—电磁线圈；4—复位弹簧；5—衔铁；6—针阀；7—轴针；8—喷孔

（2）喷油器的工作原理

① 喷油器喷油过程如下：电磁线圈通电时产生电磁吸力，将衔铁吸起并带动针阀离开阀座，同时复位弹簧被压缩，燃油经过针阀并由轴针与喷口的环隙或喷孔喷出。

② 喷油器不喷油过程如下：电磁线圈断电时电磁吸力消失，复位弹簧迅速使针阀关闭，喷油器停止喷油。在喷油器的结构和喷油压力一定时，喷油器的喷油量取决于针阀的开启时间，即电磁线圈的通电时间。

电磁喷油器孔阻塞或泄漏会引起加速不良、怠速发抖、耗油量增加等现象。

2. 喷油器的控制电路

各车型喷油器的控制电路基本相同，一

般都是通过点火开关和主继电器（或熔丝）给喷油器供电，ECU 控制喷油器搭铁。喷油器的控制电路如图 6-46 所示。

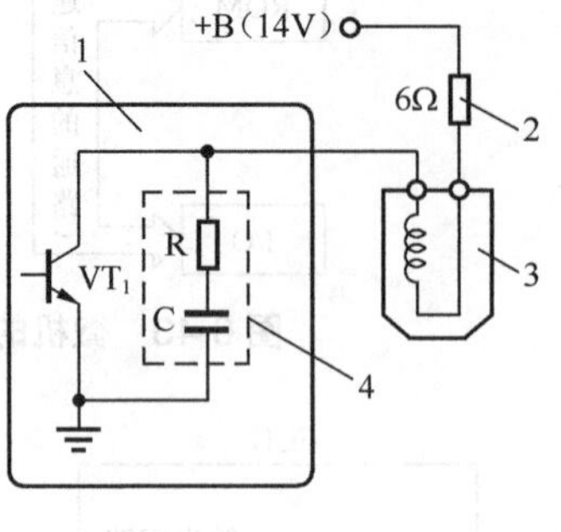

（a）低阻电压驱动电路

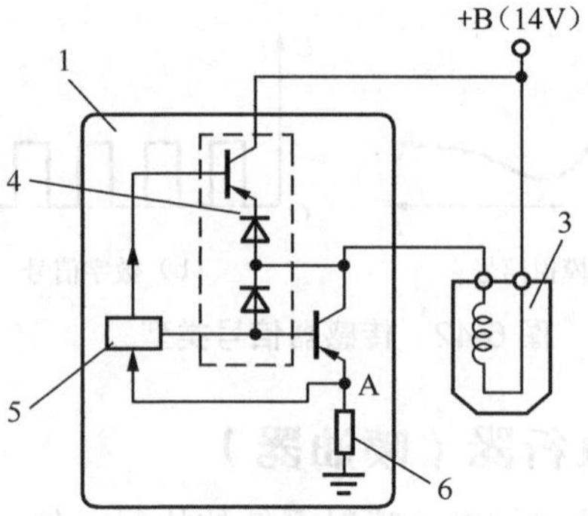

（b）低阻电流驱动电路

图 6-46　喷油器的控制电路

1—ECU；2—附加电阻；3—喷油器；4—消弧电路；5—电流控制回路；6—电流检测电阻

低阻电压驱动电路如图 6-46（a）所示，驱动回路中串入一个附加电阻，增加回路的阻抗。高阻电压驱动电路中没有附加电阻，因喷油器电磁线圈阻值为 12 ～ 17Ω，故电路比较简单。低阻电流驱动电路如图 6-46（b）所示，ECU 通过电流进行控制，因为通过喷油器电磁线圈的电流能在极短的时间内达到最大，使针阀开启，所以这种喷油器具有良好的响应性。当针阀开到最大而需要保持开度时，电流下降为 1 ～ 2A，这样防止线圈发热，减少了电能的消耗。

任务实施

操作一　空气流量传感器的万用表检测

1．热线式空气流量传感器检测

步骤一　关闭点火开关，拔下空气流量传感器线束插头。

步骤二　接通点火开关，用万用表直流电压挡检测空气流量传感器插座上电源端子与搭铁端子之间的电压。热线式空气流量传感器的控制电路如图 6-47 所示。

视频

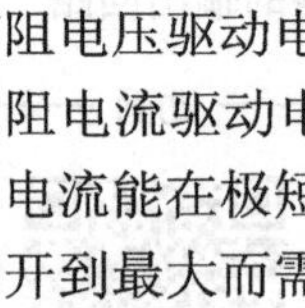

热线式空气流量传感器检测

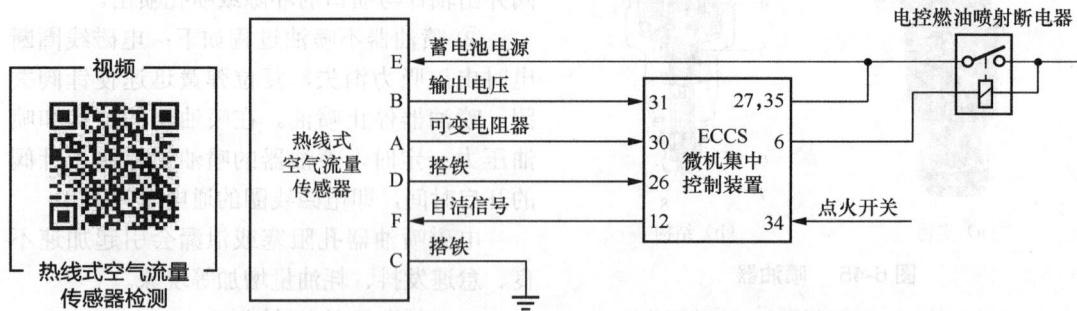

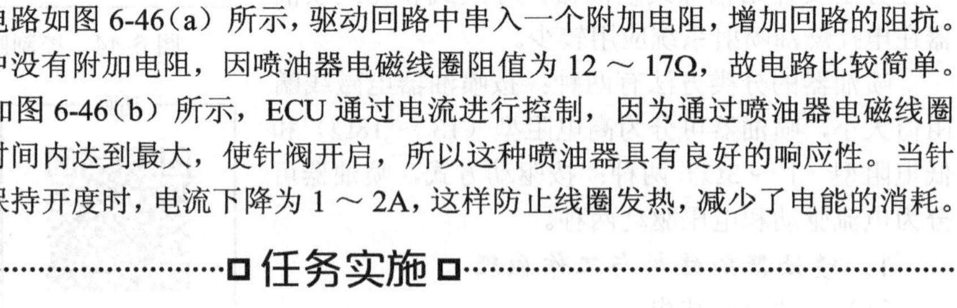

图 6-47　热线式空气流量传感器控制电路

步骤三 将一个5V电源接在端子D与E之间，如图6-48所示。

步骤四 用电吹风机向空气流量传感器的空气入口吹气，同时再测量信号电压。

步骤五 先将线束插头插上，并拆下空气流量传感器空气入口端的进气管；起动发动机并将转速升高到2500r/min以上，再使发动机怠速运转，然后使发动机熄火，同时观察热线，应在5s后红热并持续1s，否则自洁功能失效。

步骤六 空气流量传感器检测参考数据如表6-3所示。

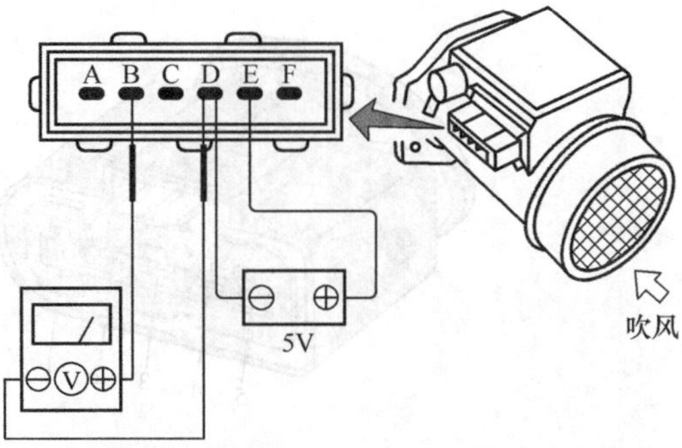

图6-48 热线式空气流量传感器检测端子

A—可变电阻器；B—输出信号；C、D—搭铁；E—蓄电池电压；F—自洁信号

表6-3 空气流量传感器检测参考数据

输出信号检测	B与C	发动机怠速时，1.0～1.5V
		增加空气量时，2.0～4.0V
供电电压检测	E与D	应为蓄电池电压12V
	E与C	应为蓄电池电压12V
自洁功能检测	F与D	发动机OFF时，电压为0V，5s后电压上升，经过1s后电压为0V

提示

动态检测时，先关闭所有用电设备，起动发动机并怠速运转。怠速稳定后，用万用表检查空气流量传感器的信号输出电压，并进行急加速减速试验，观察空气流量传感器的信号输出电压的变化情况。通常热线式空气流量传感器信号输出电压范围为怠速0.2V到高速4.0V以上，急减速时电压应比怠速时略低。

2. 热膜式空气流量传感器的万用表检测

热膜式空气流量传感器与热线式空气流量传感器的检修方法基本相同。热膜式空气流量传感器控制电路及连接器端子如图6-49所示。

视频 空气流量传感器的检测

步骤一 拔下连接器，打开点火开关。

步骤二 用万用表检测端子2与缸体、端子2与端子3之间电压，应为12V；否则应检查汽油泵继电器及相关电路。

步骤三 用万用表检测端子4与缸体、端子4与端子3之间电压，应为5V；否则说明端子4与端子11可能断路，应检查发动机ECU及相关电路。

步骤四 将发动机转速逐渐升高，再逐渐降低时，端子3与端子5之间电压应在1.0～4.0V之间变化；否则应更换空气流量传感器。

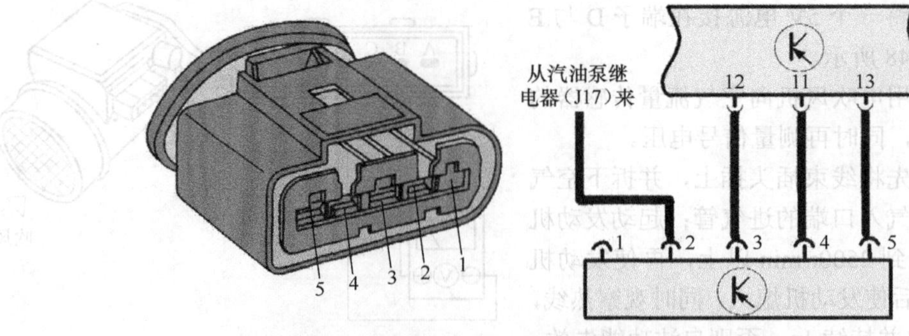

图 6-49　热膜式空气流量传感器控制电路及连接器端子

1—空端子；2—接J17；3—搭铁；4—5V供电线；5—信号线

视频

进气歧管绝对压力传感器检测

操作二　进气压力传感器的检修

进气压力传感器（MAP）和 ECU 之间的电路如图 6-50 所示。根据产生的电压信号不同，有模拟电压型 MAP 和变频型 MAP，其检测方法有所不同。

1．基准电压的检测

步骤一　拔下传感器的插头，打开点火开关。

步骤二　测量插头上电源端子与搭铁线端子之间电压，应为 4.5 ～ 5V，否则应检查 ECU 上相应端子上的电压。

步骤三　若 ECU 上相应端子的电压正常，而插头上电源端子与搭铁线端子之间电压不正常，则为 ECU 至传感器之间线路有故障。

步骤四　若 ECU 上相应端子没有电压，应检查 ECU 上的电源线和搭铁线是否正常，若正常则说明 ECU 有故障。

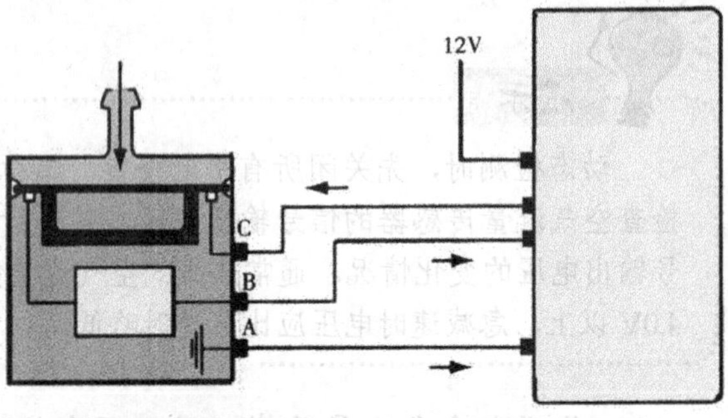

图 6-50　进气压力传感器（MAP）和 ECU 之间的电路连接

A—搭铁线端子；B—传感器信号输出端子；C—电源端子

2．标准大气压力下输出电压的检测

步骤一　将连接器插上，拆下传感器上的软管，使其置于大气中。

步骤二　打开点火开关，用万用表测量传感器信号输出端子与搭铁线之间的输出电压，正常值应为 4 ～ 5V。

步骤三　当发动机在热机空挡怠速运转时，测量输出电压应降到 1.5 ～ 2.1V。此时，如从 ECU 线束侧相应端子处测试，其电压值也应是上述数值；如不符，则为传感器信号连线断路或连接器接触不良。

3．在真空作用下输出电压的检测

对传感器上的软管施加一个 13.3 ～ 66.7kPa 的负压（真空度），如图 6-51 所示，再测 ECU 连接器上输出端电压与搭铁之间的变化，应符合表 6-4 的变化规律。

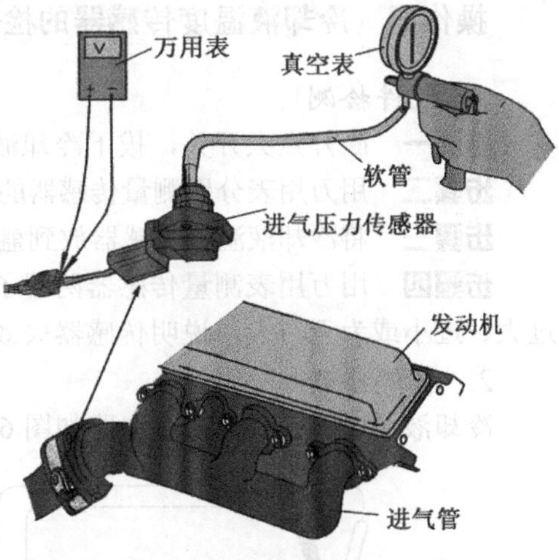

图 6-51　在真空作用下输出电压的检测

4. 传感器的搭铁情况检测

用万用表电阻挡，从传感器的端子搭铁处测试其搭铁电阻。如电阻值不接近为零或电阻值较大，应检修相关线束及搭铁点连接。

5. ECU 搭铁线的搭铁情况检测

用万用表电阻挡测试 ECU 搭铁线与发动机搭铁线接柱之间的电阻值。若它们之间的电阻值均为 0Ω 或小于 1Ω，说明传感器搭铁线搭铁良好；若电阻值大于 1Ω 或更大，说明传感器搭铁线搭铁不良，应查明原因并予以排除。

表 6-4　不同真空度（进气压力）时对应输出的电压值

真空度/kPa	电压/V
13.3	0.3～0.5
26.7	0.7～0.9
40	1.1～1.3
53.5	1.5～1.7
66.7	1.9～2.1

操作三　节气门位置传感器的检修

视频

电子节气门检测

以桑塔纳 2000 GLi 发动机节气门位置传感器检测为例，控制电路如图 6-52 所示，其检测内容和要求如下。

（1）供电电压的检查。

步骤一　接通点火开关，测量传感器端子 1 与端子 3 之间的电压，约为 5V。

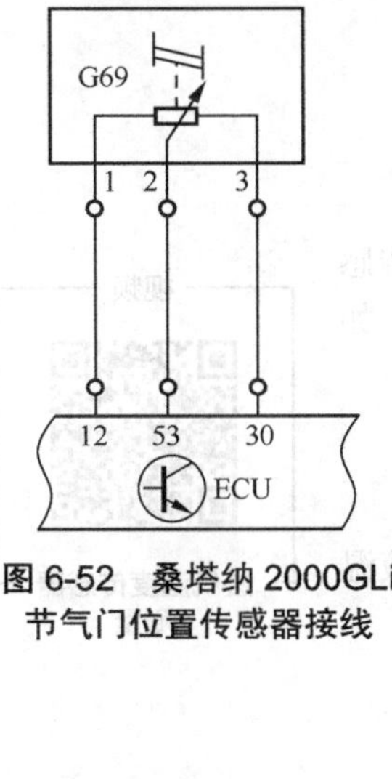

图 6-52　桑塔纳 2000GLi 节气门位置传感器接线

步骤二　接通点火开关，且节气门关闭，测量传感器信号端子 2 与端子 3 之间的电压，应为 0.1 ～ 0.9V。

（2）线路的检查。拔下控制器和传感器插头，用电阻挡测量控制器端子 12 与端子 1、端子 53 与端子 2、端子 30 与端子 3 之间的阻值，应小于 0.5Ω。

（3）信号电压的检查。接通点火开关且节气门全开，测量传感器信号端子 2 与端子 3 之间的电压，应为 3.0 ～ 4.8V。

（4）用 VAG1551 或 VAG1552 故障诊断仪读取故障码，并进行解读。

（5）用故障诊断仪读取数据块，并进行分析。

操作四　冷却液温度传感器的检修

1. **元件检测**

步骤一　断开点火开关，拔下冷却液温度传感器线束连接器，从发动机上拆下传感器。

步骤二　用万用表分别测量传感器的两端子与传感器壳之间的电阻，其电阻应为无穷大。

步骤三　将冷却液温度传感器放到盛水的烧杯中（见图 6-53），用加热器加热烧杯中的水。

步骤四　用万用表测量传感器两端子之间的电阻，其电阻值随温度而变化。如阻值偏差过大、过小或为无穷大，说明传感器失效，应予以更换。

2. **在线检测**

冷却液温度传感器的控制电路如图 6-54 所示。

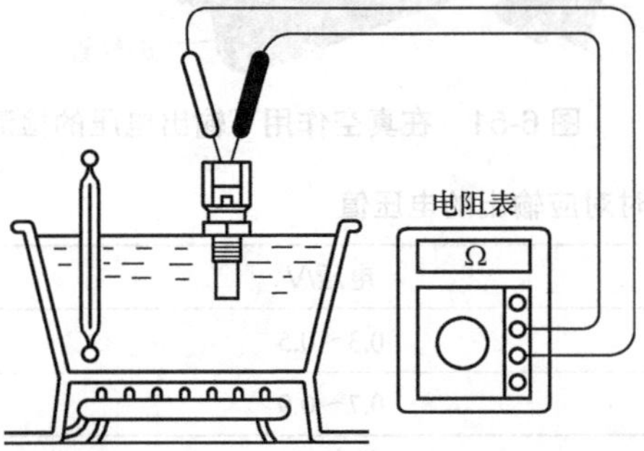

图 6-53　冷却液温度传感器检测方法

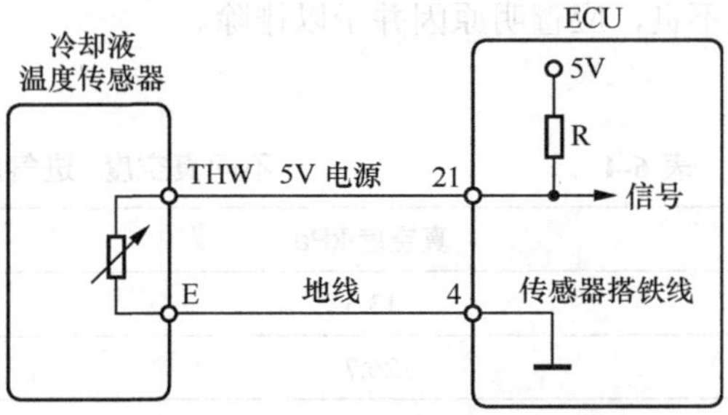

图 6-54　冷却液温度传感器的控制电路

步骤一　拔下传感器线束插头，打开点火开关，测量插头上的电压，应为 5V 左右。

步骤二　测量 ECU 端的输出电压，也应为 5V。

步骤三　将线束插头接好，起动发动机，将发动机逐渐升温，测量传感器侧两端子之间的电压，应在 0.5 ～ 4V 之间变化，温度越低时电压越高，温度越高时电压越低。

3. **线路检测**

步骤一　检测时，先拆开冷却液温度传感器线束连接器及 ECU 端子。

步骤二　测量两个端子与 ECU 相应端子之间有无断路、对地短路、阻值过大（大于 0.5Ω）等故障，否则应维修或更换相关线束。

4. **读取数据块**

步骤一　发动机怠速工况，解码器进入“读测量数据块”功能。

步骤二　选择相应显示组。

步骤三　读取冷却液温度传感器数据。

步骤四　如果显示数据与实际温度不符，关闭点火开关，检查传感器插头上端子和发动机控制单元线束插头间的线路是否断路或短路。如果线路正常，更换冷却液温度传感器。

视频

进气温度传感器测量

操作五　进气温度传感器的检修

步骤一　开路检测。进气温度传感器检测方法及参考值与冷却液温度传感器的检测方法相同。

步骤二　传感器及线路检测。就车检测进气温度传感器时，首先将电压表连接到传感器的端子上，然后起动发动机，观察电压表读数。在不同温度下，传感器应该有一个对应的电压降。若不符合规定，应更换传感器。

操作六　发动机电控单元（ECU）的检修

1. 发动机 ECU 检修注意事项

在用万用表检测 ECU 端子的电压和电阻时应注意以下事项。

① 在检测之前，应先检查各继电器、熔丝及有关的线束连接器是否良好。

② 蓄电池电压应不低于 11V，蓄电池电压过低会影响测量结果。

③ 必须使用高阻抗（大于 10MΩ/V）的万用表，最好使用汽车专用万用表检测。

④ 如图 6-55 所示，必须在线束连接器处于连接状态时测量 ECU 相应端子间的电压，并且万用表的测笔应从线束插头的导线一侧插入。

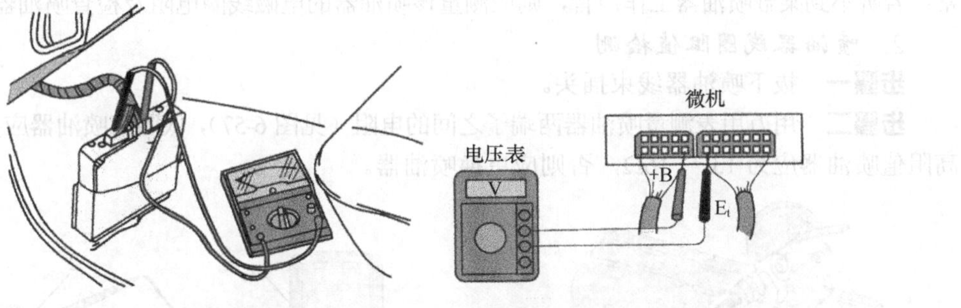

（a）线束连接器处于连接状态　　（b）万用表的测笔从线束插头的导线一侧插入

图 6-55　ECU 端子间电压测量方法

⑤ 不可在拆开线束连接器的状态下，直接测量 ECU 端子间的电阻，否则会损坏 ECU。

⑥ 若需拆开 ECU 线束连接器检测各控制线路，则应先拆下蓄电池负极搭铁线。在蓄电池连接完好的状态下拆开 ECU 线束连接器，可能会损坏 ECU。

2. 发动机 ECU 的检测

发动机 ECU 的检测，主要是线路的检测。

（1）线路电阻的检测

步骤一　关闭点火开关。

步骤二　从 ECU 上拔下插头，再拔下要检测的组件插头，检测其接线的电阻，应符合标准值。检测时，为了避免损坏电子组件，要注意量程必须符合检测条件。

（2）线路组件的检测

步骤一　在进行各线路组件检测时，应首先检查蓄电池电压是否正常（应大于 11V），燃油泵继电器、熔丝是否正常。

步骤二　从汽车上拆下 ECU，测量电压时应使线束连接器处于连接状态。

步骤三　将点火开关转到“ON”位置，不起动发动机。

步骤四　根据相应的检测条件，用万用表依次检测 ECU 相应端子之间的电阻或电压，测量值应符合标准值，否则说明 ECU 或控制线路有故障。

提示

◆测量电压时，万用表的测笔应从线束连接器的插头导线一侧插入，也可插入大头针来作为引出的导线。

操作七　执行器的检修

视频

喷油器的检测

1．喷油器就车诊断

步骤一　接通点火开关，使发动机怠速运转。

步骤二　用旋具或听诊器测试各缸喷油器工作声音，如图 6-56 所示。

步骤三　若各缸喷油器工作声音清脆均匀，说明各缸喷油器工作正常；若听不到某缸喷油器工作声音，则应测量该喷油器的电磁线圈电阻及检查喷油器控制线路。

2．喷油器线圈阻值检测

步骤一　拔下喷油器线束插头。

步骤二　用万用表测量喷油器两端子之间的电阻（见图 6-57），低阻值喷油器应为 2 ～ 3Ω，高阻值喷油器应为 13 ～ 16Ω，否则应更换喷油器。

图 6-56　用旋具测试各缸喷油器的声音

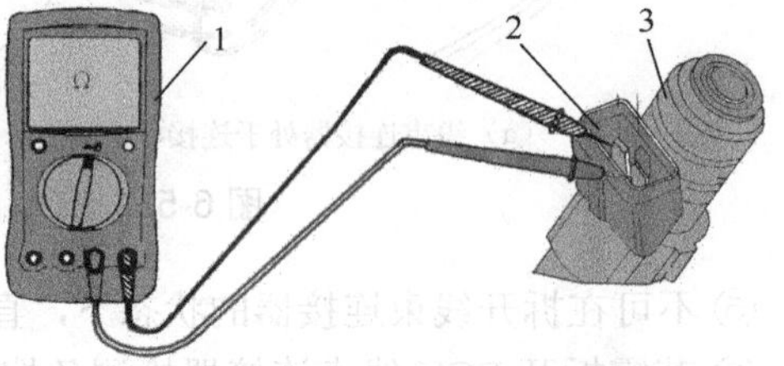

图 6-57　测量喷油器电阻

1—万用表；2—端子；3—喷油器

3．喷油器控制电路检查

步骤一　拆开喷油器线束连接器，接通点火开关，但不起动发动机。

步骤二　用万用表检测喷油器的供电电压，应为蓄电池电压(即端子 1 与发动机搭铁之间的电压)。

步骤三　若供电电压不符合，应检查供电线路、点火开关、继电器或熔丝是否正常。

步骤四　测量各喷油器插头负极端子与发动机 ECU 喷油器端子之间的阻值，应小于 1Ω(见图 6-58)；测量桑塔纳 2000 型喷油器端子 2 与 ECU 端子 73、80、58、65 之间的阻值，正常值应小于 1Ω，否则说明线路有断路或接触不良。

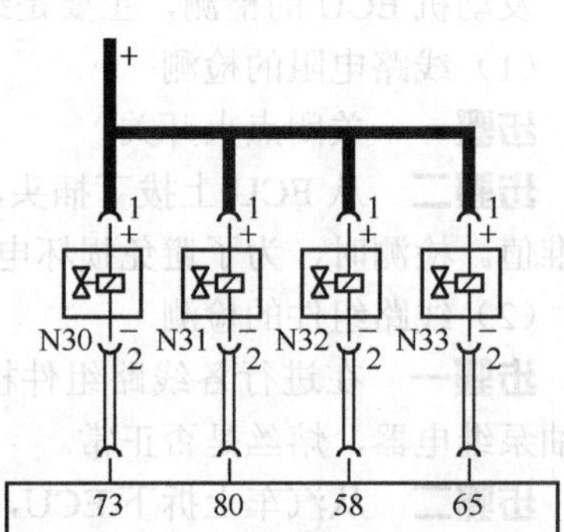

图 6-58　桑塔纳 2000 型喷油器控制电路

4. 喷油器的喷油量检查

喷油器的喷油量检查可在专用设备上进行，也可按图 6-59 所示方法检查。检查方法如下。

步骤一　将被测喷油器插入量杯中。

步骤二　使燃油泵工作。

步骤三　用导线让蓄电池直接给喷油器通电，使喷油器喷油 30s，观察喷油量。一般喷油量为 85 ～ 105mL/30s（具体车型以维修手册数据为准），各缸喷油器的喷油量相差不超过 5%。

步骤四　每个喷油器应重复检查 2 ～ 3 次，各缸喷油器的喷油量和均匀度应符合标准。

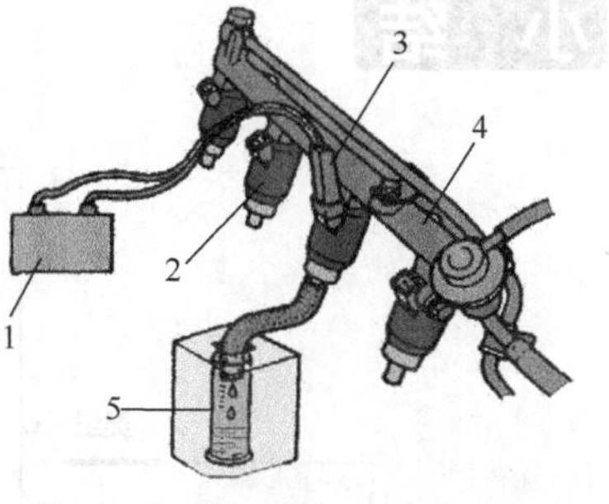

图 6-59　喷油器喷油量的测试

1—蓄电池；2—喷油器；3—专用检测线；4—燃油总管；5—量杯

步骤五　观察燃油从喷孔喷出的形状，正常时应为 35° 左右的圆锥雾状。

维修实例

实例　上汽大众朗逸轿车发动机早上起动时不易着车

（1）故障现象

一辆上汽大众朗逸轿车，行驶里程为 3.7 万千米。驾驶员说，该车早上起动不易着车，要起动两三次才能着车。平常也是只要行车时间稍长，第一次起动时发动机不着，还要再次起动才能着车，但行车时没有发现不正常的现象。

（2）故障原因

燃油泵有故障。

（3）故障诊断与排除

首先对供油系统各密封部位进行了检查，并没有发现有漏油、漏气的地方。然后在进油管和燃油分配管之间装上燃油压力表，起动发动机怠速运转时燃油压力表指示 250kPa，不管是中高速还是急加速都不低于此压力。

于是关闭发动机观察供油系统压力保持时间，发现不到 5min 压力就下降到 120kPa，至 10min 后下降到仅剩 50kPa。再次起动发动机，当供油压力正常后关闭发动机并卡死回油管，供油系统压力下降还是如此。

至此，可以判定燃油泵有故障，换一个新燃油泵后再测试，供油系统保持压力正常，不爱着车故障排除。

该发动机供油系统压力下降的规定：在发动机熄火 10min 后系统压力应不低于 200kPa。如果供油系统各密封件都完好无损，系统压力下降可怀疑两个部件：一是燃油压力调节器；二是燃油泵内的单向阀。

在第二次着车关闭发动机后，把回油管卡死不让燃油返回油箱，检测燃油压力调节器是否漏油，如果此时系统油压能保持住则说明燃油压力调节器失效，否则说明燃油泵单向阀有故障。

正是由于燃油泵单向阀失效不能保持住供油系统压力，造成停机后系统内的燃油很快返回油箱，待再次起动着车时必须重新建立起供油系统压力，所以要较长时间起动才能着车。

小 结

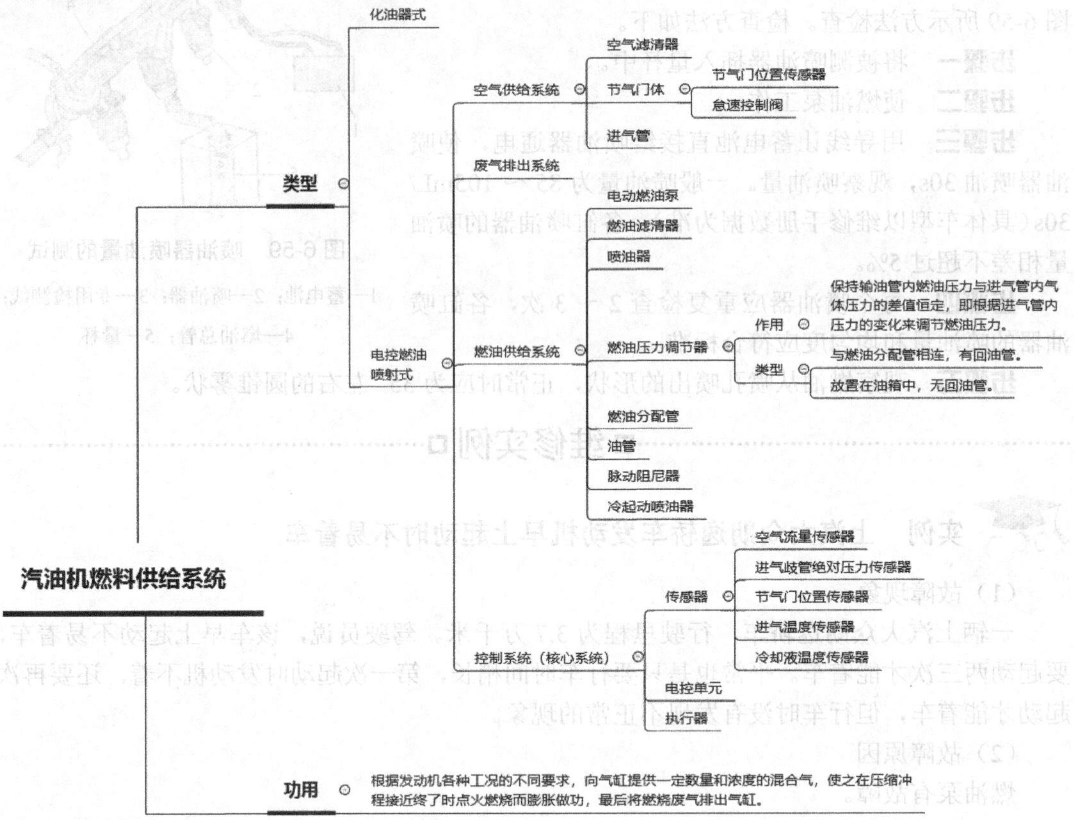

练习思考题

1. 汽油机燃料供给系统有何功用？

2. 汽油机燃料供给系统根据混合气的形成方式不同分哪两种类型？电控燃油喷射系统由哪几个系统组成？

3. 混合气的浓度通常用什么来表示？

4. 发动机各工况对混合气成分有哪些要求？

5. 空气供给系统主要组成部件有哪些？D型与L型发动机电控燃油喷射系统的空气供给系统主要有何区别？

6. 燃油供给系统由哪些部件组成？

7. 电动燃油泵是如何分类的？

8. 涡轮式电动燃油泵由哪些零件组成？滚柱式电动燃油泵由哪些零件组成？

9. 如何检测燃油供给系统压力？

10. 燃油压力调节器的作用如何？是如何分类的？无回油管燃油供给系统的结构特点如何？

11. 控制系统主要由哪些部件组成？

12. 如何检修空气流量传感器？

13. 如何检修喷油器？

项目七
柴油机燃料供给系统

任务一 机械式柴油机燃料供给系统的检修

学习目标

（1）熟悉机械式柴油机燃料供给系统的功用。

（2）理解柴油机混合气的形成特点与形成方式。

（3）熟悉机械式柴油机燃料供给系统主要部件的结构与工作原理。

（4）熟悉机械式柴油机燃料供给系统主要部件的检修方法。

任务引入

一辆大众捷达柴油发动机轿车，行驶里程为13.4万千米。该车发动机突然熄火后再也无法起动。造成该车故障的原因是什么呢？

相关知识

一、柴油机燃料供给系统概述

柴油机具有燃油经济性良好、工作可靠性高、排气污染低等优点。目前，柴油机的燃料供给系统分为机械式和电控式两种。由于电控技术在柴油机上的广泛应用，有效改善了混合气的形成质量和燃烧过程，提高了柴油机的动力性、经济性和排放性，所以电控柴油机燃料供给系统在柴油汽车上得到了广泛的应用。

柴油机以柴油作为燃料。与汽油相比，柴油的黏度大、蒸发性差、自燃温度低，而点燃温度高。柴油机混合气的形成、着火和燃烧方式都不同于汽油机，需要借助喷油泵和喷油器在接近压缩终了时将柴油以高压方式喷入燃烧室。因此，柴油机燃料供给系统的结构组成及工作原理与汽油机有很大区别。

1. 柴油机燃料供给系统的功用

柴油机燃料供给系统是柴油机的重要组成部分。其主要功用：根据柴油机不同工况的要求，以柴油机规定的工作次序，将一定量的清洁柴油定时、定量、定压并以一定的喷油质量喷入燃烧室，使其与空气迅速混合并自行燃烧，做功后将燃烧废气排出气缸。

2. 柴油机混合气的形成特点与形成方式

（1）柴油机混合气的形成特点

柴油机工作中，在接近压缩终了时由喷油器将柴油喷入燃烧室。混合气是在燃烧室内形成的，所以柴油机混合气的形成时间短、空间小，对混合气形成极为不利。为此，在现代柴油机上，通常采取以下措施以改善混合气形成条件。

① 采用较大的压缩比，以提高压缩终了时气缸内空气的压力和温度。

② 采用较高的喷油压力，以帮助柴油雾化。

③ 组织较强的空气运动（涡流），以加速柴油的蒸发和提高混合气形成的均匀性。

④ 根据混合气形成方式采用适当的燃烧室形状与之配合。

（2）混合气的形成方式

为保证柴油机工作时，能形成高质量的混合气，柴油机混合气形成方式主要有空间雾化混合方式和油膜蒸发混合方式两种。

① 空间雾化混合方式：将柴油以雾状喷射到燃烧室的空间，并在空间内吸收压缩空气热量雾化、蒸发形成可燃混合气。在空气涡流的搅动下柴油蒸气扩散并与空气混合。

② 油膜蒸发混合方式：将柴油大部分喷射到燃烧室壁面上形成油膜，油膜在强烈的旋转气流作用下，从燃烧室壁面上吸热并使燃油逐层蒸发，与空气形成较均匀的可燃混合气。

目前，在中小型高速柴油发动机上，多数采用空间雾化式与油膜蒸发式兼用的复合式混合气形成方式，且一般是以空间雾化式为主、油膜蒸发式为辅。

二、机械式柴油机燃料供给系统的组成与工作过程

1．机械式柴油机燃料供给系统的组成

机械式柴油机燃料供给系统的组成如图 7-1 所示，它主要由燃油供给装置、空气供给装置、混合气形成装置和废气排出装置 4 部分组成，如表 7-1 所示。

（a）柴油机实物

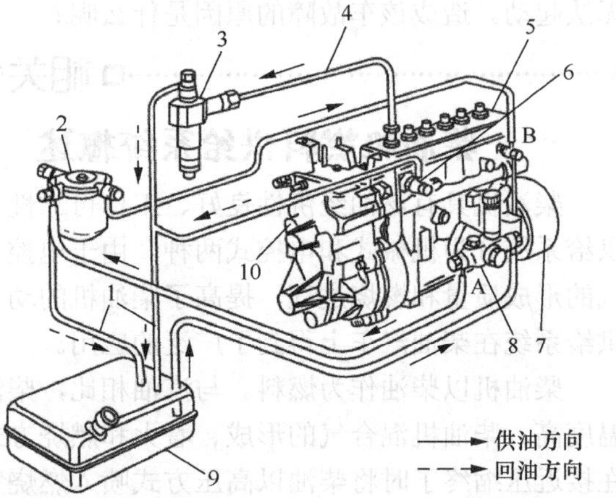

（b）机械式柴油机燃料供给系统的组成示意

图 7-1　机械式柴油机燃料供给系统

1—回油管；2—柴油滤清器；3—喷油器；4—高压油管；5—喷油泵；6—溢油阀；7—喷油提前器；8—输油泵；9—柴油箱；10—调速器

柴油机的空气供给装置、废气排出装置与汽油机基本相同。

2．机械式柴油机燃料供给系统简单工作过程

柴油机工作时，活塞式输油泵将柴油从油箱内吸出，并以 0.15 ～ 0.30MPa 的低压输送

给柴油滤清器，清洁的柴油经低压油管进入柱塞式喷油泵；柱塞式喷油泵将柴油压力提高到 10MPa 以上，并根据发动机负荷的大小，将一定量的高压柴油经高压油管输送给喷油器，由喷油器将柴油喷入燃烧室。

表 7-1　　机械式柴油机燃料供给系统的组成

序号	组成装置	作　用
1	燃油供给装置	完成燃料的储存、滤清和输送工作，并以一定压力和喷油质量定时、定量地将燃料喷入燃烧室；根据发动机工作时的燃油压力不同，燃油供给装置可分为高压油路和低压油路两部分，低压油路主要包括油箱、输油泵、柴油滤清器和低压油管等，高压油路主要包括喷油泵、喷油器和高压油管等
2	空气供给装置	供给发动机清洁的空气。空气供给装置包括空气滤清器和进气管等，在有些柴油机上还装有进气增压装置
3	混合气形成装置	使燃油与空气混合形成混合气。由于柴油的蒸发性较差，柴油机在压缩上止点附近，燃油供给装置将柴油直接喷入燃烧室，在燃烧室内柴油与空气边混合边燃烧，所以柴油机的混合气形成装置就是燃烧室
4	废气排出装置	在做功后排出气缸内的燃烧废气。废气排出装置包括排气管和排气消声器等

输油泵的供油量远大于发动机消耗的油量，多余的柴油经喷油泵回油管流回油箱。喷油器间隙泄漏的少量柴油经喷油器回油管流回油箱。

三、输油泵

1. 输油泵的功用

输油泵的功用是使柴油产生一定的压力，用以克服柴油滤清器和管路中的阻力，保证连续不断地向喷油泵输送足够的柴油。输油泵一般安装在油箱和高压油泵之间，常见的结构形式有活塞式、膜片式、叶片式和齿轮式等几种。

2. 活塞式输油泵的结构

活塞式输油泵的结构如图 7-2 所示。活塞式输油泵主要由泵体、活塞、进油阀、出油阀等组成。活塞式输油泵安装在喷油泵壳体上，用喷油泵凸轮轴上的偏心轮驱动。

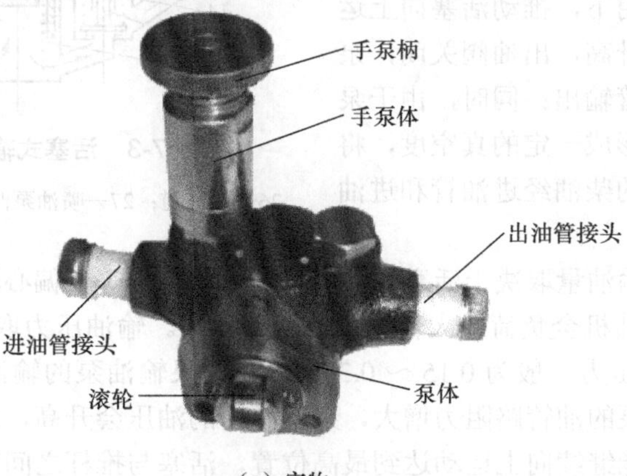

（a）实物

图 7-2　活塞式输油泵的结构

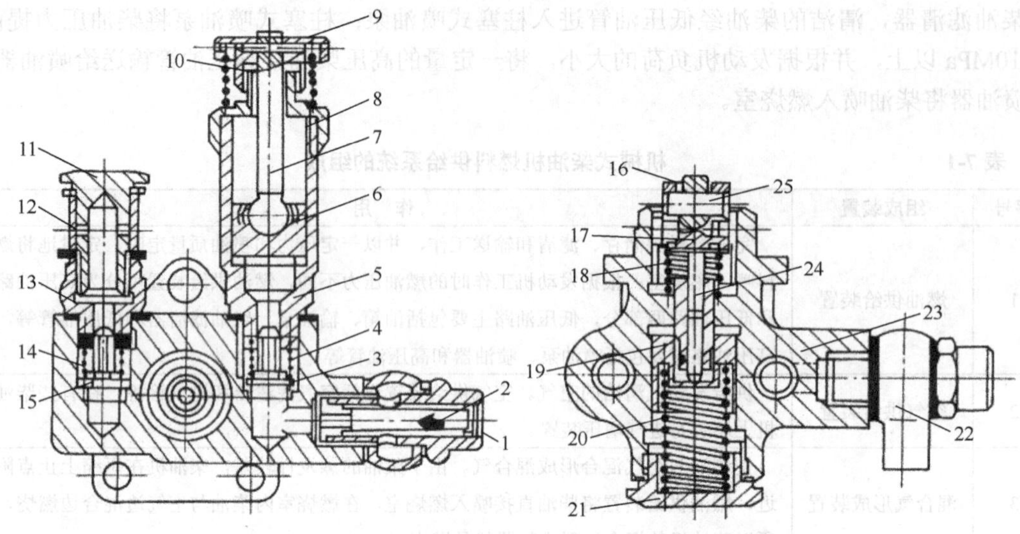

（b）结构 1　　　　（c）结构 2

图 7-2　活塞式输油泵的结构（续）

1—进油管接头螺栓；2—滤网；3—进油阀；4—进油阀弹簧；5—手泵体；6—手泵活塞；7—手泵杆；8—手泵盖；9—手泵销；10—手泵柄；11—出油管接头螺套；12—保护套；13—油管接头；14—出油阀弹簧；15—出油阀；16—滚轮；17—滚轮架；18—滚轮弹簧；19—活塞；20—活塞弹簧；21—螺塞；22—进油管接头；23—泵体；24—推杆；25—滚轮销

3. 活塞式输油泵的工作原理

活塞式输油泵的工作原理如图 7-3 所示。喷油泵凸轮轴转动时，轴上的偏心轮驱动滚轮、滚轮架、推杆和活塞向下运动，泵腔工作容积减小，油压升高，进油阀被关闭，出油阀被压开，柴油由泵腔Ⅰ通过出油阀流向泵腔Ⅱ。当喷油泵凸轮轴上的偏心轮转过时，在活塞弹簧的作用下，推动活塞向上运动，泵腔Ⅱ内的油压升高，出油阀关闭，泵腔Ⅱ内的柴油经出油管输出；同时，由于泵腔Ⅰ内的容积增大，形成一定的真空度，将进油阀吸开，油箱内的柴油经进油管和进油阀被吸入泵腔Ⅰ。

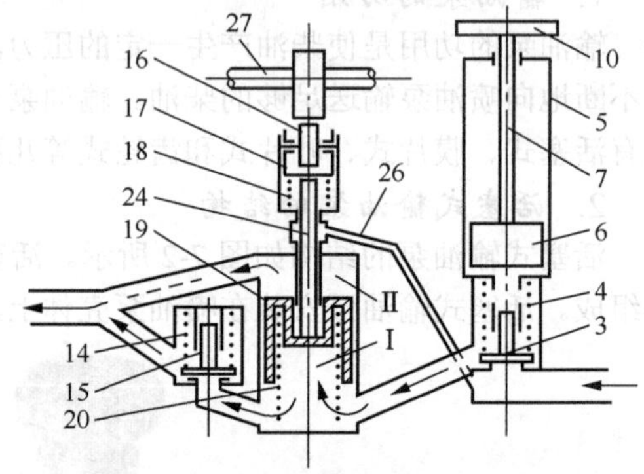

图 7-3　活塞式输油泵的工作原理

26—回油道；27—喷油泵凸轮轴（其余图注同图 7-2）

活塞式输油泵的输油量取决于活塞的行程，当活塞行程等于偏心轮的偏心距时，输油量最大，输油量应为柴油机全负荷最大耗油量的 3 ～ 4 倍。输油压力取决于活塞弹簧的弹力，活塞式输油泵的输油压力一般为 0.15 ～ 0.30MPa。如果输油泵的输油量大于喷油泵需要的油量或输油泵到喷油泵的油管路阻力增大，泵腔Ⅱ内的油压会升高，此压力与活塞弹簧的弹力平衡时，使活塞不能继续向上运动达到最高位置，活塞与推杆之间产生空行程，活塞的有效行程减小，输油泵输油量也减少。喷油泵需要的油量越少或输油泵到喷油泵的阻力越大，活塞的有效行程也就越小，输油量也越少，这样实现了输油量的自动调节。

提示

◆手油泵的作用是柴油机长时间停止工作或低压油路中有空气时，可用手油泵输油和排出空气。手油泵主要由手泵体、手泵活塞、手泵杆和手泵柄等组成。使用手油泵泵油时，将手泵柄旋开，用手提压手泵柄，使手泵活塞上下运动，完成吸油和输油过程。

四、喷油泵

1．喷油泵的功用与分类

（1）喷油泵功用

喷油泵又称高压油泵，其作用是接收输油泵输送来的低压柴油，对柴油进行加压后，按柴油机不同工况的要求，定时、定量地将高压柴油输送给喷油器。

（2）喷油泵的分类

喷油泵的结构类型主要有 3 类：柱塞式喷油泵、喷油器 - 喷油泵和转子分配式喷油泵。

① 柱塞式喷油泵。该型喷油泵性能良好，使用可靠，技术成熟，已被大多数传统的汽车柴油机所采用。柱塞式喷油泵实物如图 7-4 所示。

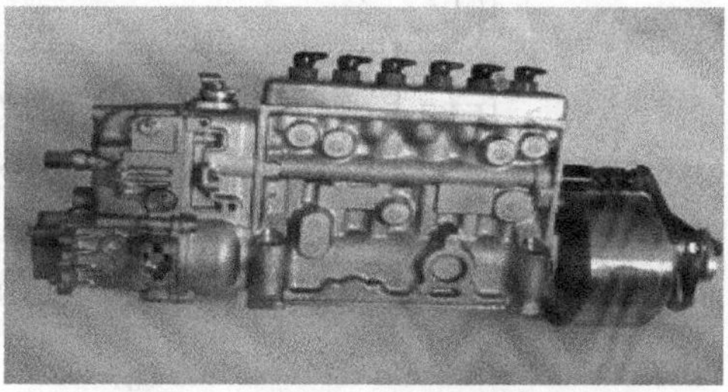

图 7-4 柱塞式喷油泵实物

② 喷油器 - 喷油泵（也称单体泵）。喷油器 - 喷油泵的特点是将喷油泵与喷油器做成一体安装在气缸盖上，由上置凸轮轴直接驱动，喷油指令由电控单元（ECU）控制。它省去了连接喷油器和喷油泵之间的高压油管，因此也消除了高压油管带来的不利影响。喷油器 - 喷油泵实物如图 7-5 所示。

③ 转子分配式喷油泵（VE 泵）。转子分配式喷油泵依靠转子的转动来进行泵油和燃油分配，它具有结构紧凑、体积小、重量轻、能在较高转速下工作等优点，尤其是体积小对发动机和汽车的整体布置十分有利，因此在轿车和轻型汽车的柴油发动机上应用日趋广泛。转子分配式喷油泵剖面图如图 7-6 所示。

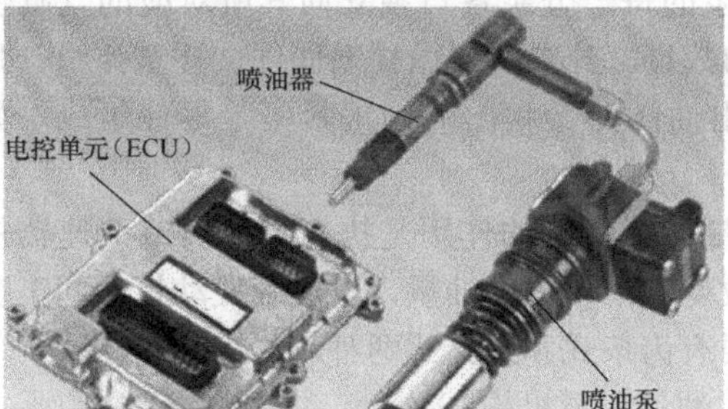

图 7-5 喷油器 - 喷油泵（单体泵）实物

图 7-6 转子分配式喷油泵（VE 泵）剖面图

动画

装用柱塞式喷油泵柴油机的燃料供给装置的组成

动画

柱塞式喷油泵泵油原理

2. 柱塞式喷油泵的组成

柱塞式喷油泵（简称柱塞泵），是目前车用柴油机中应用最广泛的喷油泵。国产系列的柱塞式喷油泵有 A 型泵、B 型泵和 P 型泵等，A 型泵和 B 型泵的结构和工作原理基本相同，只是在结构参数上有所变化。A 型泵的结构如图 7-7 所示。

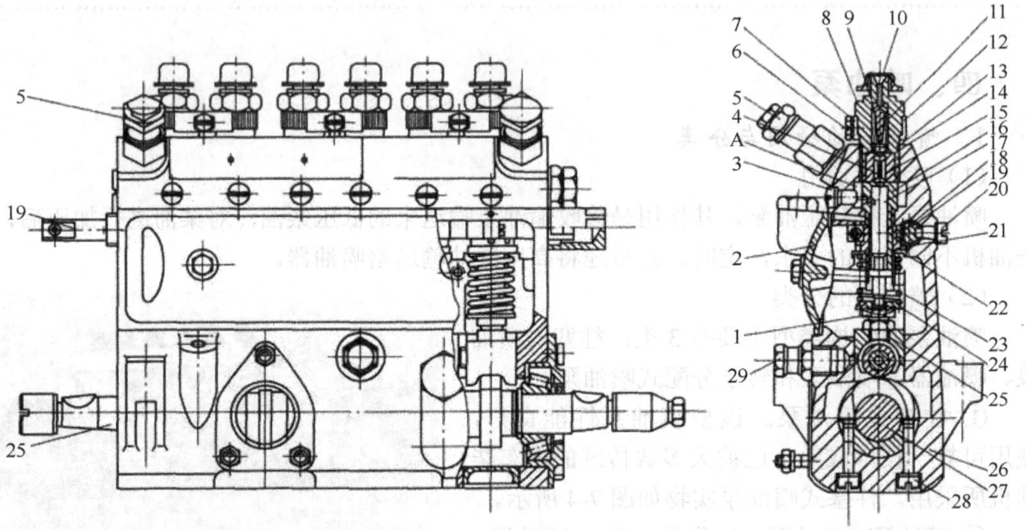

（a）　　（b）

图 7-7　A 型泵的结构

1—调整螺钉；2—检查窗盖；3—挡油螺钉；4—出油阀；5—限压阀部件；6—槽形螺钉；7—前夹板；8—出油阀压紧座；9—减容器；10—护帽；11—出油阀弹簧；12—后夹板；13—O形密封圈；14—垫圈；15—出油阀；16—柱塞套；17—柱塞；18—可调齿圈；19—调节齿杆；20—齿杆限位螺钉；21—控制套筒；22—弹簧上支座；23—柱塞弹簧；24—弹簧下支座；25—滚轮架部件；26—泵体；27—凸轮轴；28—紧固螺钉；29—润滑油进油空心螺栓

动画

柱塞分泵

柱塞式喷油泵由分泵、油量调节机构、传动机构和泵体等组成。

① 分泵。柱塞式喷油泵的每一分泵各自独立向其所对应的气缸供油，分泵的数目等于气缸的数目。分泵主要由柱塞偶件、柱塞弹簧、弹簧下支座、出油阀偶件、出油阀弹簧和出油阀压紧座等零件组成，如图 7-8 所示。

② 油量调节机构。油量调节机构的作用是执行驾驶员或调速器的指令，改变柱塞与柱塞套筒的相对位置，从而改变喷油泵的供油量，以适应发动机不同工况的要求。柱塞式喷油泵常用的油量调节机构主要有齿条式和拨叉式两种，如图 7-9 所示。

此外，在国产 P 型泵上还采用了球销角板式油量调节机构。

③ 分泵驱动机构。分泵驱动机构的作用是驱动柱塞在柱塞套筒内往复运动，使喷油泵完成供油过程。分泵驱动机构主要包括喷油泵凸轮轴和滚轮体等。滚轮体分为调整螺母式和

调整垫片式两种，如图 7-10 所示。

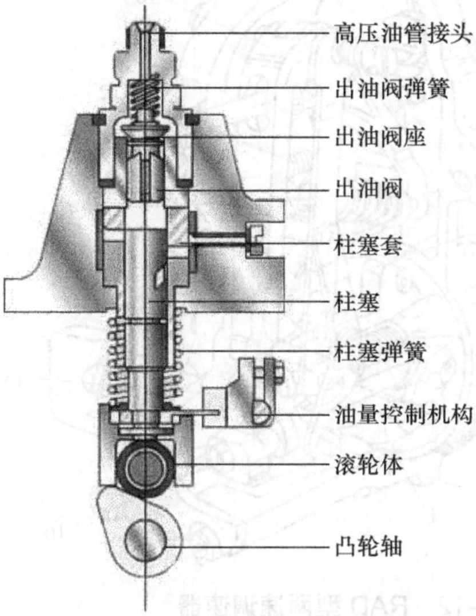

图 7-8　柱塞式喷油泵分泵的结构

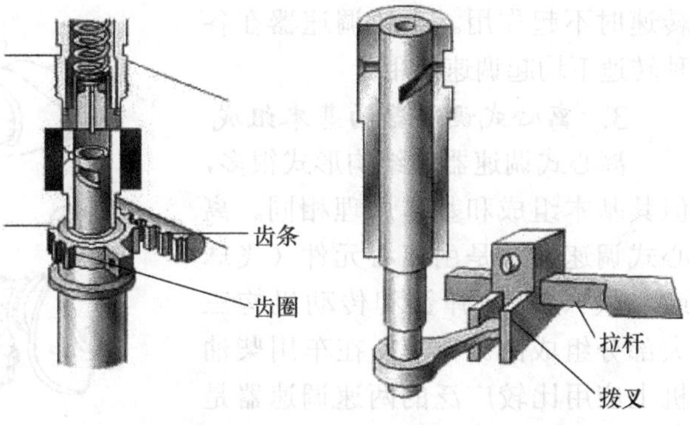

（a）齿条式　（b）拨叉式

图 7-9　油量调节机构

喷油泵凸轮轴是曲轴通过齿轮驱动的，曲轴转两圈，各缸喷油一次，凸轮轴只需转一圈就喷油一次，两者速比为 2:1。

④ 泵体。泵体是喷油泵的基体，有分体式和整体式两种。分体式泵体分上、下两部分，用螺栓连接在一起（上部用来安装分泵，下部用来安装油量调节机构和驱动机构）；整体式泵体具有较高的刚度，拆装不便。图 7-11 所示为带调速器壳的整体式泵体。

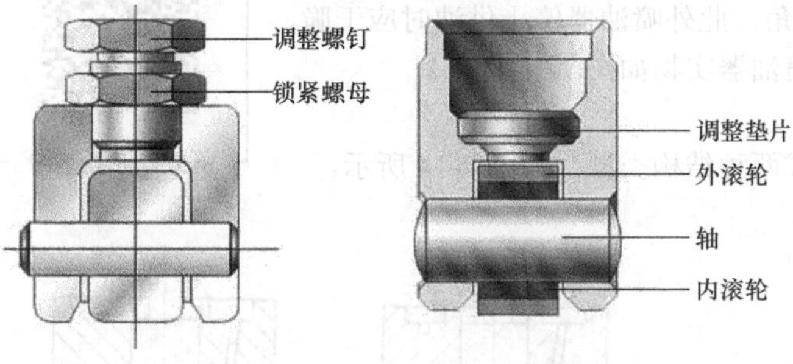

（a）调整螺钉式　（b）调整垫片式

图 7-10　滚轮体的类型

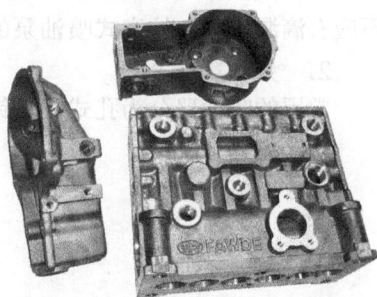

图 7-11　带调速器壳的整体式泵体

五、调速器

1. 调速器的作用

在柴油机工作时，根据转速变化自动调节喷油泵供油量，以稳定和限制柴油机转速，使柴油机在不同工况下均能稳定运转。

2. 调速器的分类

① 根据结构不同，调速器可分为机械离心式、气动膜片式和复合式 3 种类型，应用较

为广泛的是机械离心式调速器。

② 根据工作转速范围不同，调速器又可分为两速式和全速式两种。两速调速器只能起到稳定低速（怠速）和限制高速的作用，而在中等转速时不起作用。全速调速器在各种转速下均起调速作用。

3. 离心式调速器的基本组成

离心式调速器的结构形式很多，但其基本组成和基本原理相同。离心式调速器都是由离心元件（飞球或飞块）、调速弹簧和传动机构三大部分组成的。目前，在车用柴油机上应用比较广泛的两速调速器是 RAD 型调速器。国产 YC6110Q 型、YC6105QC 型车用柴油机装用的 RAD 型两速调速器如图 7-12 所示。

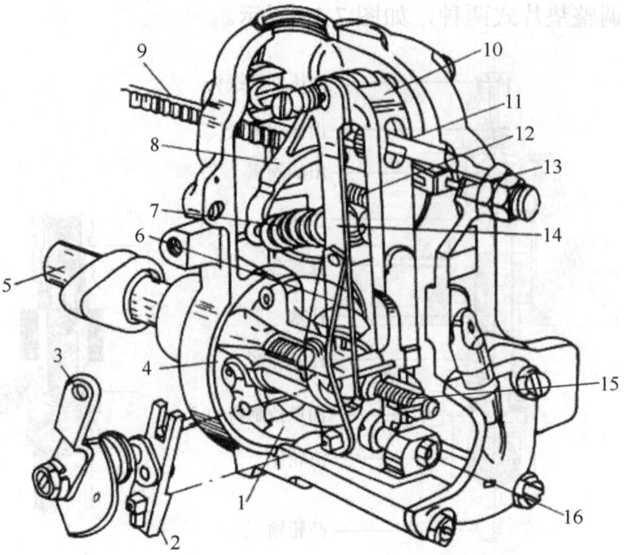

图 7-12 RAD 型两速调速器

1—飞块；2—支持杠杆；3—控制杠杆；4—滚轮；5—凸轮轴；6—浮动杠杆；7—高速弹簧；8—速度调定杠杆；9—供油齿条；10—拉力杠杆；11—速度调整螺栓；12—起动弹簧；13—稳速弹簧；14—导动杠杆；15—怠速弹簧；16—全负荷限位螺钉

六、喷油器

1. 喷油器的功用

将燃油雾化并合理分布到燃烧室内，以便与空气混合形成混合气。根据柴油机混合气形成与燃烧的要求，喷油器应有一定的喷射压力和射程（即喷射距离）以及合适的喷射锥角。此外喷油器停止供油时应干脆，不应有滴漏现象。柱塞式喷油泵的喷油器实物如图 7-13 所示。

动画

孔式喷油器结构

2. 喷油器的分类

常用的喷油器分为孔式和轴针式两种结构类型，如图 7-14 所示。

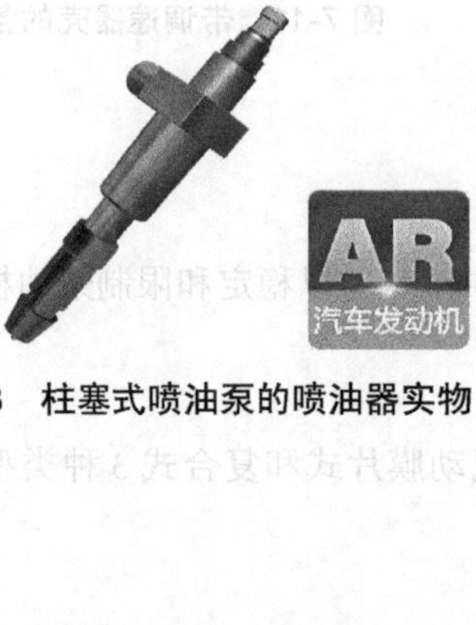

图 7-13 柱塞式喷油泵的喷油器实物

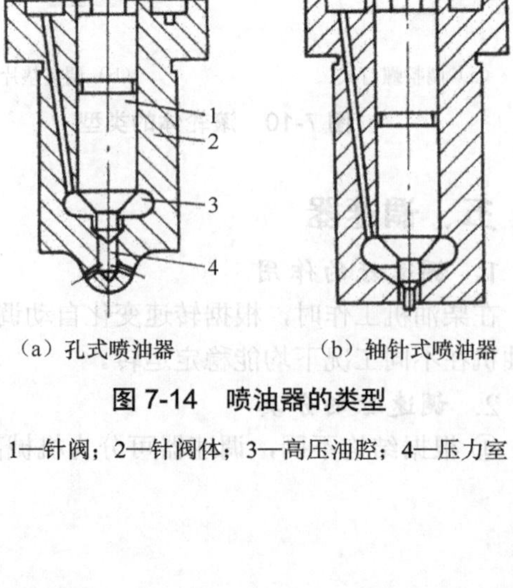

图 7-14 喷油器的类型

1—针阀；2—针阀体；3—高压油腔；4—压力室

3. 喷油器的结构

轴针式喷油器与孔式喷油器除针阀和针阀体结构略有不同外，其他结构及工作原理完全相同。如图 7-15 所示，喷油器主要由针阀 11、针阀体 12、顶杆 8、调压弹簧 7、调压螺钉 5 及喷油体 9 等零件组成。

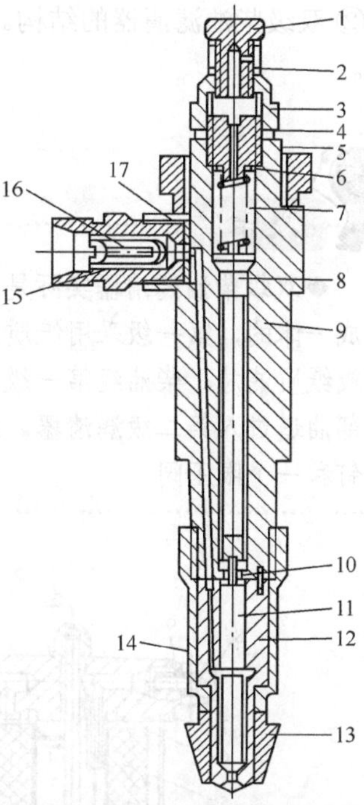

图 7-15 柴油机轴针式喷油器的结构

1—回油管螺栓；2—回油管衬垫；3—调压螺钉护帽；4、6—调压螺钉垫圈；5—调压螺钉；7—调压弹簧；8—顶杆；9—喷油器体；10—定位销；11—针阀；12—针阀体；13—喷油器锥体；14—紧固螺套；15—进油管接头；16—滤芯；17—进油管接头衬垫

七、柴油滤清器

1. 柴油滤清器的功用

柴油滤清器的功用是滤除柴油中的杂质、水分和石蜡，以减小喷油泵和喷油器各精密偶件的磨损。柴油滤清器通常安装在喷油泵附近，串联在输油泵和喷油泵之间。

2. 柴油滤清器的结构

目前车用柴油机装用的柴油滤清器主要有单级和双级两种。

① 单级柴油滤清器的结构。常用的单级柴油滤清器的结构如图 7-16（b）所示，其结构及原理与纸质滤芯可拆式机油粗滤器基本相同，区别主要是在柴油滤清器盖上设有放气螺钉和限压阀。柴油经过滤清器时，水分沉淀在壳体内，杂质被滤芯滤除。放气螺钉用于排除低压油路内的空气。当滤清器内压力超过限压阀开启压力（0.1 ～ 0.15MPa）时，限压阀开启，使多余的柴油流回油箱。

（a）实物

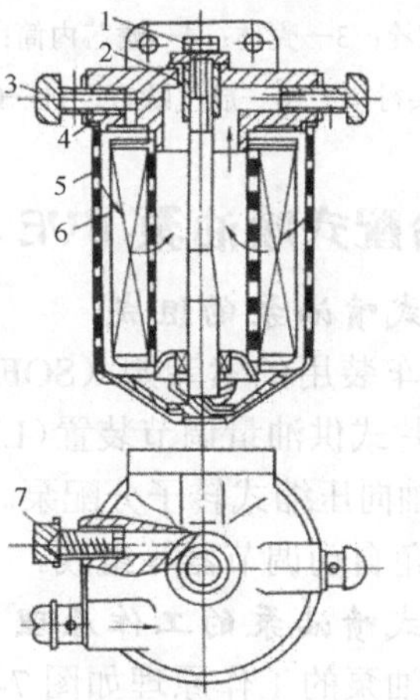

（b）结构

图 7-16 单级柴油滤清器

1—放气螺钉；2—中心螺栓螺母；3—油管接头；4—滤清器盖；5—壳体；6—滤芯；7—限压阀

② 双级柴油滤清器的结构。常用的双级柴油滤清器实物如图 7-17 所示，其结构如图 7-18 所示。

提示

◆双级柴油滤清器实际是由两个单级柴油滤清器串联成一体的，第一级采用纸质滤芯，第二级采用毛毡滤芯或纸质滤芯。柴油经第一级滤清器过滤后，由滤清器内部油道进入第二级滤清器。滤清器盖上设有一个放气螺钉和一个限压阀。

图 7-17　双级柴油滤清器实物

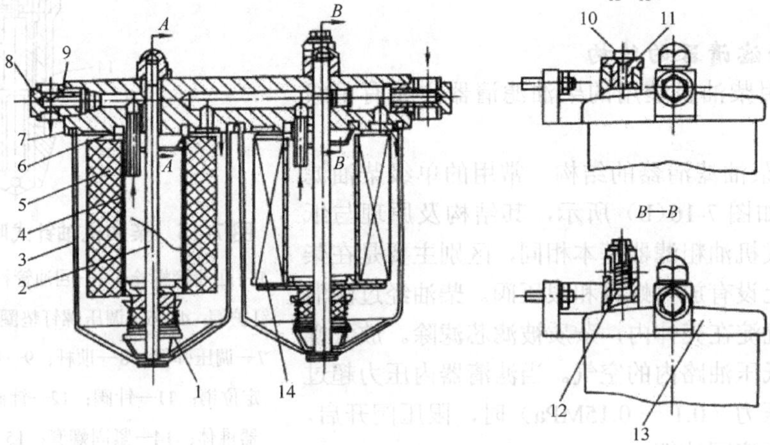

图 7-18　双级柴油滤清器的结构

1—绸滤布；2—中心螺栓；3—壳体；4—滤芯内筒；5—毛毡；6—滤芯密封圈；7—壳体密封圈；8—油管接头；9—油管接头衬垫；10—放气螺钉；11—螺塞；12—限压阀；13—滤清器盖；14—纸质滤芯

八、转子分配式喷油泵（VE 泵）

1. 转子分配式喷油泵的组成

南京依维柯汽车装用的索菲姆（SOFIM）柴油机的转子分配式喷油泵如图 7-19 所示，该泵还装有气动膜片式供油量调节装置（LDA 装置）。SOFIM 柴油机采用德国博世（BOSCH）公司生产的 VE 型轴向压缩式转子分配泵。转子分配式喷油泵主要由叶片式输油泵、分配泵、调速器、供油提前角自动调节器等组成。

2. 转子分配式喷油泵的工作原理

转子分配式喷油泵的工作原理如图 7-20 所示。柴油机工作时，来自柴油滤清器的清洁柴油进入喷油泵后，由叶片式输油泵二次泵油，输出的低压柴油分两路：一路流向供油提前角自动调节器 11，另一路经泵体内的油道、分配泵柱塞上的轴向油槽进入分配泵油腔。进入分配泵油腔内的柴油被分配泵柱塞（又称分配转子）加压，然后经分配泵柱塞中心油道、分配孔、出油阀和高压油管直到喷油器。

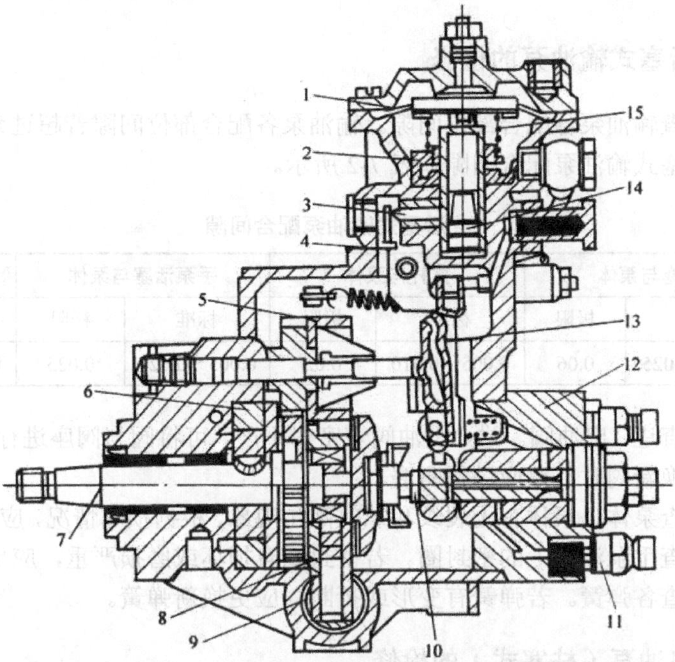

图 7-19　转子分配式喷油泵的结构

1—LDA装置膜片；2—调整螺套；3—传动销；4—止动杆；5—调速器；6—叶片式输油泵；7—泵轴；8—端面凸轮；9—供油提前角自动调节器；10—分配泵柱塞；11—出油管接头；12—分配泵头；13—张力杠杆；14—增压补偿器阀芯；15—膜片弹簧

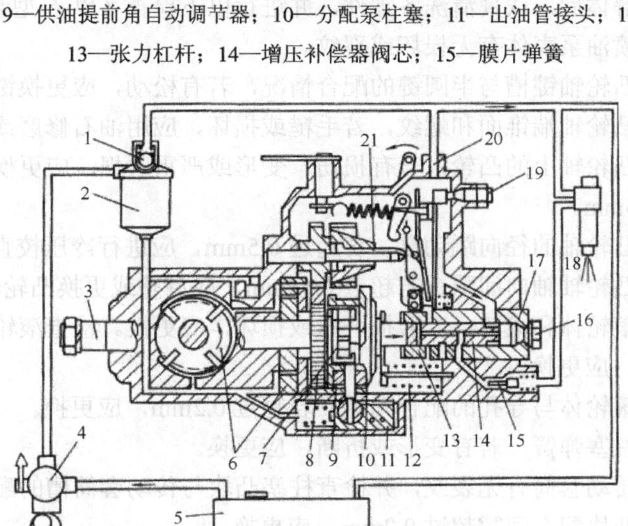

图 7-20　转子分配式喷油泵的工作原理

1—限压阀；2—柴油滤清器；3—泵轴；4—膜片式输油泵；5—油箱；6—叶片式输油泵；7—联轴器；8—调速器驱动齿轮；9—滚轮机构；10—端面凸轮；11—供油提前角自动调节器；12—分配泵柱塞复位弹簧；13—油量控制滑套；14—分配泵柱塞；15—出油阀；16—检视螺钉；17—分配泵柱塞套；18—喷油器；19—最大供油量调节螺钉；20—回油管接头；21—调速器总成

任务实施

操作一　活塞式输油泵的检修

步骤一　检查输油泵各配合部位间隙。输油泵各配合部位间隙若超过允许极限，应更换磨损的零件。活塞式输油泵配合间隙如表 7-2 所示。

表 7-2　　活塞式输油泵配合间隙　　（单位：mm）

配合	活塞与泵体		推杆与泵体		手泵活塞与泵体		滚轮销与滚轮	
间隙	标准	极限	标准	极限	标准	极限	标准	极限
	0.005～0.025	0.06	0.005～0.010	0.02	0.005～0.025	0.025	0.02～0.08	0.1

步骤二　检查进、出油阀。进、出油阀若密封不严，可将阀与阀座进行研磨；若有损坏，应更换新件；更换新阀时，也应进行研磨。

步骤三　检查泵体。泵体有无裂纹和螺纹乱扣现象，根据损坏情况，应检修或更换泵体。

步骤四　检查手泵活塞上的密封圈。若密封圈有损坏或磨损严重，应更换新件。

步骤五　检查各弹簧。若弹簧有变形或折断，应更换新弹簧。

操作二　喷油泵（柱塞式）的检修

1. 喷油泵零件的检查

柱塞式喷油泵解体后，认真清洗各零件，并进行以下检查（以 A 型泵为例）。

步骤一　检查喷油泵壳体有无损坏或裂纹。

步骤二　检查凸轮轴键槽与半圆键的配合情况，若有松动，应更换键或凸轮轴。

步骤三　检查凸轮轴端锥面和螺纹，若毛糙或损坏，应用油石修磨或更换凸轮轴。

步骤四　检查凸轮轴上的凸轮，若有损伤、变形或严重磨损，应更换凸轮轴。凸轮磨损量一般应不超过 0.5mm。

步骤五　检查凸轮轴的径向跳动量，若超过 0.5mm，应进行冷压校直。

步骤六　检查凸轮轴轴向间隙，若超过 0.15mm，应调整或更换凸轮轴。

步骤七　检查滚轮体和滚轮，若磨损严重或损坏，应更换。检查滚轮与滚轮销的配合间隙，若超过 0.2mm，应更换。

步骤八　检查滚轮体与导孔的配合间隙，若超过 0.2mm，应更换。

步骤九　检查柱塞弹簧，若有变形或折断，应更换。

步骤十　检查传动套筒有无裂纹，并检查柱塞凸块与传动套筒槽的配合间隙。若传动套筒有裂纹或与柱塞凸块配合间隙超过 0.2mm，应更换。

步骤十一　检查油量调节齿条与齿圈的齿隙，若齿隙超过 0.3mm，应更换。检查齿杆，若有弯曲变形，应更换。

2. 柱塞偶件的检查

步骤一　检查柱塞。如图 7-21 所示，若柱塞工作面和油孔等处有刻痕、腐蚀、磨损或柱塞弯曲、变形等现象，应予以更换。

步骤二　柱塞的滑动性试验。如图7-22所示，将柱塞彻底清洗干净后，使其倒置并与水平面倾斜60°，轻轻抽出柱塞约三分之一；然后松开，柱塞应能依靠自身重量沿套筒平稳下滑，落到套筒支撑面上；如此将柱塞转动几个不同位置反复试验几次，每次都能符合上述要求，说明柱塞偶件配合良好。

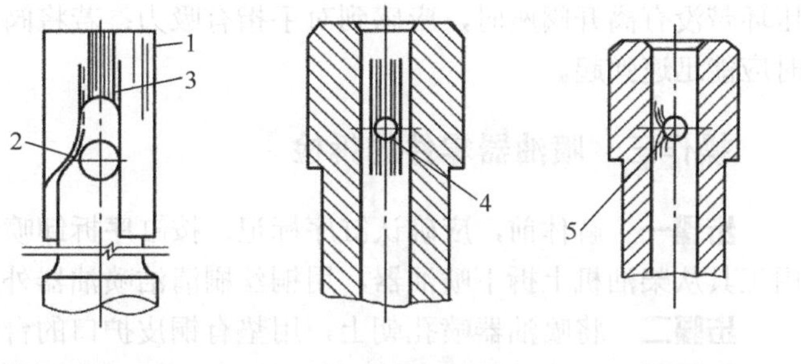

（a）柱塞的磨损情况　（b）进油孔附近的磨损　（c）回油孔附近的磨损

图7-21　柱塞磨损的检查

1—相对进油孔处；2—相对回油孔处；3—小过梁处；4—进油孔；5—回油孔

步骤三　密封性试验。用手指堵住套筒上端孔和侧面进油孔，另一只手向外拉柱塞，应感觉有吸力；放松柱塞时，柱塞应能迅速回位。将柱塞转动几个不同位置，反复试验几次均应符合要求。

3. 出油阀偶件的检查

喷油泵解体后，如图7-23所示，对出油阀偶件应进行以下检查。

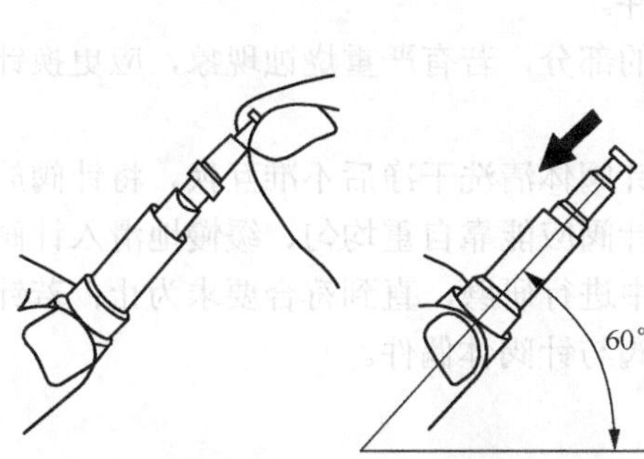

图7-22　柱塞的滑动性试验

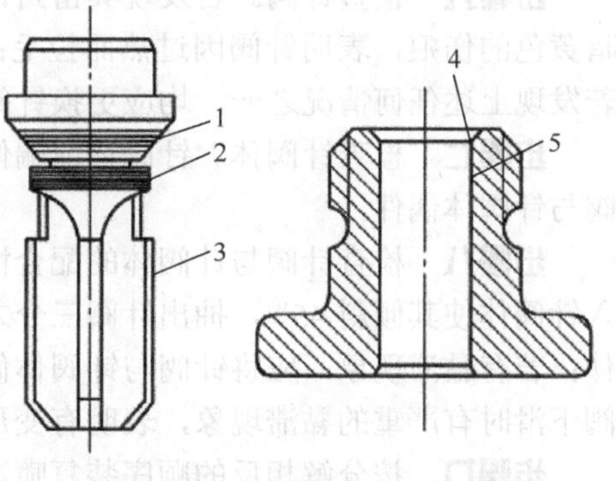

（a）出油阀磨损情况　（b）出油阀座的磨损

图7-23　出油阀偶件的检查

1、4—锥形密封面；2—减压环带；3—导向尾部；5—出油阀座内孔

步骤一　目测检查出油阀偶件。工作面不应有刻痕及锈蚀，密封锥面应光泽明亮、完整连续，光亮带宽度应不超过0.5mm，出油阀垫片应完好无损，否则应予以更换。

步骤二　滑动性试验。将出油阀偶件用柴油浸润后，垂直拿住阀座，将阀体从座孔中抽出其配合长度的三分之一，松开后，阀体应能靠自身的重量均匀地落入阀座，无卡滞现象；将阀体转动几个不同位置试验，均应符合要求。

步骤三　检查密封锥面密封性。用拇指和中指拿住出油阀座，食指按住出油阀，然后用嘴吸出油阀座下面的孔，若能吸住出油阀，说明密封良好。

步骤四　检查减压环带密封性。用手指堵住出油阀座下面的孔，向上提起出油阀，在减压环带没有离开阀座时，应感到对手指有吸力；若将阀体放入阀座并压下阀体，当松开阀体时应能迅速弹起。

操作三　喷油器零件的拆检

步骤一　解体前，应确认缸序标记，按缸序拆卸喷油器，并保证能正确装回原位。用专用工具从柴油机上拆下喷油器，用铜丝刷清洁喷油器外部。

步骤二　将喷油器喷孔朝上，用垫有铜皮护口的台虎钳夹住喷油器体。

步骤三　从喷油器体上拧下紧固螺套，拆下针阀、针阀体等零部件，并从喷油器体内取出顶杆。注意：针阀与针阀体是精密偶件，必须按原装成对放置。若针阀卡死在针阀体内无法取出，表明针阀已变形，应更换针阀与针阀体偶件。

步骤四　松开台虎钳，将喷油器掉转并重新夹住，拧下调压螺钉护帽和调压螺钉。取出调压螺钉垫圈、调压弹簧和弹簧座等零件。

步骤五　用直径合适的专用清洁针清除喷油孔内的积炭，用柴油清洗喷油器各零部件。可用木条清除针阀前端轴针上的积炭，阀座外部积炭用铜丝刷清除。疏通喷油孔时，也可根据喷油孔的大小选用不同直径的钢丝进行，可借助放大镜来提高操作的准确性。不得用手接触针阀的配合表面，以免手上的汗渍遗留在精密表面引起锈蚀。

步骤六　检查针阀。若发现其密封锥面或导向面暗淡无光，表明针阀已磨损；其前端有暗黄色的伤痕，表明针阀因过热而拉毛；其导向面有咬住或黏滞的痕迹，表明针阀已变形；若发现上述任何情况之一，均应更换针阀与针阀体偶件。

步骤七　检查针阀体。针阀体前端伸入燃烧室内的部分，若有严重烧蚀现象，应更换针阀与针阀体偶件。

步骤八　检查针阀与针阀体的配合情况。针阀与针阀体清洗干净后不准互换，将针阀放入针阀体使其倾斜 45°，抽出针阀三分之一，放松后针阀应能靠自重均匀、缓慢地滑入针阀体；若有黏滞现象，应将针阀与针阀体偶件放入柴油中进行研磨，直到符合要求为止；若针阀下滑时有严重的黏滞现象，表明有变形，应更换针阀与针阀体偶件。

步骤九　按分解相反的顺序装复喷油器。

操作四　转子分配式喷油泵的调整

1．供油正时的调整

以 SOFIM 柴油机为例，VE 型转子分配泵供油正时的调整方法如下。

步骤一　先对准喷油泵正时齿轮上的正时记号，安装喷油泵，并轻轻拧紧安装螺栓。

步骤二　拆下分配泵柱塞套端部的检视螺钉，装上百分表，使百分表测头与柱塞接触，并将百分表对零。

步骤三　转动飞轮对准飞轮上的第 1 缸上止点标记，并从百分表上观察柱塞行程。此时，柱塞行程应为 1mm，否则应转动喷油泵体，直至柱塞行程符合要求为止。

步骤四　最后将喷油泵安装螺栓拧紧。

2．怠速与最高转速的调整

在空气滤清器通畅、冷却液温度正常、变速器处于空挡情况下，即可以调整柴油机的怠速和最高转速。

步骤一 调整怠速时松开加速踏板，检查喷油泵操纵臂是否能触及怠速限位螺钉，否则应调整节气门操纵机构。起动发动机，怠速转速应为750r/min，如转速不符可调整怠速限位螺钉，调好后重新调整节气门操纵机构，使操纵臂与怠速限位螺钉接触。

步骤二 调整最高转速时将加速踏板踩到底，检查喷油泵操纵臂是否能触及高速限位螺钉，否则应调整加速踏板下的止动螺钉。起动发动机，把加速踏板踩到底，最高转速应为4650r/min。如转速不符，应调整高速限位螺钉，直至合适为止。

3. 转子分配泵主要零件的检查

步骤一 柱塞偶件的检查。将柱塞分别装入柱塞套和油量控制滑套，并转动柱塞检查，在任何位置都不应有卡滞现象；在垂直位置，将柱塞从柱塞套或油量控制滑套中拉出，柱塞应能靠本身自重自如下沉；如不符合上述要求应更换柱塞、柱塞套或油量控制滑套。

步骤二 柱塞弹簧的检查。用直角钢尺检查柱塞弹簧的垂直度，最大误差应不超过2mm，否则应更换。

步骤三 出油阀偶件的检查。出油阀偶件的检查方法与柱塞式喷油泵相同。

步骤四 断油电磁阀的检查。开闭点火开关时，断油电磁阀接通和切断时应有明显声响；测量电磁阀电阻值，应为600～800Ω，否则应更换断油电磁阀。

步骤五 滚轮及滚轮架组件的检查。主要检查滚轮及滚轮架的磨损情况，若滚轮直径磨损量超过0.02mm，应更换整套组件。

操作五 柴油滤清器的维护

在使用过程中，柴油机每工作100h或汽车每行驶3000km，应维护柴油滤清器。维护的内容主要是拆下滤清器中心螺栓螺母，拆下滤清器壳体和滤芯，倒掉沉积在壳体内的水分和杂质，清洗壳体和滤芯，必要时更换滤芯。有些发动机的柴油滤清器滤芯为一次性的，定期更换即可。

步骤一 检查各密封圈是否完好，若有损坏应更换。

步骤二 检查限压阀，球阀应在导孔内移动灵活，球阀弹簧不应有变形或损坏。

步骤三 组装滤清器时，各密封圈必须齐全且安装到位。各螺纹件的拧紧以不发生渗漏为准，不需过度拧紧，以免造成损坏。

步骤四 滤清器安装回燃油系统后，应松开滤清器上的放气螺钉。用手油泵泵油，直到放气螺钉处不再有泡沫油流出时，拧紧放气螺钉。继续用手油泵泵油，直到低压油路充满柴油为止。最后应拧紧手泵柄螺塞，以免工作时再吸入空气。

维修实例

实例 捷达柴油发动机突然熄火后再也无法起动

（1）故障现象

捷达SDI柴油发动机轿车，行驶里程为13.4万千米。柴油发动机突然熄火后再也无法起动。

（2）故障原因

转子泵内的柱塞折断。

（3）故障诊断与排除

用故障诊断仪 VAS5051 调取故障码为 119910 和 17971，其含义分别为喷射量调节器 N146 上极限停止值和喷射量调节器 N146 下极限停止值。

拆下转子泵后发现泵内有水，更换燃油箱内燃油，清理燃油管路，更换新泵后发动机起动顺利。过了一段时间，该车又出现同样的故障和故障码。拆下转子泵，这次没有发现泵内有水，再次更换转子泵后故障消失。

可是不长时间后发动机又无法起动了，怀疑是转子泵上的柱塞损坏了。于是测量 167 号主供电继电器的 6、87 号端子与转子泵的 5 号端子之间的电阻是 600Ω，发动机控制单元的 121 号端子与转子泵的 6 号端子之间的电阻是 0.5Ω。检查线路也没有发现异常。

于是分解转子泵，发现泵内的柱塞已经断成几截，提取了泵内的燃油样品，燃油呈褐色，正常的柴油颜色应该是浅黄色。

更换柱塞后试车，故障排除。

任务二 电控柴油机燃油喷射系统的检修

学习目标

（1）熟悉电控柴油机燃油喷射系统的组成与类型。

（2）熟悉电控柴油机燃油喷射系统主要零件的结构与工作原理。

（3）熟悉电控柴油机燃油喷射系统主要零件的检修方法。

任务引入

一辆大众捷达 SDI 柴油发动机轿车，行驶里程为 16.1 万千米。该车配置 AQM 发动机，发动机在怠速运转时不稳定，车身抖动，行驶过程中发动机加速无力，并出现排气管轻度冒黑烟的现象。造成该车故障的原因是什么呢？

为了改善柴油机的燃烧状况，提高柴油机的动力性、经济性和排放指标，汽车柴油机上广泛采用了电子控制技术，使柴油机电控喷油技术水平逐步提高。

相关知识

一、电控柴油机燃油喷射系统的组成与类型

1．电控柴油机燃油喷射系统的组成

电控柴油机燃油喷射系统的基本组成与其他电子控制系统一样，也是由传感器、ECU 和执行元件 3 部分组成的，如图 7-24 所示。

（1）传感器

传感器（包括信号开关）用来检测柴油机与汽车的运行状态，并将检测结果转换成电信号输送给 ECU。

① 加速踏板位置传感器。加速踏板位置传感器用来检测加速踏板所处位置，ECU 根据

此传感器信号间接判断柴油机的负荷，作为控制柴油机喷油量和喷油正时的主控制信号。常用的加速踏板位置传感器有电位计式和差动电感式。

② 反馈信号传感器。电控柴油机燃油喷射系统一般对供（喷）油量和供（喷）油正时采用闭环控制，反馈信号传感器就是指闭环控制系统中用来检测控制系统执行元件实际位置的传感器，主要包括负荷传感器（如供油齿条位置传感器、滑套位置传感器、喷油压力传感器等）和正时传感器（如分配泵正时活塞位置传感器、着火正时传感器等）两大类。

③ 燃油温度传感器。柴油的温度直接影响其黏度，燃油温度传感器用来检测柴油的温度变化，ECU 根据此传感器信号对喷油量进行修正。燃油温度传感器一般采用热敏电阻式，其结构原理与进气温度传感器基本相同。

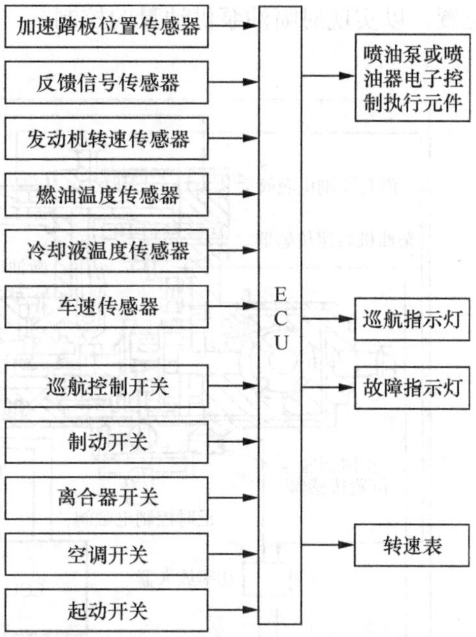

图 7-24 电控柴油机燃油喷射系统的基本组成

④ 其他传感器和信号开关。发动机转速传感器（或凸轮轴 / 曲轴位置传感器）、车速传感器、冷却液温度传感器、制动开关、空调开关、E/G 开关（点火开关）等的作用、结构和工作原理与汽油机电控系统基本相同。

（2）ECU

ECU 的作用和结构与汽油机电控系统基本相同，只是控制程序有较大差别。

（3）执行元件

执行元件主要是执行 ECU 的指令，调节柴油机的供（喷）油量和供（喷）油正时。不同电控柴油机燃油喷射系统的执行元件有很大差异，常用的执行元件有电子调速器和电磁阀。

2. 电控柴油机燃油喷射系统的类型与特点

按对供（喷）油量的控制方式不同，电控柴油机燃油喷射系统可分为位置控制方式、时间控制方式、时间 - 压力控制方式和压力控制方式 4 种类型。位置控制方式和时间控制方式是早期的第一代电控柴油机燃油喷射系统，它们保留了传统柴油机燃料供给系统的基本组成和结构，只是取消了机械调速器，增加了传感器、电控单元和电子执行元件，喷油压力与传统柴油机燃料供给系统相同。时间 - 压力控制方式和压力控制方式则属于第二代电控柴油机燃油喷射系统，它们基本改变了传统燃料供给系统的组成和结构，主要以电控共轨（各缸喷油器共用一个高压油管）为特征，喷油压力一般也比传统柴油机燃料供给系统高。

（1）位置控制方式

此类型的电控柴油机燃油喷射系统通常是在传统直列柱塞泵或转子分配泵燃料供给系统基础上改进而成的，转子分配泵位置控制方式的电控柴油机燃油喷射系统如图 7-25 所示。

该类型的特点是不仅保留了传统的喷油泵 - 高压油管 - 喷油器系统，而且还保留了喷油泵中齿条、齿圈、滑套、柱塞上控油螺旋槽等控制油量的传动机构，只是取消了传统机械调速器和加速踏板拉线，由 ECU 通过电子调速器（滑套控制电磁阀）来控制油量控制滑套的位置，以实现对喷油泵供油量的控制。

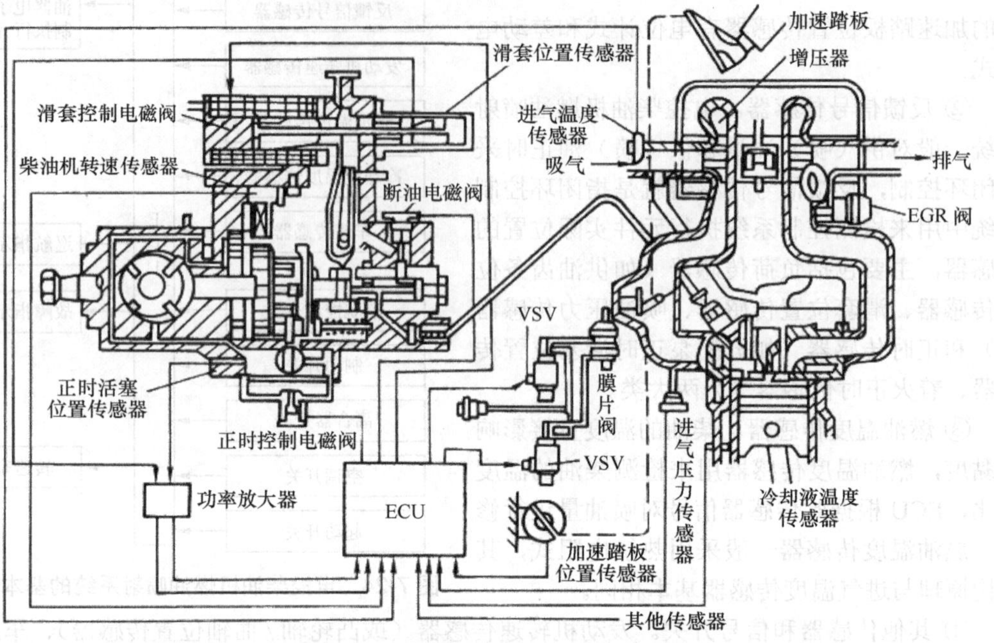

图 7-25　转子分配泵位置控制方式的电控柴油机燃油喷射系统

一汽大众生产的捷达 SDI 轿车采用的就是博世（BOSCH）公司轴向压缩式分配泵。

（2）时间控制方式

所谓时间控制，就是用高速电磁阀直接控制高压燃油的适时喷射。此类型的电控柴油机燃油喷射系统通常是在传统转子分配泵燃料供给系统基础上加以改进形成的，转子分配泵时间控制方式的电控柴油机燃油喷射系统如图 7-26 所示。

在该系统中，取消了原转子分配泵的油量控制滑套及柱塞上的回油孔或回油槽，不再利用滑套控制柱塞泵供油有效行程来实现供油量的控制，而是在柱塞泵的高压油腔与喷油泵内腔之间设一条回油通道，用受 ECU 控制的回油控制电磁阀直接控制柱塞泵回油开始时刻，以此实现对供油量的时间控制。在转子分配泵时间控制方式电控柴油机燃油喷射系统中，ECU 根据泵角传感器信号确定喷油开始时刻并计量喷油持续角度（时间）。

一汽大众生产的宝来、奥迪 A6 TDI 发动机就是采用博世公司时间控制方式的泵喷嘴分配泵。

（3）时间－压力控制方式

时间－压力控制方式的电控柴油机燃油喷射系统（即电控蓄压式共轨燃油喷射系统）如图 7-27 所示，它主要由油箱、输油泵、高压泵、公共油轨（即公共容器，简称共轨）、喷油器和各种电子元件组成。高压泵并不直接控制喷油，只是将柴油压力提高到约 120MPa 后输入共轨，高压泵的供油量一般几倍于实际耗油量以保证供油的可靠性，多余的燃油经回油管流回油箱。高压泵的出口端装有一个用来调节共轨中油压的供油压力调节阀，ECU 根据柴油机的转速、负荷等控制压力调节阀的开度，从而控制共轨中的油压使之保持目标值，以保证喷油器的喷油压差不变。此外，ECU 还根据燃油压力传感器信号对共轨中的油压进行闭环控制。

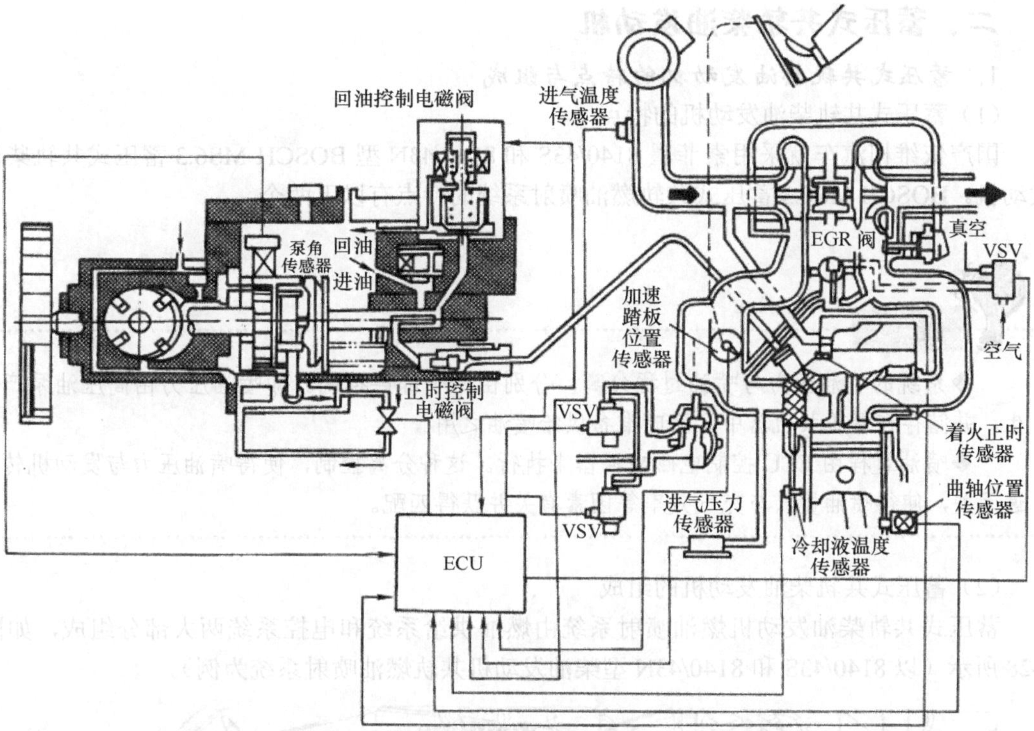

图 7-26　转子分配泵时间控制方式的电控柴油机燃油喷射系统

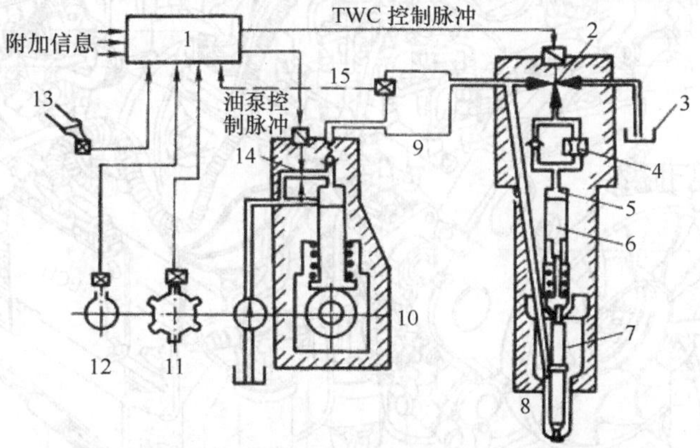

图 7-27　时间 - 压力控制方式的电控柴油机燃油喷射系统

1—ECU；2—三通电磁阀；3—油箱；4—节流孔；5—控制室；6—控制活塞；7—喷油器针阀偶件；8—喷油器；9—共轨；10—高压泵；11—柴油机转速传感器；12—曲轴位置传感器；13—加速踏板位置传感器；14—供油压力调节阀；15—燃油压力传感器

在时间 - 压力控制系统中，ECU 控制供油压力调节阀使喷油器的喷油压差保持不变，再通过控制三通电磁阀工作实现喷油量的时间控制和喷油正时的控制。电磁阀通电开始时刻决定了喷油的开始时刻，其通电时间决定喷油量。

二、蓄压式共轨柴油发动机

1. 蓄压式共轨柴油发动机的特点与组成

（1）蓄压式共轨柴油发动机的特点

国产依维柯汽车就采用索菲墨 8140/43S 和 8140/43N 型 BOSCH MS6.3 蓄压式共轨柴油发动机。BOSCH MS6.3 蓄压式共轨燃油喷射系统的特点有以下两个。

提示

◆系统的喷油压力与喷油过程分离，分别由两个部件控制。即喷油压力由高压油泵产生，并储存在蓄压共轨器中，随时准备供给喷油之用。

◆喷油过程由 ECU 控制电磁喷油器来执行。这种分离控制，使得喷油压力与发动机转速无关，使得喷油量只与充气效率等因素有关并获得匹配。

（2）蓄压式共轨柴油发动机的组成

蓄压式共轨柴油发动机燃油喷射系统由燃油供给系统和电控系统两大部分组成，如图 7-28 所示（以 8140/43S 和 8140/43N 型柴油发动机共轨燃油喷射系统为例）。

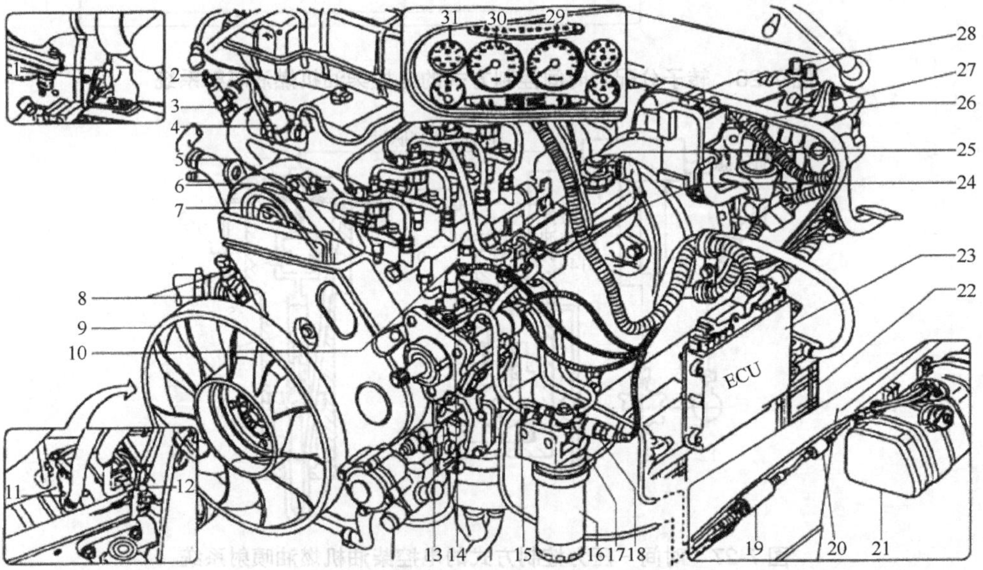

图 7-28　蓄压式共轨柴油发动机的组成

1—发动机转速传感器；2—空气压力和温度传感器；3—预热起动加热塞；4—预热燃油电磁阀；5—凸轮轴位置传感器；6—喷油器；7—共轨蓄压器；8—发动机冷却液温度传感器；9—电磁风扇；10—燃油压力传感器；11—压缩机（选用）；12—EGR阀（选用）；13—高压油泵；14—第三泵停油阀；15—燃油压力调节器；16—燃油滤清器；17—燃油散热器；18—燃油温度传感器；19—电动输油泵；20—燃油预滤清器；21—燃油箱；22—蓄电池；23—电控单元（带大气压力传感器）；24—带测量孔的回油接头盒；25—共轨限压阀；26—加速踏板传感器；27—离合器踏板传感器；28—制动踏板传感器；29—发动机转速表；30—车速里程表；31—热起动指示灯

① 燃油供给系统。BOSCH MS6.3 共轨燃油喷射系统中的燃油供给系统由低压油路、高压油路、回油油路和电控喷油器等组成。

提示

◆低压油路：低压油路为系统的供油油路，具有 250 ～ 300kPa 的供油压力。低压油路由燃油箱、预滤清器、电动输油泵、燃油滤清器、低压管路等器件组成。

◆高压油路：高压油路的作用是为系统的管路产生、输送高压油，其管路最高油压可达 135MPa。高压油路由高压油泵、燃油压力调节器、共轨蓄压器、共轨蓄压器燃油压力传感器、共轨蓄压器限压阀、限流阀、高压油管、电控喷油器等部件组成。

② 电子控制系统。BOSCH MS6.3 蓄压式共轨燃油喷射系统电子控制部分由传感器、电控单元（ECU）和执行器 3 部分组成，如图 7-29 所示。

传感器		执行器
飞轮转速传感器（48035）→	电控单元（ECU）	→电控喷油器（78247）
凸轮轴相位传感器（48042）→		→电动输油泵（85151）
空气流量传感器（85156）→		→燃油压力调节器（78013）
发动机冷却液温度传感器（47035）→		→第三泵停油阀（78015）
燃油压力传感器（85157）→		→电热冷起动电磁阀（78000）
燃油温度传感器（47106）→		→预热指示灯（58702）
燃油滤清器堵塞传感器（42552）→		→EDC 指示灯（58701）
大气压力传感器（在 ECU 内）→		→故障诊断接口（72027）
加速踏板位置传感器（85152）→		→电磁风扇离合器（85022）
离合器踏板位置传感器（42374）→		→空调压缩机离合器
制动踏板位置传感器（53565）→		→VGT 增压器控制电磁阀（8140.43N）
蓄电池电压（20000）→		→车速里程表（58918）
空调 AC 信号→		→发动机转速表（58918）

图 7-29　BOSCH MS6.3 系统电控部分组成部件

提示

◆传感器部分：包括 11 种检测后反馈发动机相关信息的传感器，这些传感器将检测到的信息及时传输给 ECU。

◆ECU：是整个电控系统的控制中枢。它将发动机的各种信息经内存逻辑对比和计算，再对各执行器准确发出各种控制指令。

◆执行器部分：是能做出开启和关闭动作的各种电气元件。它会按 ECU 的指令准确动作，从而完成对发动机运转的最佳控制。

2. 蓄压式共轨柴油发动机油路的结构

（1）低压油路部件的结构

提示

◆电动输油泵。电动输油泵为偏心转子变容滚子式输油泵，由永磁直流电动机驱动。其作用是将燃油输送至高压油泵，它装在车架左侧可接触的部位。电动输油泵的两端子用导线与电控单元（ECU）的 A7、A8 端子相接，直接受控于 ECU 的启闭指令。其技术特性：电源电压为 12 ～ 13.5V，20℃时的电阻值为 28.5Ω，输油压力为 250kPa，流量大于 155L/h。

◆燃油预滤清器。燃油预滤清器串联在输油管间，与一般汽油机纸质滤清器相类似，为一次性使用件。

◆燃油滤清器。燃油滤清器由壳体支架和滤芯两大部分组成。在壳体支架上装有燃油温度传感器、燃油滤清堵塞传感器、旁通阀、燃油预热器等。燃油温度的变化参数输送给 ECU，以供 ECU 适当修正喷油量。当输出油压低于输入油压 60kPa 时，将有堵塞信号控制旁通阀打开，保证正常供油。当燃油温度低于 5℃时，燃油预热器将适当加热燃油至合适温度。

一次性燃油滤芯旋装在壳体支架上，应定期更换。下方装有积水传感器，当积水达到一定量后，仪表板上的积水指示灯将点亮，提醒驾驶员及时排除积水，防止水分进入高压油路。

◆燃油箱。燃油箱采用与机械喷油泵发动机相同的燃油箱，由输油管、油箱盖、燃油液面传感器、回油管等组成。

（2）高压油路部件的结构

① 高压油泵。高压油泵与转子分配泵的区别在于它只产生高压燃油压力，而不负责燃油的分配，因此高压油泵与附件箱驱动轴套的安装无相位要求。它是一种三腔径向柱塞泵，在 3 个柱塞泵不断地吸油和压油的过程中，使高压油泵产生 25 ～ 135MPa 的高压燃油，并压送至共轨蓄压器中。

高压油泵的结构如图 7-30 所示。当发动机运转后，驱动轴带动三瓣偏心轮转动，使 3 个柱塞泵的柱塞上下往复运动，产生吸油和压油的过程，转动一周总泵油量约为 0.7mL。由燃油滤清器吸来的干净燃油，从进油口经进油阀吸入泵腔，压缩后经出油阀进入共轨蓄压器内。过量的燃油，经燃油压力调节器和回油管流回燃油箱；少量的燃油，经过安全阀的节流孔进入高压油泵内腔（图 7-30 中未画出），以润滑和冷却油泵本身。

当发动机在怠速和小负荷工况工作时，高压油泵供油量仍然很多，而过多的回油只能流回燃油箱，这样就会加大发动机功率的损失。为了减少发动机功率损失，高压油泵 3 个柱塞泵中的一个装有停油电磁阀（第三泵停油阀）。ECU 根据发动机转速和加速踏板位置信号，指令电磁阀通电，其停油杆即推动进油阀关闭，使该柱塞泵停止供油。在此情况下，只有另两组柱塞泵工作，供油量将明显减少。当发动机进入大负荷工作（转速 >4200r/min）时，ECU 又令停油电磁阀断电，让该柱塞泵恢复工作。在维修时，一般不允许对停油电磁阀解体修理。

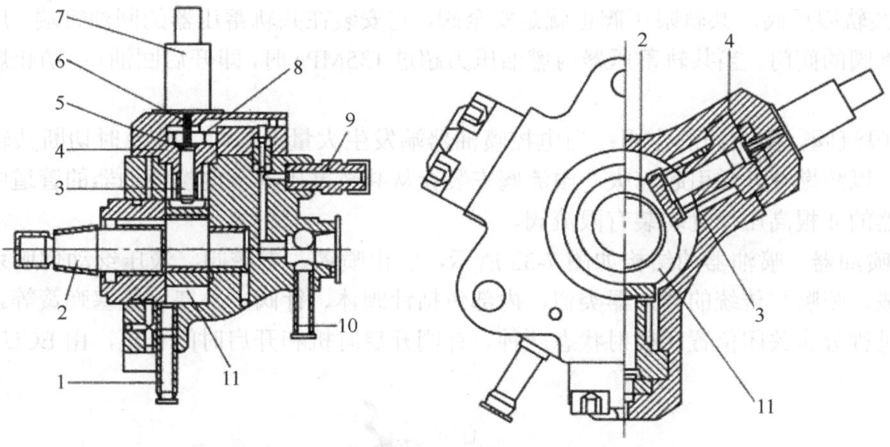

图 7-30　高压油泵（带停油电磁阀）的结构

1—低压燃油进口；2—驱动轴；3—柱塞；4—气缸；5—进油阀；6—停油杆；7—第三泵停油阀；8—出油阀；9—高压出油口；10—回油管；11—三瓣偏心轮

② 燃油压力调节阀。燃油压力调节阀是一个由 ECU 控制的电磁阀，它的结构如图 7-31 所示。装在高压油泵后部出、回油道上。在启闭阀门 1 的推杆 3 的右侧有衔铁盘 7，它受到两种力的作用：一是预紧弹簧 6 的弹力，二是通电后电磁线圈 5 的电磁吸力。两种力的合力可与高压油泵出油道的高压油压力相平衡。当共轨蓄压器油压低于规定值时，ECU 根据共轨蓄压器压力传感器信号，使电磁线圈 5 断电，阀门 1 便开启，高压燃油将供应至共轨蓄压器；反之，ECU 令电磁线圈 5 通电，阀门 1 便关闭。如此敏感地交替启闭，便可稳定地调节燃油压力。同时，在 ECU 的控制下，可以消除电磁喷油器和变容式电动输油泵造成的油压波动，使燃油压力更加稳定，以获得精确的喷油量控制。在维修时，一般不允许对燃油压力调节阀进行分解修理。

③ 共轨蓄压器。共轨蓄压器的结构如图 7-32 所示。它是一个固装在气缸体上的高强度铝合金管，用来储存高压燃油，抑制燃油压力波动，保持燃油压力稳定，以使喷油计量精确。

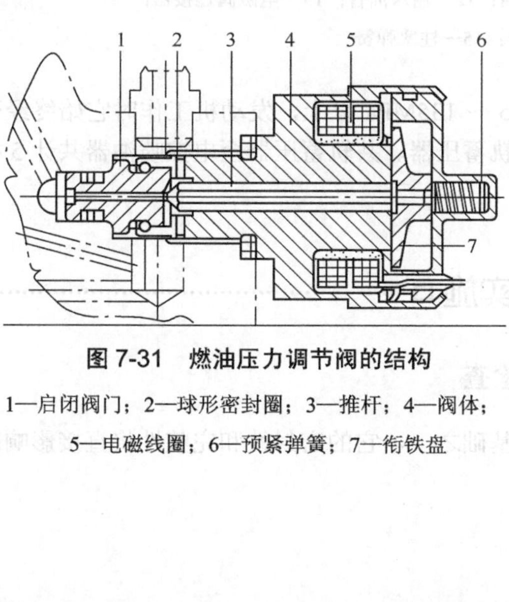

图 7-31　燃油压力调节阀的结构

1—启闭阀门；2—球形密封圈；3—推杆；4—阀体；5—电磁线圈；6—预紧弹簧；7—衔铁盘

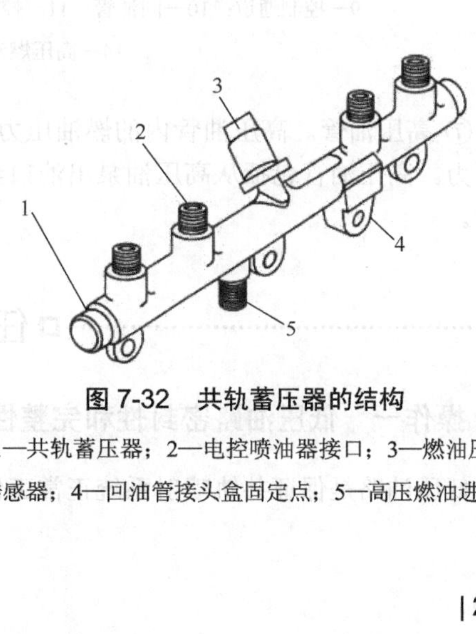

图 7-32　共轨蓄压器的结构

1—共轨蓄压器；2—电控喷油器接口；3—燃油压力传感器；4—回油管接头盒固定点；5—高压燃油进油口

④ 共轨限压阀。共轨限压阀也就是安全阀，它安装在共轨蓄压器的回油管端，用弹簧控制溢流锥阀的阀门。当共轨蓄压器内燃油压力超过 135MPa 时，即开启回油口，防止燃油压力过高。

⑤ 限流阀。限流阀的作用：当电控喷油器端发生大量泄漏时，能及时切断共轨蓄压器的供油，以防燃油外溢引起着火。限流阀安装在从共轨蓄压器至电控喷油器的管道中，即连接喷油器的 4 根高压油管均装有限流阀。

⑥ 喷油器。喷油器的结构如图 7-33 所示，它由喷嘴、电磁阀、液压继动伺服系统三大部分组成。喷嘴与传统的喷油器类似，内部包括针阀体、针阀、柱塞、柱塞弹簧等。喷油器的工作过程分为关闭位置和喷射状态两种。针阀开启时机和开启时间长短，由 ECU 控制。

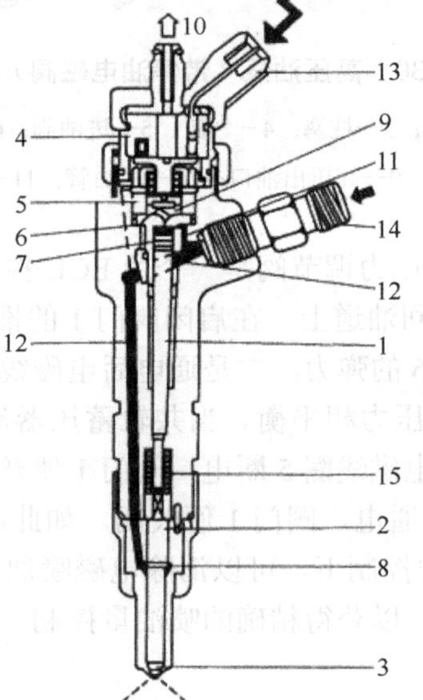

图 7-33　喷油器的结构

1—控制柱塞；2—针阀；3—喷嘴；4—线圈；5—导阀；6—球阀；7—控制区；8—压力腔；
9—控制通道；10—回油管；11—控制管路；12—输入油管；13—电磁阀连接器；
14—高压燃油进口；15—柱塞弹簧

⑦ 高压油管。高压油管内的燃油压力在 25 ～ 135MPa 以上，发动机工作时它始终经受高压力。高压油管包括从高压油泵出油口至共轨蓄压器、共轨蓄压器至电控喷油器共计 5 根油管。

任务实施

操作一　低压油路密封性和完整性的检查

低压油路是保证共轨喷射系统正常工作的基础之一，它的密封性和完整性将直接影响高压油路的工作。

步骤一　低压油路可用图 7-34 所示的压力表 A、B、C 检测。A、B 三接头压力表可连接在燃油滤清器进出油接头 A、B 处，正常压力值为 0.4 ～ 0.5MPa。若压力值低于 0.25MPa，则表明低压油路有泄漏，应逐段检查，排除故障。

步骤二　单接头压力表 C 可接在多回油管接头盒“C”处，测量回油压力，正常值为 0.2 ～ 0.25MPa。若压力值过低，应检查至电热起动器的油路。

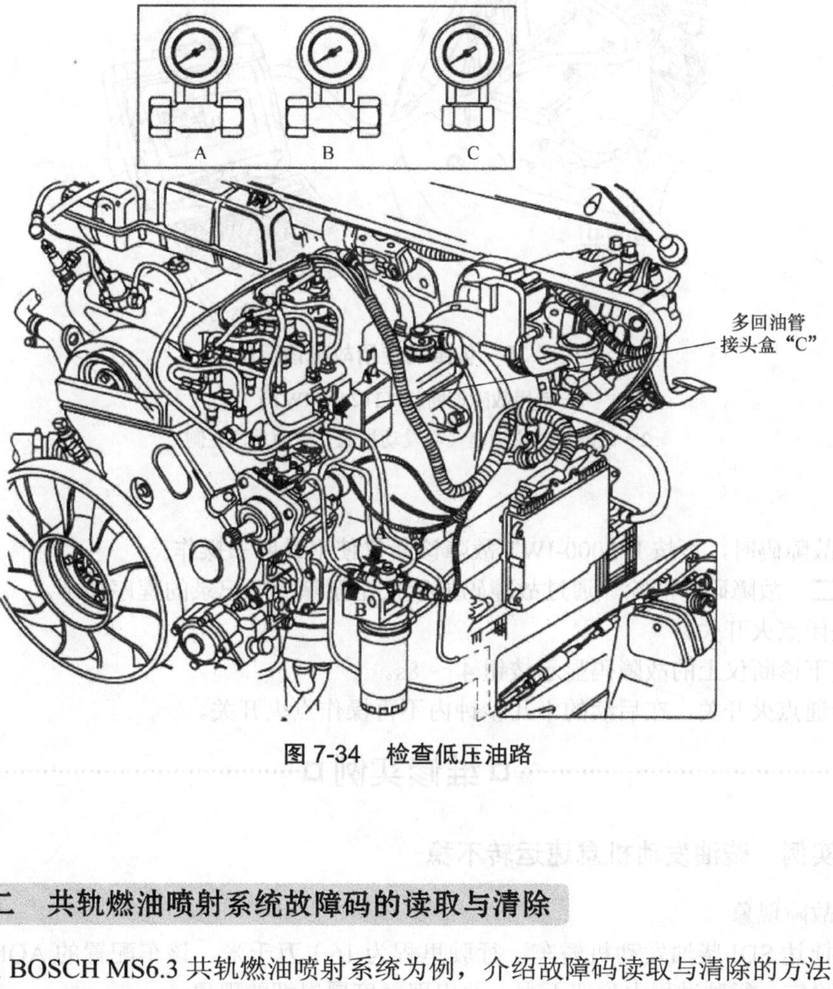

图 7-34　检查低压油路

操作二　共轨燃油喷射系统故障码的读取与清除

下面以 BOSCH MS6.3 共轨燃油喷射系统为例，介绍故障码读取与清除的方法。

步骤一　故障码的读取。依维柯（IVECO）专用故障诊断仪 IT2000-IWT 如图 7-35 所示，通过该故障诊断仪与 ECU 诊断接口的连接并操作，可以读取 ECU 内存储的故障信息，以便维修人员迅速排除故障。

由 ECU 故障数据库中，可以读取到 60 多种故障模式。每一种故障按时间区分，可分为“现存在”和“曾存在”两类；按故障类型区分，可分为“电源短路”“搭铁短路”“线路断路”“信号无效”“信号值过高”“信号值过低”“传感器输入电压过高”“传感器输入电压过低” 8

类。故障在ECU中，由计时器和计数器记录控制和显示，同时共轨燃油喷射系统指示灯以亮、灭配合显示。

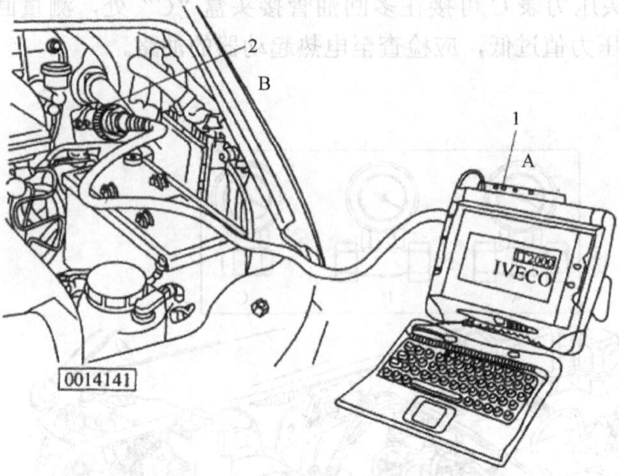

图7-35 依维柯专用故障诊断仪

1—专用故障诊断仪（IT2000-IWT）；

2—故障诊断仪插座（在发动机舱真空助力器左侧）

读取故障码时，可按IT2000-IWT故障诊断仪使用说明书操作。

步骤二 故障码的清除。通过故障码显示按钮删除故障记录的程序如下。

① 关闭点火开关。

② 按下诊断仪上的故障码显示按钮4～8s。

③ 接通点火开关，在后续的十几秒钟内不再操作点火开关。

维修实例

实例 柴油发动机怠速运转不稳

（1）故障现象

一辆捷达SDI柴油发动机轿车，行驶里程为16.1万千米。该车配置的AQM发动机怠速运转不稳定，行驶过程中加速无力，并出现轻度冒黑烟的现象。

（2）故障原因

喷油器中的一个弹簧断裂。

（3）故障诊断与排除

捷达柴油发动机引起怠速运转不稳的原因一般有以下几个。

① 个别气缸的气缸压力过低。

② VP37 轴向转子泵损坏，进而导致供油量不均匀。

③ 个别气缸喷油器损坏或有堵塞。

首先用气缸压力表对发动机气缸压力进行了测试，发动机气缸压力均在标准范围（2400 ～ 3000kPa）之内。排除了气缸压力的问题，故障点就集中在 VP37 泵和喷油器上了。用故障诊断仪 VAS5051 进行检测，没有故障码存储，喷油量在 2.0mg/s 左右变化，变化范围较大，数据块 013 显示发动机第 3 缸做功效果最好。

检查燃油系统的情况，结果未发现水或杂质，供油畅通。检查电路系统一切正常。因此怀疑是 VP37 泵出现了故障，更换一个新的 VP37 泵，故障现象依旧。

分析数据块 013，为什么第 3 缸做功比其他 3 个缸都好，且超出了调整的允许范围（也就是说第 3 缸供油太多了）。因此拆下第 3 缸喷油器测试其开启压力，结果是在压力达到 8000kPa 时喷油器开始喷油。标准的开启压力为 19000 ～ 20000kPa，也就是说，第 3 缸喷油器在未达到标准压力时提前开启。更换第 3 缸的喷油器，故障排除。

经拆检第 3 缸喷油器，发现该喷油器中的一个弹簧断裂。

修复后对此故障进行分析，捷达 SDI 柴油轿车喷油器是采用双螺旋弹簧控制喷油器开启压力的。由于第 3 缸喷油器的一个弹簧断裂，致使开启压力过低，喷油器开启过早，喷油量过多，针阀升程传感器把这一信号反馈给发动机 ECU。针阀升程传感器能够向发动机 ECU 准确反映喷油起始时刻，喷油持续的时间即喷油量，同时还起到判缸的作用。这时发动机 ECU 控制 VP37 泵减少喷油量，也就是说按针阀升程传感器的信号，第 3 缸的喷油量已足够。而到第 1、第 2 和第 4 缸时，开启压力较高，需 19000 ～ 20000kPa，此时就会导致第 1、第 2 和第 4 缸供油量不足，发动机做功能力不足。此时发动机 ECU 为了维持怠速运转稳定，就会使供油量变化范围较大，来维持发动机的怠速运转，给维修人员的直观感觉就是 VP37 泵已经损坏。

该车的故障说明，如果发现发动机喷油器喷油量过大或过小，不一定是 VP37 泵损坏，应仔细地全面检查。

项目拓展

一、机械式柴油机燃料供给系统常见故障诊断

1．柴油机起动困难，起动时排气管不排烟故障诊断与排除

（1）故障现象

发动机无起动迹象，排气管没有烟排出。

（2）故障原因

① 低压油路或高压油路有故障。

② 空气滤清器堵塞或排气管排气不畅。

③ 供油时间过早或过迟。

④ 缸压低等。

（3）故障诊断与排除

柴油机起动时排气管不排烟，说明燃料供给系统不供油。可将喷油泵上的放气螺钉松开，

扳动手油泵，根据放气螺钉处的油液流动情况进行如下诊断。

① 放气螺钉处无油液流出时，首先检查燃油箱中存油是否充足、开关是否打开、油箱盖空气孔是否畅通。若上述检查正常，可扳动手油泵试验；若拉出手油泵拉钮时明显感到有吸力，松手后又自动回位，说明燃油箱至输油泵的油路堵塞；若拉出手油泵拉钮感觉不到有吸力，但压下去时比较费力，说明输油泵至喷油泵的油路或柴油滤清器堵塞；如果上下拉压手油泵拉钮，均无正常的吸泵油阻力，则说明输油泵进、出油阀失效。

② 放气螺钉处流出泡沫状柴油，说明低压油路中渗进空气而发生了气阻，应进行排气。排气时，先扳动手油泵泵油，再松开柴油滤清器上的放气螺钉，直到放气螺钉处流出的油不含气泡时为止，在燃油溢流过程中拧紧放气螺钉；然后按相同的方法松开喷油泵上的放气螺钉进行排气。若低压油路空气长时间不能排净，应检查油箱内燃油是否充足、油管路是否破损、油管接头是否松动等。

③ 放气螺钉处出油正常，说明故障发生在高压油路。应首先检查喷油泵驱动机构有无断裂和松脱、高压油管有无漏油，然后对喷油器和喷油泵进行检查。

2. 柴油机动力不足，工作粗暴故障诊断与排除

（1）故障现象

发动机动力不足，油耗大，排大量黑烟，缸内有金属敲击声，急加速时上述现象加剧。

（2）故障原因

① 喷油时间过早。

② 喷油雾化不良。

③ 进气系统有堵塞处。

④ 各缸喷油不均匀。

⑤ 喷油器滴油。

⑥ 加入的柴油牌号不当。

（3）故障诊断与排除

分析柴油机的燃烧过程可知，柴油机工作粗暴主要是燃烧初期（速燃期）压力增长率过高所致，根本原因则是着火落后期（从喷油到开始燃烧）过长，开始燃烧前形成的混合气量过多。为此，如果柴油机动力不足，且伴随有工作粗暴现象，应按如下步骤进行诊断。

① 检查调整喷油正时，若工作粗暴现象消失，说明喷油正时失准。

② 进行单缸断油试验，若某缸断油时工作粗暴现象消失，说明该缸喷油器或喷油泵有故障，可更换该缸喷油器再进行试验；若工作粗暴现象消失，说明该缸喷油器有故障，否则应检查喷油泵对应该缸的喷油量和喷油正时。

③ 检查空气供给装置是否不畅、工作温度是否过低、压缩压力是否不足，视具体情况排除故障。

④ 检查柴油牌号选用是否不当，必要时更换柴油。

3. 柴油机超速故障诊断与排除

（1）故障现象

柴油机的转速失去控制、疾转不止的现象称为超速，俗称“飞车”。

（2）故障原因

① 喷油泵调速器本身故障，使其丧失了正常的调速特性，这种情况的特征是喷油泵调速器部分有卡滞、松旷等不正常现象。

② 由于外界因素而改变了柴油机的调速特性，其特征是喷油泵调速器本身没有故障，而柴油机在运转过程中有额外的油料进入气缸参加燃烧。

（3）柴油机超速的紧急措施

柴油机超速是很危险的，应及时采取措施，以免发生事故。制止超速的紧急措施有以下几个。

提示

◆迅速将加速踏板收回到制动位置。

◆对于供油拉杆或齿杆外露的喷油泵，可迅速将杆拉回到停油位置。

◆有减压装置的，迅速将减压手柄拉到减压位置。

◆及时挂入高速挡，踩下制动踏板缓抬离合器，使发动机熄火。

◆迅速断开各缸高压油管，停止供油。

◆进气管带阀的可将阀关闭，如果没有阀门可拆下空气滤清器，堵住进气管。

（4）故障诊断与排除

① 检查加速踏板和调速器上的油量操纵机构是否回位，若不回位应检修操纵机构。

② 检修喷油泵和调整器，重点检查喷油泵油量调节机构和调速器杆件有无卡滞、调速器弹簧是否折断等。

③ 检查是否有额外油料进入燃烧室燃烧，如气缸窜油、油浴式空气滤清器内机油过多、废气涡轮增压器漏油等。

二、电控柴油机燃油喷射系统发动机常见故障诊断

1. 发动机不能起动故障

① 检查蓄电池、起动机等起动电路是否正常。

② 检查低压油路是否有气体、低压油路是否有积水、燃油预滤清器是否堵塞。

③ 用故障诊断仪 IT2000-IWT 检查预热起动装置是否工作、高压油泵是否工作、电控喷油器及 O 形密封圈是否工作。

④ 测量气缸压缩压力是否正常。

⑤ 检查电动输油泵是否工作（输油压力不低于 0.2MPa）。

⑥ 目测低压油路、回油油路有无泄漏或堵塞，燃油滤清器是否堵塞（燃油滤清器与高压油泵间输油压力不得小于 0.18MPa）。

⑦ 检查预热起动电磁阀是否工作。

⑧ 检查多头回油管接头盒至电磁阀油路是否畅通、电磁阀至电热起动器油路是否畅通、

燃油滤清器旁通阀是否畅通。

⑨ 检查共轨蓄压器限压阀是否工作。

⑩ 检查喷油器是否正常、高压油泵及第三停油阀是否工作。

⑪ 检查飞轮转速传感器是否正常、安装是否到位。

⑫ 电控单元（ECU）是否有故障。

2. *发动机过热故障*

① 检查发动机冷却液量是否充足。

② 检查水泵V带张紧力是否合适，水泵功效是否正常，节温器是否损坏。

③ 检查散热器有无堵塞或泄漏，空气滤清器及输气管路有无堵塞或节流，气缸盖衬垫有无损坏。

④ 检查电磁离合器风扇工作是否正常。

3. *发动机动力不足故障*

① 检查空气滤清器是否堵塞。

② 检查高、低压油路有无泄漏。

③ 检查节温器是否正常。

④ 检查燃油箱燃油数量是否充足、燃油箱吸油管是否正常。

⑤ 用故障诊断仪IT2000-IWT检查高压油泵是否正常，检查电控喷油器及限压阀是否正常。

⑥ 检查气门间隙是否符合规定、气缸压缩压力是否符合规定。

⑦ 检查废气涡轮增压器是否正常。

⑧ 检查加速踏板位置传感器是否正常。

4. *发动机冒黑烟或深灰色烟故障*

① 检查空气滤清器是否堵塞。

② 用故障诊断仪IT2000-IWT检查电控喷油器是否正常。

③ 检查气缸压缩压力是否正常。

④ 检查预热起动电磁阀是否常开。

⑤ 检查废气涡轮增压器压气机端是否渗漏机油。

5. *发动机冒浅灰色烟故障*

① 用故障诊断仪IT2000-IWT检查电控喷油器是否正常。

② 检查发动机冷却液是否进入气缸。

小　结

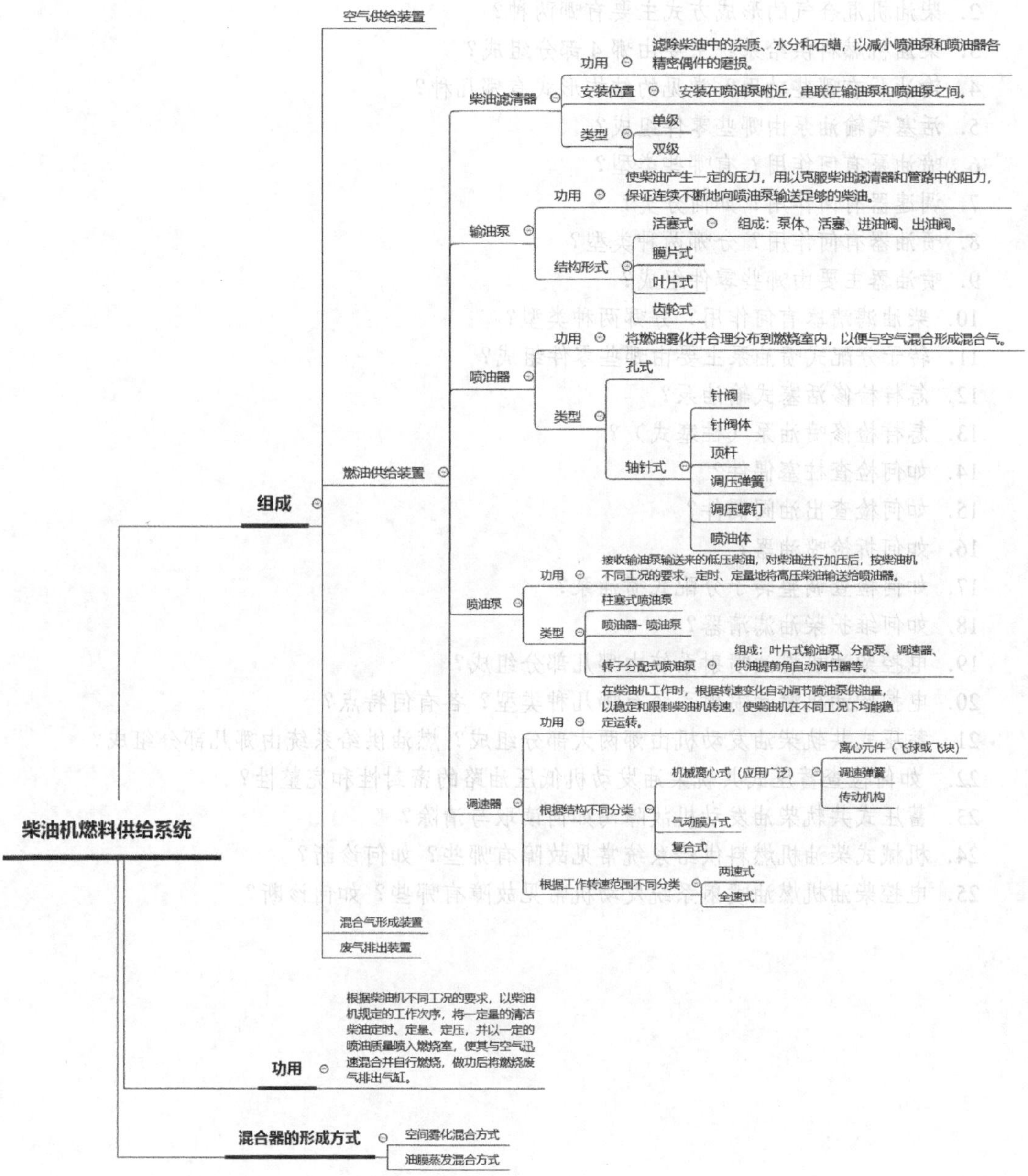
柴油机燃料供给系统
组成
空气供给装置
燃油供给装置
柴油滤清器
功用
滤除柴油中的杂质、水分和石蜡，以减小喷油泵和喷油器各精密偶件的磨损。
安装位置
安装在喷油泵附近，串联在输油泵和喷油泵之间。
类型
单级
双级
输油泵
功用
使柴油产生一定的压力，用以克服柴油滤清器和管路中的阻力，保证连续不断地向喷油泵输送足够的柴油。
结构形式
活塞式
组成：泵体、活塞、进油阀、出油阀。
膜片式
叶片式
齿轮式
喷油器
功用
将燃油雾化并合理分布到燃烧室内，以便与空气混合形成混合气。
类型
孔式
轴针式
针阀
针阀体
顶杆
调压弹簧
调压螺钉
喷油体
喷油泵
功用
接收输油泵输送来的低压柴油，对柴油进行加压后，按柴油机不同工况的要求，定时、定量地将高压柴油输送给喷油器。
类型
柱塞式喷油泵
喷油器-喷油泵
转子分配式喷油泵
组成：叶片式输油泵、分配泵、调速器、供油提前角自动调节器等。
调速器
功用
在柴油机工作时，根据转速变化自动调节喷油泵供油量，以稳定和限制柴油机转速，使柴油机在不同工况下均能稳定运转。
根据结构不同分类
机械离心式（应用广泛）
离心元件（飞球或飞块）
调速弹簧
传动机构
气动膜片式
复合式
根据工作转速范围不同分类
两速式
全速式
混合气形成装置
废气排出装置
功用
根据柴油机不同工况的要求，以柴油机规定的工作次序，将一定量的清洁柴油定时、定量、定压，并以一定的喷油质量喷入燃烧室，使其与空气迅速混合并自行燃烧，做功后将燃烧废气排出气缸。
混合器的形成方式
空间雾化混合方式
油膜蒸发混合方式

练习思考题

1. 柴油机燃料供给系统有哪些功用？
2. 柴油机混合气的形成方式主要有哪两种？
3. 柴油机燃料供给系统主要由哪 4 部分组成？
4. 输油泵有哪些功用？常见的结构形式有哪几种？
5. 活塞式输油泵由哪些零件组成？
6. 喷油泵有何作用？有哪些类型？
7. 调速器有何作用？如何分类？
8. 喷油器有何作用？分哪两种类型？
9. 喷油器主要由哪些零件组成？
10. 柴油滤清器有何作用？分哪两种类型？
11. 转子分配式喷油泵主要由哪些零件组成？
12. 怎样检修活塞式输油泵？
13. 怎样检修喷油泵（柱塞式）？
14. 如何检查柱塞偶件？
15. 如何检查出油阀偶件？
16. 如何拆检喷油器？
17. 如何检查调整转子分配式喷油泵？
18. 如何维护柴油滤清器？
19. 电控柴油机燃油喷射系统由哪几部分组成？
20. 电控柴油机燃油喷射系统有哪几种类型？各有何特点？
21. 蓄压式共轨柴油发动机由哪两大部分组成？燃油供给系统由哪几部分组成？
22. 如何检查蓄压式共轨柴油发动机低压油路的密封性和完整性？
23. 蓄压式共轨柴油发动机故障码如何读取与清除？
24. 机械式柴油机燃料供给系统常见故障有哪些？如何诊断？
25. 电控柴油机燃油喷射系统发动机常见故障有哪些？如何诊断？

参考文献

[1] 林晨 . 桑塔纳 2000GSi-AT/GSi/GLi/GLS 轿车维修手册 [M]. 北京：机械工业出版社，2002.

[2] 仇雅莉 . 汽车发动机构造与维修 [M]. 2 版 . 北京：人民邮电出版社，2014.

[3] 惠有利，宋孟辉，付凯 . 汽车构造（发动机部分）[M]. 北京：人民邮电出版社，2016.

[4] 蒋勇 . 汽车结构与拆装 [M]. 上海：复旦大学出版社，2007.

[5] Wilfried Staudt. 汽车机电技术（一）：学习领域 1 ～ 4[M]. 华晨宝马汽车有限公司，译 . 北京：机械工业出版社，2008.

[6] 张西振，韩梅 . 汽车发动机构造与维修 [M]. 北京：机械工业出版社，2007.

[7] 王丽梅 . 汽车发动机构造与维修 [M]. 北京：中国人民大学出版社，2009.

[8] 余云龙 . 汽车拆卸与装配 [M]. 北京：机械工业出版社，2001.

[9] D 威德尔 . 汽车发动机构造与诊断维修 [M]. 北京：机械工业出版社，2006.

[10] 栾琪文 . 汽车电控柴油机结构原理与维修 [M]. 北京：机械工业出版社，2006.

[11] 王秀贞 . 汽车故障诊断技术 [M]. 西安：西安电子科技大学出版社，2007.

[12] 杨智勇，王海 . 汽车发动机维修就这么简单 [M]. 北京：机械工业出版社，2015.

[13] 汤定国 . 汽车发动机构造与维修 [M]. 北京：人民交通出版社，2005.

[14] 天天汽车工作室 . 轿车发动机维修技能实训 [M]. 北京：机械工业出版社，2003.

[15] 杨智勇，程晓鹰 . 图解汽车发动机维修 [M]. 北京：化学工业出版社，2016.

[16] 吕秋霞 . 汽车发动机构造与维修 [M]. 北京：人民交通出版社，2005.

[17] 扶爱民 . 汽车发动机构造与维修 [M]. 北京：电子工业出版社，2005.

[18] 陈文华 . 汽车发动机构造与维修 [M]. 北京：人民交通出版社，2001.

[19] 臧杰 . 汽车构造 [M]. 北京：机械工业出版社，2005.

[20] 郭新华 . 汽车构造 [M]. 北京：高等教育出版社，2004.

[21] 韩爱民 . 汽车构造 [M]. 北京：机械工业出版社，2006.

[22] 杨智勇 . 机动车机修人员从业资格考试必读 [M]. 北京：金盾出版社，2008.

[23] 日本 GP 企业 . 汽车构造（底盘、电器）[M]. 董铁有，译 . 北京：人民交通出版社，2005.